Monika Muranyi

Der Gaia-Effekt

Monika Muranyi
Der Gaia-Effekt
Gesammelte Kryon-Botschaften:
Wie Erde und Menschheit
zusammenwirken
KOHA

Wichtiger Hinweis

Die im Buch veröffentlichten Empfehlungen wurden von Verfasserin und Verlag sorgfältig erarbeitet und geprüft. Eine Garantie kann dennoch nicht übernommen werden. Ebenso ist die Haftung der Verfasserin bzw. des Verlages und seiner Beauftragten für Personen-, Sach- und Vermögensschäden ausgeschlossen.

Aus dem Englischen
von Maria Müller-de Haën

Titel der Originalausgabe:
The Gaia Effect.
The remarkable system of collaboration
between Gaia and Humanity.

Originally published in 2013 by Ariane Éditions. CANADA
www.editions-ariane.com

Deutsche Ausgabe:

Lektorat: Miriam Pfadt
Covergestaltung: © Sabine Dunst/Guter Punkt, München,
unter Verwendung von Motiven von Shutterstock
Fotos S. 2/3, 18, 177 sowie
Schmetterling-Illustrationen: Fotolia

Layout: Birgit-Inga Weber
Gesamtherstellung: Karin Schnellbach
Druck: CPI Moravia Books
ISBN 978-3-86728-242-0

Dieses Buch
ist allen Lichtarbeitern
auf dem Planeten Erde
gewidmet.
Es wurde geschrieben,
um Gaia und unseren Ahnen
Ehre zu erweisen.

Inhalt

Vorwort von Lee Carroll **9**
Einleitung **11**

Kapitel 1: Die Geschichte der Erde **19**

Was sagt die Wissenschaft? 36
Lemurien 39
Die indigenen Völker 55

Kapitel 2: Die Wissenschaft der Zukunft **69**

Designer-Magnetik 75
Die noch fehlenden Gesetzmäßigkeiten der Physik 87
Was sagt die Wissenschaft? 100
Das sagt die Wissenschaft über die Rotation der Galaxie 105
Das sagt die Wissenschaft über die im Universum geltenden Gesetzmäßigkeiten 106

Kapitel 3: Die Energiegitter der Erde **109**

Das Magnetgitter 111
Das Gaia-Gitter 116

Das Kristallgitter 129
Wale und Delfine 156
Die Ley-Linien von Gaia 160
Die Gitter – eine Zusammenfassung 172

Kapitel 4: Die Kundalini der Erde **175**

Kundalini (der Buchstabe K im Wort Kundalini) 184
Unity – Einheit (der Buchstabe U im Wort Kundalini) 190
Notifying Gaia of Your Actions – Nachricht an Gaia über euer bewusstes Handeln (der Buchstabe N im Wort Kundalini) 196
Don't Think Like a Human – Denkt nicht wie ein Mensch (der Buchstabe D im Wort Kundalini) 202
Ascension – Aufstieg (der Buchstabe A im Wort Kundalini) 210
Love – Liebe (der Buchstabe L im Wort Kundalini) 214
Intuition (der Buchstabe I im Wort Kundalini) 217
New Human – Neuer Mensch (der zweite Buchstabe N im Wort Kundalini) 225
Illumination – Erleuchtung (der zweite Buchstabe I im Wort Kundalini) 232
Der Adler und der Kondor 236
Das Erwachen des Pumas 241
Der Umzug der Kundalini – eine Zusammenfassung 245

Kapitel 5: Gaia und das Universum **254**

Was sagt die Wissenschaft? 259
Gamma-Energie und Gaia 262
Die Magnetik des Sonnensystems 264
Das Sonnensystem und Astrologie 269
Die Plejadier 286
Das aufgestiegene Land von Gaia 307

Kapitel 6: Ungelöste Geheimnisse von Gaia – oder Teil eines Systems? **312**

Gespenster – multidimensionale Informationen oder gefangene Seelen? 314
Tiere 326
Auslöschung der Spezies 332

Zum Abschluss **346**

Danksagung **349**
Die Autorin **351**

Vorwort
von Lee Carroll

Einen Augenblick lang standen wir alle vor Ehrfurcht bewegungslos da. Für einen Berggipfel herrschte eine ungewöhnliche Windstille, doch schon bald bekamen wir den intensiven kalten Atem des Mount Aconcagua zu spüren. Schweigend blickten wir auf den majestätischen Anblick des höchsten Bergs der südamerikanischen Anden vor unseren Augen. Es hatte den Anschein, als könnten wir fast den surreal wirkenden schneebedeckten Gipfel berühren, der im Sonnenlicht vor uns flimmerte. Dann strich die kühle, süße Brise wie eine heilige Botschaft, die speziell unserer kleinen Gruppe überbracht wurde, über unsere Gesichter.

Ich setzte mich auf einen Felsbrocken …, es gab eine kleine Pause, und dann begann ich … ***»Seid gegrüßt, meine Lieben, ich bin Kryon vom Magnetischen Dienst.«***

Die Botschaft, die Kryon an diesem Tag durchgab, ist in diesem Buch zu finden, ebenso wie viele weitere einzigartige Kryon-Botschaften, die zuvor nie transkribiert worden sind und in vielen Fällen an einigen der heiligsten Stätten der Erde gechannelt wurden. Sie haben einen gemeinsamen Nenner: Immer war Monika Muranyi mit dabei.

Monika hat ihr ganzes Berufsleben als Ranger im Dienst der australischen Regierung in der Natur verbracht. Als ihre Spiritualität erwachte und sie sich esoterischeren Themen öffnete, machte sie sich voller Leidenschaft auf die Suche nach Informationen über Gaia, das Bewusstsein der Erde. Als sie Kryon entdeckte, ging für sie das Licht an. Monika wollte etwas bislang nie Geschehenes tun: ein Buch mit allem zusammenstellen, was Kryon über Gaia jemals durchgegeben hatte. Aber sie wollte noch mehr: Antworten auf Fragen finden, die die wunderbare Funktionsweise der Gaia-Energie aufdeckten, mit der sie so sehr in Verbindung stand.

Was ist das Kristallgitter, und wie kam es hierher? Wie sieht unsere Schöpfungsgeschichte aus, und wann wurde sich Gaia der

Menschheit bewusst? Was meint Spirit zur Ausrottung der Arten? Was ist ein Portal, ein Knoten, ein Nullpunkt, ein Vortex, ein Vortal oder ein »aufgestiegenes Land«? Monika stellte viele tiefgründige Fragen. In diesem Buch finden sich Dutzende von Fragen an Kryon und bislang niemals gefundene Antworten. Ich schätzte mich glücklich, mich damit befassen zu können, denn diese Fragen waren vorher noch nie gestellt worden.

Auf unserem Planeten findet eine große Veränderung statt, und gemäß der Prophezeiungen der Urvölker für das Jahr 2012 ist Südamerika eines der Gebiete, wo diese Veränderung am tiefsten spürbar ist. Um sich auf das Buch vorzubereiten, zog Monika deshalb von Australien nach Chile, lernte so viel Spanisch, dass sie ein ganzes Jahr lang allein in Santiago leben konnte, und begann, dieses Buch zusammenzustellen. Sie wollte sich mitten in der Energie der Gaia-Veränderung befinden!

Sie arbeitete sich durch Hunderte von Audio-Aufnahmen mit Kryon-Channellings durch, von denen die allermeisten nie transkribiert worden waren. Sie las jedes Kryon-Buch auf der Suche nach Gaia-Informationen durch und besuchte fast alle Kryon-Veranstaltungen in Südamerika. Auf dem Höhepunkt ihrer Arbeit fand zeitgleich (Ende 2012) die Kryon Kundalini Tour statt. Die 19-tägige Tour führte unsere Gruppe an heilige Energieplätze, wie den Mount Aconcagua, Machu Picchu und die Sonneninsel auf dem Titicacasee.

Während der bisher 23 Jahre, in denen ich Kryon gechannelt habe, wurden nie Kryon-Informationen über ein bestimmtes Thema zusammengestellt. Ich habe zwar 15 Kryon-Bücher geschrieben, die in 23 Sprachen vorliegen, aber nie habe ich eine so themenspezifische Zusammenfassung erstellt.

Sie, liebe Leserin und lieber Leser, halten jetzt die Art von Buch in Ihren Händen, wie ich es nie habe schreiben können.

Vielen Dank, Monika, für diese sehr umfassenden Informationen über unseren wunderschönen Planeten!

Einleitung

Als heranwachsendes Kind liebte ich die Natur. Ich wohnte zwar in Canberra/Australien, in einem Haus in einer Vorstadtsiedlung mit nur einem kleinen Hinterhof, hatte aber dennoch jede Menge Haustiere, die in meinem Leben auftauchten und wieder verschwanden: Enten, Gänse, Meerschweinchen, ein Kaninchen, eine Schildkröte, Katzen und Hunde. Zum Entsetzen meiner Mutter liebte ich Hunde so sehr, dass ich oft mit einem streunenden Hund nach Hause kam. Die Hunde blieben zwar nie lange, aber doch so lange, bis sie ein anderes Zuhause fanden. Auch Pferde und alle anderen Hoftiere liebte ich. Welches Kind wünscht sich kein Pony? Als junge Erwachsene konnte ich mir dann meinen Traum erfüllen: Ich ritt auf Pferden, trieb Vieh zusammen, molk Kühe, genoss zwischen meinen Studiensemestern an der Uni das ländliche Bauernleben und machte dabei die tollsten Erfahrungen.

Ich studierte an der Universität für einen Bachelor-Abschluss in Angewandten Wissenschaften mit Schwerpunkt Umweltschutztechnik. Die Universität befand sich in Lismore/New South Wales; unsere Exkursionen führten uns also oft in spektakuläre Regenwälder oder an wunderbare Strände und Küstenlandschaften. Mein Lieblingsfach war Tierschutztechnik; das hatte großen Einfluss auf meine Entscheidung, eine Abschlussarbeit zu schreiben, die sich mit der Erforschung der Populationsdynamik eines in Australien beheimateten Nagers beschäftigte. Oh ja, ich stellte tatsächlich alle drei Wochen Fallen für native Ratten mit dem Namen »Blasse Feldmaus« *(Rattus tunneyi)* und ließ sie dann wieder frei. Diese Rattenart hat ein viel freundlicheres Wesen als die gemeine Buschmaus, und ich glaube wirklich, manche Ratten, die nicht nur einmal gefangen wurden, erinnerten sich wieder an mich.

Nach meinem Honors-Abschluss an der Universität hatte ich diverse Stellen im Umweltschutzbereich, bevor ich in meine Heimatstadt Canberra zurückkehrte und dort schließlich als Park Ranger beim ACT Parks and Conservation Service zu arbeiten begann. Das war mehr als nur ein Job, wie jeder aus dieser Branche weiß. Ich tat meine Arbeit mit leidenschaftlicher Überzeugung und hatte das Glück, über die Jahre viele wunderbare Erfahrungen zu machen. Ich arbeitete zudem als Ranger für das Department of Conservation in Neuseeland und die Parks Victoria in Victoria/Australien.

Viele der Programme, bei denen ich mitwirkte, beschäftigten sich mit gefährdeten Arten und der Entwicklung von Rettungsprogrammen, um diese Spezies vor der Ausrottung zu bewahren. Auf der ganzen Welt gibt es Behörden, ehrenamtliche Gruppen und privatwirtschaftliche Unternehmen, die sich dem Schutz gefährdeter Arten widmen. Immer mehr Menschen werden sich bewusst, wie wichtig es ist, eine nachhaltige Nutzung von Wildtieren und Wildpflanzen zu betreiben. Ich habe mich oft gefragt, warum zwischen Menschen und dem natürlichen Ökosystem ein solches Ungleichgewicht herrscht.

Wenn man die Natur leidenschaftlich liebt und im Umweltschutz arbeitet, wird man sich der Umweltprobleme und Herausforderungen, mit denen unsere Erde heutzutage wegen der Menschen und ihrer Taten zu kämpfen hat, sehr bewusst: Umweltverschmutzung, Abholzung der Wälder, nicht nachhaltige Erntepraktiken, die Ausrottung der Arten und – am schlimmsten – die menschliche Überbevölkerung.

Meiner Überzeugung nach waren die Menschen die Wurzel allen Übels auf unserem Planeten Erde. Wenn wir nicht aufpassten, würden wir den Planeten und schließlich auch uns selbst zerstören. Man stelle sich meine Überraschung vor, als ich entdeckte, dass ich nicht weiter von der Wahrheit hätte entfernt sein können.

Inzwischen geht mein Verständnis unseres Planeten Erde – Gaia – viel tiefer und weit über mein akademisches Bildungswissen und meine jahrelangen Erfahrungen als Ranger hinaus. Um die Geheimnisse von Gaia zu entschlüsseln, muss man allerdings »auf die andere Seite des Schleiers« gelangen. Doch was bedeutet das? Was bedeutet dieser Ausdruck für Sie? Und was noch viel wichtiger ist: Wie gelangt man auf die andere Seite des Schleiers? Je nachdem, mit wem man darüber redet, werden wahrscheinlich auch unterschiedliche Antworten gegeben. Für mich erreicht man die andere Seite des Schleiers, wenn man die 3-D-Logik des Gehirns aufgibt. Man beachte: Ich sagte 3-D. Zusätzlich ist spirituelle Intelligenz erforderlich. Und dann müssen wir zulassen, dass all unsere anderen Sinne aktiv werden. Sie öffnen Ihr Herz. Fühlen und spüren Sie die Emotionen! Hören Sie auf Ihre Intuition und Ihre innersten Gedanken! Lassen Sie Ihr eigenes Wissen zu sich sprechen! So kann ich es am besten beschreiben, aber vielleicht macht das für Sie keinen Sinn, wenn Sie Ihr 3-D-Denken und Ihre 3-D-Logik nicht hinter sich lassen können. Wahrscheinlich läuft es darauf hinaus, dass Sie mehr wissen möchten und die reine Absicht hegen, Ihre innere Göttlichkeit zu finden.

Jeder hat seine eigene Geschichte darüber, wie er spirituell erwacht ist und die andere Seite des Schleiers erlebt hat. Für mich brauchte es etwas Dramatisches, um meine Aufmerksamkeit zu wecken, wahrscheinlich weil ich so dickköpfig bin und mein Gehirn extrem logisch und wissenschaftlich denkt. Als meine Ehe in die Brüche ging, zwang mich dieses ungeheuer starke Drama schließlich in die Knie. Praktisch über Nacht brach meine Welt zusammen, und ich fühlte mich furchtbar allein, verlassen und ungeliebt. Ich erkannte, dass ich eigentlich nichts wusste bzw. verstand. Ich befand mich an einem sehr dunklen Ort. Erst dann war ich offen und bereit dafür, Hilfe aus dem Universum zu empfangen.

Die Dunkelheit, in der ich mich befand, lichtete sich, nachdem ich drei Sitzungen mit einer sehr begabten Lichtarbeiterin hatte. Fast hinderte mich mein so logisches Gehirn an dieser Erfahrung – ein weiterer Beweis für meinen Widerstand und meine Dickköpfigkeit. Ich vereinbarte nur deshalb eine Sitzung, weil mein Arbeitskollege und Freund Rod mich immer wieder sanft und liebevoll bat, mich doch mit seiner Frau Lynda zu einer spirituellen Heilsitzung zu treffen. Jedes Mal, wenn wir uns trafen, sagte Rod ganz freundlich: »Du solltest dich mit Lynda treffen.« Ganz offensichtlich sah er, wie verstört und unglücklich ich war. Und irgendwann, als Rod wieder einmal seinen Ratschlag wiederholte, schrie ich im Geiste: »Okay, ich treff mich mit ihr, dann hab ich's hinter mir, und du hältst endlich deinen Mund!« Ich dachte halt: »Es passiert ja eh nichts!« Meine Lage konnte gar nicht schlimmer werden. Ich hatte nichts zu verlieren.

Es kam also der Tag, an dem ich meine Sitzung haben sollte, und ich dachte: »Jetzt ist es so weit. Jetzt bring ich's hinter mich.« Doch als ich durch die Tür trat, veränderte sich meine ganze Wirklichkeit. Bevor ich es überhaupt realisierte, öffneten sich meine Schleusen, und die Tränen strömten aus mir heraus. Wodurch wurde diese Tränenflut ausgelöst? Ich blickte Lynda in die Augen und sah darin so viel Liebe und Mitgefühl. Ich hatte jemanden kennengelernt, der über großes spirituelles Wissen und das zweite Gesicht verfügte. Bevor ich wieder ging, machte ich zwei weitere Termine mit Lynda aus. Dadurch öffnete sich für mich die Tür zum Lernen und Verstehen esoterischer Dinge. Ich war bereit dafür, Spirit in mein Leben zu lassen, damit ich noch mehr lernen konnte.

Ich ließ mich also ein und gab meine früheren Vorstellungen über das Leben und Gott auf, wurde mir immer mehr spiritueller Wahrheiten bewusst. Wie ich herausfand, existierten diese spirituellen Wahrheiten neben der Wissenschaft, was für mich bislang immer voneinander getrennt war. Und schließlich lernte ich die Weisheit und das Wissen nicht nur, sondern erinnerte mich auch daran. In mir war, wie ich entdeckte, ein göttlicher Funke. Jedem einzelnen Menschen wohnt Göttlichkeit inne. Wir alle sind ein Teil von Gott, welcher sich in unserer DNA befindet.

Und wenn ich diese spirituelle Wahrheit nicht erkannt hätte? Na ja, dann würde ich den Planeten Erde immer noch durch meinen dreidimensionalen Filter betrachten und nur Teile des Puzzles sehen. Ich hätte nicht das elegante Design und System verstehen können, welches zwischen Gaia und der Menschheit existiert. Ich wäre in einer Welt festgefahren, wo ich nur Teile eines Systems verstanden hätte, aber nie die Rolle, die ich selbst bei der Erschaffung des Lebens spiele, das ich mir wünsche.

Dieses Buch ist vor allem für Menschen gedacht, die sich auf ihrem spirituellen Weg befinden. Ob sie nun gerade erst damit angefangen haben oder ihn schon seit Jahrzehnten beschreiten – für sie alle gibt es hier etwas zu entdecken. Die in diesem Buch vorgelegten Informationen stellen eine esoterische Studie von Gaia, unserem Planeten Erde, und ihrer komplexen Beziehung zur Menschheit und zum Universum dar. Das, was hier geschrieben steht, beruht auf den gechannelten Botschaften von Kryon, wie sie von Lee Carroll übermittelt wurden. Wir können Kryon als ein liebevolles, engelhaftes Wesen beschreiben, das der Menschheit

Botschaften der Liebe und Kraft sendet. Lee Carroll hat als Erster Kryon gechannelt und macht dies seit über 23 Jahren. Lee hat zwölf Kryon-Bücher geschrieben sowie die Bestseller »Die Indigo-Kinder« und »Die Reise nach Hause«. Diese Bücher wurden in 24 Sprachen übersetzt.

Lesern, die bereits Kryon-Fans sind und viele der von Lee Carroll geschriebenen Bücher gelesen haben, sind die im vorliegenden Buch präsentierten Informationen vielleicht schon vertraut. Im Unterschied zu diesen Büchern bringt dieses Buch jedoch alle Informationen, die mit Gaia zu tun haben, prägnant zusammen, um so tiefgründige Wahrheiten über die Menschheit und den Planeten Erde zu enthüllen. Hinzu kommen profunde Antworten von Kryon auf über 30 Fragen zu den in diesem Buch behandelten Themen. Die Kryon-Channellings, die in Auszügen für die englischsprachige Originalausgabe dieses Buchs verwendet wurden, sind als Audio-Dateien auf Lee Carrolls Website www.kryon.com zu finden.

Wer sich zum ersten Mal mit Kryon befasst oder vielleicht noch nie etwas von Kryon gehört hat, aber mit offenem Geist und offenem Herzen dieses Buch in die Hände nimmt, sollte sich darauf einstellen, Unglaubliches zu lesen. Das Buch geht auf viele Themenbereiche ein; die Kapitelüberschriften weisen auf die jeweils darin enthaltenen Informationen hin. Das Buch sollte man eigentlich vom Anfang bis zum Ende lesen, aber vielleicht möchten manche Leser auch nur die für sie interessanten Kapitel anschauen.

In diesem Buch werden wissenschaftliche und esoterische (spirituelle) Informationen zusammengeführt, und zwar ganz bewusst und absichtlich, denn genau so funktioniert es. Je schneller wir mit der Vorstellung aufräumen, Gott und die Wissenschaften wären zwei getrennte Dinge, desto schneller können wir Neues entdecken und auf dem Weg zur Erleuchtung voranschreiten. Höhere Wissenschaften ohne Erleuchtung gibt es nicht. Allein die Tatsache, dass Sie sich für dieses Buch entschieden haben, zeigt schon, dass Sie bereits auf dem Weg zur Erleuchtung und somit auch potenziell zu einem höheren wissenschaftlichen Bewusstsein sind! Das Universum hallt vom Klang der Freude wider, weil Sie diese Worte lesen und die Botschaften vernehmen, die von der anderen Seite des Schleiers kommen.

Und wie steht es mit dem eher skeptischen Leser, der sich dieses Buch einfach aus Neugier vornimmt? Vielleicht haben Sie es von einem Freund erhalten, der Ihnen die Lektüre unbedingt empfohlen hat?

Vielleicht sind Sie auch Physiker oder Astronom und kein bisschen an diesen esoterischen Informationen interessiert? Wollen einfach nur harte Fakten und wissenschaftlich Belegtes erfahren, als Hilfe für Ihren nächsten wissenschaftlichen Durchbruch? Dann möchte ich Sie etwas fragen. Wie würden Sie Liebe beschreiben? Nutzen Sie die Wissenschaft? Oder gibt es da noch etwas anderes? Wie wäre es, wenn Sie nur ein paar Augenblicke lang Ihre Überzeugungen und das, was Sie zu wissen meinen, beiseite lassen, während Sie einige der gechannelten Kryon-Botschaften lesen? Vielleicht ist es sogar ganz nützlich, einmal eine der (englischsprachigen) Audio-Aufzeichnungen dieser Botschaften anzuhören, die auf Lee Carrolls Website kostenlos zur Verfügung gestellt werden. Was haben Sie schon zu verlieren? Wörter sind schließlich nur Wörter, oder etwa nicht? Und wenn es doch nicht bloß Wörter sind?

Lassen Sie mich das erklären. Wie würden Sie sich fühlen, wenn ein Fremder auf der Straße plötzlich auf Sie zuginge, Ihnen in die Augen schauen und sagen würde: »Ich liebe dich.« Würden Sie etwas fühlen, oder sind das einfach nur Worte? Und jetzt vergleichen Sie einmal, wie es wäre, wenn Sie mit jemandem zusammen wären, der Ihnen nahesteht und dem Sie vollkommen vertrauen, jemandem, der Ihr Herz öffnet. Was fühlen Sie, wenn diese Person Ihnen in die Augen schaut und aus dem Herzen heraus zu Ihnen sagt: »Ich liebe dich.« Fühlt sich das anders an, als wenn ein Fremder diese Worte sagt? Wörter sind einfach nur Wörter, oder etwa nicht?

Der eigentliche Zweck hinter all den Themen, die in diesem Buch behandelt werden, besteht darin, Ihnen Informationen zu vermitteln, die in Ihnen die Erinnerung an die Weisheit und das Wissen erwecken, welches bereits in uns existiert. Sie wissen zu lassen, dass es einen liebenden Gott gibt, ein gütiges Universum, dass wir alle Teil eines wunderschönen Systems sind.

Sie könnten sich auch fragen: Geht es in diesem Buch um Gaia oder um die Menschheit? Um das Universum oder um Gott? Wenn Sie erst einmal erkannt haben, dass all diese Dinge miteinander verwoben und verschlungen sind wie eine »Energiesuppe«, werden Sie feststellen, dass man sie nicht in unterschiedliche Kategorien aufteilen kann. Ich hoffe, Sie, liebe Leserin und lieber Leser, sind in der Lage, all diese Informationen zusammenzubringen und die ganz persönliche Botschaft zu erkennen, die genau für Sie darin steckt. Sie sind ein herrliches Stück Gottes, und alles, was Sie tun, wirkt sich auf Gaia und die Menschheit aus.

Oder wie Kryon sagt: »Gesegnet sei das Menschenwesen, das sein spirituelles Leben ernst nimmt. Das ist nichts, was zu deinem biologischen Leben hinzukommt. Vielmehr kommt dein biologisches Leben zu deinem spirituellen Kern hinzu.«

Liebe und Segen
Monika Muranyi

Kapitel 1

Die Geschichte der Erde

Wer ein bisschen Forschung betreiben und etwas über die Geschichte der Erde und ihre Entstehung herausfinden will, wird in allen möglichen naturwissenschaftlichen Feldern fündig. Sie liefern hauptsächlich geologische und biologische Beschreibungen. Eine sehr gute Zusammenfassung findet sich auf der Website der BBC: »Nature – Prehistoric Life.«

Die Erde ist gut 4,5 Milliarden Jahre alt; Zirkonkristalle sind mit 4,3 Milliarden Jahren die älteste Substanz. Ganz am Anfang war die Erde geologisch sehr aktiv und wurde ständig von Meteoriten bombardiert. Dann kühlte sie ab, und es bildete sich eine feste Erdkruste – die ersten festen Felsen. Noch gab es keine Kontinente, sondern lediglich einen den ganzen Globus bedeckenden Ozean mit ein paar verstreuten Inselchen. Erosion, Sedimentablagerungen und vulkanische Aktivität – vielleicht auch weitere Meteoriteneinschläge – ließen schließlich kleine Protokontinente entstehen, die immer weiter wuchsen, bis sie vor 2,5 Milliarden Jahren in etwa ihre heutige Größe erreichten. Die Kontinente sind seitdem mehrmals kollidiert und auseinandergerissen worden; Landkarten, die die Erde in ihrer weit zurückliegenden Vergangenheit zeigen, sehen also ganz anders aus als Karten von heute.

Die Geschichte des Lebens auf der Erde begann vor etwa 3,8 Milliarden Jahren, zunächst mit einzelligen Prokaryoten, wie beispielsweise Bakterien. Mehrzelliges Leben entwickelte sich erst eine Milliarde Jahre später, und erst vor etwa 570 Millionen Jahren entstanden die uns bekannten Lebensformen, angefangen bei

> den Arthropoden, gefolgt von Fischen vor 530 Millionen Jahren, Landpflanzen vor 475 Millionen Jahren und Wäldern vor 385 Millionen Jahren. Säugetiere kamen erst vor 200 Millionen Jahren auf, und unsere eigene Spezies, der Homo sapiens, entwickelte sich erst vor 200.000 Jahren. In der gesamten Erdgeschichte nimmt der Mensch also nur einen Zeitraum von 0,004% ein.
> *Quelle (übersetzt): http://www.bbc.co.uk/nature/history_of_the_earth*

Diese Zusammenfassung würde ich als angemessene Zusammenfassung wissenschaftlicher Beobachtungen bezeichnen. Was ihr jedoch fehlt, ist die Antwort auf die Frage, wie die Menschheit in diese Entwicklung hineinpasst. Warum ist in allerletzter Minute menschliches Leben auf dem Planeten entstanden? Seit Milliarden von Jahren gibt es Entwicklung auf der Erde, und der Mensch macht nur 0,004 Prozent davon aus! Wie lässt sich das erklären? Dafür müssen wir über den wissenschaftlichen Tellerrand hinausschauen und unsere dreidimensionalen »Scheuklappen« ablegen. Die Geschichte der Erde muss in Verbindung mit der Geschichte der Menschheit verstanden werden, denn bei Gaia, dem Bewusstsein der Erde, geht es um die Menschheit.

Milliarden Jahre lang hat sich das Leben auf der Erde entwickelt und auf die Menschheit vorbereitet, und Gaia überwachte, wann der richtige Zeitpunkt für das Auftauchen der Menschheit erreicht war – Menschheit, nicht definiert in Begriffen der Evolution, sondern der Göttlichkeit. Es gab mindestens vier Versuche, Leben auf die Erde zu bringen, und der letzte war erst dann erfolgreich, als es die Photosynthese gab. Die Ankunft des Menschen wurde absichtlich verzögert, und zwar aus zwei Gründen. Zum einen brauchte das Sonnensystem Zeit, um zur Ruhe zu kommen und all das Felsgestein, die Asteroiden und Kometen auf eine Kreisbahn zu bringen, damit sie nicht auf der Erde einschlugen. Zum Zweiten musste gewährleistet sein, dass die Menschen gerüstet waren, als die Plejadier uns ihren göttlichen Samen einpflanzen wollten.

Die Erde ist also sehr alt – die Menschheit dagegen nicht. Es gab erst dann »erleuchtete« Menschen, als der Planet vom heiligen Design berührt wurde. Kryon beschreibt das folgendermaßen:

Durch das heilige Design wurde der Planet auf Quantenart von erleuchteten Wesen besucht, die keine Engel waren. Das ist schwer zu beschreiben, aber es war so. Hört zu, es gibt in diesem Universum eine Überfülle von Leben, manches davon in Lektionen, wie ihr es seid, und manches nicht. Es gibt biologische Geschöpfe, die auf Planeten wie dem euren leben, in Atmosphären wie der euren, wo es aber keinen Krieg gibt. Sie leben in einem Quantenzustand, in dem sie sich darüber einig sind, wozu sie da sind. Sie repräsentieren Gesellschaften, die doppelt so alt sind wie die Erde. Die Menschheit und eine solch erleuchtete Gruppe existierte damals und existiert auch heute noch, und zwar Lichtjahre entfernt von euch, doch es war ganz einfach für sie, euch zu besuchen. Sie kamen auf diesen Planeten, um eurer DNA die Saat der Heiligkeit einzupflanzen. Sie kamen mit Erlaubnis – das war das Design – und mit dem Einverständnis aller Engelwesen im Universum. Es war kein Zufall, und es hatte auch nichts mit einem Eroberungsplan zu tun. Es war vielmehr ihre liebevolle Aufgabe ...

Was sie diesem Planeten gaben, ist in dreidimensionalen Worten nur schwer zu beschreiben. Sie nutzten die Gaben ihres Zustands quantenhafter Verbundenheit mit allem, um der Menschheit auf dem Planeten zwei zusätzliche DNA-Schichten zu verleihen.

Das geschah auf einen Schlag und nur an einer der 26 Menschenarten, nämlich der Art, zu der ihr heute gehört. Nur eine Art war dafür bereit, dieses Geschenk zu empfangen.

Kryon Live-Channelling »Die Geschichte der Menschheit«, durchgegeben auf dem westlichen Mittelmehr anlässlich der 8. jährlichen Kryon-Kreuzfahrt – August/September 2007

Laut Kryon wurde das göttliche menschliche Wesen durch heiliges Design erschaffen, und die Eltern der Menschen sind die Plejadier, die von der Sternenkonstellation der Sieben Schwestern kamen. Über die Jahre hat Kryon auch Angaben dazu gemacht, wann die Plejadier ihre Samen auf dem Planeten pflanzten, wobei die Zeiten manchmal ein bisschen verwirrend sind. Während eines neueren Channellings auf einem Kreuzfahrtschiff, das gerade in einem hawaiianischen Hafen vor Anker lag, gab Kryon klarere Informationen über den Zeitpunkt der Erschaffung durch:

Seid gegrüßt, ihr Lieben, ich bin Kryon vom Magnetischen Dienst. Es gibt eigentlich keinen Grund für irgendwelche Ängste meines Partners bei einem solchen Channelling. Schon Hunderte Male saß er im Stuhl und hat über das Portal, durch das sein Höheres Selbst zu ihm kommt, eine klare, saubere Botschaft von einem Boten empfangen, mit dem er sehr vertraut ist. Doch da ist Angst – wie immer, wenn er sich im Schatten des Bergs von Lemurien [Hawaii] befindet. Denn er erkennt zwar diese Energie, jedoch nicht die Dinge, die in seiner Akasha-Chronik vor ihm verborgen sind.

Deshalb ist die Energie dort, wo ihr gerade sitzt, reif für Informationen, die ich überbringen möchte und derentwegen mein Partner nervös ist, nur weil er sich zu Hause befindet und hier seine tiefsten Akasha-Erinnerungen hochkommen. Für die Zuhörer und Leser erzählen wir, wo wir sitzen, damit ihr verstehen könnt. Zunächst einmal befinden wir uns auf dem Wasser. Aber in dieser besonderen Situation [das Schiff ist angedockt] bewegen wir uns nicht. Bei den früheren Durchgaben an Bord dieser Schiffe war es für meinen Partner einfacher, weil er und die anderen sich bewegten [das Schiff war auf dem Wasser unterwegs], es gab also keinerlei Erdung [das Schiff war vollkommen vom Land abgetrennt]. Doch hier und jetzt treibt ihr auf dem Wasser und seid doch auch verankert; das ist eine Dichotomie, ihr seid sozusagen geerdet, weil ihr euch in der »statischen« [sich nicht bewegenden] Präsenz des Kristallgitters befindet. Diese Kombination erzeugt eine ganz einzigartige Energie, denn das Wasser reflektiert, und so ist die Energie tatsächlich ähnlich.

Heute ist es eine Energie, die die Vergangenheit widerspiegelt, die Geschichte widerspiegelt und euch widerspiegelt sowie die Rolle, die ihr an diesem Ort vielleicht gespielt habt, wo ihr nun buchstäblich »im Schatten der Berge von Lemurien« sitzt. Wenn ich euch in der Zeit zurückführen könnte, gäbe es hier keinen Hafen. Wie wir bereits früher schon gesagt haben, waren diese Berge damals viel, viel höher als heute. Denn es kam zu einer geologischen Anomalie, bei der auch der Hotspot [das charakteristische Merkmal der hawaiianischen Gebirgskette] mit involviert war; dadurch entstand eine Wölbung in der Erdkruste, wodurch dieser Berg weiter in die Höhe geschoben wurde – nicht ganz aus dem Wasser heraus, aber doch so weit, dass die Gipfel, die ihr jetzt als die Hawaiianischen Inseln bezeichnet, immer mit Schnee und Eis bedeckt waren. Sogar Gletscher entstanden hier in Lemurien (mit einer Höhe von bis zu 9000 Metern), und auf den Gipfeln dieser Berge wurde die Arbeit getan, die als heilig betrachtet wird; und heute verleiht das den Tropen ein ganz anderes Gefühl, welches ihr jetzt erlebt. Damals war es kalt!

[Anmerkung: Es gibt glaubwürdige Anzeichen dafür, dass der Hotspot der hawaiianischen Gebirgskette zu einer bestimmten Zeit tatsächlich stark angehoben wurde. Auch bei einem weiteren Hotspot, dem Yellowstone, auf dem US-amerikanischen Festland, gab es, wie erst kürzlich entdeckt wurde, eine »Aufwölbung« in seiner geologischen Geschichte, wodurch die Berge so stark angehoben wurden, dass sich Gletscher bilden konnten. Seit über 15 Jahren spricht Kryon von diesem erhöhten einzelnen Berg auf Hawaii als dem historischen Lemurien; erst seit Kurzem gibt es geologische Belege dafür, dass eine solche »Aufwölbung« auch auf Hawaii stattgefunden haben könnte.]

Mein Partner empfängt jetzt also Informationen über sich selbst, die ihm unbekannt sind. Vielleicht ist er deshalb besorgt. Er mag die Kälte nicht, bis zum heutigen Tag. Er hat sich für sein Leben buchstäblich schon Hunderte Male während früherer Leben Gegenden ausgesucht, in denen er nie wieder eiskalte Winter erleben muss. Er weiß um die früheren Leben, die ihm von entsprechenden Medien aufgezeigt wurden, weiß, wo er war und was er getan hat, ja er weiß sogar von seinem nächsten Leben! Keines davon fand in eisigen Wintern statt, wegen dem, was genau hier [in Lemurien] passiert ist. Denn mein Partner, der hier im Stuhl sitzt, der Mensch und Lemurier, den ihr gerade anschaut, war ein Bote. In Lemurien war es die Aufgabe des Boten, diese Hügel hinauf- und hinunterzulaufen, von Gebieten, die nicht so kalt waren, in Gebiete, die ganz hoch lagen und wohin Botschaften überbracht werden mussten, denn es gab keine andere Möglichkeit der effizienten Kommunikation. Ihm war also ständig kalt. Manche Orte auf dieser Insel hat er aus genau diesem Grund auch heute noch nicht besucht. Die Wege wecken in ihm zu viele Erinnerungen an sich selbst, als er sich so unwohl fühlte, das dringt durch die Akasha-Chronik aus seiner Zeit als Lemurier in die Jetzt-Zeit durch. Jetzt wisst ihr also, warum er ein »Warmwettermann« ist.

Die Zeiten von Lemurien

Die sich verändernde Energie ist jetzt so weit, dass viele Dinge über die Erde und Lemurien enthüllt werden können, und auch darüber, wie Dinge hierher durchgesickert sind. Jedes weitere Jahr, welches vergeht, scheint die Kommunikation im Kristallgitter klarer zu werden, sodass Informationen durchgegeben werden können, die für euch prägnanter sind, und ihr den Plan für diesen Planeten und den Zeitpunkt seiner Umsetzung besser verstehen könnt.

Dieser heilige Plan war in anderen Gebieten schon sehr lange am Wirken. Es ist ein galaktischer Plan, der sich zu einer Energie entwickelte, die dann auch euch mit einbezog. Sie brachte genau hier an diesem Ort, der ganz anders war als alle anderen Plätze auf dem Planeten, etwas in Gang. Dieser heilige Plan wurde auf die Erde gebracht und »planetenweit« auf einen Schlag implementiert. Doch hier wurde diese Energie gespeichert und zur Reife gebracht, sodass eine Zivilisation entstand, die nirgendwo anders hätte geschaffen werden können.

Sie war hier auf diesen Berg beschränkt, und die Menschen hier konnten nicht weggehen. Und so vergingen buchstäblich Jahrtausende, bis dieser bestimmte Berg aus dem Wasser gehoben wurde, und auf diesem Berg lebte die Zivilisation, die das erschuf, was wir *die Seelensaat der Höhle der Schöpfung* nennen werden.

Auf diesem Planeten erwachen viele Lemurier als alte Seelen, die auf diesem Berg eine Runde gedreht [ein Leben gelebt] haben, und auch diejenigen, die heute hier auf den Stühlen sitzen, gehören dazu. Ihr [diejenigen in der Gruppe vor Lee] spürt es auch auf einer Ebene, ihr spürt es. Einige Dinge, die mit euch zu tun haben, verbergen sich im Plan für diesen Planeten, auch das wahre Bewusstsein von Gaia. Ich habe also meinem Partner gerade gezeigt, was wir tun werden, und jetzt hat er noch mehr Bedenken. Denn wenn wir in die Geschichte eintauchen, in die Daten und Konzepte, die er bislang noch nicht kennt, wird er nervös. Er möchte das alles ganz korrekt, genau und richtig, entsprechend den ihm durchgegebenen Informationen haben. Ich sage also zu ihm: *»Bleibe einfach klar. Die Worte werden perfekt herauskommen und ganz logisch, denn dies ist und war immer das Versprechen: dass die Synthese einer multidimensionalen Seins-Energie namens Kryon Gedanken und Energie zusammenbringt und daraus eine dreidimensional strukturierte Konversation entsteht. Das ist seine Gabe – die genaue und geerdete Übersetzung von Spirit.«*

Der Zeitplan

Ich möchte euch noch einmal Zeitangaben darüber machen, wann die Saat auf diesem Planeten gepflanzt wurde, und eure spirituellen Eltern ehren, die ihr *die Plejadier* nennen würdet. Das war in der Vergangenheit verwirrend, deshalb nenne ich euch nicht nur den Zeitrahmen, damit ihr das Puzzle aus früheren Durchgaben zusammensetzen und enträtseln könnt, sondern auch eine Tatsache, über die wir noch nie gesprochen haben und die für etwas auf dem Planeten eine Erklärung gibt – eine Frage, die nie zuvor gestellt worden ist. Das ist eine meiner Spezialitäten: Sachen anzusprechen, an die niemand denkt, wegen der 3-D-Scheuklappen und Vorurteile dahingehend, »wie die Dinge nun mal sind«. Wie wir kürzlich schon gesagt haben, liegt der Zeitpunkt, als die Saat der Erleuchtung auf dem Planeten Erde ausgebracht wurde, etwa 200.000 Jahre zurück. Doch vor ein paar Jahren erzählten wir euch auch, Lemurien wäre nur 50.000 Jahre alt und die Saat wäre hier auf Hawaii. Und wir berichteten euch auch, was vor 100.000 Jahren geschah (bzw. eigentlich eher vor ungefähr 90.000 Jahren). Das scheint sich zu widersprechen, wenn die Beschreibungen über dasselbe sprechen würden, aber dem ist nicht so. Doch jetzt der Reihe nach, ganz langsam. Die nie gestellte Frage lautet: *»Warum gibt es nur eine Menschenart auf dem Planeten, wenn es von anderen Säugetieren doch Dutzende von Arten gibt? Welche Veränderungen in der Evolution der Menschheit haben dazu geführt?«*

Das Eingreifen der Plejadier

Vor ungefähr 200.000 Jahren, als die Plejadier zum ersten Mal auf die Erde kamen, war die Menschheit eine Gruppe wie all die anderen sich entwickelnden Arten auf dem Planeten. Das Säugetier namens Mensch kam in allen möglichen verschiedenen Formen vor. So wie bei anderen noch heute lebenden Säugetieren wurde durch diese Varietät das Überleben gesichert. Es gab bis zu 26 Arten von Menschenwesen, die jedoch, noch bevor die Plejadier hierherkamen, auf 17 Arten reduziert wurden (durch den normalen Evolutionsprozess). Dieses Problem hatten die Plejadier zu lösen, denn um die Saat auszubringen, musste sich die DNA verändern, damit sie durch die spirituelle DNA der Plejadier ergänzt werden konnte. Es sollte zum Schluss nur noch eine Menschenart geben, nämlich die, die ihr heute noch seid, aber mit der »DNA des Kosmos«. Diese Art von Menschenwesen verfügt nicht über dieselbe Varietät wie andere Säugetiere auf der Erde, wie ihr vielleicht schon gemerkt habt (oder auch nicht). Dies ist die Menschenart, der ihr heutigen Menschen angehört.

Evolutionär betrachtet seid ihr also im Vergleich zu allem um euch herum etwas Einzigartiges. Dieser Prozess erschuf ein Menschenwesen mit 23 Chromosomenpaaren, während die »normalen« Säugetiere 24 Chromosomenpaare haben. Das Verschmelzen von Teilen eurer DNA hat mit den Plejadiern zu tun, die euch ihre DNA einpflanzten. Bei diesem Prozess passierte vieles gleichzeitig.

Wenn ein Bauer auf sein Feld schaut und sich entscheidet, Korn anzubauen, hat er einen anderen Blick darauf als diejenigen, die das Korn irgendwann essen. Diese würden nämlich fragen: *»Wann gibt es das Korn, damit ich es verzehren kann?«* Und die Antwort wäre: *»Dann, wenn die Halme hoch stehen und es geerntet, gekocht und auf den Tisch gestellt wird.«* So weit die Geschichte des Korns für den Verbraucher; sie beginnt mit dem Ernten des reifen Korns. Doch der Bauer hat eine andere Perspektive. Er betrachtet das unbebaute Land, das gepflügt und gedüngt werden muss, vielleicht auch im Wechsel mit anderem Getreide, damit der Stickstoff im Erdreich es vorbereiten kann. Vielleicht bringt er die Saat aus, nimmt die hervorsprießenden Keimlinge und bringt sie wieder im Erdboden ein, ihr wisst schon. *Die Geschichte des Korns* wäre für den Bauern also eine ganz andere.

Es gibt also mindestens zwei Fragen und Szenarien, nicht wahr? Wann nahm das Korn seinen Anfang? Der Verbraucher gibt eine Antwort, der Bauer eine andere. Welche denn nun? Das hängt davon ab, wer die Frage stellt – der Verbraucher des Korns oder der Anbauer des Korns. Und dann gibt es noch eine dritte Frage: Wie steht es um den »Entwickler« (Schöpfer) des Korns? Wer machte das Korn? Und wann? Ich gebe euch dieses Beispiel, um zu erklären, warum die Daten verschieden sind, und ich werde euch alle nennen. Und dann erzähle ich euch, was passiert ist, und zwar ganz prägnant und kurz und bündig.

Der erste Blick

Es begann alles vor etwa 200.000 Jahren. Damals entstand das Konzept der »göttlichen Saat« auf dem Planeten Erde, und im übertragenen Sinn wurde mit dem Pflügen der Felder begonnen. Es gibt da ein Problem, nennen wir es die Art und Weise, wie die Spezies mit Gaia zusammenarbeiten. Es geschah zur selben Zeit, als das Gitternetz von Gaia erschaffen wurde. Jetzt erzählen wir euch etwas, über das bislang niemand nachgedacht hat. Wenn wir von den Gitternetzen der Erde sprechen, geht ihr davon aus, diese Gitter hätten schon immer auf dem Planeten existiert. Denn der Planet ist alt, und ihr könntet sagen: *»Na ja, die*

Gitternetze gab es schon immer.« Ich jedoch sage euch, es gab nur ein Gitternetz, welches schon immer da war, und zwar das magnetische Gitter. Wir sprechen zu euch auch vom *Kristallgitter* und dem *Gitternetz des Gaia-Bewusstseins.* Beide reagieren auf menschliches Mitgefühl.

Hier ist die Rätselfrage: Wenn es kein menschliches Bewusstsein gibt, wie sieht es dann mit den Gitternetzen aus? Existieren sie auch ohne den Menschen? Die Antwort lautet: Sie mussten gleichzeitig mit der Aussaat der göttlichen DNA geschaffen werden. Die Plejadier pflanzten also nicht nur die Samen, um die Menschheit mit göttlicher DNA zu verändern, sondern sie erzeugten auch die bewussten Gitternetze von Gaia. Das war nötig, denn in diesen bewussten Gitternetzen von Gaia fließen die Entscheidungen der Menschheit mit Gaias Energie zusammen. Das Bewusstsein, über das wir hier sprechen, ist das als spirituell angesehene menschliche Wesen, welches in sich ein Stück Gottes trägt und dessen DNA 23 Chromosomenpaare hat anstatt der normalen 24 Chromosomenpaare wie alle anderen Säugetiere in ihrer biologischen Evolution.

Wir wollen das noch einmal einfacher ausdrücken, mein Partner [Ermahnung an Lee, klarer zu sprechen]! Die Triade der Gitternetze auf diesem Planeten, von der wir immer wieder gesprochen haben, sind die Bewusstseinsgitter von Gaia und wurden zur selben Zeit erschaffen, als die DNA der Plejadier der Menschheit eingepflanzt wurde. In allen unseren Unterweisungen, insbesondere über das Kristallgitter, war die Rede davon, dass diese Gitternetze auf das menschliche Bewusstsein und Mitgefühl reagieren. Deshalb hat auch die Essenz der derzeitigen Gaia-Energie mit der Erschaffung des Menschen zu tun.

Das sind die Merkmale der plejadischen Arbeit vor 200.000 Jahren, und sie geschah quantenhaft auf eine Art und Weise, die ihr derzeit nicht bewusst wahrnehmen könnt. Denn diese Dinge gehen im Moment über euer Verständnis hinaus, da ihr nach wie vor in der einstelligen Dimensionalität lebt. Doch damals war das Ergebnis eine »bewusste Gaia«. Man könnte also sagen, Gaia selbst wurde auf Quantenweise von der Energie der Sieben Schwestern erschaffen, genau wir ihr.

Gaia, wie sie vorher existierte, war zwar auch Gaia, aber nicht so wie jetzt. Diese frühere Gaia erschuf den Erdboden und die Energie biologischen Lebens auf der Erde. Sie war die Mutter allen Lebens auf dem Planeten, aber keine Gaia, die auf menschliches Bewusstsein reagierte. Das ist etwas ganz anderes. Als die Plejadier kamen, erweiterte sich Gaia also sehr, und das war so beabsichtigt.

Es dauerte 110.000 Jahre, bis sich all das gefestigt hatte und bis es so weit war, dass 16 Menschenarten gehen konnten und nur eine zurückblieb. Das geschah vor etwa 90.000 Jahren, und das ist der Zeitpunkt, den ihr für eure Berechnungen als Eichmaß hernehmen müsst, um die Frage zu beantworten: Wer waren die Menschen, und wer wurden sie?

Die anderen

Und was passierte mit all den anderen Menschenarten, und wie verschwanden sie? Ich erzähle euch jetzt von etwas, das es sogar heute noch gibt. Für meinen Partner ist das schwierig, denn davon hat er bislang noch nichts gehört. Diese Informationen wurden bislang so noch nicht weitergegeben. Mach langsam, Partner!

Die verschiedenen Spezies auf diesem Planeten kommen und gehen, je nachdem, wie sie für die von ihnen erzeugte Energie gebraucht werden. Eine der Aufgaben von Gaia besteht darin, Spezies zu erschaffen und zu eliminieren. Wenn sie zwecks Gaias Weiterentwicklung nicht mehr gebraucht werden, hören sie auf zu existieren und sterben aus. Wenn neues Leben notwendig ist, neue Lebenskonzepte benötigt werden, dann ist Gaia kooperativ, und sie werden erschaffen. Die eigentliche Erschaffung der Arten ist etwas, was die Umweltschützer bislang nicht voll begriffen haben. Sie haben nicht erkannt, wie die Mechanik dahinter funktioniert, dass sie stark vom Wetter abhängt. Aber eure Langzeitstudien haben diese Funktionsweise zum Teil schon aufgedeckt, ihr habt bereits gemerkt, dass im Laufe der Zeit viele Spezies gekommen und wieder verschwunden sind. Und das ist immer noch so.

Das Artensterben – und warum es angemessen ist

Da kommen jetzt also die Menschen daher, sehen, wie Lebewesen auftauchen und verschwinden, und wollen sie alle retten – alle existierenden Spezies. Denn gemäß ihrem linearen Denken sollten alle Spezies auch weiterhin existieren, weil sie nun einmal da sind. Doch Gaia will sie eliminieren, eine Auslese treffen, um neue Arten ins Spiel zu bringen. Gerade habe ich erklärt, warum Spezies kommen und gehen. Das ist angemessen, und es ist ein natürlicher Aufbauprozess für neue Spezies.

Als die Plejadier die Gitternetze des Planeten erschufen, arbeitete Gaia daran mit, wusste um den Zweck und was für das Überleben des neuen spirituellen Menschen nötig war. Gaia wusste das, weil die Energie von Gaia das bereits früher gesehen hatte [der Grund dafür steht weiter unten]. Das alte Attribut, nach dem viele Menschenarten erforderlich waren, starb deshalb langsam aus. Es war etwas Natürliches. Es gab keinen Krieg und auch keine fürchterlichen Seuchen, keine Vulkanausbrüche oder Tsunamis, die diese Menschen dahinrafften. Sie verschwanden aufgrund eines natürlichen Abgangs, im Laufe von 110.00 Jahren, weil es angemessen war.

Vor ungefähr 110.000 Jahren war also nur noch eine Art übrig; das ist wissenschaftlich bewiesen, wie all eure Studien belegen, und die Anthropologen haben das bereits erkannt und sich gefragt: *»Was ist damals geschehen, dass diese anderen menschlichen Arten ausgerottet wurden?«* Die Lösung für dieses wissenschaftliche Rätsel habe ich gerade geliefert, denn die Wissenschaft hält sich nur an physikalische Ereignisse als Auslöser. Der Grund dafür war aber vielmehr der Bund mit dem Gaia-Bewusstsein, das ihr »Mutter Natur« nennt, der dazu geführt hat. Das ist auch heute noch so, wenn ihr beobachtet, wie der Bestand verschiedener Spezies abnimmt, während die Menschen einen größeren Teil der Erde für sich in Anspruch nehmen. Ich nenne das »die angemessene Eliminierung einzigartiger Lebensformen, wodurch die globale Bewusstheit steigen und Quantenevolution stattfinden kann«. Manche Spezies existieren nur, um anderen zu helfen, die Leiter der Natur hochzuklettern, dann verschwinden sie wieder. Gaia weiß, wie diese Leiter aussieht. Ihr nicht.

Die spirituelle Verknüpfung

Historisch betrachtet startete die »Erschaffung des einen Menschen« also die esoterische Maschine des Musters des spirituellen Lebens auf dem Planeten, wo man nun die Seelenenergie messen konnte, eine spirituelle Quantenenergie, die mit Gaia verbunden ist. Das ist genau die Arbeit, die ihr heute zu tun versucht, wenn ihr die Geschichte der Spiritualität nachverfolgen wollt und herauszufinden versucht, welche Intuition der Schöpfer dieses Systems hatte. Das menschliche Bewusstsein ist Quantenenergie, es ist *die Summe aller Seelen.*

Und jetzt sind wir in der Zeit vor 90.000 Jahren. Wir werfen einen Blick auf das menschliche Wesen mit 23 Chromosomenpaaren ..., die der Sieben Schwestern. Dieser Mensch musste sich weitere 50.000 Jahre in ein Quantenwesen, ein fühlendes menschliches Wesen weiterentwickeln, das ohne ein organisatorisches Vorbild eine Zivilisation auf die Beine stellen konnte. Viele Generationen mussten nach der Methode »Versuch und Irrtum« vorgehen, auch wenn euch das heute ganz normal erscheint. Jeder Koch weiß, dass es sehr lange dauert, bis er ein wirklich gutes Essen kochen kann. Wie lange bräuchte ein Mensch ohne ein Rezept bzw. eine Ausbildung, der nie zuvor eine Küche oder die Essenszutaten zu Gesicht bekommen hat, um ein echtes 7-Gänge-Feinschmecker-Menü zu kochen, nur indem er es immer wieder probiert? So ähnlich war das, und die Dinge entwickelten sich nicht so schnell wie heutzutage. Das war der Anfang der Menschheit: der Versuch, herauszubekommen, wie Menschen in Gruppen zusammenleben konnten.

So wird Weisheit gelernt, und die Zeit ist der Ofen, auf dem das Weisheits-Mahl gekocht wird. Durch die Attribute, die die Plejadier dem Menschen mit den 23 Chromosomenpaaren einpflanzten, entstand Wachstum, und jede einzelne Generation wurde mit der Zeit immer weiser. Schließlich, weit über Lemurien hinaus, wurde die menschliche DNA so effizient, dass die Menschen das sehen konnten, was ihr heute seht – das Göttliche im Menschen, welches praktisch schon bei der Geburt erkannt und gespürt wird, und eine Bevölkerung von fast sieben Milliarden Menschen, von denen über 80 Prozent an denselben Gott und sogar an ein Leben nach dem Tod glauben [die heutige Zivilisation].

Die Geschichte Lemuriens

Jetzt sind wir in der Zeit vor 50.000 Jahren. Es dauerte weitere 20.000 Jahre, um die Tempel der Verjüngung zu erbauen und die alten Seelen erscheinen zu lassen, die Art von Seelen, zu denen auch ihr gehörtet.

Jetzt sind wir in der Zeit vor 30.000 Jahren. Das ist die Zeit in der Geschichte Lemuriens, die wir heute als die »lemurische Zivilisation« bezeichnen – ein reifes Lemurien, das sich spirituell weiter entwickelt hatte als jede andere Zivilisation auf dem Planeten in jener Zeit. Die Insel hat eine reine Gruppe an Menschen mit spirituellem Samen hervorgebracht. Den Rest der Geschichte haben wir euch schon erzählt. Als die Erdkruste sich wieder senkte (die Blase, durch die das Land hochgehoben wurde), sank der Berg von Lemurien langsam nach unten. Die Lemurier zerstreuten sich und begaben sich auf die Boote, ohne zu wissen, ob es überhaupt noch Land gab.

Als Lemurien sich in seiner Blütezeit befand, bewahrte dieser Berg über Jahrtausende ein unverändertes Lemurien; es war sozusagen ein Schnellkochtopf mit Informationen, Abstammungslinien, Ausbildung und Erfahrungen. Es veränderte sich nie, und was hier gelernt wurde, war anders als das, was woanders auf dem Planeten gelernt wurde. In anderen Gebieten konnten die Menschen weitergehen und tun, was sie wollten. Sie mussten einfach nur ihre Sachen packen und verschwinden! Aber nicht hier [in Lemurien]. Hier mussten sie Möglichkeiten finden, mit den üblichen Problemen des Zusammenlebens klarzukommen.

Hier also wollte das Akasha-System der Menschheit alte Seelen weiterbilden. Die Menschen kamen jeweils nur ein Mal, gingen dann zurück und inkarnierten an einem anderen Ort auf dem Planeten. Im Laufe der letzten 20.000 Jahre kamen also viele Seelen nach Lemurien und lebten hier am Fuß genau dieser Berge, vor denen ihr gerade im Wasser treibt. Das erklärt auch, warum jetzt so viele Lemurier auf dem Planeten sind – stellt es euch als eine plejadische Schule vor.

Die Erweckung Lemuriens

Es findet ein Erwachen statt, meine Lieben, und an diesem Erwachen, genau jetzt auf diesem Planeten, sind eure Brüder und Schwestern beteiligt, die diese Hügel hinauf- und hinunterliefen. Viele der alten Seelen heute haben Zeit hier verbracht, und sie befinden sich überall auf dem Planeten.

Eine ganz besondere Gruppe Lemurier konnte den Tempel der Verjüngung (auf dem Berggipfel) regelmäßig benutzen. Das hat ihr Leben sehr verlängert. Darüber spreche ich schon seit Jahren. Sie waren die königlichen Hoheiten, die »Bewahrer der Geheimnisse«. Sie lebten bis zu dreimal länger als die meisten anderen Lemurier, aber das mussten sie auch, denn sie besaßen das ursprüngliche Wissen. So wurden in Lemurien die alten Weisen und die Reinheit der heiligen Informationen bewahrt.

Wie ich bereits gesagt habe, wird meinem Partner schnell kalt. Er war viele Male im Tempel der Verjüngung, und das ist seine Verbindung mit Yawee (Todd Ovokaitys); manche von euch wissen ja, wer das ist. Denn als Bote war er derjenige, der heilige

Informationen – die Geheimnisse – zu den Tempeln und zurück brachte. Die Lemurier jener Tage wollten diese Geheimnisse nicht mit vielen Menschen teilen. Deshalb lebte mein Partner sehr, sehr lange. Er wurde im Tempel immer wieder verjüngt, so oft wie die Königlichen. Dieser Bote hatte ein sehr langes Leben und verbrachte als eine Seele mehrere Lebenszeiten hier, und die ganze Zeit fror er. Zum ersten Mal habe ich meinem Partner nun gesagt, warum er hierherkommt und warum er sich mit diesem Land so verbunden fühlt – und warum er nicht gerne friert!

Gaia ist ein Teil von euch

Gaia und die Bewusstseinsgitter dieses Planeten wurden alle zur selben Zeit geschaffen wie ihr, durch dieselben Energien wie ihr, aus derselben Quelle wie ihr. Wenn ihr heute zu einem bestimmten aufregenden Planeten im Sternbild der sogenannten Sieben Schwestern reisen könntet, einer Konstellation, die bis heute auf dieser Insel [Hawaii] gefeiert wird, und mit den »Bewohnern« reden könntet, würdet ihr etwas sehen, was ihr erkennen würdet. Sie haben einen Namen für die Energie ihres Planeten, nicht das Wort »Gaia«, aber so ähnlich. Auch sie haben ein Kristallgitter und natürlich ein Magnetgitternetz. Und sie haben ein Gaia-ähnliches Gitternetz. Das musste auch so sein, denn all das wurde auf Quantenweise hierhergeschafft! Die Gitternetze dieses Planeten, die wir als »Bewusstseinsgitter« bezeichnen, sind auch plejadischen Ursprungs!

Jetzt wisst ihr es, und das habt ihr vielleicht nicht erwartet, diese Neuigkeiten, die euch in einer Energie vermittelt werden, wie es nur hier, im Schatten des einst so kalten Berges, möglich ist. Es ist eure Geschichte, Lemurier. Und hiermit ergeht eine Einladung an diejenigen, die vor mir sitzen: Ich fordere euch hier und jetzt auf, zu spüren, was hier ist, und zwar aus nur einem Grund: damit ihr spirituell verjüngt werdet und eure Akasha-Chronik aktiviert wird und sich erinnern kann. Lasst euren Körper emotional bestätigen, was ihr schon vermutet habt: Ihr seid alte Seelen, und es gibt einen Grund, warum ihr jetzt erwacht und warum ihr auf dieser besonderen Reise [der Kreuzfahrt] dabei seid.

Es gibt noch mehr, aber das reicht jetzt erst einmal, es reicht. Und so ist es.

Kryon Live-Channelling »Der Zeitpunkt der Schöpfung«, durchgegeben auf Hawaii anlässlich der 11. Kryon-Kreuzfahrt – 12. August 2012

Wie Kryon in der obigen Beschreibung sagt, wurden die Menschen also nach und nach, im Laufe von 50.000 Jahren, spirituell, und die lemurische Gesellschaft wurde begründet. Vor 40.000 Jahren drehte sich die Erde, anders als heute, mit 28 Grad um ihre eigene Achse. Es war gegen Ende einer Eiszeit, und ein Drittel der gesamten Wassermenge auf dem Planeten war zu Eis gefroren. Die Durchschnittstemperatur betrug acht Grad weniger als heute. Die Temperatur auf dem Planeten hängt von der darauf befindlichen Wassermenge ab. Der Wasserzyklus des Planeten steuert die Temperatur und den Wind. Die Meerestiefe betrug durchschnittlich 133 Meter weniger als heute. Vor 15.000 Jahren begann das Eis allmählich über einen Zeitraum von 5000 Jahren abzuschmelzen. Dadurch veränderte sich das Wassergleichgewicht der Erde; das Wasser ergoss sich in die Täler. Die neue Gewichtsverteilung des Wassers hatte großen Einfluss auf die Bewegung der Erdkruste, es kam zu vielen Erdbeben. Vor 10.000 Jahren stieg das Wasser dann nicht weiter an, und die Wassertiefe pendelte sich in etwa auf den heutigen Stand ein.

Der Wasserzyklus der Erde sorgt für Wärme und Kälte auf dem Planeten. Er ist dynamisch – immer in Bewegung. Dieser Planet hat schon viele Temperaturveränderungen mitgemacht, die alle Teil der normalen Zyklen sind. Es gab in der jüngeren Erdgeschichte mehrere kleine Eiszeitzyklen, die man gut am Vereisen und Abschmelzen vieler Gletscher überall auf der Welt erkennen kann. Der gemeinsame Nenner dieser kleinen Eiszeiten: Die Temperatur steigt zu Beginn eines Wasserzyklus und sinkt dann allmählich ab. Diese anfängliche Erwärmung ist typisch, verläuft zyklisch und ist ganz normal.

Interessanterweise nahm die historisch belegte menschliche Zivilisation vor ungefähr 4000 Jahren ihren Anfang. Es gibt keinerlei Verweise auf die lemurische Gesellschaft. Das war Teil des Plans, doch jetzt findet eine Veränderung statt, und die alten lemurischen Seelen auf dem Planeten erwachen und entdecken die Wahrheit, die ihnen durch ihre DNA übermittelt wird.

Was sagt die Wissenschaft?

An dieser Stelle möchte ich etwas zu den von Kryon übermittelten Informationen sagen. Laut Kryon gab es bis zu 26 menschliche Arten, welche sich nach Ankunft der Plejadier, die uns die Saat der Erleuchtung einpflanzten, auf 17 reduzierten. Das geschah vor 200.000 Jahren.

Vor 110.000 Jahren gab es schließlich nur noch eine menschliche Spezies. Vor 90.000 Jahren waren die Menschen dann in der Lage, eine Zivilisation zu begründen, und vor 50.000 Jahren entstand Lemurien (auf Hawaii).

Wie oft haben Sie schon von den unterschiedlichen Menschenarten gehört oder gelesen, die auf dem Planeten einstmals existierten? Als ich zur Uni ging, habe ich, wenn ich mich richtig erinnere, nie etwas darüber gelernt. Seltsam, oder? Falls Sie ein Kryon-Fan sind und alle Bücher von Lee Carroll gelesen haben, erinnern Sie sich wahrscheinlich daran, wie aufgeregt Lee wurde, als er das Titelblatt des »Scientific American« vom Januar 2000 auf einem Flughafen erblickte. Dieses Titelblatt ist sogar im Kryon-Band 6, »Über die Schwelle«, abgebildet. Doch warum war er so aufgeregt? Ich glaube, der Titel spricht für sich:

»Wir waren nicht allein. Unsere Spezies hatte mindestens 15 Vettern. Doch nur wir blieben übrig. Warum?«

Falls Sie den Artikel, der von Ian Tattersall verfasst wurde, einmal in die Finger bekommen, lohnt es sich wirklich, ihn zu lesen. Bis dahin nachfolgend ein paar Auszüge daraus, damit Sie eine Vorstellung davon bekommen, was die Wissenschaft über die menschliche Evolution entdeckt hat.

> Seit etwa 25.000 Jahren hat *Homo sapiens* die Erde für sich allein, ohne Konkurrenz von anderen Mitgliedern der Familie der Hominiden. Wie es aussieht, hat diese Zeitspanne uns gereicht, um ein tiefes Gefühl dafür zu entwickeln, dass dieses Alleinsein auf der Welt völlig natürlich und angemessen ist [...]. Die »Hypothese von der einen Spezies« war eigentlich nie so ganz überzeugend – selbst unter Berücksichtigung der ziemlich spärlichen hominiden Fossilienfunde vor 35 Jahren [...].
> Auch wenn die Funde nach wie vor recht dürftig sind, belegen kürzliche Entdeckungen und Neubewertungen von Fossilien doch, dass die biologische Geschichte der Hominiden ähnlich verlief wie die der meisten erfolgreichen Tierfamilien. Es ging um Diversität und nicht um lineare Progression. Trotz dieser reichen Geschichte – in deren Verlauf hominide Spezies sich entwickelten, zusammenlebten, miteinander rivalisierten, aufstiegen und schließlich zugrunde gingen – ist H. Sapiens letztendlich als einziger Hominide übrig geblieben. Die Gründe dafür sind im Allgemeinen nicht erkennbar [...].
> *Quelle (übersetzt): http://de.scribd.com/doc/105675585/Tattersall-Ian-Once-We-Were-Not-Alone*

Was meinen Sie? Sind sie wirklich nicht erkennbar? Oder glauben Sie, Kryon hat uns die Antwort gegeben und der Grund ist unsere heilige DNA?

Es gibt also durchaus Belege dafür, dass es mehrere menschliche Arten gab. Doch welche Beweise gibt es für die Existenz der Menschen auf dem Planeten vor 200.000 Jahren?

Neue Techniken datieren menschliche Fossilien aus Afrika auf ein Alter von 195.000 Jahren. In einem Artikel mit der Überschrift »Oldest Human Fossils Identified« von Hillary Mayell für die »National Geographic News« ist zu lesen:

> Die neue Datierung vergrößert auch die Zeitspanne zwischen dem Auftauchen des anatomisch modernen Menschen und der Zeit, als »kulturelle« Merkmale – beispielsweise das Entstehen von Kunst und Musik, von religiösen Praktiken und komplexer Werkzeugherstellung – aufgekommen sind. Kulturelles Leben

> ist erst seit ungefähr 50.000 Jahren archäologisch gut dokumentiert.
> *Quelle (übersetzt): http://news.nationalgeographic.com/news/2005/02/0216_050216_omo.html*

Interessant, dass die Wissenschaftler zwischen moderner menschlicher Anatomie und modernem menschlichen Verhalten unterscheiden! Und übrigens, falls Sie sich fragen, warum die auf Hawaii gefundenen menschlichen Fossilien nicht sehr alt sind, dann gebe ich Ihnen einen Wink: Fast die gesamte Landmasse, auf der die Lemurier lebten, befindet sich inzwischen unter Wasser. Die hawaiianischen Inseln sind eigentlich alle Teil eines einzigen großen Gebirges. Der Berg Mauna Loa auf der Insel Hawaii (auch bekannt unter dem Namen »Große Insel«) ist der höchste Berg der Welt, wenn man vom wirklichen Gebirgsfuß aus misst, nämlich vom Meeresgrund aus.

Und gibt es zu guter Letzt auch Belege für die sogenannte *Verschmelzung der Chromosomen,* wodurch unsere 24 Chromosomenpaare auf 23 reduziert wurden? Der bekannte Autor Gregg Braden erläutert in seinem Buch »Tiefe Wahrheiten« Folgendes:

> Entgegen jeglicher Evolution, die um uns herum stattfindet, wurde das menschliche Chromosom 2 anscheinend zu einem einzigen großen Stück DNA verschmolzen kombiniert (wodurch wir Menschen nur 23 Chromosomenpaare haben und nicht 24 wie die Affen).
> Daraus lässt sich entgegen der etablierten wissenschaftlichen Meinung folgern, »dass nur ein sehr selten auftretender Prozess ein solches genetisches Phänomen ermöglicht haben kann.« Deshalb sind wir eine einzigartige Spezies auf dem Planeten und haben uns nicht aus irgendetwas, was es »hier« gibt, entwickelt.

Frage: Ähnelt die Geschichte unseres Planeten Erde der Geschichte anderer Planeten, die in unserer Galaxie aufgestiegen sind?

Kryon: Interessant, nicht wahr, dass mich das bislang kein Mensch gefragt hat! Doch jetzt bettelt die Frage ja sozusagen darum, gefragt zu werden! Die neue Energie zeigt euch eine umfassendere Wahrheit, die es schon immer gab, auf die der Mensch aber nicht neugierig war. Denn die neue Energie setzt in euch eine neue Intuition frei, die auch schon immer da war, aber nicht auf der Überlebensebene. Sie steckt vielmehr tief vergraben in der Akasha-Ebene der »galaktisch vererbten Informationen« und wird, wie vieles andere, nach und nach in dem Maße freigesetzt, wie Gaia sich darauf vorbereitet, der Menschheit durch neue magnetische Kräfte, die durch die Reise eures Sonnensystems um das Zentrum eintreten, und das Freigeben uralter Informationen weitere Hilfestellung zu leisten.

Die einfache Antwort auf deine Frage lautet also: Ja. Sie ist sehr ähnlich, so wie die Evolution grundsätzlich ähnlich verläuft. Man könnte meinen, jeder Planet, der das durchlaufen hat, hätte aufgrund der so unterschiedlichen planetarischen Gegebenheiten einen ganz speziellen Entwicklungsweg genommen. Doch in Wahrheit verläuft sowohl die physische als auch die Bewusstseins-Evolution in der ganzen Galaxie in eingefahrenen und gleichen Bahnen, und zwar, weil einige sehr fundamentale Gesetze gelten und das nichts mit eurem »Zufall« zu tun hat. Diese noch unbekannten Gesetzmäßigkeiten sind überall dieselben und dienen dazu, das sich entwickelnde Leben in dieselbe Richtung zu »weisen«.

Doch die umfassendere Antwort, die ich gerade enthüllt habe, lautet dagegen, dass Gaia sehr viel mit diesem »Wegweisen« zu tun hat! Es gibt also noch etwas, was schließlich enthüllt wird und Teil der Partnerschaft zwischen der Menschheit und Gaia ist.

Lemurien

Ich möchte auch etwas über Lemurien sagen. Diesen Namen hörte ich zum ersten Mal, als ich 2006 mein erstes Kryon Buch las. Kryon bezog sich darin oft auf die Lemurier, die alten Seelen des Planeten. Während meines Erweckungsprozesses fragte ich mich lange, ob ich vielleicht Lemurierin sei. Inzwischen habe ich natürlich erkannt, dass ich ganz bestimmt in Lemurien war; das wurde mir viele Male bestätigt, unter anderem als ich bei einem Kryon-Channelling anwesend war und Kryon sagte, jede Person im Raum sei ein Lemurier bzw. eine Lemurierin. Immer wenn ich das Glück habe, nach Hawaii zu kommen, werde ich von Emotionen überwältigt. Meine Zellen prickeln vor lauter Erinnerungen, und ich fühle mich eingehüllt in die süße, liebevolle Energie von Mutter Erde, vor allem wenn ich auf Kaua'i bin.

Und Sie? Sind Sie ein Lemurier? Fast höre ich das Ja von einigen und spüre bei anderen, dass sie sich nicht ganz sicher sind. Eines versichere ich Ihnen: Egal, ob Sie nun Lemurier sind oder nicht, die Essenz Ihrer DNA geht mit der Ihnen innewohnenden Göttlichkeit in Resonanz. Sie sind ein Teil Gottes und etwas Ewiges; das waren Sie und werden es immer sein. Verbeißen Sie sich also nicht gar zu sehr in Ihrem Versuch, herauszufinden, ob Sie Lemurier sind.

Die Geburt der Lemurier fand auf dem höchsten Gebirge der Welt statt, das heute die Inselkette von Hawaii bildet. Damals befanden sich 80 Prozent des Gebirges über dem Wasser, und die Gipfel waren viel höher als heute. Dieser Berg war über einem Hotspot entstanden. Die Erdkruste wölbte sich auf und wurde hochgehoben. Auf einem Großteil der Insel herrschte Kälte. Die höchsten Gipfel waren mit Schnee und Eis bedeckt, und es bildeten sich Gletscher. Irgendwann werden die Geologen das nachweisen können.

Die Lemurier repräsentierten die Beziehung zwischen Gaia und der Menschheit. Aus spiritueller Sicht bereiteten sie die Akasha-Chronik des Planeten vor. Dies war der Ballungsraum des Göttlichen. Jede Seele, die nach Lemurien kam, erhielt eine reine Prägung, woanders dagegen nicht. Die DNA der Lemurier war somit die reinste auf dem Planeten. Mit Ausnahme weniger Menschen hatte jeder Lemurier nur ein Leben, und das war Absicht, damit sie die Erfahrung einer alten Seele machen konnten. Die Lemurier versorgten das Kristallgitter mit Energie und prägten ihre Energie auch der Höhle der Schöpfung ein, während sie darauf warteten, dass die Zivilisation zur Vollendung gelangte. Wenn eine Seele einmal in Lemurien war, wartete sie bzw. reinkarnierte an einem anderen Ort. Deshalb tragen die Lemurier die älteste Akasha für eine alte Seele, und zum System der spirituellen Saat gehörte auch, dass es nur neuen Seelen den Zugang erlaubte. Nur wenige der lemurischen Priester, und davon wiederum vor allem Frauen, waren in einem früheren Leben bereits einmal in Lemurien. Fast alle Lemurier waren das erste Mal auf dem Planeten. Laut Kryons Schätzungen machten ungefähr 350 Millionen alte Seelen die lemurische Erfahrung. Wir können also schätzungsweise davon ausgehen, dass dies auch in etwa der derzeitigen Anzahl alter Seelen auf dem Planeten entspricht, von denen viele im Begriff sind, erweckt zu werden.

Die lemurische Energie ist die einer Saat-Gruppe, die komplett isoliert war. Lemurien lag auf einer Berginsel (Hawaii) und überlebte auf reinere Weise als andere. Selbst die entlegensten Gruppen auf der Erde hatten die Möglichkeit, sich auszubreiten (Land), was zu denkerischer Vielfalt führte. Lemurien dagegen blieb über Jahrtausende hinweg gleich und wurde dadurch zu einer der langlebigsten Zivilisationen in der Geschichte, die für die Wissenschaft praktisch gänzlich verloren gegangen ist, da die Wohnorte der Lemurier heute unter Wasser liegen.

Jahrtausendelang verfügten die Lemurier über eine DNA, die direkt von der mit den Plejadiern verbrachten Zeit beeinflusst war, welche die Weisheit und das Wissen in einem isolierten und abgeschlossenen Umfeld übermittelten, wodurch diese Weisheit und dieses Wissen nicht verwässert wurden. Lemurien war eine einmalige Erfahrung, um die Akasha-Chronik des Planeten aufzubauen.

Zu einem bestimmten Zeitpunkt passierten dann zwei für die Lemurier sehr erschreckende Dinge: Der Berg versank im Meer, und die Vulkane spien Magma – das Signal für die Lemurier, die Insel zu verlassen, welches auch das Ende von Lemurien und den Beginn der menschlichen Arbeit auf dem Planeten ankündigte. Die Lemurier wurden zu Seefahrern und fuhren hinaus, um andere Lebensräume zu finden. Manche Lemurier schafften das und andere nicht. Viele reisten gen Süden, manche nicht.

Die Lemurier, die ihre Berginsel, bekannt unter dem Namen Hawaii, verließen, bevölkerten unter anderem die Osterinsel und Neuseeland. Deshalb ist in diesen Gegenden die Energie der alten lemurischen Seelen so stark spürbar. Während einer Kreuzfahrt auf dem Mittelmehr übermittelte Kryon viele Informationen über die lemurische Zivilisation:

Es war die größte Gesellschaft, die je auf dem Planeten gelebt hat – nicht was die Anzahl der Menschen betrifft, sondern vielmehr in Bezug auf die Größe ihres Bewusstseins. Das war nichts, was ihr später hättet nachahmen können, denn es gehörte zum Aufbau der Menschheit. Es war die lemurische Zivilisation. Ich habe bislang noch nicht gesagt, wie lange sie andauerte, deshalb mache ich das jetzt. Was würdet ihr von einer Gesellschaft halten, die über 20.000 Jahre überlebt hat? Sie lebten in Frieden. Alles, was in der Gesellschaft auf der Erde seit Beginn der Geschichtsschreibung jemals passierte, würde dadurch in den Schatten gestellt, nicht wahr? Nichts euch Bekanntes kommt dem nahe ...

Doch ich habe euch noch viel mehr über die Lemurier zu erzählen. Wollen wir nun den spirituellen Teil betrachten. Im Laufe der 20.000-jährigen lemurischen Kultur kamen insgesamt 350 Millionen lemurische Seelen auf den Planeten, was eigentlich nicht viel ist, wenn man bedenkt, dass das über 800 Generationen lief. Und ich erkläre euch auch warum.

... Also, das ist jetzt etwas anderes, Partner, und etwas ganz Spezielles. Also übersetze es bitte korrekt [Kryon laut zu Lee, sodass alle es hören können]! Die Lemurier reinkarnierten nicht als Lemurier. Spirituell betrachtet sage ich also, dass fast 350 Millionen einzigartige Einzelseelen – nicht nur menschliche Seelen, sondern 350 Millionen Engel – der Reihe nach als Menschen die lemurische Kultur durchliefen und sich nicht reinkarnierten. Sie kamen nur ein einziges Mal. Die lemurische Geburtenrate entsprach nicht eurer heutigen, kein bisschen. Sie verlief nicht einmal in der euch bekannten geometrischen Progression. Das ist kompliziert. Biologisch gesehen gab es einen Grund, warum die Lemurier nicht viele Kinder hatten. Das hatte mit der Temperatur auf dem Planeten und ihrer Kultur zu tun. Die Männer waren nicht so fruchtbar wie heutzutage. Außerdem wurden dadurch die spirituellen Aspekte dessen, was nötig war, begünstigt. Alles, was ihr wissen müsst, ist: Es gab insgesamt

350 Millionen Seelen in der spirituellen lemurischen Kultur, und diese Kultur stellte die am längsten fortbestehende Gesellschaft auf der Erde dar. Mehr dazu gleich ...

Das Folgende ist wissenschaftlich widersprüchlich, denn ich sage: Einschläge von kleineren Meteoriten kamen häufiger vor, als ihr heute meint. Erst vor 13.000 Jahren und dann noch einmal vor 5000 Jahren gab es solche Einschläge. Der letzte vor 5000 Jahren war größer; er bewirkte auf dem Planeten zweierlei:

Zum einen bewirkte er eine solche Verschiebung des Erdmantels, dass der Kippwinkel der Erde sich von 28 Grad auf 23,3 Grad verlagerte. Das war eine ganz schön heftige Auswirkung! Und das erst vor 5000 Jahren.

Zum Zweiten beeinflusste der Einschlag die Zivilisation. Es wurde viel Staub hoch in die Atmosphäre, die sogenannte Stratosphäre, gewirbelt, und das führte vor allem zu Regenfällen. Dieser Regen löschte einen Großteil der Menschheit aus. Viele Tiere und Menschen starben. Das war nötig und notwendig, wir haben ja bereits darüber gesprochen. Es gehörte zum Plan. Der Hauptzweck bestand darin, das gesamte lemurische Wissen zu tilgen und für die Menschen viele Seen zu schaffen. Die Wissenschaft kann das in den geologischen Schichten erkennen, und es wurde auch mit der großen weltweiten Sintflut eurer Mythologie und einer Arche in Verbindung gebracht ...

Die lemurische Zivilisation begann etwa vor 35.000 Jahren und fand ihr Ende vor 15.000 Jahren – sie war die am längsten fortwährende Zivilisation mit einer einzigen Regierung auf der Erde. Sie war ganz anders als jede Gesellschaft, die ihr jemals haben werdet, und wir werden euch sagen, was passiert ist. Der Grund für Lemurien und die Attribute der lemurischen DNA war, die Bühne für das zu bereiten, was danach kam. Wenn der Koch ein Mahl vorbereitet, fettet er oft erst einmal die Pfanne ein, stellt alle Zutaten für das eigentliche Essen griffbereit hin und macht dann weiter mit seinen Vorbereitungen, um das Essen zu optimieren; aber noch werden die eigentlichen Lebensmittel nicht mit einbezogen.

Die Lemurier repräsentierten die Beziehung zwischen euch und der Erde. Spirituell gesehen wurde sozusagen das Mahl vorbereitet. Deshalb sagen wir euch noch einmal, dass sie ein Akasha-Merkmal besaßen, das sich von eurer Akasha unterschied. 350 Millionen Lemurier existierten, solange es die lemurische Kultur gab. Sie waren einzigartige Lemurier, und mit Ausnahme von nur wenigen lebte jeder Lemurier nur ein Mal. Man könnte sagen, sie erstellten die Akasha-Chronik des Planeten. Stellt euch die Höhle der Schöpfung mit all den Kristallen vor, die, wie wir euch gesagt haben, die Seelen des Planeten sind [siehe Kapitel 3: Die Energiegitter der Erde]. Jedes Mal kam ein Engel und war für eine kleine Weile ein Lemurier. Die Essenz seiner Energie floss dann in den Planeten ein. Der Kristall mit seinem jeweiligen Namen darauf kam in die Höhle. Manches von dem, was ich da sage, ergibt für diejenigen unter euch, die noch nichts von der Höhle der Schöpfung gehört haben, keinen Sinn. Die gesamte lemurische Zivilisation war dazu da, die Höhle der Schöpfung aufzubauen und dort die Energie von 350 Millionen Seelen zu säen. Und in ihrer ganzen Geschichte gab es nur wenige Tausend, die schon einmal gelebt hatten und noch einmal als Lemurier auf die Welt kamen – die meisten davon ihre Wissenschaftler. Die anderen lebten ein Leben, traten dann zurück und warteten darauf, dass die Zivilisation sich vervollkommnete [die Rede ist von den Engeln, die die verschiedenen Seelen der Menschheit repräsentieren]. Das war beabsichtigt und diente dazu, den spirituellen Samen für das, was kommen sollte, auf dem Planeten zu säen und den kristallinen Wert der Höhle der Schöpfung zu erhöhen.

Die Lemurier erkannten, was da geschah. Wie wir euch bereits gesagt haben, begann vor ungefähr 15.000 Jahren über mindestens 5000 Jahre das Eis langsam abzuschmelzen. Man könnte sagen, sie hatten viel Zeit, um sich vorzubereiten, und das taten sie auch. Zunächst einmal wurden sie zur Seefahrernation und bauten Schiffe. Nach und nach verließen viele von ihnen das Tal, in dem sie wohnten und das mit der Eisschmelze und dem ansteigenden Wasserspiegel auf dem Planeten bereits langsam überflutet wurde. Man könnte also auch sagen, ein Teil der lemurischen Gesellschaft bevölkerte die Ränder anderer Landmassen per Schiff. Haltet nach ihnen Ausschau in Neuseeland, auf der Osterinsel – da ist nicht viel übrig geblieben – und auf dem großen, gesamtamerikanischen Kontinent. Sie lebten im Bereich der Westküste von Alaska und an der Brücke zum anderen Kontinent. Dort waren sie. Viele gingen zum Mount Shasta und lebten dort in ihrer menschlichen Form, lange bevor sie sich im Berg als multidimensionale Wesen niederließen.

Manche von ihnen gründeten zusammen mit anderen Menschen, die weit vom Kern weggereist waren und ihre Abstammung komplett vergessen hatten, andere Gesellschaften, zum Beispiel die sumerische Kultur im Nahen Osten, aus der viele Jahre später die ägyptische Kultur hervorging. Schon seltsam, dass ihr meint, das wäre der Beginn der menschlichen Geschichte gewesen!

Und jetzt noch etwas, über das wir euch noch nichts erzählt haben. Sämtliche Hinweise auf das alte Lemurien sind getilgt worden. Die Meeresströmungen unter der Meeresoberfläche sind sehr stark; sie branden fast wie Flüsse, schwemmen seit Äonen Sand und Schlamm an. Es gibt manchmal Leute, die sagen: *»Das heißt ja wohl, wir werden nie lemurische Artefakte finden können.«* Doch ihr werdet sie nicht nur finden, ihr habt schon welche gefunden, sie werden nur oft versteckt. Denn wenn diese Sammler ihre Funde den Wissenschaftlern zeigen würden, würden sie ausgelacht werden. Es gibt nämlich einen Widerspruch im eigentlichen Artefakt. Er ist zu alt für das, was er ist! Zumindest nach modernen Vorstellungen. Was würde geschehen, wenn ihr ein Teil von einem Auto finden würdet, dessen Alter mit der Radiokarbonmethode auf 3000 Jahre datiert würde? Das wäre ein Artefakt, den es »einfach nicht geben könnte«. Und so wäre es mit den lemurischen Artefakten. Das waren nämlich Sternenkarten und biologische Informationen, die »eigentlich gar nicht hätten bekannt sein können«.

Und wie könnte jemand lemurische Artefakte besitzen? Wo ich doch gerade gesagt habe, dass Lemurien weggespült wurde. Das ist wegen der Schiffe! Viele gingen im Sturm unter und hatten lemurische Gebrauchsgegenstände an Bord – Artefakte. Manches davon muss erst noch gefunden werden, doch einiges wurde bereits gefunden und von Sammlern »konfisziert«, die sie niemandem zeigen können, weil sie keinen Sinn ergeben ...

Jetzt wisst ihr also über die Lemurier Bescheid und wisst auch, dass sie, was das Bewusstsein angeht, nicht mit euch vergleichbar sind. Sie sind Teil des Versuchsaufbaus, und ihr habt einen Teil der DNA-Aktivierung verloren, welchen sie hatten, und zwar durch die Energie, die ihr für eure Dualität ausgewählt habt. Und das ist die Freiheit der Wahl: zu sehen, ob ihr das erkennen und euch zurückholen könnt. Das ist der Quantenteil der DNA, was wir die lemurischen und plejadischen Schichten genannt haben; eine davon ist die Akasha-Chronik. Wenn ihr all diese Informationen zusammenbringt, werdet ihr auch erkennen, dass die Lemurier dafür zuständig waren, die kosmische Akasha-Chronik der Erde zu erschaffen ...

Jetzt will ich euch noch etwas sagen, was euch vielleicht sehr gefällt. Zwischen 1987 und 2007 passierte etwas ganz Erstaunliches. Wegen der neuen Energie erwachten in der Höhle der Schöpfung die Kristalle mit lemurischen Namen. Sie flüsterten: *»Es ist an der Zeit zurückzukommen!«* 350 Millionen davon! Hört zu, hört gut zu – alle Lemurier, die jemals auf diesem Planeten gelebt haben, leben erneut in menschlichen Körpern und sind zurückgekommen – hier und jetzt! Sie leben über den ganzen Globus verstreut. Hört mir zu, hier dieser Raum ist voll von ihnen. Ich schaue sie an. Und deshalb seid ihr hier, ihr Lieben. Deshalb lest ihr diese Zeilen. Und ihr fragt euch, warum euch diese Dinge anrühren? Warum eure Schwingungen höher sind? Warum es eine Verbindung zwischen eurer Zellstruktur und Kryon gibt? Weil ihr Lemurier seid, alte Seelen in einer neuen Energie.

»Kryon, heißt das, meine Seele war vor 1900 nicht hier?« Die Antwort auf diese Frage ist schwierig. Teile und Stücke waren hier, aber nicht die volle lemurische Kernenergie. Ihr meint, ihr seid eine Entität, eine Seele, mit einem Namen und einem Gesicht. Das stimmt nicht. Ihr seid eine Kombination aus vielen Energien. Das ist schwer zu erklären, wenn nicht gar unmöglich. Jedes Mal, wenn ihr ankommt, seid ihr wie die Suppe, die gekocht wird und auf den Planeten kommt. Da ist ein Höheres Selbst, welches jedes Mal dieselbe Kernenergie ist. Doch das Drumherum ist spirituell sehr vielfältig. Doch jetzt sind einige von euch zurückgekommen, umgeben von der Kernenergie der Lemurier, und das

ist seit 50.000 Jahren nicht mehr vorgekommen. Diese Teile der DNA werden reaktiviert.

Hört, was ich euch seit Jahren sage: Nicht einmal ein halbes Prozent muss auf diesem Planeten erwachen, um für alle die Schwingung zu verändern. Ihr fangt das Jahr 2012 mit einer neuen Schwingung an. Nicht einmal ein halbes Prozent von sieben Milliarden Menschen muss erwachen. Das sind nicht so viele, nur zehn Prozent der 350 Millionen Lemurier, die heute auf der Erde leben – ein sehr mäßiger Prozentsatz.

Kryon Live-Channelling »Die Geschichte der Menschheit«, durchgegeben auf dem westlichen Mittelmehr anlässlich der 8. jährlichen Kryon-Kreuzfahrt – August/September 2007

Der Hauptunterschied zwischen den alten lemurischen und anderen alten Seelen liegt darin, dass die lemurischen Seelen diese Erfahrung der reinen DNA bereits einmal gemacht haben. Sie ist in ihrer Akasha gespeichert. Wie Kryon angedeutet hat, haben die alten lemurischen Seelen die Aufgabe, die DNA, die sie schon einmal hatten, wieder zu aktivieren.

Und noch etwas möchte ich über Lemurien mitteilen. Ich werde erklären, warum Kryon sich immer auf die Weisheit der Ahnen, unserer Vorfahren, bezieht, das wären nämlich Sie, die Sie eine alte Seele haben. Warum waren diese Lemurier so etwas Besonderes? Die Antwort liegt in ihrer DNA. Ich lasse das Kryon erklären:

Die erste Zivilisation auf dem Planeten nannte sich Lemurien. Und wisset: Das war keine »hoch entwickelte« Zivilisation, wie ihr das versteht. Aber sie hatte etwas, worüber ihr Bescheid wissen solltet. Ihre Quanten-DNA machte 90 Prozent aus, nicht 30 Prozent wie bei euch heute. Die gesamte Quantenhaftigkeit ihrer DNA war aktiviert, denn das hatten ihnen die Plejadier vermittelt. Lemurien ist die älteste Zivilisation auf dem Planeten und auch die langlebigste, die keinen Krieg erlebte.

Sie wurde schließlich zerstört, weil die Meere anstiegen. Wie ich euch bereits beschrieben habe, wurden die Lemurier zu einem seefahrenden Volk und zerstreuten sich über die ganze Erde. Ironischerweise erreichten manche von ihnen weit entfernte Kontinente, und die Wissenschaft meint heute, sie hätten dort auch ihren Ursprung gehabt, und nicht, dass sie von woanders dorthin gelangt wären.

Die Lemurier waren die ursprüngliche menschliche Gesellschaft auf dem Planeten und hatten sich dort angesiedelt, wo einst die Plejadier gelandet waren, auf dem Gipfel des höchsten Berges der Erde, gemessen vom Fuß bis zum höchsten Punkt ..., das ist die derzeit größte hawaiianische Insel, wo die lemurischen Kanus »vergraben« sind. Die hawaiianischen Ältesten von heute werden euch sagen, das sei die Abstammungslinie von Hawaii, die Plejadier wären dorthin gekommen, denn das ist ihre Lehre vom Ursprung der Menschheit.

Die Lemurier hatten ein Quantenverständnis des Lebens, in ihrer DNA hatten sie das gesamte Wissen über das Sonnensystem. Eine Quanten-DNA, die zu 90 Prozent arbeitet, führt zu einem Bewusstsein, das mit dem Universum eins ist. Bei einer der ältesten spirituellen Glaubensüberzeugungen auf dem Planeten geht es darum, mit allem eins zu sein. Das ist kein Zufall ...

Und hier gebe ich euch noch einen Rat zur Geschichte: Nehmt Atlantis nicht zu wichtig! Atlantis kam viel, viel später, es gab eigentlich drei Atlantis, und darüber, was es da gab und was da passiert ist, herrscht große Verwirrung. Über welches Atlantis wollt ihr denn reden? Atlantis spielte eine weitaus geringere Rolle, als metaphysische und esoterische Lehren ihm zusprechen wollen. Oh ja, es war schon wichtig, aber ein Atlantis ist überhaupt nicht alt, sondern existierte vor gar nicht so langer Zeit; es lag vor den griechischen Inseln, und es wird davon sogar in der griechischen Geschichte berichtet. Die Menschen haben ein wahnsinnig großes Interesse an Zivilisationen, die schnell zerstört wurden. Dadurch entstehen weitere mythologische Geschichten und Vorstellungen von Atlantis als einer der am höchsten entwickelten Zivilisationen. Doch das war nicht der Fall. Lemurien dagegen schon – allerdings nur, was das Bewusstsein angeht.

Lemurien war keine hoch entwickelte technische Gesellschaft, denn es gab überhaupt keine technischen Errungenschaften. Doch die Lemurier konnten mit Magnetismus heilen. Das lag in ihrer DNA, es waren intuitive Informationen. Quanten-DNA erzeugt hochwertige intuitive Informationen. Sie waren eins mit dem Universum, und somit wussten sie alles über die DNA. Aber weiß das nicht jeder? [Kryon lächelt.] Sie kannten sogar die Form der DNA ..., und das ganz ohne Mikroskop. Das ist mit Quanten-DNA möglich.

Die Ahnen wussten Bescheid!

Die Lemurier wussten wegen ihrer Quanten-DNA und dank der Plejadier viel. Sie wussten alles über das Sonnensystem und über die Galaxie im Allgemeinen. Sie betrachteten die Sterne und wussten, was da war. Dadurch entstand eine scheinbar hoch entwickelte Gesellschaft, aber ohne all die technischen Errungenschaften, wie ihr sie heute habt.

Kryon Live-Channelling »Die Geschichte der DNA und der menschlichen Rasse«, durchgegeben in Portland/Oregon – 29. August 2009

Die lemurische Gesellschaft war zwar nicht so technologisch wie die unsrige heute, doch wie Kryon gesagt hat, waren die Lemurier unglaublich hoch entwickelt. Wie funktionierte diese hoch entwickelte lemurische Gesellschaft? Sie funktionierte auf eine Art und Weise, die uns wie ein Denken »ohne Schubladen« vorkommt.

Genau das brauchen wir heute, um Lösungen für unsere aktuellen Probleme entwickeln zu können. Wenn wir die Denk- und Lebensweise der Lemurier übernehmen würden, könnten vielleicht viele Probleme gelöst werden.

Kryon nannte zwei Beispiele dazu, und ich bin sicher, auch Sie stimmen mit mir überein, dass sie zeigen, wie quantenhaft sie waren. Können Sie erkennen, wie ihr Ansatz auch mit heutigem Bewusstseinsstand funktionieren könnte? Ich glaube, deshalb redet Kryon so oft zu uns von der alten Weisheit und dem alten Wissen:

Die lemurischen Schulen

Ich möchte auch noch mehr von Lemurien und einigen charakteristischen Merkmalen der lemurischen Gesellschaft erzählen. Ihr sagt vielleicht: »Warum denn nur?« Damit ihr die Lücken schließen könnt dahingehend, was sonst so auf dem Planeten passiert. Ich spreche jetzt von den alten Lemuriern, in einem Land voller Schönheit, bevor es vom Meer bedeckt wurde. Ich möchte euch von ihren Kindern erzählen.

In Haupt-Lemurien war der Schulbetrieb völlig anders. Das war vor Atlantis, und es war folgendermaßen: Die Lehrer wurden als Älteste bezeichnet, und ihnen wurde sehr viel Respekt entgegengebracht, denn sie gaben das kulturelle Wissen weiter. Sie waren alle schon älter und verfügten über einige der höchsten Qualitäten der Gesellschaft. Aber sie leiteten die Schulen nicht wie eure Lehrer und hatten auch nichts mit dem Alltagsbetrieb zu tun. Es gab in den Schulen auch keine Verwalter oder Verwaltungsgebäude; alle Gebäude waren kleine, für sich stehende und nicht miteinander verbundene Klassenzimmer.

Und es gab auch kein lineares System! Vielmehr kamen die Ältesten zusammen und entschieden darüber, was die Kinder zu einem bestimmten Zeitpunkt lernen und wissen sollten. Die Eltern schickten ihre Kinder, wenn sie ein bestimmtes Alter erreicht hatten, in die Klassenzimmer vor Ort. Normalerweise entschieden in einem solchen Klassenzimmer die Kinder und der Älteste [Lehrer] gemeinsam, was zu lernen war. Dann übernahmen die Kinder die Führung, beschlossen gemeinsam, wie schnell sie das lernen konnten, und setzten den Ältesten davon in Kenntnis. Der Lehrer ging flexibel auf die Pläne der Kinder ein. Oft wählten die Kinder dann aus ihrer Mitte einen Leiter, oder es wurde Schülern die Leitung turnusmäßig übertragen; diese Leiter halfen bei der Beibehaltung und Verwaltung ihrer jeweiligen Ziele mit.

Die Ältesten hatten also die Aufgabe, das Wissen weiterzugeben und zu gewährleisten, dass den Kindern das ihnen angemessene Wissen vermittelt wurde. Doch die Kinder hatten ein gutes konzeptuelles Vorstellungsvermögen und konnten oft die Lernkonzepte des gesamten Jahres an einem einzigen Tag begreifen. Auch wenn sie das eigentliche Wissen also noch nicht hatten, entwickelten sie die nach ihrer Meinung beste und schnellste Lernmethode und überlegten, wie sie das am besten in ihre Schulstunden einbauen konnten. Wenn sie das Gefühl hatten, sie hätten den Stoff gelernt, baten sie darum, entsprechend geprüft zu werden. Wenn die ganze Klasse die Prüfung schaffte, war die Schule zu Ende, und sie hatten sich die Ferien verdient (das war für die Kinder in diesem Alter das eigentliche Ziel).

Das Schulsemester dauerte also nicht immer gleich lang für alle; es begann zwar zur selben Zeit, aber das Ende war nicht festgelegt. Die Kinder selbst bestimmten, wie lange sie zum Lernen brauchten, also wie schnell sie lernten – ein Konzept, das ihr Verständnis dessen widerspiegelte, was gelernt werden musste, ohne die eigentlichen Informationen zu kennen. Es gab kein Schuljahr, keine Noten – das einzige Ziel bestand darin, ein bestimmtes Wissensniveau zu erreichen und das hinter sich zu bringen, damit sie spielen konnten! Die Kinder hatten das in der Hand, verstanden aber durchaus, dass sie das Erforderliche lernen mussten.

Da mögen viele ausrufen: »Nein, das ist gar zu ungewöhnlich und seltsam! Das konnte doch nicht funktionieren. Die menschliche Natur steht dem entgegen!« Meine Antwort darauf lautet: Die 3-D-Natur des Menschen steht dem vielleicht entgegen, aber für ein konzeptuell begabtes, multidimensionales Kind wäre das ein Leichtes. Ich erzähle euch das, weil dies auch eines der ersten Merkmale der Indigo-Kinder ist, über die wir vor vielen Jahren Durchgaben machten. Das ist etwas sehr Lemurisches! Manche der »Etiketten«, mit denen die Indigo-Kinder bedacht wurden, hat man sogar als multidimensional bezeichnet.

Aber zurück zu Lemurien: Wenn manche Kinder in der Klasse eher langsam lernten, erkannten das die Kinder sofort und gaben ihnen Nachhilfe! Anstatt Hausaufgaben, wie ihr das nennt, hatte jeder Schüler die Aufgabe, einem anderen Kind Nachhilfe zu erteilen, sodass alle in der Klasse mitkamen. Das Einzige, was sie mit nach Hause nahmen, waren also andere Schüler! Je schneller sie lernten, desto schneller hatten sie Ferien. Für die

Kinder machte das Sinn. Man könnte jetzt natürlich auch fragen: »Und wie war das mit den Störenfrieden? Gab es in diesem großartigen Land Lemurien etwa keine?« Natürlich gab es welche. Bildet euch kein Urteil, während ich euch erzähle, wie das alles gehandhabt wurde.

Die Kinder nahmen die Disziplin selbst in die Hand – allerdings nicht durch Schikane und Drangsalieren, denn das kommt im Bewusstsein eines verständig denkenden Kindes nicht vor. Erinnert euch: Bei dieser Art von Bewusstsein ist Überblick das Ziel der Gruppe, nicht die Macht des Einzelnen. Die Kinder gingen mit Logik vor. Wenn ein anderer Schüler ihren Ferien sozusagen im Wege stand, halfen sie ihm, so gut sie konnten. Wenn derjenige nicht darauf ansprach oder Unruhe stiftete, wurde er von den Schülern irgendwann ausgeschlossen. Passierte das jemandem durch den Konsens der Klasse, dann konnte derjenige nie wieder in die Klasse zurückkommen, sondern musste eine Klasse besuchen, die nicht in Haupt-Lemurien war. Dadurch entstand (natürlich) eine weitere, in sich geschlossene Gesellschaft, die nicht respektiert wurde und oft auch nicht sehr langlebig war, da diese Menschen nicht das Recht hatten, den Tempel der Verjüngung zu besuchen, der für das Gesundheitssystem von Lemurien eine sehr große Rolle spielte.

»Ganz schön hart«, mag da der ein oder andere sagen. Ja, das stimmt. Wenn man die weiterentwickelten Standards von heute anlegt, vielleicht. Doch so funktionierte das Schulsystem. Eure Gesellschaft hat gewisse Fortschritte gemacht, die die Lemurier nicht gemacht haben, weil ihr an anderen Teilen eurer Erleuchtung gearbeitet habt.

Diese Erklärungen helfen euch vielleicht zu verstehen, warum die Schule für die Indigo-Kinder eurer Zeit, die Kristallkinder und überhaupt alle Kinder der neuen Energie der Erde so schwierig ist. Sie verfügen über eine DNA-Schicht, die aktiviert und funktionsbereit ist. Und diese Schicht erinnert sich. Darüber erzähle ich euch gleich mehr.

KOHA
für Sie ausgewählt
Bücher DVDs und CDs
Bücher mit Spirit,
damit Lesen inspiriert

Revolutionäre Erkenntnisse über Genetik und unsere Zellen

Bruce Lipton

Bruce H. Lipton

Wie wir werden, was wir sind

Eltern sind wichtiger als Gene – wie unser Bewusstsein das Wesen unserer Kinder bestimmt

DVD, 120 min.
€ [D/A] 19,95
ISBN 978-3-86728-104-1

Die »Programmierungen« durch unsere Eltern haben fundamentale Bedeutung für unsere Gesundheit, unser Verhalten, unsere Einstellungen und unsere Beziehungen! In einem bildreichen, leicht verständlichen Vortrag erläutert der Zellbiologe und Pionier der prä- und perinatalen Entwicklung Dr. Bruce Lipton aus Sicht der neuen Wissenschaft den Mechanismus, durch den sich die Überzeugungen und Emotionen der Eltern auf die Entwicklung des genetischen Codes der Kinder auswirken.
Unsere prä- und perinatalen Erfahrungen bilden eine Art biologischer Vorgabe, die alle späteren Gefühle und Einstellungen bestimmen. Das Wissen um die Mechanismen kann uns davor bewahren, weiteren Schaden anzurichten; es hilft uns, jene Bereiche unseres Denkens und unseres Fühlens zu heilen, in denen wir selbst durch unsere Programmierungen eingeschränkt sind.

Bruce Lipton

Intelligente Zellen

gebunden, 264 Seiten
€ [D] 14,95 / € [A] 15,40
ISBN 978-3-936862-88-1

Erstaunliche wissenschaftliche Erkenntnisse über die biochemischen Funktionen unseres Körpers zeigen, dass unser Denken und Fühlen bis in jede einzelne unserer Zellen hineinwirkt. Der Zellbiologe Bruce Lipton beschreibt genau, wie dies auf molekularer Ebene vor sich geht. In leicht verständlicher Sprache und anhand eingängiger Beispiele führt er vor, wie die neue Wissenschaft der Epigenetik die Idee auf den Kopf stellt, dass unser physisches Dasein durch unsere DNS bestimmt würde. Vielmehr wird sowohl unser persönliches Leben als auch unser kollektives Dasein durch die Verbindung zwischen innen und außen, zwischen Geist und Materie gesteuert.

Dr. Joe Dispenza

Ein neues Ich

Wie Sie Ihre gewohnte Persönlichkeit in vier Wochen wandeln können

€ [D] 18,99 / € [A] 19,60
gebunden, 400 Seiten
ISBN 978-3-86728-196-6

Alle Menschen sind fähig, sich die Wirklichkeit, in der sie leben wollen, selbst zu erschaffen. In seinem Buch »Schöpfer der Wirklichkeit« hat Dr. Joe Dispenza ausführlich die wissenschaftlichen Grundlagen dafür dargestellt. Nun zeigt er in seinem jüngsten Werk »Ein neues Ich«, wie wir diese Erkenntnisse aus Quantenphysik, Neurobiologie, Gehirnforschung und Genetik praktisch umsetzen können. Nach einer leicht lesbaren Einführung in ein tieferes Verständnis unseres Quantenselbst und einer Entmystifizierung der Meditation führt Dispenza Sie in vier Wochen durch einen Prozess der neuronalen Umstrukturierung, der es Ihnen ermöglicht, das Leben zu leben, dass Sie sich wünschen.

Inge Bardor

Inner Screen – Sehen mit allen Sinnen

Mediale Fähigkeiten erkennen und entwickeln

gebunden, 128 Seiten
€ [D] 12,95 / € [A] 13,40
ISBN 978-3-86728-237-6

»Inner Screen – Sehen mit allen Sinnen« ist eine Entdeckungsreise in die Welten jenseits des unmittelbar Erkennbaren, in die Welten des unglaublichen menschlichen Potenzials, das allen Menschen innewohnt. Inge Bardor beschreibt, wie die Aufgestiegenen Yogis und Qigong Meister sowie die geschulten Medien der russischen und chinesischen Regierungen die Wirklichkeit wahrnehmen, doch vor allem erzählt sie aus dem erstaunlichen Leben der »neuen« Kinder, die mit verblüffenden Fähigkeiten auf die Welt kommen: Sie verfügen nicht nur über hohe künstlerische Begabungen, sondern wissen auch um verschiedene Dimensionen, können in die Zukunft schauen und sehen, ohne ihre Augen zu benutzen.

Andreas Beutel

Die Blume des Lebens in dir

112 Seiten, farbig
€ [D] 7,99 / € [A] 8,30
ISBN 978-3-86728-203-1

Folgen Sie einer spannenden Reise durch alle Ebenen der Schöpfung, vom Großen bis hin ins ganz Kleine, und entdecken Sie die einfache, klare Sprache der Heiligen Geometrie, auf der die Welt basiert. Der Kenner der Heiligen Geometrie und Seminarleiter Andreas Beutel vom Pythagoras Institut Dresden führt in diesem Buch in anschaulicher, bildhafter Sprache in die Grundstruktur des Universums ein. Seine praktische Erfahrung aus vielen Jahren Seminar- und Vortragstätigkeit zum Thema eröffnet völlig neue Perspektiven auf die Erde und den Menschen.

Sybille Krähenbühl

Rituelle Hausreinigung

Räume voller Schönheit mit der Kraft der 4 Elemente

112 Seiten, farbig
€ [D] 7,99 / € [A] 8,30
ISBN 978-3-86728-231-4

Die rituelle Hausreinigung ist ein achtsamer Weg, um das Zuhause in einen Ort der Lebenskraft und Freude zu verwandeln. Verschiedene Methoden und Übungen inspirieren zu praktischer Anwendung. Sie ermöglichen die Wandlung alter Energien und stagnierender Lebenssituationen, schaffen aber auch Zeiten der Neuausrichtung und der Erneuerung.

Dieses Buch zeigt auf, wie durch die energetische Pflege der Räume Schönheit und Kraft manifestiert wird – im Menschen wie in seinen Lebensräumen.

Andreas Beutel

Die Harmonische Ordnung des Universums

Schwingungen im Quantenraum

DVD 82 min
€ [D/A] 14,99
ISBN 978-3-86728-181-2

Nada Brahma – die Welt ist Klang –, so lautet ein bekanntes Wort aus dem Sanskrit. Doch was heißt das wirklich? Auf den Spuren großer Mystiker, Philosophen und Mathematiker führt Sie dieser Vortrag in die Sprache der Musik und in die Schwingungsnatur unserer Welt. Wir erkunden die Grundlagen von Musik und Schwingung und entdecken, wie Klänge Formen entstehen lassen. Es wird gezeigt, welche Geheimnisse in unserer Stimme verborgen sind und was die Planeten mit einer Blüte verbindet und dass das Universum ein harmonisches Lied singt.

Andreas Beutel

Andreas Beutel
Die »Blume des Lebens«
und der Quantenraum
Eine Einführung in die Heilige Geometrie

DVD Single Disc, 108 min + Bonus
€ [D/A] 14,99
ISBN 978-3-86728-167-6

Die »Blume des Lebens« ist ein uraltes Symbol aus der Geometrie des Universums – der heiligen Geometrie.In ihr sind der Beginn, der Aufbau und die Informationswege der gesamten Realität beschrieben. Die Präsentation entführt Sie auf eine Reise durch unsere Geschichte und in ein fein gesponnenes Netz aus Schwingung, Information und Energie im Hintergrund unserer Welt. Spielerisch lernen Sie einzelne Bausteine der heiligen Geometrie kennen, die sich in der Formensprache der Natur – vom kleinsten Atom über den Bau des Menschen bis hin zur größten Galaxie – offenbart. Dabei werden Sie wieder eine tiefe Verbundenheit mit dem Universum spüren.

Drunvalo Melchizedek

Drunvalo Melchizedek
Die Blume des Lebens

Die Blume des Lebens Bd. 1,
ISBN 978-3-929512-57-1
Die Blume des Lebens Bd. 2,
ISBN 978-3-929512-63-2
gebunden, jeweils 250 Seiten,
jeweils € [D] 24,60 / € [A] 25,30

In diesen beiden Bänden findet sich Drunvalos gesammeltes Wissen über die Geschichte unseres Universums. Ein Meisterwerk über die heilige Geometrie und die Entwicklung der Menschheit von Atlantis bis in unsere nächste Zukunft.

Hartmut Lohmann
Heile dich selbst
Was die Aura schützt und nährt

112 Seiten, farbig
€ [D] 7,99 / € [A] 8,30
ISBN 978-3-86728-212-3

Befreie dich von Blockaden und integriere die gegensätzlichen Energien und Emotionen, die das tägliche Leben in dir weckt! Stress, Leistungsdruck, Zukunftsängste, unterdrückte Wut und Trauer … Wir alle kämpfen mit vielem, was unsere Aura belastet und verharren oft in der Opferrolle. Statt uns schwächen und zermürben zu lassen, gilt es jedoch, die Energien nicht zu bewerten, sondern sie uns nährend und stärkend zunutze zu machen.

Hartmut Lohmann
Heile dich selbst in 7 Schritten
€ (D/A) 12,95
ISBN 978-3-86728-226-0

Brunhild Hofmann
Stark oder schwach?
Selbst-Muskeltests als Entscheidungshilfe in allen Lebenslagen

112 Seiten, farbig
€ [D] 7,99 / € [A] 8,30
ISBN 978-3-86728-206-2

Welche Entscheidung ist die richtige?
Durch den Selbst-Muskeltest rufen wir unser tiefes Körperwissen ab und können es zur Grundlage unserer Entscheidungen machen – immer wenn wir es brauchen sowie in jeder Situation. Elf Selbst-Muskeltests geben den Lesern die Möglichkeit, verschiedene Techniken auszuprobieren und den Test für sich zu finden, dem sie jeweils vertrauen. Zusätzlich eine Methode der Stressauflösung, durch die Sie wirkungsvoll Blockaden im Gehirn transformieren.

Barbara Devani Uder
Die Botschaft der Farben
Engel der Farben und Aura-Soma

112 Seiten, farbig
€ [D] 7,99 / € [A] 8,30
ISBN 978-3-86728-230-7

Jeder von ihnen erstrahlt in einer anderen Farbe des Regenbogenspektrums, berührt damit unsere Seele und unterstützt uns bei der Meisterung von Lebensaufgaben und Spielarten der Transformation: die lichten, liebenden Engel der Farben. Auf wundervolle Weise sind sie sowohl mit ihren farbidentischen Aura-Soma-Ölen und -Pomandern als auch mit den passenden Edelsteinen, Blüten und Devas aus der Kristall- und Pflanzenwelt verbunden. Die Autorin ist Aura-Soma-Expertin und bringt uns durch Heilmeditationen in Kontakt mit unseren himmlischen Helfern.

Nayoma de Haën

Das Mysterium der Raunächte

Die zwölf heiligen Nächte

112 Seiten, farbig
€ [D] 7,99 / € [A] 8,30
ISBN 978-3-86728-204-8

Die Raunächte – von der Wintersonnenwende über Weihnachten und Silvester bis Dreikönig –, sagenumwoben, urtümlich, geheimnisvoll.
Dieses Buch begleitet Sie mit einer Mischung aus Besinnlichem, Informationen und Anregungen zu Meditationen und Ritualen durch diese wichtige Zeit der Einkehr, des Feierns und der Neuausrichtung.

Das Mysterium der Raunächte
Meditationen und Traumreisen für die Zeit zwischen den Jahren
€ [D/A] 12,99
Meditations-CD, 60 min

ISBN 978-3-86728-208-0
Geleitete Meditationen zu »Das Mysterium der Raunächte« – von der Autorin gesprochen
Musik: Sayama

Kurt Ludwig Nübling

Aromatherapie für Einsteiger

Die gebräuchlichsten ätherischen Öle auf einen Blick

112 Seiten, farbig
€ [D] 7,99 / € [A] 8,30
ISBN 978-3-86728-207-9

Angenehme Düfte steigern das Wohlgefühl und erhöhen die Lebensfreude. Der Autor, Mitgründer von PRIMAVERA LIFE, vermittelt ein solides Grundwissen über die ätherischen Öle, die Essenz der Pflanzen.

Die aus altem Wissen entstandene Aromatherapie kann stimulieren, entspannen, seelisch aufbauen und auch bei vielen körperlichen Befindlichkeitsstörungen ihre ganzheitliche, wohltuende Wirkung entfalten. Tauchen Sie ein in die Welt der Düfte und erfahren Sie, wie die wundervolle Kraft der Pflanzen Ihr Leben bereichern kann.

Susanne Berk

Einfach räuchern

Anwendung, Wirkung und Rituale

112 Seiten, farbig
€ [D] 7,99 / € [A] 8,30
ISBN 978-3-86728-201-7

Nutzen Sie gezielt, intuitiv oder spielerisch die wundervolle Wirkung des Räucherns!
Ob Sie nun Ihre Wohnung ausräuchern und energetisch reinigen wollen; ob Sie das Gefühl haben, eines besonderen Schutzes zu bedürfen, etwas Seelenbalsam brauchen, konzentriert arbeiten wollen oder mit feinstofflichen Reichen in Verbindung treten möchten: Räuchern kann Sie bei all diesen Vorhaben unterstützen.
Die anerkannte Expertin Susanne Berk führt Sie in die Welt des Räucherns ein; 54 Räucherstoffe werden genau beschrieben, etliche Rituale vorgeschlagen und traditionelle Anwendungen aufgeklärt.
Räuchern macht unser Leben reicher und lebenswerter.

Masaru Emoto

Masaru Emoto
Die Botschaft des Wassers
Sensationelle Bilder von gefrorenen Wasserkristallen

TB-XLarge, 144 Seiten
€ [D] 14,95 / € [A] 15,40
ISBN 978-3-86728-0123-2

Masaru Emoto hat erstmals die Kristalle von gefrorenem Wasser fotografiert. Unter schwierigsten Bedingungen entstanden atemberaubende Aufnahmen von Wasser aus der ganzen Welt – faszinierende Impressionen, die uns die Sinne und Herzen öffnen, denn sie beweisen: Wasser ist lebendig!

Robert Betz

Robert Betz
Willkommen im Reich der Fülle
Wie du Erfolg, Wohlstand und Lebensglück erschaffst

gebunden, 208 Seiten
mit CD Live-Vortrag
€ [D] 14,95 / € [A] 15,40
ISBN 978-3-86728-038-9

Jeder Mensch sehnt sich nach einem erfüllten Dasein – und doch leben viele von uns in dem Bewusstsein des Mangels: Es fehlt uns an ..., wir brauchen ... Viele leben in Zwängen, anstatt ihr kreatives Potenzial aufzuspüren und sich voller Freude und Schöpferkraft zu entfalten. Robert Betz, einer der erfolgreichsten deutschen Vortragsreferenten und Seminarleiter der letzten Jahre, gibt hier sein Erfolgsrezept preis.

Eric Pearl

Eric Pearl
The Reconnection
Heilung durch Rückverbindung

gebunden, 288 Seiten
€ [D] 17,95 / € [A] 18,50
ISBN 978-3-86728-028-0

Glauben Sie an Menschen mit besonderer Begabung zur Heilung? Eric Pearl ist so ein Mensch. In diesem Buch erzählt er in offener und humorvoller Art und Weise seine ganz persönliche Geschichte. Seine Begabung ermöglicht es ihm, die Heilung anderer Menschen durch die Energieströme seiner Hände zu fördern. Dieses Wissen gibt er jetzt weiter und vermittelt seine Methoden so, dass auch Sie diese anwenden können.

Eric Pearl

Eric Pearl
Frederick Ponzlov
Solomon spricht über ein Leben in Verbundenheit
gebunden, 208 Seiten
€ [D] 16,95 / € [A] 17,50
ISBN 978-3-86728-232-1

In seinem lange erwarteten zweiten Buch »Solomon spricht…« veröffentlichen Eric Pearl und Frederick Ponzlov jetzt die Hintergründe, die zur Entwicklung dieser einzigartigen Heilweise, dem sogenannten Reconnective Healing, geführt haben. Erfahren Sie aus den Originaltexten, was »Solomon« – eine durch Frederick Ponzlov sprechende multidimensionale Intelligenz – im Lauf mehrerer Jahre übermittelt hat. Entdecken Sie diese Erkenntnisse für sich selbst und wenden Sie sie in Ihrem Leben an – Erkenntnisse, die die Welt des Heilens revolutioniert haben und den Schlüssel zu jener immensen Kraft enthalten, die jeder von uns in sich trägt. Solomon spricht …

Bruce Lipton

DVD

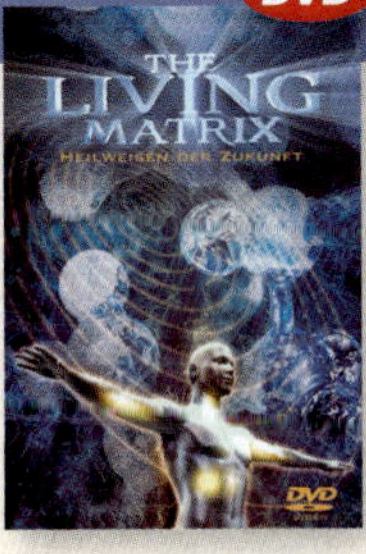

Bruce Lipton, Eric Pearl u.a.
The Living Matrix
Heilweisen der Zukunft
DVD 93 min., Deutsch
€ [D/A] 19,95
ISBN 978-3-86728-112-6

»The Living Matrix« zeigt das Wesen und die Wirksamkeit der bioenergetischen Medizin: Anhand nachgewiesener Forschungsergebnisse wird dargestellt, dass nicht unsere Gene, sondern Energie und Informationsfelder unsere Physiologie und unsere Biochemie bestimmen. In ihrer Dokumentation mischen die amerikanischen Filmemacher Interviews mit Experten und Betroffenen, erfolgreiche Fallbeispiele und 3-D-Animationen. Mit Dr. Bruce Lipton, Lynne McTaggart, Rupert Sheldrake, Dr. Eric Pearl, James L. Oschman, Dr. Edgar Mitchell, Peter Fraser, Rollin McCraty, Marilyn Schlitz, Arielle Essex.

Gregg Braden

Gregg Braden
Im Einklang mit der göttlichen Matrix
Wie wir mit Allem verbunden sind
Taschenbuch, 256 Seiten
€ [D] 9,95 / € [A] 10,30
ISBN 978-3-86728-021-1

Gregg Braden verknüpft in seinem neuen Werk Spiritualität und Wissenschaft auf eine vollkommen neue Art. Sie brauchen aber kein physikalisches Fachwissen. Der Autor erklärt auf verständliche Art, wie Sie mit der Matrix im Einklang leben können, um Ihre Wünsche und Ziele zu verwirklichen.

Gregg Braden DVD
Im Einklang mit der göttlichen Matrix
Wie sie funktioniert und wie man lernt, sie anzuwenden
Vortrag
2 DVDs 4,5 Std.
€ [D/A] 24,95
ISBN 978-3-86728-067-9

Tom Kenyon

Prinzessin Märtha Louise
Elisabeth Nordeng

Engel und ihre Geheimnisse

Ihre Natur, ihre Sprache und wie man sich ihnen öffnet

€ [D] 14,99 / € [A] 15,50
gebunden, 160 Seiten
ISBN 978-3-86728-197-3

Prinzessin Märtha Louise und Elisabeth Nordeng berichten von ihren persönlichen Erlebnissen bei der Suche nach einem spirituellen Weg. Das Buch enthüllt sieben Geheimnisse der Engel, die es uns erleichtern, diesen Wesen so zu begegnen, wie sie sind. Mit Hilfe von Übungen, Meditationen und spirituellen Werkzeugen lernen wir, dass Engel natürlich in unseren Alltag integriert werden können. Sympathisch und direkt fordern die Autorinnen uns auf, die negativen Dinge der Vergangenheit und die Angst vor der Zukunft loszulassen.

Tom Kenyon & Judi Sion

Das Manuskript der Magdalena

Paperback, 252 Seiten
€ 17,40 / € [A] 17,90
ISBN 978-3-929512-96-0

Ein Buch – Drei Teile – Ein Thema: Die Rückkehr der Kosmischen Mutter und die Würdigung und Wieder-Inthronisation des Weiblichen. Der erste Teil enthält die persönliche Geschichte von Maria Magdalena und ihrer Beziehung zu Jeshua ben Joseph. Diesem bemerkenswerten Text hat Tom Kenyon einen Überblick über die wichtigsten Traditionen der inneren Alchemie beigefügt, mit besonderer Berücksichtigung der hohen ägyptischen Alchemie und einer Erläuterung der Alchemie des Horus. Auf Magdalenas Bitte hin, hat Judi Sion ihre »Geschichte einer Frau« hinzugefügt, die die Geschichte jeder Frau ist.

Tom Kenyon

Die Weisheit der Hathoren

Botschaften einer aufgestiegenen Zivilisation

gebunden, 240 Seiten
€ [D] 14,95 / € [A] 15,40
ISBN 978-3-86728-210-9

»Wir sind die Hathoren. Wir sind Meister des Klangs und der Liebe aus einer aufgestiegenen intergalaktischen Zivilisation. Hier auf eurer Erde ist etwas im Gang, was noch nie zuvor stattgefunden hat, und es bereitet uns enorme Freude, mit euch daran teilzuhaben und in euer Bewusstsein zu treten. Wir kommen in Liebe und verkünden euch eine neue, traumhafte Wirklichkeit für eure Erde.«
Zwanzig Jahre nach dem ersten Erscheinen seines Bestsellers »Die Hathor-Zivilisation« hat Tom Kenyon zusammen mit den Hathoren das gesamte gechannelte Material neu überarbeitet und umfangreich ergänzt.

Doreen Virtue

Doreen Virtue
Engel begleiten deinen Weg

Kartenset, 44 Karten mit Begleitbuch
Schöne Engelbilder von alten Meistern
Karten mit Goldrand
€ [D] 17,95 / € [A] 18,50
ISBN 978-3-936862-71-3

Dieses Kartenset ist ein für jeden ganz einfach zu praktizierender Weg, um herauszufinden, welcher Engel gerade an unserer Seite steht, uns seine Hilfe anbietet oder uns eine Botschaft zukommen lassen möchte. Auf jeder Karte steht unter einer wunderbaren Engeldarstellung eine kurze Botschaft, die im Begleitbuch näher erläutert wird. Die Karten geben Hinweise zu Themen wie »Was ist meine Lebensaufgabe?«, »Wie finde ich meinen Seelenpartner?«, »Ist es Zeit für einen Umzug oder Jobwechsel?«, »Wie kann ich Heilung finden?« oder einfach »Was kommt in nächster Zeit auf mich zu?«

Doreen Virtue
Orakel der Aufgestiegenen Meister

44 Karten mit Begleitbuch 120 Seiten
€ [D] 17,95 / € [A] 18,50
ISBN 978-3-86728-036-5

Die Aufgestiegenen Meister sind mächtige Helfer. Mit diesen leicht anzuwendenden Orakelkarten können sich sowohl Neulinge als auch erfahrene Kartenleger von diesen großen Lehrern und Heilern helfen lassen, um die eigene Lebensaufgabe besser zu verstehen, die angemessene Herangehensweise für schwierige Situationen zu erkennen, bedeutende Veränderungen zu bewältigen oder sich spirituell und medial weiter zu entwickeln.

Doreen Virtue

Doreen Virtue

Orakel der Göttinnen

44 Karten mit Begleitbuch 120 Seiten
€ [D] 17,95 / € [A] 18,50
ISBN 978-3-936862-72-0

In diesem Kartenset erfahren Sie etwas über die Göttinnen der verschiedensten Kulturen mit ihren besonderen Stärken und Gaben. Jede Karte enthält neben einer Abbildung der jeweiligen Göttin eine spezifische Botschaft dazu, wie Sie Ihr Leben in den Bereichen Gesundheit, Beziehungen, Finanzen, Beruf und Spiritualität verbessern können. Kuan Yin, Lakshmi, Brigid, Isis, Athene und viele andere Göttinnen warten nur darauf, Ihnen tatkräftig zur Seite zu stehen.
Im Begleitbuch erfahren Sie zu jeder Göttin etwas über ihren kulturellen Hintergrund. Sie finden eine gechannelte Botschaft sowie verschiedene Bedeutungsbereiche, auf die sich die Botschaft der Göttin bezieht.

Doreen Virtue
Charles Virtue

Engel-Botschaften für Indigos

44 Karten mit Begleitbuch 64 Seiten
€ [D] 19,95 / € [A] 20,50
ISBN 978-3-86728-234-5

Indigos sind willensstarke, intuitive, spirituell begabte Führungspersönlichkeiten, die ein hervorragendes Gespür für die Wahrheit haben. In dieser komplizierten Welt brauchen jedoch selbst Indigos hin und wieder einen Rat, um den nächsten Schritt zur Umsetzung ihrer Lebensaufgabe zu erkennen und in Beziehungen oder anderen Bereichen mehr Klarheit zu gewinnen. Deswegen bieten Charles Virtue (selbst ein Indigo) und seine Mutter Doreen Virtue diese Indigo-Engelkarten speziell für Indigo-Kinder und -Erwachsene sowie für deren Eltern und Lehrer an. Jede der 44 wunderschön illustrierten Karten enthält eine spezielle Botschaft der Engel.

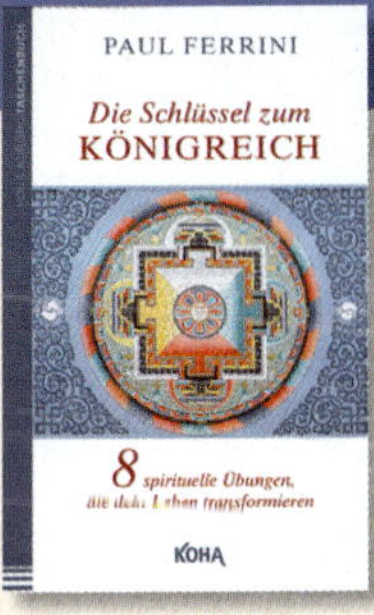

Paul Ferrini

Die Schlüssel zum Königreich

8 spirituelle Übungen, die dein Leben transformieren

TB, 128 Seiten
€ [D] 8,95 / € [A] 9,20
ISBN 978-3-86728-227-7

»Die Schlüssel zum Königreich«, die Paul Ferrini in Form von acht grundlegenden Wahrheiten an die Hand gibt, sind Türöffner für Kopf und Herz. Einfach, klar und verständlich in Worte gefasst, plastisch erklärt und als konkrete Anleitungen zur alltäglichen spirituellen Praxis beschrieben, ermöglichen sie ein fundamentales Umdenken, einen neuen, achtsamen Umgang mit Gefühlen – und damit eine tiefe, umfassende Transformation. Denn wer lernt, die Liebe im eigenen Herzen zu finden, kann sie auch in die Welt tragen.

Steven Farmer

Magie der Erde

Orakelkarten

48 Karten mit Begleitbuch 176 Seiten
€ [D] 19,99 / € [A] 20,60
ISBN 978-3-86728-173-7

Steven Farmer

Magie der Erde

Heilende schamanische Weisheiten

TB, 296 Seiten
€ [D] 12,95 / € [A] 13,40
ISBN 978-3-86728-236-9

Faszinierendes schamanisches Wissen, tief gehende Meditationen, spirituellen Ursachen von körperlichen und emotionalen Krankheiten – wie Seelen- oder Kraftverlust, Beeinflussung durch Fremdenergien oder Schicksalsschläge. Erkenntnisse über die Nichtalltägliche Wirklichkeit, über die Schamanische Reise, über das Trommeln, Tönen und Tanzen, über Seelenrückholung, Verbindung zu Krafttieren, Lösungszeremonien, Wunderheilung

Paul Ferrini

Paul Ferrini
Dein Leben heilen
12 Schritte zur Entfaltung von Liebe, Kraft und Sinnerfüllung

gebunden, 192 Seiten
€ [D] 14,95 / € [A] 15,40
ISBN 978-3-86728-233-8

Positives Denken ist eine wunderbare Sache. Doch meist genügt die Wiederholung von Affirmationen alleine nicht, um den ersehnten Durchbruch zu schaffen. Weshalb das so ist? Weil echte Veränderung ausbleibt, wenn die Macht der unbewussten Aspekte der Psyche und die prägende Kraft des eigenen Schattens ignoriert werden. Paul Ferrini hat genau das erkannt und den Fahrplan einer inneren Reise entwickelt, die in der Tiefe wirkt und ungeahnte transformierende Kraft entfaltet.

Master Choa Kok Sui

Master Choa Kok Sui
Grundlagen des Pranaheilens
gebunden, 240 Seiten
€ [D] 22,50 / € [A] 23,20
ISBN 978-3-936862-02-7

Pranaheilen basiert auf der Übertragung der universellen Lebensenergie. Beim Heilen wird Prana auf den Patienten übertragen, wobei Heilung geschehen kann. Durch diesen Vorgang kommen die sogenannten »Wunderheilungen« zustande. Indem Sie sich die klare Systematik des Autors zunutze machen, lernen auch Sie, sich selbst und andere zu heilen.

Master Choa Kok Sui
Das Geheimnis der 11 Chakras

112 Seiten, farbig
€ [D] 7,99 / € [A] 8,20
ISBN 978-3-86728-239-0

Dieses Handbuch umfasst die Lehren von Master Choa Kok Sui über den Energiekörper und seine wesentlichen Chakras. Chakras sind wirbelnde Energiezentren, die einen sehr wichtigen Teil des Energiekörpers bilden. Wie viele Chakras gibt es? Gibt es sieben – oder mehr? Wie wichtig sind die Chakras für unser spirituelles, mentales, emotionales und physisches Wohlbefinden?
Aufgrund seiner lebenslangen Forschungsarbeit über Lebensenergie und Prana kann Master Choa Kok Sui diese Themen zu einfachen Konzepten mit praktischen Anwendungen zusammenfassen. In seinen Werken entmystifiziert er alte spirituelle Lehren und verwandelt sie in wissenschaftlich nachvollziehbare und für den modernen Menschen leicht zugängliche Methoden wie das Pranaheilen und Arhatic Yoga.

Serena Rust

Serena Rust
Wenn die Giraffe mit dem Wolf tanzt
Vier Schritte zu einer einfühlsamen Kommunikation

gebunden, 176 Seiten
€ [D] 9,95 / € [A] 10,30
ISBN 978-3-936862-77-5

Dieses leicht verständliche Buch vermittelt die grundlegenden Schritte zu einer erfolgreichen Kommunikation, bei der alle gewinnen können und die Bedürfnisse aller Beteiligten gleich wert sind, so dass Kommunikation wieder von Einfühlung und Verständnis, statt von Durchsetzen und Rechthaben getragen wird.

Serena Rust
Wenn die Giraffe mit dem Wolf tanzt
€ (D/A) 12,95
978-3-86720 026 6

Nobuo Shioya

Nobuo Shioya
Der Jungbrunnen des Dr. Shioya

Taschenbuch, 192 Seiten
€ [D] 7,95 / € [A] 8,20
ISBN 978-3-936862-91-1

100 Jahre lang leben, ohne senil oder krank zu sein – das ist unsere Bestimmung, sagt der japanische Arzt und Weisheitslehrer Dr. Nobuo Shioya, der selbst über 100 Jahre alt ist. Von Geburt an kränklich, fand er einen Weg zu einem langen, gesunden und selbstbestimmten Leben. Seine äußerst wirksame Methode ist so leicht anzuwenden, dass sie auch ältere Menschen praktizieren können.

Deepak Chopra

Deepak Chopra
Jung bleiben – ein Leben lang
Vitalität und Klarheit bis ins hohe Alter

Taschenbuch, 160 Seiten
€ [D] 8,95 / € [A] 9,20
ISBN 978-3-86728-154-6

Deepak Chopra bedient sich wichtiger Erkenntnisse der Philosophie, Biologie sowie alter Weisheitsüberlieferungen, um zu verdeutlichen, dass die uns bekannten Merkmale des Alterns weitgehend vermeidbar sind. Durch rechte Lebens führung und Ernährung können wir lernen, den Alterungsprozess sogar umzukehren und unser ganzes Leben lang vital, kreativ und energiegeladen zu bleiben.
Schritt für Schritt lernen wir, für uns ein individuell zugeschnittenes Programm zusammenzu stellen, zu dem Stressreduktion, Ernährungsumstellung und sportliche Betätigung gehören, um uns ein Maximum an Lebensqualität und Gesundheit zu sichern.der Gott als reines Sein erfahren wird.

Doreen Virtue

Doreen Virtue
Wie oben, so unten
Die Sieben Gesetze des Lebens

gebunden, 128 Seiten
€ 12,95 / € [A] 13,40
ISBN 978-3-86728-009-9

Das Kybalion umfasst die Studien der hermetischen Philosophie des Alten Ägypten. Es gilt als geheimnisvolles und zugleich bedeutungsvolles Werk, das sich auf die Lehre des großen Weisen Hermes Trismegistos bezieht. Bisher wurde es nur einmalig 1908 schriftlich veröffentlicht, aber vielen ist die Sprache nicht mehr zugänglich. Um die sieben hermetischen Prinzipien bewahren zu können, hat Doreen Virtue dieses Wissen in eine Sprache übersetzt, die dem 21. Jahrhundert, aber auch der modernen Spiritualität entspricht.

Wie oben, so unten
Hörbuch, Meditationen
€ [D/A] 12,95

ISBN 978-3-86728-015-0

Doreen Virtue
Himmlische Führung
Kommunikation mit der geistigen Welt

TB, 400 Seiten
€ [D] 12,95 / € [A] 13,40
ISBN 978-3-86728-218-5

Wer bisher glaubte, eine direkte Kommunikation mit Gott und mit himmlischen Helfern sei einigen wenigen Auserwählten vorbehalten, der wird von der Engelexpertin Doreen Virtue eines Besseren belehrt: Sie zeigt die grundlegenden Kanäle auf, über die himmlische Botschaften empfangen werden können – Fallbeispiele und praktische Übungen zur Förderung latent vorhandener Fähigkeiten inbegriffen.

Isabelle von Fallois
Die Erzengel
15 Begleiter auf dem Weg in ein erfülltes Leben

gebunden, 208 Seiten
€ [D] 14,95 / € [A] 15,40
ISBN 978-3-86728-081-5

Isabelle von Fallois, hat göttliche Liebe am eigenen Leib erlebt. Mithilfe der Engel von einer lebensbedrohlichen Krankheit genesen, bringt sie uns das Wesen der himmlischen Helfer nahe: durch medial empfangene Botschaften, Meditationen, Affirmationen und praktische Anleitungen für ein Leben unter dem Schutz unserer liebevollen Begleiter.

Isabelle von Fallois

Isabelle von Fallois
Die heilende Kraft deiner Engel
Den eigenen Weg gehen und Lebensträume verwirklichen

gebunden, 352 Seiten
€ [D] 16,99 / € [A] 17,50
ISBN 978-3-86728-171-3

Studien haben gezeigt, dass es 21 bis 28 Tage dauert, alte Muster zu durchbrechen und neue, positive zu programmieren. So entstehen neue neuronale Bahnen in Ihrem Gehirn und neue, positive Glaubensmuster, die Ihnen helfen, Ihre Träume zu verwirklichen. Auf Ihrer persönlichen Reise durch den 28-tägigen Prozess lassen Sie mit Hilfe der Engel alte, toxische Gedanken und Verhaltensmuster hinter sich und verbinden sich immer mehr mit Ihrer wahren Essenz, sodass Ihr Kontakt zu den Engeln täglich wächst.

Isabelle von Fallois
Engel und Einhorn
Magische Seelenreisen

Erleben Sie auf der ersten CD die zauberhafte Energie der Engel und Einhörner.

€ [D/A] 19,50
Doppel-CD, Meditationen 140 min
ISBN 978-3-86728-223-9

Isabelle von Fallois
Engel und Einhorn
Ein himmlisches Team

112 Seiten, farbig
€ [D] 7,99 / € [A] 8,20
ISBN 978-3-86728-213-0

In ihrer Gegenwart öffnet man sein Herz, um in der Frequenz der Liebe zu leben: die Engel. Durch ihr Nahesein gelangt man in Kontakt mit seiner Seele, um seine Mission zu erkennen und zu erfüllen: die Einhörner.
Ein wundervolles Team, unsere himmlischen Freunde!

Dr. Zhi Gang Sha

Dr. Zhi Gang Sha

Seele Geist Körper Medizin

Eine Anleitung zur Selbstheilung durch Seelenkraft

gebunden, 360 Seiten
€ [D] 17,95 / € [A] 18,50
ISBN 978-3-86728-010-5

Immer wieder gibt es Fälle von wundersamer Heilung. Worin besteht das Geheimnis? Der international angesehene Mediziner Dr. Zhi Gang Sha hat eine Antwort auf diese Frage: Heile zuerst die Seele, die Heilung von Geist und Körper wird dann folgen. Dieses Buch sagt nicht nur, dass Liebe und Vergebung die Schlüssel zur Seelenheilung sind, es präsentiert auch revolutionäre Heiltechniken. Dr. Sha erklärt Heilmethoden für allgemein verbreitete Krankheiten wie Erkältungen oder Rückenschmerzen. Des Weiteren stellt er Übungsprogramme dar, die bei schweren Krankheitsfällen helfen oder einfach zur allgemeinen Verbesserung der Gesundheit beitragen.
Dr. Sha gehört mit diesem Buch zu den New York Times Bestsellerautoren.

Maria Hubert, Rolf Grund, Tomas Eckardt

Was Tiere uns zu sagen haben

DVD, Dauer: 1:34
€ [D/A] 16,95
ISBN 978-3-86728-238-3

Seit undenklichen Zeiten nutzen wir Menschen die Gaben der Tiere zu unserem Vorteil. Es ist jedoch leicht zu erkennen, dass die Beziehung zu unseren tierischen Mitgeschöpfen sehr einseitige Züge hat. Die Zeit ist reif, dieses Bild von der anderen Seite zu betrachten. Würden wir Tiere fragen, wie sie ihr Verhältnis zum Menschen sehen – auf welche Antworten müssten wir uns gefasst machen? Wenn wir sie verstehen würden – was hätten sie uns zu sagen?
Diese DVD verleiht den Tieren eine Stimme. Wer sich immer schon gewünscht hat, unsere tierischen Freunde wirklich zu verstehen, wird hier tiefgehende und verblüffende Antworten auf viele Fragen finden. Lassen Sie sich berühren und inspirieren von einem außergewöhnlichen Interview, das über das sprichwörtliche »Pferdeflüstern« weit hinausgeht.

Kiesha Crowther

Kiesha Crowther
Aus Liebe zu Mutter Erde
Little Grandmothers
Botschaft an die Welt
gebunden, 272 Seiten
€ [D] 16,99 / € [A] 17,50
ISBN 978-3-86728-179-9

In bewegenden persönlichen Erinnerungen und prophetischen Offenbarungen berichtet Little Grandmother von den Lehren und Visionen, die ihr Mutter Erde und ihre Geistführer übermittelt haben. Der Aufstieg mit Mutter Erde in einen höheren Bewusstseinszustand ist nur durch unsere Herzen möglich. »Aus Liebe zu Mutter Erde« enthält einfache, aber wesentliche Schlüssel für unsere aktuelle spirituelle Evolution. Indem wir uns an das erinnern, was wir als Menschen schon einmal wussten, indem wir in unsere Herzen zurückkehren und aus dem Herzen heraus leben, können wir unsere Zukunft verändern und zu etwas Schönerem werden lassen, als wir uns je träumen ließen.

Kiesha Crowther
Aus Liebe zu Mutter Erde

Workshop mit »Little Grandmother« Kiesha Crowther
€ [D/A] 24,99, Doppel-DVD, Spieldauer 3:53
Sprache: Deutsch/Englisch, Sprecherin Deutsch: Josefine Merkatz
ISBN 978-3-86728-180-5

Wolf-Dieter Storl

Wolf-Dieter Storl
Wanderung zur Quelle
Geschichten von Shiva und Parvati

Taschenbuch, 352 Seiten
€ [D] 12,95 / € [A] 13,40
ISBN 978-3-86728-214-7

Das Buch erzählt Märchen und Geschichten über Shiva und Parvati, über das Göttliche, das unser wahres Selbst verkörpert. Und zugleich erzählt es von einem Ethnologen-Paar, das auf seiner Feldforschungsreise in Indien in eine mythologische Welt hineinstolpert und seelisch verwandelt in den Westen zurückkehrt.

Sayama

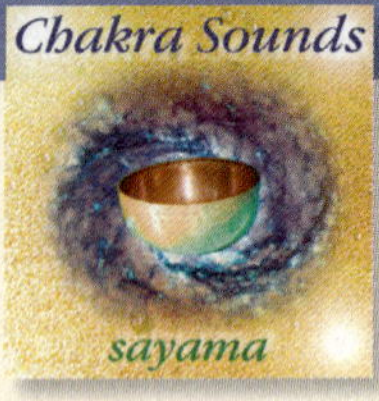

Sayama
Chakra-Sounds
2 Musik-CDs, 120 min.
€ [D/A] 19,50
ISBN 978-3-936862-08-9

Die Klangschwingungen aller Planeten unseres Sonnensystems – von der Erde über Mond, Sonne, Mars, Venus bis hin zu Uranus, Pluto & Chiron – für Meditation, Energiearbeit und ganzheitliches Heilen.

Tom Kenyon

Tom Kenyon
Ascension Codes
Musik-CD, 61 min
€ [D/A] 19,50
ISBN 978-3-86728-146-1

Die Musik trägt Sie auf direktem Weg in die strahlendsten Lichtsphären Ihres ureigenen Seins!

Qi Gong

Shi Xinggui
Shaolin Qi Gong
Energie in Bewegung
gebunden, 128 Seiten
mit Fotos zu den Übungen
und einer Übungs-DVD
€ [D] 16,95 / € [A] 17,50
ISBN 978-3-86728-023-5

Lernen Sie Qi Gong kennen! Die alten Übungen der Shaolin-Mönche steigern Vitalität und Kreativität. Sie verbessern die gesundheitliche Konstitution und können bis ins hohe Alter praktiziert werden. Dank der beiliegenden Übungs-DVD kann jeder die klar strukturierten Übungseinheiten spielerisch leicht und eigenständig erlernen.

Lee Carroll

KRYON – humorvoll und spannend bis zum Schluss

Kryon – Lee Carroll
Die Reise nach Hause

gebunden, 300 Seiten
€ [D] 19,50 / € [A] 20,10
ISBN 978-3-929512-71-7

Diese abenteurliche Reise handelt von Abenteuern und Prüfungen in einem erstaunlichen Land von Engelwesen, weisen Lehrern und finsteren Kreaturen. Die Geschichte ist ergreifend, humorvoll, faszinierend und spannend bis zum Schluss.

Lee Carroll – Kryon
Die 12 Stränge der DNA
Neue Dimensionen des Wissens entdecken

gebunden, 384 Seiten
€ [D] 19,99 / € [A] 20,60
ISBN 978-3-86728-168-3

90 Prozent der menschlichen DNA weisen keinerlei erkenntliche Symmetrie oder Codes auf, sondern verhalten sich scheinbar chaotisch. Lediglich etwa vier Prozent machen die 23.000 Gene des menschlichen Körpers aus. Und der Rest? Bislang ein Rätsel!
Endlich liefern uns die gechannelten Unterweisungen von Kryon die Erklärung und führen uns mitten in die Welt der Quanten: Besteht unsere DNA zum Großteil aus Quanteninformationen für den menschlichen Körper? Birgt unsere DNA tatsächlich unsere gesamte persönliche Akasha-Chronik? Und was stellt die DNA sonst noch dar?
In diesem einzigartigen Buch – einem bahnbrechenden esoterischen Werk mit einem Vorwort des DNA-Forschers Dr. Todd Ovokaitys – werden die zwölf Schichten bzw. Energien der DNA enthüllt.

Pierre Franckh

Pierre Franckh
Das Gesetz der Resonanz

gebunden, 240 Seiten
€ [D] 14,95 / € [A] 15,40
ISBN 978-3-86728-066-2

Jeder Ihrer »gefühlten Gedanken« wird auf der materiellen Ebene sinnlich erfahrbar: jene, die Schönheit und Fülle verheißen, ebenso wie die als dunkel und negativ empfundenen. Ausnahmslos. Das Gesetz der Resonanz wirkt überall und in jedem Moment.
Anhand vieler Übungen und erfolgreicher Geschichten von Lesern zeigt Pierre Franckh, wie Sie sich effektiv und geradezu spielerisch in energetische Übereinstimmung mit Ihren Herzenswünschen bringen.

Pierre Franckh
Das Gesetz der Resonanz
DVD, 60 min.
€ [D/A] 21,95
ISBN 978-3-86728-110-2

Faszinierende Fakten, ungewöhnliche Geschichten und viele Praxistipps zum richtigen Denken und Wünschen.

Pierre Franckh
Wünsch dich schlank

gebunden, 256 Seiten
€ [D] 9,95 / € [A] 10,30
ISBN 978-3-86728-114-0

Abnehmen ist ganz einfach. Wir müssen nur wissen, wie!
Können wir unseren Körper durch Gedankenkraft beeinflussen?
Eindeutig ja.
Viele Menschen haben in den letzten Jahren nach Pierre Franckhs Anleitungen und Ratschlägen schon zu ihrem Wunschgewicht gefunden – mit Leichtigkeit!
Auch sie kommen in diesem Buch zu Wort und bestätigen, wie stark die Kraft unserer Gedanken ist.
Dein Körper agiert nicht – er reagiert, und zwar auf die kleinsten Nervenimpulse. Bereits ein einziger Gedanke bewirkt hier »wahre Wunder«.
Diese Kraft der Gedanken und der Überzeugungen können wir uns gezielt zunutze machen und uns »schlank denken« – damit die Idealfigur nicht länger nur ein Traum bleibt.

Pierre Franckh

Wünsch es dir einfach – aber mit Leichtigkeit

gebunden, 208 Seiten
€ [D] 9,95 / € [A] 10,30
ISBN 978-3-86728-037-2

Bestseller-Autor Pierre Franckh ermutigt uns auf liebevolle Weise, überholte Denkmuster aufzulösen, damit sich unsere sehnlichsten Wünsche erfüllen können. Diesmal widmet er sich den Schwerpunkten: Geld, Gesundheit und Job. Natürlich dürfen auch die berührenden und heiteren Erfolgsgeschichten von begeisterten »Wünschern« nicht fehlen.
Achtung: Die »Wünsch es dir einfach« – Bücher könnten Ihr Leben verändern!

Pierre Franckh

Wünsch es dir einfach – aber richtig

gebunden, 240 Seiten,
€ [D] 9,95 / € [A] 10,30
ISBN 978-3-86728-031-0

Pierre Franckh beschreibt, wie auch die ganz großen Wünsche funktionieren, welche Fehler passieren können und wie man sie vermeiden kann. Darüber hinaus öffnet Franckh sein ganz privates Schatzkästchen und zeigt uns seine exakten Wunschformulierungen, mit denen er sich seine Partnerin, sein Haus sowie Geld und Erfolg im Beruf gewünscht hat.

Pierre Franckh

Erfolgreich Wünschen

gebunden, 192 Seiten
€ [D] 9,95 / € [A] 10,30
ISBN 978-3-936862-66-9

Sein Leben selbst gestalten, zum richtigen Zeitpunkt das bekommen, was man gerade braucht – Partner, Auto, Wohnung – wer möchte das nicht! Dass dies kein Wunschtraum zu bleiben braucht und wie man sich diese Fähigkeit, das Richtige vom Leben geschenkt zu bekommen, erwirbt, zeigt uns Pierre Franckh anhand vieler Beispiele aus seinem Leben.

Drunvalo Melchizedek

Ein neuer Zyklus beginnt

Lebe in deinem Herzen und du bist vorbereitet

gebunden, 208 Seiten
€ [D] 14,95 / € [A] 15,40
ISBN 978-3-86728-209-3

Welche Verheißung und Chance steckt in den positiven Prophezeiungen der Maya für die Zeit nach dem Ende des jetzigen Zyklus? Spannend wie immer erzählt Drunvalo von den rituellen Zeremonien, die er zusammen mit Vertretern der Maya-Ältesten, aber auch mit den indigenen Stämmen der polynesischen Inselwelt an diversen Orten durchgeführt hat, damit die Menschheit die schwierige Zeitenwende gut überstehen und den Aufstieg in die vierte Dimension vollziehen kann.

Bruce Lipton

Der Honeymoon-Effekt

Liebe geht durch die Zellen

gebunden, 192 Seiten
€ [D] 14,95 / € [A] 15,40
ISBN 978-3-86728-211-6

Bruce Lipton erklärt auf seine wundervoll einprägsame, leicht verständliche und amüsante Art mit Hilfe der Zellbiologie, der Quantenphysik und der Neurologie, wie wir das herrliche Gefühl der Flitterwochen dauerhaft in unsere Beziehungen holen können. Jede Zelle strahlt Energie aus – also auch jeder Einzelne von uns –, und ihre Frequenz hat erheblichen Einfluss darauf, was in unserem Leben geschieht.

Koha Verlag GmbH
Almstr. 4 · 84424 Burgrain
Tel: +49-(0)8083-1443
www.koha-verlag.de

- **Irrtümer und Preisänderung vorbehalten.**

Das lemurische Gesundheitssystem

Jetzt möchte ich euch etwas über das lemurische Gesundheitssystem sagen. Wie ihr wisst, verfügten die Lemurier über keine besonders hoch entwickelte Wissenschaft. Sie hatten keine Computer wie ihr. Stattdessen hatten sie eine hoch entwickelte multidimensionale Intuition. Wer sich unter einem intuitiven Arzt etwas vorstellen kann, wird das verstehen. Alle verfügten über dieses intuitive Wissen. Der Körper ist intelligent. Die lemurischen Körper waren – je nachdem, wie weit wir in der Zeit zurückgehen – viel größer als eure. Doch sie entwickelten sich zurück ..., wurden immer kleiner und kürzer. Die Lemurier waren sich dieser Entwicklung bewusst. Dadurch erfahrt ihr auch, dass die Plejadier größer waren als ihr und noch immer sind.

Das Gesundheitswesen der lemurischen Gesellschaft funktionierte folgendermaßen: Fast alle Ressourcen Lemuriens wurden in die Vorsorge gesteckt, um zu gewährleisten, dass alle so gesund wie möglich waren. Niemand musste Krankenkassenbeiträge zahlen, denn dies war eine begreifende Kultur; ihre Intuition war viel höher entwickelt; sie verstanden das Gesamtbild, anstatt den einzelnen Menschen zu betrachten. Die lemurische Gesellschaft erkannte intuitiv, dass von einer höheren Gesundheit auch die Wirtschaft profitierte. Es gab Landbesitz, aber in ganz anderer Form. Das Land befand sich in Gruppenbesitz, und deshalb wurden auch immer Gruppenentscheidungen getroffen. Wenn eine Person ständig krank war, konnte sie bei der gemeinsamen Arbeit nicht mithelfen. Das schadete dem Ganzen, und so erkannten die Lemurier sehr schnell: Wenn alle gesund waren, lief es wirtschaftlich viel besser.

Jetzt will ich noch einmal sagen, warum ich euch einen Einblick in die lemurische Geschichte gebe: Genau das wird noch einmal auf eurem Planeten passieren! Ganz plötzlich wird die Erkenntnis, dass Menschen, die nicht krank sind, Land kaufen und Steuern zahlen können, zu einer revolutionären Idee führen ... Wenn eine Regierung ihre Bevölkerung heilen kann, kann sie der Gesellschaft Wohlstand verschaffen. Was für eine Vorstellung! Achtet darauf, wie in dieser Hinsicht Gelder und Hilfsmittel anders vergeben werden, wie sich der Fokus verlagert. Wie können wir mit möglichst wenig finanziellen Mitteln möglichst viele Menschen heilen? Wie können wir Geld von einem Bereich für etwas anderes einsetzen? Habt ihr euch jemals gefragt, wie ihr die Krankheiten des Planeten heilen könnt? Viele Menschen klagen darüber, dass die Menschheit nie den Punkt erreichen wird, an dem sie so erleuchtet ist, dass sie genug Geld in die Heilung der Massen investiert. Und das stimmt! Doch eine andere Methode, die für eure derzeitige menschliche Natur viel mehr Sinn ergibt, kann das! Fällt kein Urteil darüber, sondern macht euch bewusst, dass euch eine neue Idee bevorsteht, bei der es um »ökonomisches Heilen« geht. Wie sonst könnte die Erde etwas bereitstellen, was derzeit so dringend benötigt wird? Die Antwort lautet: Findet eine Möglichkeit, das in die Pläne derjenigen einzupassen, die das meiste Geld für Investitionen haben. Heilen wird zu einer Investition in die globale Gesundheit werden. Und wie rentiert sich das für die Investoren? Sie erhalten einen Teil des Bruttoinlandsproduktes der Regierungen, mit denen sie zusammenarbeiten, basierend auf der Messung der »Heilungsrate« des jeweiligen Landes. Achtet darauf. Das ist unumgänglich und gerade schon am Entstehen.

Kryon Live-Channelling »Die lemurische Verbindung«,
durchgegeben am Mount Shasta/Kalifornien – 20. Juni 2004

Sehen Sie, wie konzeptuell die Lemurier gedacht haben? Erkennen Sie, warum Kryon davon spricht, dass »Denken außerhalb von Schubladen« uns zu den gesuchten Lösungen führt? Können Sie erkennen, wie die alte lemurische Seele, die auf dem Planeten erwacht, diesen großen Einfluss ausübt? Noch einmal: Falls Sie sich nicht darüber im Klaren sind, ob Sie nun ein Lemurier sind oder nicht, denken Sie daran, dass das im Einzelnen nicht so wichtig ist. Es geht darum, dass die Energie des Planeten sich der lemurischen Energie öffnet. Die spirituelle Saat, die damals ausgesät wurde, wird jetzt sozusagen »bewässert«, damit sie erblühen kann und allen Seelen auf dem Planeten zur Verfügung steht. Später wird noch von den Gitternetzen des Planeten Erde die Rede sein und davon, wie sie neu kalibriert werden und jedem einzelnen Lichtarbeiter Hilfe und Unterstützung gewähren. »Was ist ein Lichtarbeiter?«, fragen Sie da vielleicht. Liebe Leserin und lieber Leser, wenn Sie bis hierher gelesen und das Buch noch nicht in die Ecke geschmissen haben, dann, so meine ich, sollten Sie davon ausgehen, dass Sie ein/e Lichtarbeiter/in sind. Danke, dass Sie Ihr Licht leuchten lassen!

Frage: Kannst du noch ein bisschen detaillierter erklären, wie der Planet sich mehr und mehr der lemurischen Energie öffnet?

Kryon: Das ist nicht so schwierig, denn das war immer das Potenzial der Menschheit, wenn sie die Schwelle der 2012er-Marke passiert hat. Auch andere Planeten hatten ihre Marken, entsprechend der Energetik der Zeit und ihrer eigenen Geschichts-Fraktale. Eure hatte mit dem 26.000-jährigen Kreislauf des Axialschlags der Erde zu tun und war eine Art »Frist«, um eine gewisse Ebene der Bewusstseinsentwicklung zu erreichen. Noch vor fünfzig Jahren stand es nicht fest, ob ihr euch erneut zerstören (dieses Mal mit Technologie) oder stattdessen weiterschreiten würdet. Ihr habt diesen Punkt tatsächlich überschritten und habt jetzt die »Zeitkapsel« der lemurischen Energie und des lemurischen Wissens geöffnet.

Das heißt, eine neue Seite ist aufgeschlagen worden, sodass auch die ursprünglichen plejadischen Lehren, die bei den Lemuriern hoch entwickelt waren, euch jetzt besser zur Verfügung stehen als jemals zuvor. Der nächste Schritt hat damit zu tun, wie schnell ihr diese neuen Ideen und fortschrittlichen Prinzipien auf eure Gesellschaft anwendet. Jeder Planet hat ein anderes politisches Szenario, und das ist euer nächster großer Schritt.

Die indigenen Völker

Wie ein Blick auf die alten indigenen Kulturen zeigt, haben sie alle etwas gemeinsam: Sie verehren ihre Ahnen! Sie alle wissen intuitiv, dass ihre Ahnen nach wie vor bei ihnen sind. Diese Urvölker wissen, wie sie auf die Akasha zugreifen können. Sie haben erkannt, dass der Kreislauf des Lebens Informationen beinhaltet, zu denen wir Zugang haben und die sich in ihrem Innern befinden. Auch Gaia war ihnen bekannt, und die Erde wurde als Partner der Lebensenergie betrachtet, ein Partner ihres Seelenlebens. Wir auf der Erde befinden uns gerade mitten in einer großen Verschiebung, und das Wissen und die Weisheit der Ahnen steht für uns als Erbe bereit, wenn wir uns dafür entscheiden.

Während meiner Arbeit als Park Ranger musste ich wegen der Aborigines, der australischen Ureinwohner, an Sitzungen zur Steigerung des kulturübergreifenden Bewusstseins teilnehmen. Oft baten wir die Ältesten auch um Rat, wenn es um die indigene Kultur ging.

Allmählich steigt die Anerkennung lokaler Aborigines und ihre Einbeziehung in die Verwaltung der Nationalparks in Australien. Bei vielen wichtigen Ereignissen und Treffen spricht ein Ältester sogar eine Einladung aus, um im Land willkommen zu heißen. Die Ältesten erweisen ihren Vorfahren und dem Land sowie Mutter Erde immer die Ehre, und inzwischen wird anerkannt, dass die lokalen Aborigines die traditionellen Eigentümer des Landes sind.

Als ich im Tidbinbilla Nature Reserve arbeitete, initiierte ich ein Projekt, bei dem es unter anderem darum ging, die Übersetzungstafeln entlang einem beliebten Wanderweg zu überarbeiten und zu ersetzen. Der Weg, genannt »Birrigai Time Trail«, war wunderbar für internationale Besucher geeignet, denn dort konnte man immer weidende Känguru-Herden sehen und Emus, die entlang dem offenen Grasland nach Futter suchten. Außerdem gab es interessante Plätze, wo sich europäische Siedler, die in das Tal gekommen waren, niedergelassen hatten, sowie eine bedeutende Halbhöhle, die den Aborigines als Unterschlupf diente (»Rock Shelter«) und erstaunliche Informationen über die indigene Besiedlung im Südosten Australiens geliefert hat. Vor den Ausgrabungen am Birrigai Rock Shelter datierte man die früheste Besiedlung in diesem Gebiet auf 8000 Jahre zurück. Doch Artefakte, die mit der Radiokarbonmethode datiert wurden, weisen auf eine Besiedlung bereits vor 21.000 Jahren hin. An dieser Stelle sei angemerkt, dass sich die Besiedlung Australiens durch die Aborigines auf Basis von

Funden im nordaustralischen Arnhem Land 61.000 Jahre zurückdatieren lässt.

Bei den alten Beschriftungen entlang dem Wanderweg hatte man sich nicht mit den vor Ort ansässigen indigenen Gruppen abgesprochen. Meine Aufgabe war es nun, neue Schilder anzubringen, und zwar unter Einbeziehung dieser lokal ansässigen Aborigines, damit diese ihr Wissen beisteuern konnten. Zum Beispiel wurde auf den Schildern der Brauch beschrieben, zwei sogenannte Gegenschlagstäbe aneinanderzuschlagen und seinen eigenen Namen auszurufen, bevor die Reise fortgesetzt oder eine Stätte betreten wurde. Das Schild lädt die Besucher ein, das auch so zu machen, und mir wurde der Grund für diese Sitte genannt: Sie sollte böse Geister abwehren. Eigentlich hatte ich nie verstanden, worum es dabei ging, und einmal habe ich, als ich allein auf dem Weg war, meinen Namen laut geschrien und kam mir total bescheuert vor, lachte über diesen dummen Brauch und fragte mich, wie man nur so abergläubisch sein kann.

Aber letztlich lachte wohl der Kosmos über mich, denn erst als ich an einer heiligen Zeremonie auf Hawaii am Kraterrand des Kilauea Vulkans teilnahm, die von der hawaiianischen Hohepriesterin Kahuna Kalei'iliahi im August 2012 veranstaltet wurde, wurde mir wirklich klar, wie tiefgründig dieser Brauch eigentlich ist. Es war, als würde sich eine verborgene Tür öffnen, die nur der eigene spirituelle Schlüssel aufschließen kann.

Kahuna Ali'i Wahine Kalei'iliahi ist eine Kanaka Maoli (Ureinwohnerin) von Hawaii. Sie ist im üppig bewachsenen Kalihi-Tal auf der Insel O'ahu geboren und aufgewachsen. Die Wurzeln ihrer Vorfahren reichen bis zu den Sternen zurück, zu den Makali'i (den Plejaden), zu Papa (Mutter Erde) und Wakea (Vater Himmel), mit einer langen Abstammungslinie aus Kahuna Ali'i Wahine und Kahuna Ali'i Kane (Königliche Oberste Hohepriesterinnen und Königliche Oberste Hohepriester). Der Familiengott von Kahuna Kalei'iliahi ist Lono, der Gott des Friedens (sowie der Fruchtbarkeit, des Überflusses und der Landwirtschaft). Lono ist der Onkel der Göttin Pele, und Kahuna Kalei'iliahi ist eine ihrer Nachfahrinnen. Wenn man mit Kalei'iliahi zusammen ist, spürt man die Liebe und das Mitgefühl, welche aus ihrem Innersten strahlen.

Zu Beginn der Zeremonie sagte uns Kalei'iliahi, die Ahnen hätten ihr mitgeteilt, es sei jetzt stimmig, dass sie eine uralte Zeremonie abhielt, weil die Leute in unserer Gruppe jetzt dazu bereit seien, diese besondere Salbung zu empfangen. Wie sie erklärte, kannten die alten Völker Orte, wo sich böse Geister bzw. schlechte Energien befanden; deshalb blieben sie stehen und riefen laut: »E Ku Mau Mau«, das bedeutet: »Hier bin ich.« Dann warteten sie auf die Antwort ihrer Ahnen und des Universums, bevor sie weitergingen. Laut Kalei'iliahi aktivierte das laute Aussprechen von »E Ku Mau Mau« das Energiefeld um die Person herum, das bei uns als *Merkabah* bezeichnet wird. Die Alten hatten zwar einen anderen Namen dafür, aber es ist dasselbe. Durch das Aktivieren der Merkabah signalisiert die Person dem Universum, dass sie sich ihrer göttlichen Herrlichkeit bewusst ist, und das Universum und Gaia »kennen« sie dann und umarmen sie.

Kalei'iliahi beschrieb mir dann später, wie diese Magie wirklich funktioniert. Laut ihrer Aussage passieren die tiefen Momente, wenn man »in die Stille« eintritt, nachdem man die Worte »E Ku Mau Mau« ausgesprochen hat. In ihren eigenen Worten klang das so:

> Wenn du diese Worte ausgesprochen hast, betrittst du das Schweigen, die Stille …, wirst ruhig und hörst zu …, denn dann hörst du, wie das ganze Universum und Gaia dir antworten: »Wir sehen dich!« Das ist ein tiefer Augenblick, und wenn jemand nicht in diese Stille geht, *hat er es verpasst.* Genau in diesem Moment am Kilauea Krater hat der Wind um jeden einzelnen von euch kostbaren Menschen zugenommen … Habt ihr es gehört bzw. gespürt? Er war so mächtig! Es sind die Winde der Ahnen, die euch antworten.

Und wie ich ihn gespürt habe! Und ich bin ziemlich sicher, auch alle anderen Anwesenden haben ihn gespürt. Es war, als ob Gaia und die Ahnen auf Nummer sicher gehen wollten, dass wir auch wirklich physisch und spirituell stark und mächtig berührt wurden. Diese Unterweisung hat noch einen anderen Aspekt: Die dunklen Energien, durch die wir auf den Prüfstand gestellt werden, hören diese Worte, sehen uns hoch aufgerichtet da stehen (das Wort »Ku«

bedeutet »hoch«) und ziehen sich dann zurück. Sie lächeln und verneigen sich vor uns, denn sie sehen unser Licht erstrahlen. Wir haben die Angstprüfung bestanden, und das wissen sie. Das ist so schön – und stimmt völlig mit Kryons Lehre überein, die besagt, Angst ist ein verkleideter Liebestest, und wenn wir uns ihr stellen, verschwindet sie wie ein Lächeln in der Nacht just vor Anbruch der Morgenröte.

Als wir alle die Bedeutung dessen, was wir da tun würden, verstanden hatten, stellten wir uns einzeln vor Kalei'iliahi und riefen: »E Ku Mau Mau«; dabei schauten wir ihr in die Augen. Einer nach dem anderen standen wir vor Kalei'iliahi und spürten unser herrliches Selbst und die Liebe unserer Ahnen. Während der Zeremonie sprachen wir der Reihe nach die heiligen Worte, und die ganze Gruppe hörte ehrfürchtig zu und hielt die Energie, stimmte sich auf etwas sehr Tiefes und Heiliges und gleichzeitig sehr Persönliches und für jeden der Anwesenden Einzigartiges ein. Der Boden war voller Energie, und unsere Zellstruktur im Körper antwortete mit Erinnerungen.

Wie ich mich entsinne, bat ich Spirit um ein Zeichen, damit ich dieses überwältigende »Liebesbad« nie vergessen würde. Die meisten der Teilnehmer sahen als physisches Zeichen einen weißen Vogel, der hoch über uns hinwegflog (später erzählte uns Kryon während einer Durchgabe, dass wir bei dieser Zeremonie von einem Plejadier in Gestalt eines weißen Vogels besucht worden sind). Doch das, was vor allem anderen in meinem Herzen weiterlebt, ist die Erinnerung an die letzte Person aus der Gruppe; sie kniete nieder, um Kalei'iliahi »die Füße zu waschen«. Dieser Akt des Mitgefühls brachte uns fast alle zum Weinen wegen all der Liebe, die, wie wir spürten, uns in diesem Moment umfing. Es war wie ein kurzer Blick auf die Liebe, die wir von Gott, Gaia und den Ahnen erfahren.

Ich brauchte mehrere Tage, um die tiefe Energie, die ich während dieser Zeremonie erlebt hatte, zu assimilieren. Jedes Mal, wenn ich an die Zeremonie und an die Herzensenergie dachte, als Kalei'iliahi auf diese Weise geehrt wurde, weinte ich eine Flut von Tränen. Wenn ich zu erzählen versuchte, was geschehen war, war ich wieder zu Tränen gerührt und fing an zu weinen. Diese Erfahrung war sehr heilig und tiefgreifend. Was hatte sich also in der Zwischenzeit geändert, von dem Zeitpunkt an, als ich eine von den Ahnen praktizierte Sitte als dumm empfand, bis zu der Zeit, als ich dann tatsächlich an einer uralten Zeremonie teilnahm und eine tiefe spirituelle Erfahrung machte? Ich hatte mich geändert. Ich ließ zu, dass mein Herz sich öffnete, und wollte in reiner Absicht mit Gaia, unseren Vorfahren, dem Universum und Gott in Verbindung treten.

Und was an dieser Erfahrung ganz besonders verblüffend war: Sechs Monate später, als ich bei der von Todd Ovokaitys veranstalteten lemurischen Wiedervereinigung dabei war, um auf Maui/Hawaii die Zirbeldrüsentöne zu singen, erzählte ich das, was während der Zeremonie passiert war, meiner australischen Freundin Wendy, und wieder war ich total gerührt, die Tränen liefen mir die Wangen hinunter, und ich konnte nur schluchzend sprechen. Als ich Kalei'iliahi davon erzählte, sagte sie mir, dass wir durch Weinen aus Liebe und Freude den Ahnen Ehre erweisen.

Laut Kalei'iliahi drückt Kryon vieles der Weisheit der indigenen Völker, die in der dritten Sprache der Götter »geschrieben« ist, in moderner Sprache aus. Hier ein Gebet, das uns Kalei'iliahi gelehrt hat; traditionell wird es dreimal gechantet. Die Energie der Zahl Drei fungiert als Wandlungskatalysator; es ist auch die Energie des Mitgefühls, und die Alten haben das gewusst.

Mai ke Akua
Mai ke Kukui
Mai Kalani
Mai ka Maluhia
Mai Kalani
Mai ka Hau'oli
Mai Kalani
Mai ke Ola
Mai ke Akua
Mai ina me Apau

Die Übersetzung dieses Gebets lautet:

Von den Göttern
Vom Licht
Vom Himmel
Von der Stille
Vom Himmel
Vom Glück
Vom Himmel
Vom Leben
Von den Göttern
Vom Geber aller Dinge

Falls Sie jemals das Glück haben, nach Hawaii zu kommen, können Sie ja die wunderschöne, liebevolle Energie von Kahuna Kalei'iliahi aufsuchen. Ihre Website: www.kaleiiliahi.com.

Ich dachte immer, die alten Frühzivilisationen wären abergläubisch und primitiv gewesen und hätten nicht gewusst, wie die Welt funktioniert. Ich wusste, dass sie ganz sicher in mehr Harmonie mit der Natur lebten als wir modernen Menschen, aber ich konnte nicht glauben, dass sie auch über Weisheit und Wissen verfügten, weil ich die modernen Menschen im Vergleich als technologisch und wissenschaftlich viel höher entwickelt wahrnahm. Ich hatte nie richtig verstanden, wie stark die Alten auf Gaia und den Schöpfer abgestimmt waren, weil ich selbst nichts wusste und ignorant war. Ja, es stimmt, wir verfügen über viel mehr Technologie und Erfindungen als die Alten, aber diese Alten hatten ein viel klareres Verständnis unserer inneren Göttlichkeit und waren auf ihre Art Meister mit ihrem astronomischen Wissen, ihren Navigationssystemen und hoch komplizierten Kalendern. Die moderne Gesellschaft hat zwar mehr technologische Errungenschaften, aber die alten indigenen Völker hatten etwas viel Wertvolleres: spirituelles Wissen darüber, wer sie waren, und eine beständige Kommunikation mit Gaia und dem Schöpfer.

Gerade jetzt fängt auf der Erde eine Zeitspanne an, wo viele der alten in Lemurien lebenden Seelen wieder auf dem Planeten leben und erkennen, wer sie in Wahrheit sind. Wir haben die Chance, die Weisheit und das Wissen der Alten wiederzuentdecken. Traditionell wurde diese Weisheit und dieses Wissen nur an ein paar wenige Auserwählte weitergegeben. Falls Sie es noch nicht gemerkt haben: Es findet eine Umwälzung statt, und immer mehr der weisen indigenen Ältesten, die auf dem Planeten leben, öffnen sich und vermitteln ihre Lehren an Menschen, die nicht zu ihrer Kultur gehören, aber auch sich gegenseitig. Wider Erwarten kommen die indigenen Stämme zusammen und teilen ihr Wissen miteinander in der Erkenntnis, dass wir alle eins sind.

Und noch etwas können wir von den Alten lernen. Sie wussten intuitiv um drei Energien: die männliche, die weibliche und die Gaia-Energie. Aufbauend auf dieser Erkenntnis wurden Zeremonien ausschließlich für Frauen bzw. Männer abgehalten. Manche indigene Kulturen pflegen diese Tradition auch heute noch. An vielen Orten in Australien, wo ich war, betrachten die dort ansässigen Aborigines bestimmte Gebiete als heilig; sie dürfen, je nach Ort, ausschließlich von Frauen bzw. Männern besucht werden. Sie respektieren und erkennen an, dass die männliche und die weibliche Energie einzigartig und voneinander verschieden sind, und zwar aus einem ganz bestimmten Grund.

Ganz wichtig dabei ist zu erkennen: Die eine ist nicht besser als die andere! Vielmehr müssen beide Energien zusammengebracht werden, damit ein Ausgleich und Gleichgewicht geschaffen wird. Genau das passiert gerade auf der Erde, was zu einer Verlagerung geführt hat, durch die alles neu kalibriert wird: Gaia, der Mensch, das Universum.

An diesem Punkt möchte ich den indigenen Völkern dieser Erde dafür danken, dass sie die ganze Zeit ihr Licht hochgehalten haben, insbesondere jetzt, wo der Rest der Menschheit nach und nach aufwacht.

Was ich an den Botschaften von Kryon unter anderem so mag, ist der Respekt und die Ehre, die den Alten, unseren geliebten Ahnen, erwiesen wird. Hier ein paar Informationen, die Kryon anlässlich der Kryon Kundalini Tour 2012 durchgegeben hat:

Jetzt wollen wir von den Alten sprechen. Warum waren sie so an der heutigen Zeit interessiert? Wie kommt es, dass man Jahrtausende in der Zeit zurückgehen kann und Prophezeiungen über das findet, was heute stattfindet? Die indigenen Völker der Erde kümmerten sich mehr um den Staub der Erde als irgendjemand anderes. Wie sieht eure heutige Wirklichkeit aus, euer Überlebensplan? Für euch heutige Menschen hat das mit dem Job, der Familie und vielleicht dem ökonomischen Bewusstsein eurer jeweiligen Regierung zu tun. Doch wie war es um die Wirklichkeit der indigenen Völker bestellt? Da ging es um zwei Dinge: Nahrung und Wasser. Und das war's. Alles drehte sich um diese beiden Dinge und war getrieben von einem »dritten Bewusstsein«; für sie war das Gaia.

Die indigenen Völker hatten eine Dreiheit, die für sie von heiliger Bedeutung war; sie sahen die Menschheit nicht als etwas Zusammengehöriges. In den alten Zeiten gab es die Aufspaltung in Männer, Frauen und Gaia – die energetische Dreiheit, in der sie existierten. Wenn man einmal zurückgeht und sich ihre Traditionen anschaut, muss man diese Traditionen in diejenigen für Männer und diejenigen für Frauen unterteilen, denn die beiden Geschlechter wurden unterschiedlich geehrt, kamen aber mit Gaia zusammen. Zeremonien wurden veranstaltet, um Regen zu machen oder Nahrung zu erzeugen, was für sie das war, was der Erdboden hervorbrachte. Das war ihre gesamte Realität, und alles hatte sehr viel mit Gaia zu tun. Jegliche ihnen bekannte Art der Verehrung drehte sich um die Erde; die Beziehung zum Planeten war also ihre Wissenschaft, und sie wussten viel darüber.

Nach und nach verstanden sie den Kreislauf der Zeit und auch die Wetterzyklen, aber eine Weile lang verstanden sie nichts davon. Also beteten sie zu den Göttern des Südens, Ostens, Nordens und Westens. All das sagt euch etwas über sie. Die Prophezeiungen der indigenen Völker drehten sich alle um das Bewusstsein von Gaia. Was sagt euch dies? Es sagt euch etwas über die Jetzt-Zeit. Aus dem Norden und aus dem Süden wussten sie alle irgendwie irgendetwas. Sie kannten sich überhaupt nicht. Die Stämme des Nordens hatten keine Ahnung von den Stämmen des Südens. Sie waren sich nie begegnet. Hunderte von Stämmen hatten sich nie gesehen, und doch haben sie alle prophezeit, was heute geschieht! Ich möchte, dass ihr darüber einmal nachdenkt. Wussten sie vielleicht über die Verschränkung zwischen Bewusstsein und Gaia Bescheid?

Oh ja, sie kannten sich damit aus, ihr hört also heute ihre Wahrheit, und hier ist sie: Der Axialschlag des Planeten ist abgestimmt auf den 26.000-Jahre-Zyklus der Erde. Das wirkt sich potenziell auf die Bewegung und Erzeugung von Energie aus, was ihr heute erkannt habt. Je näher ihr diesen Zusammenhängen kommt, desto größer ist das Potenzial. Noch bis vor 600 Jahren erschienen diese Prophezeiungen ihnen wie Fakten, nicht lediglich als etwas Potenzielles. Und so bezogen sie diese Informationen in ihre Kalender mit ein, und ihr könnt das auch in den Hieroglyphen an den Wänden ihrer Pyramiden sehen. Fragt einmal einen Ureinwohner, was da gerade passiert. Ist es das, was sie erwartet haben? Die Antwort wird lauten: Jawohl, genau nach Plan und termingerecht.

Kryon Live-Channelling »Der Buchstabe K (im Wort Kundalini)«, durchgegeben in Mendoza/Argentinien – 17. Oktober 2012

Ich hoffe sehr, dass die gesamte Menschheit eines Tages die Weisheit und das Wissen der indigenen Völker auf diesem Planeten respektieren und erkennen wird, dass sich unsere Einstellungen verändern und wir mitfühlendes Handeln an denjenigen erleben werden, die die Erben der Erde sind, und dass sie ihre Ahnen ehren. In der Zwischenzeit sind die vielen Botschafter der indigenen Völker wie beispielsweise Kalei'iliahi ein wunderbares und kostbares Geschenk an uns; sie sind fähig, sich zu öffnen und ihre Weisheit und ihr Wissen mit ihren lemurischen Brüdern und Schwestern zu teilen, die jetzt überall auf der Erde im Erwachen begriffen sind.

Frage an Kahuna Kalei'iliahi: Gibt es irgendwelche Nachrichten von unseren Ahnen, die du uns mitteilen möchtest?

Kahuna Kalei'iliahi channelte zwei Botschaften. Die erste Botschaft wurde am 9. Januar 2013 durchgegeben, die zweite am 14. Januar 2013. Wenn ich mir die Numerologie dieser beiden

Botschaften anschaue, muss ich lächeln. Das erste Datum ergibt in Summe die Zahl Sieben, die numerologisch für die »göttliche Vorsehung« oder »göttliche Absicht« steht, aber auch für die Sieben Schwestern, also für die Plejadier. Das zweite Datum ergibt die Summe Elf – eine Meisterzahl – und bezieht sich meinem Gefühl nach auf die Meisterschaft, die jedem Menschen innewohnt.

Die Ahnen aus ferner Vergangenheit

Kahuna Kalei'iliahi:

Die Stimmen der Ahnen sprechen sanft und ruhig, sie kommen aus der Nacht, aus der fernen Vergangenheit …, aus Lemurien. Sie sprechen eine ganz eigene Sprache, und sie teilen Geheimnisse mit. Sie sprechen von der inneren Macht, der Macht des göttlichen Lichts aus den Weiten des Kosmos und wie diese große Macht in unseren Zellen sitzt. Sie sprechen auch von bislang nicht aufgeschriebenen Dingen, Dingen über das Licht und über die Farbe, die eine so hohe Schwingung aufweisen, dass der durchschnittliche Mensch sie nicht wahrnehmen kann, sehr wohl aber der neue Mensch, die Erwachenden und die Neuen Kinder. Sie sprechen von stillen Farben und Klängen, so sanft und kaum hörbar oder sichtbar für das menschliche Ohr bzw. Auge, und doch sind sie jedem menschlichen Herzen zutiefst vertraut. Sie sprechen davon, inwiefern wir alle Göttinnen und Götter sind, die Wissen über das Leben auf anderen Planeten in sich tragen, mit denen wir im Schlaf kommunizieren. Sie flüstern äußerst liebevolle, sanfte und freundliche Worte, immer voller göttlicher Liebe. Ihre Sprache ist die Sprache der Götter, die dritte Sprache, und sie sagen, jeder Mensch kann diese Sprache sprechen …, aber wir müssen in die Stille eintreten, in die Leere … und den Mut aufbringen, dorthin zu gehen, wo noch kein Mensch hingegangen ist. Sie sind die »Aumakua i ka Po …, die Ahnen aus der fernen Vergangenheit«.

Eine Botschaft der Ahnen, die von den Sternen kommt

Kahuna Kalei'iliahi:

Wir kommen von den Sternen, so wie ihr auch. Dorthin werdet ihr zurückkehren, wenn ihr eure Verträge auf der Erde erfüllt habt. Ihr seid unsere Familie, und wir sind eure Familie. Seid still und wisset, wir sind real …

Wir kommen, um zu den Herzen unserer Familie zu sprechen, die offen für unsere Liebe und unsere Botschaft an euch sind. Wir kommen in Demut, denn ihr Lieben, ihr seid die erhabenen Menschen. Ihr seid diejenigen, die sich immer wieder opfern, einen Körper annehmen, ihre spirituelle Heimat verlassen für einen Planeten namens Erde. Das habt ihr wieder und wieder und wieder getan. Warum? Liebe …, ihr liebt Gaia. Auch sie ist Familie.

Jetzt sind wir hier mit einer Botschaft, die sich auf einige von euch unmittelbar auswirken wird, bei anderen wird sie ein bisschen länger brauchen, bis sie einsinkt. Aber alle ihr, die ihr diese Zeilen lest, werdet die Botschaft schließlich auf einer tiefen Ebene erhalten, und sie wird euch verändern.

In euren Zellen sind Dinge aufgezeichnet, an die sich euer bewusster Geist nicht erinnert. Sie haben Dinge aufgezeichnet, die in eurer Biologie geschaffen wurden und deren ihr euch nicht bewusst seid …, eine Energie, die real ist und Wunder vollbringt. Die Kraft, die hinter Wundern steckt, ist die Energie, die diese Wunder als Motor dorthin bringt, wo sie … in eurer Welt manifestiert werden müssen. Diese Energie ist ein ganz eigenes Feld, und sie ist sehr mächtig. Sie hat eine Farbe und einen Klang, und das ist in euren Zellen aufgezeichnet. Die Farbe ist Blau mit einem Stich ins Rosa – ein sehr blasses Hellblau, das mit Rosa gemischt ist bzw. um das Rosa herumwirbelt. Diese Farbe hat spirituelle Zwischentöne, deshalb sieht sie für uns anders aus als für das menschliche Auge. Dennoch ist es diese Farbe. Und ihr Klang ist: »Maaaaaaaaaaa Naaaaaaaaaaaa.«

Jetzt möchten wir auch mitteilen, dass das hawaiianische Wort *»mana«* in seiner ursprünglichen Aussprache genau so geklungen hat. Mit der Zeit hat sich die Aussprache verkürzt, aber die ursprüngliche Bedeutung hat sich nie geändert: »Göttliche Macht.« Wenn ihr dieses Wort aussprecht, dieses äußerst heilige Wort, so wie wir es vorher beschrieben haben, mit lang gezogenen Vokalen, erzeugt ihr ein Energiefeld aus den beschriebenen Farben. Das, ihr Lieben, ist die Energie, welche den Motor antreibt, der Wunder vollbringt und sie in eurer Realität manifestiert.

Und so sagen wir euch: Wenn ihr euch Dinge vorstellt, die ihr in eurem Leben manifestieren möchtet, mit reiner Absicht und zu eurem höchsten Besten, dann verwendet auch den Klang: »Maaaaaaaaaaaa Naaaaaaaaaaaa ...«

Die Farbe kommt von allein hinzu, denn sie begleitet den Klang. Dies sind die zwei, die die Energie der drei erschaffen ..., wo Wunder geboren werden. Das »a« kommt zwölf Mal.

Ihr Kostbaren, ihr habt die Macht, alles zu erschaffen, was ihr euch wünscht. Ihr und Gott. Seid tapfer genug, um eure beschränkenden Ängste zu transzendieren, nehmt eure Macht und nutzt sie, um auf eurem Planeten große Wunder zu vollbringen! Fangt mit euch selbst an. Heilt den Körper, mit dem ihr auf die Erde gekommen seid. Heilt gleichzeitig den Planeten, denn eure Biologie und der Boden der Erde sind nichts voneinander Getrenntes. Wir sind die Ahnen, die von den Sternen gekommen sind. Wir kennen euch alle mit Namen, und diejenigen von uns, die beschlossen haben, hier zu bleiben und euch zu helfen, während ihr eure Arbeit auf diesem wunderschönen Wasserplaneten verrichtet, vermissen euch. Wir senden euch tiefes Licht und tiefe Liebe.

Frage: Viele der indigenen Kulturen haben ein Tiertotem oder verehren ein bestimmtes Tier als Teil ihrer Abstammung. Kannst du uns etwas mehr über diese Verbindung sagen? Ist sie Teil eines Systems?

Kryon: Das System basiert auf dem ursprünglichen Überleben in den Anfangstagen der Menschheit. Alles war mit »anderem

Leben« auf Gaia verknüpft. Die Tiere wurden als geheimnisvoll, lebensspendend und sogar mythologisch betrachtet. Ihr Fleisch hielt euch am Leben, ihr Fell hielt euch warm. Ihr habt aus Teilen ihres Körpers Dinge produziert, mit anderen Teilen haben Medizinmänner und Medizinfrauen die Menschen geheilt. Sie wurden also mit der Lebenskraft assoziiert. Das war zusammen mit den Pflanzen das »System aller Dinge«. Ein Tiertotem zu haben war damals also ein Anspruch auf die Abstammung aus dem Bund mit der Natur, eine Aussage darüber, wie eure Energie mit dem System von Gaia und mit der Energie von allem, was ist, in Verbindung stand. Es sagte etwas über euren Persönlichkeitstyp aus.

Heute ist das natürlich nicht mehr der Fall, doch das galt viel länger als alles, was ihr heute habt. Diese Energie ist immer noch im Kristallgitter eingeprägt, und bis zum heutigen Tag halten viele indigene Völker an der Bedeutung dieses Bundes fest.

Frage: Sollten wir noch etwas über die alten indigenen Völker wissen?

Kryon: Sie hatten zum Überleben nur das, was Gaia ihnen gab. Es gibt in den Wäldern immer noch Pflanzen und Kräuter, die der Schlüssel zu eurer Gesundheit sind. Sogar »moderne« Krankheiten wie Krebs könnten mit einigen der Naturarzneien, über die die indigenen Völker Bescheid wissen, geheilt werden. Die Menschheit verlässt sich heutzutage viel zu sehr auf Designer-Chemie anstatt auf die Gaia-Balance. Wenn ihr bestimmte Pflanzen und Kräuter zu euch nehmt, nehmt ihr auch alles auf, was zu ihrem Wachstum beitrug, auch das eigentliche »System der Erde«.

Macht es dann nicht Sinn, das zu nutzen, was Gaia produziert hat, um so den Körper ins Gleichgewicht zu bringen? Auf diese Weise bekommt ihr so viel mehr. Chemie ist kalt und hat kein Bewusstsein. Sie ist bestenfalls eine zeitweilige Lösung für ein viel größeres Problem …: am Leben zu bleiben.

Kapitel 2

Die Wissenschaft der Zukunft

Die Alten wussten intuitiv, dass die Welt rund ist. Sie verstanden etwas von Astronomie und entwickelten sogar sehr genaue Kalender. Wie konnte all diese Weisheit und dieses Wissen verloren gehen? Wie konnte die »zivilisierte« Welt lange Jahre glauben, die Erde sei flach? Die Antwort hat etwas mit dem menschlichen Bewusstsein zu tun. Die Schwingung des Planten ist wie eine große Tür, die sich je nach Schwingung einer erleuchteten oder nicht erleuchteten Menschheit öffnet bzw. schließt. Kryon sagt dazu:

Wenn die Menschheit beschließt, diese Tür durch das Erzeugen einer niedrigen Schwingung auf dem Planeten zu schließen, dann gehen Informationen, Erfindungen und Entdeckungen verloren. Ja, sie verschwinden tatsächlich, weil die Menschheit sich nicht einmal die Mühe macht hinzuschauen! Doch wenn die Schwingung sich erhöht, geht die Tür auf, und Entdeckungen und Erfindungen liegen sozusagen griffbereit auf der Schwelle und warten nur darauf, gefunden zu werden.

Es ist also nicht Spirit, der solche Erfindungen nur sparsam verteilt; vielmehr sorgt das von euch geschaffene System dafür. Denn hoch entwickelte Wissenschaft ist immer da – ganz egal was –, doch je nachdem, wie der Planet mit dem menschlichen Bewusstsein schwingt, sorgen die Menschen auf dem Planeten dafür, dass nicht so viel davon verfügbar ist.

Wenn diese Erkenntnisse über Entdeckungen und Erfindungen von der Menschheit aufgenommen werden, landen sie normalerweise als Inspirationen an mehreren Orten gleichzeitig auf dem Planeten. Damit soll gewährleistet werden, dass die Offenbarungen der jeweiligen Entdeckung nicht verloren gehen. Deshalb geschieht die Inspiration gleichzeitig an drei bis vier Orten.

Kryon Live-Channelling »Die Wissenschaft, die die Zeit braucht«, durchgegeben in Albuquerque/New Mexico – 14. Februar 2010

Haben Sie sich schon einmal gefragt, wo Erfindungen und Entdeckungen herkommen? Wie lange hat es gedauert, bis der Mensch Feuer machen konnte? Wie lange, bis er das Rad erfunden hat? Ist Ihnen aufgefallen, wie viel Zeit zwischen der Entdeckung des Feuers und der Erfindung des Rads verstrichen ist? Und nun vergleichen Sie das einmal mit der Zeit zwischen der Entdeckung der Elektrizität und der Erfindung des Radios. Und unser heutiges technologisches Zeitalter? Irgendwie scheint jedes Mal, wenn man seinen Computer oder sein Handy aufrüstet, schon die nächste Generation in den Verkaufsregalen zu liegen, und zwar eine viel bessere als die, die man gerade gekauft hat.

Warum also war ursprünglich so ein großer Zeitabstand zwischen unseren frühen Erfindungen und Entdeckungen? Laut Kryon gibt es einen direkten Zusammenhang damit, wie stark die Menschen mit ihrer inneren Göttlichkeit in Verbindung stehen. Je mehr wir über dieses uns innewohnende Göttliche wissen, desto besser können wir uns dem öffnen, was wir bereits wissen: wie die Dinge wirklich funktionieren.

Was ich nun beschreibe, ist besser verständlich, wenn Sie das 10. Kryon-Buch von Lee Carroll gelesen haben. Falls nicht, müssen Sie sich aber keinen Kopf machen. Öffnen Sie sich einfach der Vorstellung, dass Ihre DNA aus zwölf Schichten besteht, von denen drei plejadisch sind.

Die Plejadier wussten alles über Quantenenergie, wie Verschränkung funktioniert, alles über die Gesetzmäßigkeiten der Physik, und sie nutzten dieses Wissen, um hierherzugelangen. Drei unserer zwölf DNA-Schichten sind plejadisch; darin existiert alles, was wir wissen möchten. Alle Erfindungen und Entdeckungen der nächsten 4000 bis 8000 Jahre finden sich bereits dort. ***Die Fähigkeit, auf diese Informationen zuzugreifen, steht in direktem Zusammenhang mit der Kohärenz des Mitgefühls auf diesem Planeten.*** Ganz schön sonderbar, gelinde ausgedrückt!

Der Planet empfängt Vorstellungen und Erfindungen, wenn unser Bewusstsein dafür bereit ist, und nicht vorher. Haben Sie sich schon einmal gefragt, warum das so ist? Das Bewusstsein der Menschheit war darauf ausgerichtet, zu trennen, zu erobern und sich gegenseitig zu bekriegen. Erkennen Sie, dass dieses Bewusstsein neue Erfindungen am liebsten als Waffen zum Kriegführen nutzen will?

Vorstellungen und Erfindungen sind außerdem dem Kristallgitter der Erde eingeprägt. Wer hat das gemacht? Natürlich die Plejadier. Das soll Kryon uns erklären:

Auf dem Planeten befindet sich jetzt, in dem, was ihr *Gaia* nennt, das Kristallgitter. Dieses Gitternetz ist sozusagen das Gedächtnis, das sich an alles erinnert, was von den Plejadiern dort abgelegt wurde, und es erinnert sich auch an die menschliche Geschichte. Wenn es stimmig ist und das Bewusstsein der Menschheit einen bestimmten Punkt erreicht hat, werden diese Ideen und Informationen freigegeben. Es ist also eine Art Zeitkapsel. Das geschieht nicht von der großen zentralen Sonne aus, nicht von außen. Vielmehr geschieht es von innerhalb der Gaia-Energie. Vor Jahren, zu Beginn des 21. Jahrhunderts, saßen wir einmal auf dem Mount Shasta zusammen, und wir erzählten euch von den Lemuriern, die auf dem Berg lebten. Wir sprachen auch von der Zeitkapsel dort. Jetzt wisst ihr, worum es dabei geht; sie werden nicht herauskommen und sich vorstellen und uns die Hände schütteln. Das ist nicht die Metapher. Vielmehr geht es bei der Zeitkapsel um Informationen, Konzepte und Ideen. Es geht um die Quantenhaftigkeit eurer Realität, die ihr entdecken werdet. Es geht um Dinge, die ihr braucht, wenn ihr euch in die neue Energie hineinbegebt …

Übrigens gab es einen Zeitpunkt, an dem ihr fast gestolpert seid. Ihr hattet so eure Schwierigkeiten mit der Elektrizität. Und da trat ein Mann auf den Plan, der seiner Zeit weit voraus war, und er stand bereit, um etwas zu verändern. Sein Name war Nikola Tesla. Er vermachte euch das Prinzip des sogenannten Wechselstroms. Versucht einmal, diesen heute viel genutzten Prozess zu verstehen; den meisten von euch wird es nicht gelingen, denn es ist nichts Dreidimensionales. Die ganze Idee hinter der Art von Elektrizität, wie ihr sie heute nutzt, entsprang einem Quantenverstand. Er durfte aber nur das machen; er versuchte es auch mit anderen Konzepten, die, wie er wusste, wahr sind und funktionieren, aber ihm wurde nicht erlaubt, noch mehr zu machen.

Würde ich euch erzählen, was er noch alles entdeckt hat, wären das Dinge, die euch noch nicht einmal aufgefallen sind. Seine weiteren Ideen wurden nie außerhalb der »Schublade« weitergedacht, das durfte nicht sein, weil die Erde dafür nicht bereit war. Er entdeckte masselose Objekte. Er konnte durch die Molekularstruktur anhand phasiger Magnetik die Masse verändern und noch alles Mögliche – aber er konnte das nie steuern und kontrollieren. Er ließ Objekte von seiner Werkbank an die Zimmerdecke fliegen. Aber er hatte keine Kontrolle darüber, denn er war noch nicht bereit dafür. Und ihr wisst ja, wofür er noch bekannt war, oder? Anscheinend schlug die Stromübertragung fehl, aber, meine Lieben, da ging gar nichts fehl! Es gibt Bilder von seinem misslungenen Turm, aber immer, wenn ein Mensch einen Turm sieht, geht er – vorurteilbehaftet, wie er ist – davon aus, dass damit etwas über die Luft gesendet werden soll. Ich sage euch, was er wirklich damit machte. Tesla hatte herausgefunden, wie man Strom durch den Erdenboden versenden konnte! Dazu braucht man Türme, weil sie die Magnetik auf bestimmte Art und Weise aufgreifen und versenden und die Knoten auf dem Planeten aufspüren müssen. Davon haben wir schon gesprochen: wie man das Gitternetz des Planeten nutzt, welches sich bereits in der Erde befindet und als eine Art Autobahn zur Verfügung steht. Man kann das gesamte Gitternetz des Planeten magnetisch zum Versenden von Elektrizität nutzen und den Strom dort abgreifen, wo er benötigt wird. Ganz ohne Kabel. Doch die Erde war dafür noch nicht bereit.

Ich sage euch warum, meine Lieben, und das ist das erste Mal, dass wir darüber sprechen. Der Grund ist, dass man das gar zu einfach für Waffen verwenden kann, und dafür seid ihr nicht bereit. Ihr seid auch nicht bereit für masselose Objekte, denn auch sie kann man zu leicht als Waffen hernehmen. Ihr fragt nun vielleicht: *»Na gut, Kryon, und wann werden wir dafür bereit* *sein?«* Ihr kennt die Antwort bereits, oder etwa nicht? Dann, wenn das menschliche Bewusstsein einen Punkt erreicht, wo es um Einigung und nicht um Trennung, Macht und Erobern geht, dann werdet ihr diese Errungenschaften erhalten. Dann, wenn die Menschheit die Bevölkerungsstärke daran misst, wie gesund die Menschen sind, und nicht am Bruttoinlandsprodukt, dann werdet ihr sie bekommen. Es wird so weit kommen, es dauert zwar noch eine Weile, aber es wird passieren.

In dieser Zeitkapsel, die ihr *Gaia* nennt, gibt es ein Lagerhaus voller Wissen und Ideen, welches schon vor langer Zeit von denen aufgebaut wurde, die ihr die Lemurier und die Plejadier nennt. Sie sind ein und dasselbe, sehr früh zu bestimmten Zeiten in der »heiligen menschlichen« Geschichte. Zunächst öffnet sich die Zeitkapsel und lässt neue Ideen heraus, danach kommen Erfindungen, und zwar deshalb, weil die Menschheit erst einmal weicher werden muss, bevor euch die Erfindungen »über den Weg laufen«. Ihr werdet in nächster Zeit erkennen, was ich damit meine. Die Zeitkapseln liegen praktisch unter euren Füßen …

Erkennt ihr, was da in euch ist? Ihr werdet diese Wissensmaschine, die ihr in euch tragt, brauchen. Diese Quantenhaftigkeit in euch muss für euch etwas Reales werden, damit ihr den nächsten Schritt tun könnt. Das ist also eure Zeitkapsel, das, worüber wir eigentlich sprechen wollten. In der Erde befindet sich eine Zeitkapsel, ebenso wie in euch selbst. Das ist euer spirituelles Erbe, mit dem ihr auf die Erde gekommen seid; es ist bereit, sich wie eine Lotusblüte zu öffnen. Wenn das geschieht, entsteht eine neue Bewusstheit; dann gibt es Frieden in einer Welt, die nicht unbedingt friedlich ist; dann gibt es Geduld in einer Welt, die nicht unbedingt geduldig ist. Dann werdet ihr euch verändern. Seit Langem sprechen wir darüber. Jetzt wäre ein guter Zeitpunkt, es auch zu tun …

Wir haben lange mit der Weitergabe dieser Botschaften gewartet. Hier beginnt die Arbeit; sie muss bei euch beginnen, und zwar auf eine Art und Weise, mit der ihr vielleicht nicht mitzugehen bereit seid? Es geht jedoch nicht ums Tun, sondern ums Sein …

Kryon Live-Channelling »Die Zeitkapsel von Gaia«, durchgegeben in Salt Lake City/Utah – 9. Februar 2013

Ich habe ja schon von den neuen Ideen und Entdeckungen gesprochen, die in unserer DNA liegen – insbesondere den drei plejadischen Schichten. Das ist die Zeitkapsel, von der Kryon spricht. Wofür genau stehen die plejadischen Schichten? Geht es dabei um mehr, als wir meinen? Die Antwort lautet: Ja.

Diejenigen, die euch den Samen eingepflanzt haben, haben eine DNA, und diejenigen, denen der Samen eingepflanzt wurde, haben eine DNA. Interessant, oder, dass ihr diese Gleichheit des Lebens eines Tages im Allerkleinsten und im weit Entfernten entdecken werdet. Wie ihr dann erkennt, stammt das nicht von eurem Planeten, und dann werdet ihr auch verstehen, dass es vielleicht ein »gemeinsames galaktisches Lebenssystem« gibt, welches wunderschön ist.

In euch befindet sich eine Zeitkapsel: Die drei plejadischen Schichten eurer DNA sind für die Galaxie gar nichts so Spezielles, und sie tragen die Saat der Plejadier in sich, von deren Eltern und den Eltern ihrer Eltern. Warum erzähle ich euch das? Weil eure innere Zeitkapsel schon länger lebt als das gesamte geschichtliche Leben auf dem Planeten. Sie steht für jene in der Galaxie, die viel, viel älter sind als ihr, auch älter als die menschliche Rasse ..., und das ist in euch. Schon seit Jahren erzählen wir euch, dass es da mehr gibt, als ihr euch überhaupt vorstellen könnt ...

Kryon Live-Channelling »Die DNA-Zeitkapsel«,
durchgegeben in Sacramento/Kalifornien – 10. Februar 2013

Sehen Sie, was das mit Ihnen persönlich zu tun hat? Man muss kein genialer Wissenschaftler sein und etwas ganz Tolles erfinden, um etwas Wichtiges für den Planeten zu tun. Ihr mitfühlendes Handeln und Ihre Liebe zum göttlichen Selbst verändern den Planeten auf tiefgreifende Weise.

Erkennen Sie, wie das Tun eines Einzelnen das Tun aller verändert und beeinflusst? Das Tun aller wiederum verändert das kollektive menschliche Bewusstsein. Und ein verändertes menschliches Bewusstsein öffnet oder schließt die Tür zu neuen Erfindungen und Entdeckungen.

Seit über 23 Jahren übermittelt uns Kryon liebevolle Botschaften, die sich oft mit hoher Wissenschaft vermischen. Wir haben die Zeitmarke 2012 passiert. Viele der widersprüchlichen Informationen von Kryon wurden inzwischen von der Wissenschaft bestätigt. Und dieser Trend wird sich fortsetzen, achten Sie einmal darauf. Mit zunehmendem menschlichem Mitgefühl wird Neues entdeckt. Und jetzt stellen Sie sich auf etwas hoch Wissenschaftliches ein.

Designer-Magnetik

Was ist Designer-Magnetik? Was ist der Unterschied zwischen normaler Magnetik und Designer-Magnetik? Nun ja, verglichen mit Designer-Magnetik ist »normale« Magnetik so etwas wie eine kindliche Bleistiftzeichnung im Vergleich zur Mona Lisa. Das Kind ist sich der Farben bewusst, hat aber keinerlei Vorstellung davon, was damit wirklich geschaffen werden kann. Der wahre Künstler dagegen weiß, wie er aus all den Farben ein Meisterwerk erschaffen kann.

Bei der Designer-Magnetik geht es darum, zu lernen, wie Energie »konstruiert« bzw. planmäßig gestaltet werden kann. Wenn dieses »Design« dann korrekt mit einem Objekt zusammengebracht wird, kann das Objekt masselos werden. Bislang gab es das nicht in einer Form, die kontrolliert werden konnte. Wir wissen nicht, wie wir ein magnetisches Feld so »konstruieren« können, wie Kryon das beschreibt – noch nicht jedenfalls, aber irgendwann können wir das. Das ist Teil der neuen Entdeckungen, die darauf warten, gefunden zu werden.

Diese Art Designer-Magnetik kommt auf natürliche Weise auf dem Planeten vor. Haben Sie schon einmal von den Heilwassern von Lourdes in Frankreich gehört? Jedes Jahr pilgern Menschen aus aller Welt dorthin, um in dem legendären Heilwasser zu baden, das aus einer Quelle in der Grotte entspringt. Laut Kryon sind die heilenden Qualitäten des Wassers in dieser Grotte ein direktes Resultat der Magnetik und der Anomalien des Felsgesteins, durch das dieses Wasser fließt; und es verfügt über Quantenenergie.

Bevor wir uns von Kryon etwas über Designer-Magnetik erzählen lassen, möchte ich etwas zur sogenannten *Verschränkung* sagen, von der bei Kryon oft die Rede ist.

In der Physik wird Verschränkung als Beziehung zwischen zwei oder mehr Teilen eines Quantensystems beschrieben, welches von einer Wahrscheinlichkeitswellenfunktion gesteuert wird. Der Ausdruck *Verschränkung* bezeichnet in der Quantentheorie die Art und Weise, wie Energie-/Materiepartikel korreliert werden können, damit sie auf berechenbare Weise miteinander interagieren – egal, wie weit sie voneinander entfernt sind.

Wissen Sie, wie Einstein diese Verschränkung genannt hat? Er bezeichnete sie als *»spukhafte Fernwirkung«*. Das Phänomen der Verschränkung ist etwas Reales und wurde experimentell mehrfach nachgewiesen. Im Jahr 1997 ermöglichten Nicolas Gisin und seine Kollegen von der Universität Genf anhand verschränkter Photonen eine einfache, aber sofortige Kommunikation über eine Entfernung von über elf Kilometern (sieben Meilen). Das erklärt, warum Fernheilungssitzungen funktionieren. Die Wissenschaft hat den Mechanismus hinter der Verschränkung noch nicht herausgefunden, und es gibt bislang auch keine Theorie, die sie vollständig erklären kann. Laut Kryon schließt die Quantenverschränkung Atomstrukturen, egal ob Materie oder Energie, in ihrer jeweiligen Zeit und ihrem jeweiligen Raum in einem einzigartigen quantensymmetrischen Muster zusammen.

Um diese Verschränkung einmal bildlich vorstellbar zu machen, wollen wir einen Blick auf aktuelle Forschungen und Experimente werfen; das bereitet Sie auch auf das nächste Kryon-Channelling vor.

An der Universität von Tel Aviv in Israel wurde eine Forschungsgruppe zum Thema Supraleitfähigkeit gebildet, die die Effekte der sogenannten Quantenlevitation und der Quantenfixierung (auch Flux Pinning genannt) nachgewiesen hat und die diesen Prozess folgendermaßen beschreibt:

> Zunächst wird ein Einzelkristall-Saphir-Wafer mit einer dünnen (~1µm dicken) Schicht aus keramischem Material namens Yttrium-Barium-Cuprat ($YBa_2Cu_3O_{7-x}$) überzogen. Bei Zimmertemperatur hat die Keramikschicht keinerlei interessante

magnetische oder elektrische Eigenschaften. Doch wenn sie auf unter –185 °C (–301 °F) abgekühlt wird, verwandelt sich das Material in einen Supraleiter und leitet Elektrizität ohne jeglichen Widerstand und mit null Energieverlust.

Supraleitfähigkeit und Magnetfelder mögen sich gegenseitig nicht. Wenn möglich, verdrängt der Supraleiter sämtliche Magnetfelder aus seinem Innern; das ist der sogenannte Meißner-Ochsenfeld-Effekt. In unserem Fall war der Supraleiter extrem dünn, und deshalb dringt das Magnetfeld dennoch durch, allerdings in diskreten Mengen (schließlich geht es hier um Quantenphysik!); das nennt man »Flussquanten« bzw. »Flussschläuche« oder »Fluxone«. In jedem magnetischen Flussquanten wird die Supraleitfähigkeit lokal zerstört. Der Supraleiter versucht, die Magnetröhren an Schwachstellen (beispielsweise Korngrenzen) »festzuhalten«. Jede Bewegung des Supraleiters im Raum versetzt auch die Flussschläuche in Bewegung. Um das zu verhindern, bleibt der Supraleiter mitten in der Luft »fixiert«.

Quelle (übersetzt): http://www.quantumlevitation.com/thephysics.html

Auf der hier zitierten Website ist auch ein Video zu sehen, auf dem die Forscher das von ihnen als »Quantenlevitation« bezeichnete Phänomen demonstrieren und zeigen, wie ihr unterkühlter »Puck« mit einer Magnetleiste »quantenfixiert« wird. Dieser »Puck« schwebt dann um die Magnetleiste herum und kann in jedem Winkel fixiert werden, ja bewegt sich um die Magnetleiste herum. Das öffnet die Tür zu einem besseren Verständnis der Verschränkung. Bei diesem Experiment kann man zwar nicht von einer 100%-igen Verschränkung sprechen (eher von einer 0,5%-igen Verschränkung), dennoch wurde aufgezeigt, dass durch das Unterkühlen eines Objekts dessen Masse verändert werden kann. Dieselben Videoaufnahmen hat Lee Carroll in vielen Seminaren gezeigt.

Bei einer Veranstaltung von Todd Ovokaitys gab Kryon einige sehr tiefgehende Informationen durch, um darauf hinzuweisen, dass die Dichte ein variables Attribut und kein Newton'sches Gesetz ist. Deshalb kann die Dichte eines beliebigen Objekts verändert werden. Sie haben noch nie von Todd Ovokaitys gehört? Von ihm ist im Kryon-Buch 4, »Gemeinsam mit Gott«, sowie im Kryon-Buch 10, »Die 12 Stränge der DNA«, die Rede. Ovokaitys ist einer der führenden Köpfe in der Erforschung der Realität, von der Kryon gesprochen hat (magnetische DNA-Heilung und -Verjüngung). Er hat ein paar erstaunliche Theorien entwickelt, die jetzt belegt werden – wie Kryon das vorhergesagt hat. Seine Forschungsarbeiten haben zwar schwerpunktmäßig mit der DNA-Verjüngung anhand der neuen Physik zu tun (mit bemerkenswerten Ergebnissen), aber er arbeitet auch an Entdeckungen, die jeder auf der Stelle nutzen kann. Ovokaitys lehrt auch die sogenannte Pineal Toning Technique™, die mit 24 multidimensionalen Tönen zur Aktivierung der Zirbeldrüse arbeitet und tiefgreifende bewusstseinserweiternde Erfahrungen ermöglichen kann.

Hier ein Auszug aus der Transkription eines Kryon-Channellings mit Informationen über die Designer-Magnetik. Dabei spricht Kryon auch zu Ovokaitys, den er immer mit dem Namen Yawee anspricht.

– So, nun zurück zur Physik. Ich möchte über Masse sprechen.

Yawee, ist es möglich, ein Objekt, etwa so groß wie ein kleiner Felsblock, zu haben und zwei dieser Objekt nebeneinanderzustellen, gleiche Größe, aber das eine wiegt meinetwegen 40 Kilo und das andere 400 Kilo? Geht das?

– Ja.

– Und kannst du uns bitte sagen, wie das auf der Atomebene zu erklären ist?

– Na ja, für eine so unterschiedliche Dichte bei gleicher Größe gibt es verschiedene Möglichkeiten. Einer der Blöcke könnte aus Lithium sein, das hat eine niedrige Dichte, der andere aus Gold, was eine hohe Dichte hat. Das wäre eine Erklärung, aber ich nehme an, du möchtest eine andere Erklärung hören?

– Nein, das ist gut. Dichte ist die Antwort. Doch Dichte von was?

– Dichte ist definitionsgemäß die Masseeinheit eines Körpers geteilt durch sein Volumen. Letztendlich würde das wohl darauf hinauslaufen, dass Dichte die Anzahl der atomaren Teilchen ist, die die Masse enthalten, pro besagtem Volumen.

– Aha! Es ist also das Maß von dreidimensionalen Teilen innerhalb eines bestimmten Raums. Vorhin hat mein Partner [Lee] der Seminargruppe ein Video von einem Makroobjekt gezeigt [Eisenteil], welches quantenfixiert und teilweise mit einem Magnetfeld verschränkt wurde. Daran waren zwei Prozesse beteiligt: zum einen der Magnetismus und zum anderen die Unterkühlung. Beides zusammen führte zu dieser Fixierung. Dieser Prozess wirkte sich auf die Atomstruktur der Objektmasse aus, und daraufhin wurde das Objekt – wie im Video zu sehen ist – mit dem Magnetfeld fixiert. Er veränderte die Atomstruktur der Objektmasse und fixierte sie im Magnetfeld. Das Objekt schien zu schweben, aber eigentlich hatte es einfach dieselbe Quantensymmetrie wie das Magnetfeld, war also damit verschränkt.

Hier noch einmal ein Hinweis: Masse ist ein konstruiertes, geplantes Merkmal und kein Newton'sches Gesetz. Gewicht und Masse haben nichts mit Größe zu tun, sondern mit Dichte. Dichte wiederum ist ein Merkmal der Atomstruktur, und die hat mit Verschränkung zu tun. Die Dichte passt sich an ihren jeweiligen dreidimensionalen Raum an. Und wenn man die Dichte dieser spezifischen Atomstruktur verändern könnte? Es gibt da eine Möglichkeit, die noch nicht einmal unbedingt die Substanz verändern würde [Gold wäre immer noch Gold].

Wenn ihr eine bestimmte Atomstruktur so weit herunterkühlen würdet, dass die Atomteilchen nicht mehr so wie vorher schwingen, könntet ihr sie entsprechend eurer Wünsche »umdesignen« bzw. neu gestalten, anhand von Designer-Magnetik. Dadurch verändert sich auch die Quantensymmetrie der Fixierung. So könnte man das Gewicht eines Kieselsteins auf eine Tonne erhöhen oder dafür sorgen, dass ein Auto gar nichts wiegt. Das ist eines der Merkmale der Quantenverschränkung und Quantenfixierung, welches die Wissenschaft noch nicht entdeckt hat. Damit ist *Designer-Masse* möglich.

Wie wir euch bereits gesagt haben, gibt es so etwas wie Anti-Schwerkraft nicht. Das ist vielmehr die Erzeugung eines masselosen Objekts. Masse kann »konstruiert« und manipuliert werden – eine der ersten von vielen Lektionen, die wir vor zwanzig Jahren gelehrt haben, und das hat mit der euch bekannten

Verschränkung zu tun. Doch es gibt dabei einen Nebeneffekt ...: Energie [dazu gleich mehr].

Unterkühlung, *Designer-Magnetfelder* und ein weiteres, von euch noch zu entdeckendes Element können gemeinsam tatsächlich ein Merkmal der Atomstruktur, das von euch aktuell als »Dichte« bezeichnet wird, verändern. Ihr könnt das ständig bei natürlichen Substanzen sehen. Was ist der Unterschied zwischen dem Schwermetall und dem Leichtmetall, von dem die Rede war? Wenn es euch möglich wäre, in die Atome hineinzugehen, könntet ihr diesen Unterschied dann beobachten? Jawohl. Wenn ihr ein paar Merkmale der Atommuster und der Symmetrie ihrer Quantenbeziehung verändern könntet, würde sich dadurch die Masse verändern? Würden sie wieder kohärent zusammenkommen, weil sie verschränkt sind, um das Objekt zusammenzuhalten, dasselbe Objekt, aber mit geänderter Masse? Die Antwort lautet: Ja.

Obwohl es für meinen Partner schwierig ist, ein Merkmal zu erklären, das noch nie jemand gesehen hat, ist dies doch die Erklärung dafür, warum ein Objekt als Objekt zusammenhängt. Die Antwort ist *Verschränkung*. Es ist verschränkt bzw. in sich selbst in einer bestimmten Zeit und einem bestimmten Raum fixiert. Haben die meisten von euch erkannt, dass ein Objekt hauptsächlich aus Raum besteht? Wodurch hängt es dann als Objekt zusammen? Die Antwort lautet: Es ist mit sich selbst quantenfixiert.

Ihr seht also: Jedes Objekt hat sein ganz bestimmtes »Zeit und Raum«-Gefüge, und die Dichte wird standardmäßig angepasst [eine natürliche, sich anpassende Dichte, die die Tendenz hat, zu ihrem angepassten Zustand zurückzukehren, wie es der Gegend im Universum entspricht, in der es sich befindet]. Doch diese Dichte kann modifiziert werden. Das ist das eine. Und hier ist noch etwas.

Yawee, wir saßen zusammen und haben etwas Persönliches besprochen. Es ist nicht vertraulich. Einmal bat ich dich, die Experimente mit freier Energie erst einmal hintanzustellen. Erinnerst du dich?

– Ja.

– Ich nannte dir zwei Gründe dafür: Zum einen musst du zunächst weitere Aufgaben in anderen Bereichen erledigen, und ich habe dir ein paar Hausaufgaben aufgegeben [die Zirbeldrüsentöne des lemurischen Chors]. Und zum Zweiten würden diese Experimente nicht die Ergebnisse zeitigen, die du vermutet hättest. Oder in deiner eigenen Sprache: Ich sagte, deine *Räder würden durchdrehen.*

Jetzt enthülle ich den zweiten Teil der Informationen über freie Energie: So etwas wie freie Energie gibt es nicht; das ist einfach *umgelenkte, sich anpassende Physik.* Mach jetzt langsam, Partner [Ermahnung an Lee, sorgfältig zu sein und gegebenenfalls das Tempo zu verringern]! Wenn ihr Energie erzeugen wollt, muss sie irgendwie aus der Atomstruktur kommen. Die Atomstruktur wird von ihrer sich *anpassenden Energiequelle zusammengehalten* (»Konformität«). Wenn du die Merkmale dieser Atomstruktur verändern kannst, macht es dann Sinn, wenn du Energie freisetzen könntest, indem du ein Objekt erneut anpasst? Siehst du, dass Energie modifiziert wird, wenn du die Attribute des verschränkten bzw. fixierten Zustands veränderst?

– Ja.

– Das ist eines der Geheimnisse. Und hier ist noch ein weiteres Merkmal, ein Hinweis: Ihr Menschen, hört gut zu! Physiker, macht doch einmal ein paar neuartige Energieexperimente, an einem ganz bestimmten Ort ...; der befände sich auf einer Kreisbahn. Denn wenn ihr das tut, hättet ihr die benötigte Kälte, ohne dafür zusätzliche Energie aufwenden zu müssen. Ich lasse das jetzt mal so stehen, und ihr könnt entscheiden warum. Es ist Teil des Geheimnisses. Energie, die verwendet wird, um einen Zustand zu schaffen, wirkt sich oft auf diesen Zustand aus.

Wenn die Attribute der Verschränkung bzw. Fixierung innerhalb eines sich anpassenden Objekts aufgegeben werden, wird eine große Menge Energie freigesetzt. Das Rückgängigmachen der Konformität eines Objekts muss auf jeden Fall auf eine Weise Energie freisetzen, wie ihr es bislang nicht kennt. Das ist Quantenhaftigkeit, und sie zeigt zwei neue, noch nicht erkannte Gesetzmäßigkeiten der starken und schwachen Kraft der Multidimensionalität auf. Das ist nicht dasselbe wie das Freisetzen von Atomenergie, so wie ihr das kennt. Hier handelt es sich um das Freisetzen von fixierter Energie innerhalb der Struktur eines Objekts, wenn dessen Dichte-Merkmale sich verändern. Es erreicht keine kritische Masse und wird auch nicht explodieren. Es kanalisiert die Energie einfach an einem anderen Ort, der in 3-D nicht gut sichtbar ist. Multidimensionale Energie ist etwas sehr Reales. Ihr habt sie sogar als »dunkle Energie« bezeichnet. Sie hält die Galaxie zusammen.

Um diese Energie zu erschließen, ist derzeit Unterkühlung erforderlich. Das Widersprüchliche daran: Um etwas zu unterkühlen, ist sehr viel Energie nötig, allerdings nicht im Raum. Ein andermal werde ich euch Hinweise darauf geben, wie die erforderliche Temperatur ohne Raum zu erreichen ist [siehe Kryons Antworten auf die diesem Abschnitt nachfolgenden Fragen].

Könnt ihr jetzt sehen, wie ihr aufbauend auf diesem Prozess einen Energiekreislauf erzeugen könntet? Wenn man ein ständig seine Konformität veränderndes Dichte-Masse-Szenario aufstellen könnte, würde jedes Mal, wenn das Objekt seine Konformität verändert, Energie freigesetzt. Also denkt daran: Masse will immer in einen »konformen Zustand« zurückkehren. Wenn ihr die Fixierung der Quantensymmetrie aufhebt und dadurch die Masse verändert, wird sie zu ihrer natürlichen Dichte zurückkehren, wenn die »Maschine« des Entfixierens freigegeben wird. Das ist dann eine »Zug-Stoß«- oder »Gegentakt«-Energie (Push-Pull). Diese Energie kann nutzbar gemacht und zum Teil wiederverwendet werden, um die Unterkühlung beizubehalten. Damit hat man eine Maschine, die sich selbst am Laufen hält und gleichzeitig mehr Energie freisetzt, als sie verbraucht. Das ist keine freie Energie. Es ist umgeleitete Energie. Dabei wird viel mehr Energie freigesetzt, als ihr es euch mit euren 3-D-Formeln ausrechnen könnt. Denn das ist der eigentliche Kern, der die Materie zusammenhält, und ihr kennt einfach keine Formeln, mit der man sie messen könnte. Sie ist viel größer, als ihr euch vorstellen könnt.

Ihr betrachtet Energie gewöhnlich als Wärme. Umgeleitete Energie ist quantenhaft und unsichtbar. Ihr braucht also eine Quantenerfindung, um sie »einzufangen«.

Kryon Live-Channelling »Wissenschaft«,
durchgegeben in Sedona/Arizona – 11. Juni 2012

Zusammengefasst sagte Kryon, dass man nach der Unterkühlung eines Objekts die Merkmale seiner Atomstruktur mit Hilfe der Designer-Magnetik neu konstruieren kann. Das einzige Problem dabei: Wir wissen noch nicht einmal, was das überhaupt ist. Die Atomstruktur der Materie birgt ein großes Geheimnis. Wenn man beispielsweise in einen Felsen hineinschaut, gibt es ein Quantenmuster, wodurch dieses Objekt zum Felsen wird, aber eines seiner Merkmale ist seine Dichte (die Entfernung zwischen den Atomen untereinander). Zum Quantenmuster gehören (1) die Dichte der Materie (Masse) und (2) das, was alles zusammenhält, sodass daraus ein Felsen wird. In unserer Schwerkraft entspricht die Masse dem Gewicht, mit Designer-Magnetik könnte man also möglicherweise die Dichte eines Objekts so umprogrammieren, dass es unter Umständen fast kein Gewicht mehr hat. Können Sie sich die praktischen Anwendungsfelder für eine solche Technologie vorstellen?

Frage: Wenn Verschränkung zwischen beliebigen Objekten auftreten kann, dann wäre es theoretisch möglich, ein Labor aufzubauen, das mit dem Weltraum verschränkt ist, wodurch eine Unterkühlung von Objekten ohne großen Energieaufwand ermöglicht werden würde. Kannst du uns darüber Informationen geben?

Kryon: Ein Labor ist kein Objekt. Verschränkung bedingt eine (konstruierte) »Designer-Neuanordnung« der Atomstruktur innerhalb einer Substanz. Energie und Masse können sich verschränken, aber bei komplexen Mischungen aus Objekten, die dann ein Paket bilden, geht das nicht so leicht.

Gaia als ein Bewusstsein ist mit dem Zentrum der Galaxie verschränkt. Gaia als Felsen, Wasser und Luft … ist das nicht. Doch ein einzelner Felsen könnte das sein. Verschränkung setzt einen Zusammenfluss von Symmetrie auf jeder Seite der Gleichung voraus. Geht nicht davon aus, dass ihr das jetzt schon verstehen könnt. Aber irgendwann werdet ihr es begreifen.

Man muss für die Unterkühlung nicht große Mengen an Energie einsetzen. Auch das werdet ihr herausfinden, wenn ihr den Wunsch habt, Unterkühlung effizienter zu bewirken.

Frage: Kann man auf der Erde Unterkühlung ohne Unmengen von Energie bewirken, zum Beispiel mit Hilfe von Keramik?

Kryon: Ja, aber nicht mit Keramik allein. Es gibt chemische Möglichkeiten, die ihr bislang nicht entwickelt habt, durch die Objekte unterkühlt werden können, wenn ihr sie zunächst einmal auf eine bestimmte Ausgangskälte (Ruhetemperatur) bringen könnt. Deshalb eigneten sich die Berggipfel besonders gut für die Technologie der Lemurier. Denn das war ein toller Ausgangspunkt, ganz ohne Energieaufwand, außer dem Aufwand, dorthin zu gelangen (–35 °C).

Normalerweise denkt man bei Temperatursteuerung – oder wenn man Nullpunktenergie erzeugen will – nicht an Chemie, aber sie kann in diesem Fall, wenn etwas bereits Gefrorenes mit ein bisschen Energieaufwand in einen unterkühlten Zustand gebracht werden soll, die Lösung sein. Die zusätzlichen 240 Grad Kühlung bis zum absoluten Nullpunkt wären zwar wichtig, aber eigentlich muss man für einfache Quantenfixierung gar nicht den absoluten Nullpunkt erreichen (siehe nächste Frage).

Im Labor habt ihr diesen chemischen Prozess bereits entwickelt, aber es funktioniert noch nicht im großen Stil. Also arbeitet daran!

Sucht nach chemischen Rezepturen, die Wärme anziehen und die Wärme aus praktisch allem »heraussaugen«. So wie Osmose anhand einer halbdurchlässigen Membran funktioniert, kann auch Wärme aus einem konzentrierteren Bereich in einen weniger konzentrierten Bereich »herausgesaugt« werden, mit Möglichkeiten, die ihr noch nicht richtig kennt. Das wird schließlich die Grundlage bilden für tragbare Kühlschränke für den Außeneinsatz und die Kühlung von Lebensmitteln ohne Anschluss an das Stromnetz. Die Chemie bleibt anhand einer Batterie »aktiv«.

Die Antwort lautet also: Durch eine Kombination aus (1) kalter Ausgangstemperatur, (2) dem Einsatz neuer chemischer Entwicklungen und (3) der Nutzung neuer exotischer Materialien werdet ihr in der Lage sein, Unterkühlung ohne Riesenenergieaufwand zu erreichen.

Frage: Ist physische Verschränkung eine Verschränkung über Bewusstsein von quantenphysischen Objekten? Und ist das auch für Liebe der Fall? Kryon sagt ja, dass der Raum zwischen dem Kern und dem Elektronennebel in Atomen mit Bewusstsein und Liebe gefüllt ist. Wie hat das mit Physik zu tun?

Kryon: Die letzte Frage zuerst: Wie wir euch gesagt haben, werdet ihr als eines der ersten Quantengeheimnisse, wenn ihr irgendwann einmal ein »Quantenfeldmessgerät« habt, eine andere Art von Leben entdecken ...: Quantenleben. Das Messinstrument wird überall Leben aufzeigen! Aber eben Quantenleben. Dieses Leben hat Bewusstsein ohne Tod oder Fortpflanzung. Die Definition von Leben muss dann also umgeschrieben werden, und Quantenleben wird zum Teil eurer Realität werden. Aber ihr werdet in der Lage sein, es zu sehen und euch damit über eine 3-D-Schnittstelle zu verbinden, dadurch wird es besonders interessant.

Und so wird es kommen, dass Bewusstsein und Liebe (etwas, was aus strukturiertem Bewusstsein entsteht) als Quantenlebenskraft angesehen werden muss, denn dieses neue Messgerät sieht darin multidimensionales Leben. Ein Gebäude hat eine 3-D-Struktur, doch die Lebenskraft, die von einem Augenblick zum nächsten variiert, hat eine potenzialbasierte Struktur – eine Quantenstruktur.

Eine starke und eine schwache multidimensionale Kraft sind die zwei noch fehlenden Gesetzmäßigkeiten der Physik. Wenn ihr sie erst einmal erkannt habt, ergibt es einen Sinn, dass der Raum zwischen dem Atomkern und dem Elektronennebel gar kein Raum ist, sondern mit potenzialbasierter Realität und Struktur ausgefüllt ist. Da gibt es Energie, die den Raum erklärt, ebenso findet sich dann eine Erklärung für das Rätsel der dunklen Materie in der Galaxie (welche keine Variation einer Newton'schen Funktion ist). Die neuen Verständnismöglichkeiten umfassen dann auch Liebe und Bewusstsein als Strukturgeber in der Physik. Und eure Logik kann dann begreifen, dass beide an der Verschränkung mitwirken.

Bewusstsein und Liebe in diesem mysteriösen atomaren Raum werden also zu einer Möglichkeit und viel mehr Sinn ergeben als im Moment. Das ist der »Klebstoff« Gottes und der Grund für die »innere Haltung« und das »intelligente Design« der Atomstruktur.

Und nun zum ersten Teil der Frage: Physische Verschränkung ist eine Illusion. Die eigentlichen Akteure sind hier die unsichtbaren Stränge der euch noch fehlenden physischen Gesetzmäßigkeiten, und sie kommen in vielen Formen und Farben vor. Verschränkung ist also in Wirklichkeit ein ganzer Sack voller Merkmale und Attribute, deshalb gibt es davon viele verschiedene Formen, von ganz einfachen, grundlegenden bis hin zu hoch komplexen.

Quantenfixierung ist nur eine teilweise Verschränkung und eine eher einfache Form. Ihr könnt sie in 3-D sehen, und sie entsteht durch Designer-Magnetik und die gezielte Abänderung der Atomstruktur (Unterkühlung). Das ist Verschränkung in ihren Anfängen, und dazu braucht man Energie und ein Objekt, aber es gibt dabei noch ein Problem mit der Entfernung, deshalb ist es keine komplette Verschränkung.

Bewusstsein ist Energie und kann an einem Objekt »fixiert« werden. Liebe (strukturiertes Bewusstsein) ist Energie und kann entweder an einer anderen Energie oder an einem Objekt fixiert werden. Objekte sind nutzbar gemachte Energie und können miteinander fixiert werden ..., und zwar viele davon. Doch in beiden Fällen geht es um viel mehr als Magnetik und Unterkühlung. Es gibt da eine Quantenmaschine, die noch nicht entdeckt worden ist; sie »wirft« die Stränge aus und erzeugt einen Zusammenfluss von kohärenter Atomstruktur. Dann sind beide wirklich in einer Realität miteinander fixiert und teilen sich auf der atomaren Ebene denselben Raum. Das wäre dann komplexe Verschränkung.

Für komplexe Verschränkung ist jede Menge Energie vonnöten – wie viel, wollt ihr gar nicht wissen –, sogar mehr als die Chemie, von der in der vorherigen Frage die Rede war. Echte Verschränkung benötigt Unmengen an Energie. Quantenfixierung dagegen nicht. Deshalb ist die komplette und komplexe Verschränkung, wie ihr sie in der Atomstruktur (auf einer sehr kleinen Ebene) und auch in galaktischen Bewegungen (auf der Makroebene) seht, möglich. Beide verfügen über sehr hohe

Quantenenergieressourcen, auf die sie zurückgreifen. Im Fall der Atomstruktur ist das die Energie des eigentlichen Atoms, die man als ganz winzige Wurmlöcher betrachten könnte, welche quantenhaft mit unendlicher Energie verbunden sind. Bei galaktischen Bewegungen (entdeckt von Vera Rubin) wird die Energie vom Zentrum der Galaxie abgezapft.

Doch in der »Mittelposition der 3-D-Realität« ist davon nicht viel zu sehen, deshalb ist es schwer, sich vorzustellen, wie man damit wirklich arbeiten könnte, oder das im Labor zu entwickeln, ohne eine unglaublich leistungsfähige Energiequelle zu haben. Das ist dann möglich, wenn ihr die kalte Verschmelzung entdeckt habt. Dann lässt es sich besser damit arbeiten und wird viel mehr Spaß machen.

Die noch fehlenden Gesetzmäßigkeiten der Physik

Definitionsgemäß ist Physik die Wissenschaft von Energie und Materie sowie deren Interaktionen. Alles um uns herum, auch wir selbst, besteht aus Energie und Materie. Die Wissenschaft der Physik verhilft uns zu einem besseren Verständnis unserer Umwelt, unserer Innenwelt und der Welt, die darüber hinausgeht. Es ist unsere elementarste Wissenschaft. Die American Physical Society beschreibt Physik folgendermaßen:

> Mit Konzepten wie Relativitäts- und String-Theorie fordert die Physik unsere Vorstellungskraft heraus; sie ermöglicht großartige Entdeckungen wie Computer und Laser, und die darauf aufbauenden Technologien verändern unser Leben – ob es nun um das Befreien von Gelenkschmerzen und die Heilung von Krebs oder um die Entwicklung nachhaltiger Energielösungen geht.
>
> Physik umfasst das Studium des Universums, von den größten Galaxien bis hin zu winzigsten subatomaren Teilchen. Und sie

ist die Grundlage für viele andere Wissenschaften, unter anderem Chemie, Meereskunde, Seismologie und Astronomie (und findet auch in der Biologie oder Medizin Anwendung).
Quelle (übersetzt): http://www.aps.org/programs/education/whystudy.cfm

Physik untersucht auch grundsätzliche Naturphänomene und die Interaktion zwischen den Naturkräften; sie beschäftigt sich also auch mit der Analyse der Natur im Allgemeinen. Derzeit sind uns vier fundamentale Naturkräfte bekannt: die Schwerkraft, der Elektromagnetismus, die starke und die schwache Atomkraft. Die klassische Physik erforscht die Schwerkraft und den Elektromagnetismus; die Erforschung der starken und schwachen Atomkräfte ist hauptsächlich Thema der Quantenphysik. Bislang hat die Quantenphysik sich schwerpunktmäßig mit den allerkleinsten Teilchen beschäftigt, beispielsweise subatomaren Partikeln wie Elektronen.

Doch die Wissenschaft der Physik steht derzeit vor einem Rätsel. Bestimmte Beobachtungen passen nicht zu den bekannten Grundkräften. Könnte es vielleicht noch weitere Grundkräfte geben, die noch nicht entdeckt worden sind? Die Antwort lautet: Ja! Laut Kryon stehen noch zwei physikalische Gesetzmäßigkeiten aus. In mehreren gechannelten Botschaften übermittelt er Informationen über diese uns noch fehlenden physikalischen Naturgesetze. Der folgende Auszug hilft uns zu verstehen, was Kryon uns sagen will.

Die neuen Gesetzmäßigkeiten der Physik

Jetzt wollen wir von Physik sprechen. Ich möchte euch eine Geschichte über ein Rätsel erzählen und was die Wissenschaft mit diesem Rätsel zu tun hat. Und dann sage ich euch ein paar Dinge, über die wir bislang nie gesprochen haben.

Es geht um ein wunderschönes Gesetz, welches der Wissenschaftler Isaac Newton aufgestellt hat und welches für alle orbitalen Mechanismen in eurem Sonnensystem gilt. Es erklärt sie alle, und es nennt sich das *Zweite Newton'sche Gesetz.* Es ist eine

Beschreibung. Pass auf, Partner, mach langsam [Kryons Ermahnung an Lee, ganz besonders klar zu sein]! Es beschreibt grundsätzlich die Beziehungen zwischen Kraft, Materie und Beschleunigung und erklärt die Bewegungen der Planeten – die Bewegung und die Massenträgheit von Bewegung überall, und zwar so gut, dass diese Formel sogar für Berechnungen hergenommen wird, um Satelliten ins Weltall und eure Raumsonden ins ganze Sonnensystem zu senden. Die ganze Mathematik, die sich um das Zweite Newton'sche Gesetz dreht, funktioniert.

Ihr habt vielleicht gemerkt, dass das, was Newton erkannt und gesehen hat, in eurem Sonnensystem und eurer Astronomieforschung funktioniert – dass die Planeten [Körper mit konstanter Masse], die dem Einfluss der Schwerkraft der Sonne stärker ausgesetzt sind, sich mit einer anderen Geschwindigkeit bewegen als diejenigen, die weiter weg sind. Das ergab die Formel für das Zweite Newton'sche Gesetz, und es gilt bis heute – zumindest bis vor Kurzem, als eure Wissenschaft nämlich auf ein paar Herausforderungen stieß.

Zunächst einmal stellte sich heraus, dass dieses Gesetz für sehr kleine Partikel nicht mehr galt; da wurden die Regeln nicht mehr eingehalten. Innerhalb der Atomstruktur galt eine andere Formel – der eigentliche Grund für die Geburt der Quantenphysik. Es galt, eine Erklärung für das Kleine und Allerkleinste und die damit zusammenhängenden Theorien zu finden, unter anderem auch multidimensionale Theorien. Das war für die Wissenschaft in Ordnung. Neue Theorien besagten, dass bei superkleiner Materie die Interaktion zwischen Masseobjekten unterschiedlich sein müsste, und zwar – wie manche Wissenschaftler behaupten – weil die kleineren Teilchen keine konstante Masse wie die Planeten und der Mond haben ... Für einen wissenschaftlichen Verstand nicht so schwer zu verstehen. Die Menschen sind zudem in der Lage, mit Hilfe von Atombeschleunigern Experimente mit superkleinen Teilchen durchzuführen – sie lassen Protonen und Antiprotonen nahezu bei Lichtgeschwindigkeit aufeinanderprallen, um zu sehen, was passiert. Die Menschen konnten also die neuen Gesetzmäßigkeiten in der Welt des Allerkleinsten nachweisen. Doch dann geschah etwas.

Mit dem Auftauchen der neuen »Augen« der Erde über computergesteuerte Spiegel in Teleskopanlagen begann der Mensch, weit entfernte Galaxien zu erforschen und sie deutlich zu sehen. Zur großen Überraschung der Astronomen sahen sie Sterne um das Zentrum der Galaxie kreisen, ganz ähnlich wie euer Sonnensystem sich um die Sonne dreht, doch mit einem großen Unterschied: Es geschah nicht auf Grundlage des Newton'schen Gesetzes!

Wie die überraschten Astronomen entdeckten, befanden sich die um das Zentrum der Galaxie kreisenden Sterne in einem sogenannten Flachrotationsmodus. Lasst mich das erklären, mach langsam, Partner [erneute Ermahnung von Kryon an Lee]: Wenn man eine Scheibe nimmt und darauf ein paar Kieselsteine nah am Drehpunkt [Zentrum] und ein paar weiter entfernt davon ablegt und die Scheibe dann langsam kreisen lässt, werden, wie man bemerken wird, alle Partikel, die auf der Scheibe platziert wurden, sich in einer Tandem-Rotation drehen und sich gegenseitig in derselben Perspektive beeinflussen. Anders ausgedrückt: Die Entfernung zum Zentrum bewirkt nicht, dass der eine Stein sich schneller oder langsamer dreht. Das ist die sogenannte Flachrotation, und das ist das, was Galaxien machen.

Doch plötzlich funktionierte das Zweite Newton'sche Gesetz nicht mehr! Obwohl Sterne eine große konstante Masse haben, folgten sie nicht den Regeln der orbitalen bzw. Flugbahnmechanik. Newtons Gesetz schien zwar für Sonnensysteme zu gelten, aber nicht für Galaxien. Das ergab keinen Sinn; es war der Knackpunkt von Kontroversen und führte schließlich zu einer Entdeckung der Astronomen.

Bei der Berechnung von Energiemessungen im Universum erzeugt laut wissenschaftlichen Aussagen etwas eine unsichtbare Energie, die durch ihre Auswirkungen auf die Materie das Newton'sche Gesetz beeinträchtigt. Die Wissenschaft weiß nicht, was das ist, und kann es auch nicht sehen – eine unsichtbare Energie, durch die eine neue Art von Kreisbahn entsteht, die, wie man inzwischen erkennt, in allen Galaxien auftritt. Sie nennen es *dunkle Materie,* eine geheimnisvolle Materie, die alles beeinflusst.

Dunkle Materie ist eigentlich nicht dunkel; das ist einfach ein wissenschaftlicher Ausdruck für das Fehlen von Materie. Das ist auch schon alles. Etwas drückt und schiebt auf eine Art und Weise, die nicht der klassischen Flugbahnmechanik gemäß dem klassischen Newton'schen Gesetz folgt. Wie kann das sein? Das ist ein großes Rätsel. Im Allerkleinsten funktioniert es nicht so recht, im Allergrößten auch nicht. Euer Sonnensystem scheint dagegen gut zu funktionieren. An diesem Problem arbeitet gerade jemand, und ich muss das erwähnen. Also setzt jetzt einmal für einen Moment euren esoterischen Hut auf. Newton hatte einen Assistenten, der sehr in seine Arbeit eingebunden war. Dieser Assistent lebt in der Jetzt-Zeit, und natürlich ist er Astronom. Er ist reinkarniert und hat in seiner Zellstruktur das leidenschaftliche Bedürfnis, mit seiner Arbeit weiterzumachen, und das tut er auch! Er steht ganz kurz davor, es herauszufinden.

Ich werde euch sagen, warum dieses Rätsel existiert. Ich werde mir alle Mühe geben, das meinem Partner prägnant zu vermitteln, damit ihr die Physik dahinter versteht. Bislang wurde das so noch nie enthüllt. Ihr steht kurz vor der Entdeckung, und es hat mit dem Äther zu tun. Ich erzähle euch also nichts, was der Mensch aufgrund seines freien Willens nicht selbst entdecken würde. Die Lösung schwebt im System und ist bereit dafür, gefunden zu werden.

Eine weitere Kraft des Universums

Bei ihrer Entdeckung wird die neue Theorie auf eine Menge Widerstand von Wissenschaftlern stoßen, und ich sage euch auch warum: weil ihr die vier Kräfte des Universums umschreiben müsst und eine weitere Kraft dazukommt. [Aufkeuchen! Die bekannten Kräfte ändern sich? Lee atmet jetzt sehr schwer.] Ich werde euch die Namen der vier Universalkräfte nennen, wie sie in der Physik bekannt sind. Ich werde sie aber nicht erklären, denn das steht heute nicht an. Die Wissenschaftler sagen, dies seien die *einzigen* vier Kräfte, die alles steuern.

Die erste ist die *Schwerkraft,* bekannt als die *schwache Wechselwirkung.* Die zweite ist der *Elektromagnetismus,* die *starke Wechselwirkung.* Sie sind ein Paar. Und dann gibt es noch ein weiteres Paar; die dritte Kraft ist die *schwache Atomkraft* und die vierte die *starke Atomkraft.* Diese vier Kräfte sind angeblich für alles verantwortlich, was passiert, doch plötzlich gibt es ein großes Rätsel: fehlende Energie! Sagt euch das nicht, dass es nicht vier, sondern mehr, vielleicht sechs Kräfte gibt? Und zwar die gleich folgenden.

Bitte werft einmal einen Blick auf die Natur. Betrachtet die Natur auf eurem Planeten. Fast alles kommt in Teilern von Zwölf vor. Und die Mathematiker unter euch wissen, welche Teiler von Zwölf es gibt [es gibt sechs]. Die in der Natur am häufigsten vorkommenden Zwölfer-Teiler sind die Drei, die Vier und die Sechs. Wenn man Wasser von allein kristallisieren lässt, entsteht ein sechsarmiges Muster [eine Schneeflocke]. Die Kristallbildungen sind zwölferbasiert, die Zwölfer-Teiler sind deutlich zu erkennen, hauptsächlich die Sechs. Wie wir euch seit vielen, vielen Jahren sagen, sollte die elegante Wissenschaft der Physik auf der Zwölf basieren. Das ist multidimensionale Mathematik, in der die Null nicht *Nichts* oder *Unendlichkeit* bedeutet. Eine Null in der universellen zwölferbasierten Mathematik bedeutet die *Potenziale aller wahrscheinlichen Antworten.* Das ist keine empirische Mathematik wie 3-D-Mathematik, und doch wird euch diese Mathematik, wenn ihr sie einsetzt, einige Erkenntnisse bringen. Ergibt es zum Beispiel für euch einen Sinn, dass eine eurer tiefgründigsten Gleichungen, nämlich die des Kreises – genannt Pi [π] –, eine *irrationale* Zahl ist? [Eine irrationale Zahl in der Mathematik ist eine Zahl, die, als Dezimalzahl dargestellt, nach dem Komma nicht abbricht und sich nicht periodisch fortsetzt.] Sie ist unendlich! Ergibt das einen Sinn für eine der tiefgründigsten Formeln des Universums? Wie wir zufällig wissen, habt ihr auf eines eurer Raumschiffe, das ihr ausgeschickt habt, um mit wem auch immer zu kommunizieren, der es findet, die Zahl Pi mitten auf dem Schild des Raumschiffs platziert. Das ist sozusagen eine mathematische Kommunikation, für den Fall, dass irgendeine intelligente Lebensform es entdeckt und sich dann sagt: *»Oh, die Menschen kennen die Zahl Pi! Deshalb müssen sie auch intelli-*

gent sein.« Ich sage euch, was eine intelligente Gesellschaft, die das sieht, erkennt. Die werden sich das anschauen und sagen: *»Diese Wesen fliegen in den Weltraum und verfügen nicht einmal über zwölferbasierte Mathematik! Schaut euch an, was Pi ihrer Meinung nach ist! Die müssen immer noch zehnerbasiert rechnen.«* Das ist, als ob man eine hoch entwickelte Gesellschaft findet, die immer noch Schwarz-Weiß-Fernseher hat. Pi ist in der zwölferbasierten Mathematik keine irrationale Zahl.

Es gibt *sechs* Naturkräfte. Vier ist zwar auch ein Teiler von Zwölf, aber am häufigsten kommen die Sechs und die Zwölf vor, und sie entsprechen am meisten der Natur. Schaut euch die Chemie der DNA an und die Teiler von Zwölf in der Chemie. Das findet sich überall. Bevor ich euch die beiden anderen Kräfte nenne, möchte ich euch noch etwas über die Namensbezeichnungen von Dingen sagen. Ich gebe ihnen Attribute, keine Namen, denn ihnen werden später die von der Wissenschaft gewünschten Namen gegeben, und sie werden die dunkle Materie erklären.

Es gibt einen Unterschied zwischen der Galaxie und dem Sonnensystem – einen großen Unterschied. Hört zu, ihr Anhänger von Newton! In der Mitte eines Sonnensystems gibt es gewöhnliche Masse. Egal, wie groß oder wie klein die Sonne eines beliebigen Sonnensystems ist, sie stellt gewöhnliche, konsistente Masse dar. In Riesensystemen wie Galaxien dagegen gibt es Magie, und hier stehen Entdeckungen aus. Vor Jahren haben wir euch gesagt, was sich im Zentrum einer jeden Galaxie befindet und für die Rotation sorgt, zu einer Zeit, als die Wissenschaft das noch nicht herausgefunden hatte. Wie wir euch sagten, befindet sich im Zentrum etwas Multidimensionales – ein Schwarzes Loch. Vor ein paar Jahren erzählten wir euch dann den Rest der Geschichte, nämlich dass sich in jeder Galaxie ein Paar Zwillinge befinden, zwei Quantenattribute. Das eine nennt ihr *Schwarzes Loch,* und das andere, was ihr nicht sehen könnt, ist sein Zwilling. Sie stellen eine Art Druck- und Zugsystem für multidimensionale Energie dar und sind das fehlende Stück der benannten Kräfte des Universums und der Energie, die vor- und zurückwogt.

Jetzt bleib bei mir [hauptsächlich an Lee gerichtet]! Ich gebe euch jetzt ein paar Bilder für eure Vorstellungskraft und sage euch, was passiert, wenn sich im Zentrum von irgendetwas diese Art multidimensionaler Energie befindet. Newtons Gesetz gilt dann nicht mehr, denn das Zentrum ist keine gewöhnliche Masse. Diese multidimensionale Energie hat Bindekraft, und anhand dieser Bindekraft erzeugt sie eine flache, rotierende Galaxie. Für eine starke und eine schwache multidimensionale Kraft müssen eine ganze Reihe von Gesetzmäßigkeiten aufgestellt werden. Das sind die letzten beiden Kräfte, jetzt habt ihr also sechs davon. Es gibt die Schwerkraft, den Elektromagnetismus, die starke und die schwache Atomkraft und nun auch Nummer fünf und sechs, nämlich die starke und die schwache multidimensionale Kraft.

Neue Informationen über das Zentrum von Galaxien

Im Zentrum einer jeden Galaxie befindet sich ein Zug-Druck-System, ein Zwillingsenergiesystem; ihr seid euch jedoch nur einer dieser Kräfte bewusst. Eurer Überzeugung nach ist sie unsichtbar und ein Schwarzes Loch. Kein Licht dringt davon nach außen, und ihr meint, es wäre etwas Singuläres. Wie dreidimensional ihr doch denkt! [Lachen.] Es ist nichts Einzelnes, sondern vielmehr ein wunderschönes, doppeltes Nadelöhr.

Jetzt hört gut zu! Wenn ihr das Universum kartiert und erkennt, wie die Galaxien wirklich angelegt sind, dann ist euch schon klar, dass das nichts Willkürliches ist. Interessant, oder nicht? War der sogenannte Urknall nicht etwas, das aus praktisch nichts ALLES willkürlich und planlos im Universum verteilt hat? Warum gibt es dann ein Muster? Das ist das Schöne, meine lieben Menschen. Im scheinbaren Chaos des multidimensionalen Ereignisses, das ihr *Urknall* nennt, gibt es ein Muster. Wie wir euch schon gesagt haben, war euer Urknall in Wirklichkeit ein starker, multidimensionaler Zusammenprall mit einer anderen multidimensionalen Kraft. Multidimensionalität ist scheinbares *Chaos mit einem verborgenen Muster.*

Stellt euch einmal eine riesige Nadel und zwei Fäden vor. Einer läuft in das Schwarze Loch, und einer kommt aus diesem Schwarzen Loch heraus. Diese Fäden sind multidimensionale Kraftstränge, die sich mit anderen Galaxien verbinden, sich in deren Zentren hinein- und herausweben, und alle diese Zentren sind Schwarze Löcher mit zwei »Nadelöhren«. Druck und Zug – eine multidimensionale Kraft, die ihr noch nicht erkannt habt, die die Galaxien wie über Fäden miteinander verbindet.

Jetzt stellt euch vor, dieser »Flickenteppich« ist symmetrisch und zweckgerichtet angelegt. Wenn ihr aus einem bestimmten Blickwinkel auf seine Mitte schauen könntet – in die Mitte des Universums –, hättet ihr die Symmetrie eines Mandalas. Die Galaxien sind wunderschön miteinander in einem eleganten Tanz gestaltet. Die Symmetrie ist sinnvoll, und sie ist zwölferbasiert. Wir fordern euch auf, das herauszufinden! Und diese scheinbaren Fäden, die dank dieser neuen Kraft, die ich gerade beschrieben habe, in die Zentren hinein- und aus den Zentren dieser Galaxien hinauslaufen, sind ein Gitter – ein Gitter mit Symmetrie und Sinn ...: das *kosmische Gitter* [wie von Kryon vor vielen Jahren erstmals definiert]. Es ist von großer Schönheit und stellt die euch fehlende Energie des Universums dar, wie sie von denjenigen, die danach Ausschau halten, gesehen wird. Die dunkle Materie, nach der alle suchen, befindet sich nicht in den leeren Räumen zwischen den Dingen. Vielmehr steckt sie in den Strängen der multidimensionalen Kraft zwischen den Galaxien, und zwar mit Absicht und Sinn. Es ist ein ganz wunderbares System.

Ihr wollt, dass die dunkle Materie dreidimensionalen Sinn ergibt, aber das geht nicht. Sie hat mit den zwei multidimensionalen Kräften des Universums zu tun, die quantenhaft sind und deshalb außerhalb der Zeit liegen und mit euren 3-D-Formeln nicht gesehen und erfasst werden können.

Die nächste große Entdeckung – die Quantensicht

Okay, da ist noch eine Sache; ich will euch noch einen Hinweis geben. Auch diese Informationen befinden sich im Äther, das heißt, sie können entdeckt werden, und zwar schon bald. Die Menschen müssen diese Dinge selbst herausfinden, aber wir geben Hinweise. Und wenn die Entdeckungen dann gemacht werden, wisst ihr, dass ihr es hier zum ersten Mal gehört habt. [Kryon lächelt.]

Das ist etwas Technisches. Keine Sorge, Partner, ich setze dich ins Bild. Seit Jahren arbeiten die Astronomen mit unterschiedlichen Teleskoplinsen, um das Universum aus unterschiedlicher Sicht betrachten zu können, nicht mit normalem Licht. Für die echte Astronomie ist das Sammeln von gewöhnlichem Licht »Schnee von gestern«. Jetzt wollen sie Strahlung sammeln und mit Hilfe der Spektrometrie analysieren, woraus die Dinge bestehen. Sie wollen die zunehmende und abnehmende Geschwindigkeit von Objekten messen und durch Rot-/Blauverschiebung erkennen, ob Objekte auf den Beobachter zukommen oder zurückweichen. Seit Jahren versuchen sie mit Speziallinsen für ihre Teleskope das zu analysieren, was normales Licht nicht aufzeigen kann. Die meisten Menschen sind sich nicht einmal darüber im Klaren, dass man durch viele Teleskope auf dem Planeten nicht mehr hindurchblicken kann! Alles dreht sich um das computergesteuerte Sammeln dessen, was im Licht verborgen ist oder was durch andere Messverfahren zugänglich ist. Es ist bekannt, wie heiß Dinge sind, woraus sie bestehen, wohin sie gehen und welche Anomalien ihre Flug- bzw. Bewegungsbahnen aufweisen.

Wäre es nicht wunderbar, wenn jemand auf der Erde eine multidimensionale astronomische Linse erfinden würde? Und was würde man in diesem Fall sehen? Genau das, was ich beschrieben habe. Zunächst einmal könnte man damit die schwarzen Zwillingslöcher sehen, die wie eines aussehen. Eine multidimensionale Linse betrachtet die Schwerkraft und die Zeit sowie deren Krümmung in Mustern.

Wenn ihr das Universum durch diese Linse *betrachten* würdet, könntet ihr sehen, wie die Zwillinge zueinander in Beziehung stehen (ihren Puls), und ihr könntet ganz deutlich die Stränge sehen, die die Galaxien miteinander verbinden. Wäre das nicht wunderbar? Damit hätten die Wissenschaftler einen guten Grund, die Anzahl der Universalkräfte von vier auf sechs zu erhöhen! Und das ist *machbar*.

Jetzt sage ich euch, wie das aussieht ..., fast ... [Kryon lächelt]. Hier der erste Hinweis: Ihr könnt es auf die Linse aufsetzen. Es muss so nahe wie möglich am Empfangsgerät sitzen. Bei einem optischen Teleskop ist das der Spiegel. Bei einem digitalen Teleskop ist es der digitale Augapfel. Das heißt, diese Linse muss sich auf der Fokal- bzw. Brennebene befinden. Das ist wichtig für diejenigen, die Teleskope konstruieren. Es muss dort angebracht werden, wo der Brennpunkt sich sammelt. Und der zweite Hinweis: Das ist keine physische Linse, sondern eine Plasmalinse. Das Plasma wird von einer unglaublich starken Magnetkraft zusammengehalten. Und es ist unglaublich kalt. Das sind also die Hinweise.

Wenn ihr das entwickelt, einschaltet und die Magnetik so anpasst, dass das Plasma kohärent ist und zusammenhält, dann habt ihr den nächsten Schritt der Astronomie getan – eine Revolution und eine Offenbarung. Das wird die Physik verändern; es wird eure Realität verändern, und ich sage euch auch warum. Das ist der letzte Punkt zum Thema Physik, den ich anspreche, bevor ich zum Schluss komme. Ich sage euch warum. Wenn ihr multidimensionale Dinge betrachtet, seht ihr unerwartete Dinge, und eines davon ist das Leben! Das Leben sticht hervor, wegen der Lebenskraft. Ihr könnt in eine Galaxie hineinschauen, und die Sterne, die leuchten [wenn ihr den Filter benutzt], sind von Leben umgeben! Wie gefällt euch das? Und jeder kann das große Fürchten bekommen. [Lachen.] Das ist unumgänglich, wisst ihr? Das ist unsere Durchgabe an die Wissenschaft.

Kryon Live-Channelling »Physik und Wissenschaft«,
durchgegeben am Mount Shasta/Kalifornien anlässlich der
Kryon Summer Light Conference – 17. Juni 2007

Zusammengefasst gibt es derzeit vier physikalische Gesetzmäßigkeiten; ganz einfach ausgedrückt sind das die folgenden:

1. Die Schwerkraft
2. Der Elektromagnetismus
3. Die starke Atomkraft
4. Die schwache Atomkraft

Laut Kryons Andeutungen gibt es zwei weitere physikalische Gesetze, die noch nicht entdeckt worden sind. Damit gibt es insgesamt sechs Gesetze – was besser auf die für alles geltende zwölferbasierte Mathematik ausgerichtet ist. Laut Kryon sind die beiden noch fehlenden Gesetze, die eine Erklärung für dunkle Materie liefern, die folgenden:

5. Die starke Quantenkraft
6. Die schwache Quantenkraft

Diese noch ausstehenden Gesetze haben multidimensionale Attribute. Sie sind quantenhaft und erklären bislang Unverständliches. Bei einem Channelling in Philadelphia im Jahr 2012 gab Kryon weitere Erklärungen zu den noch fehlenden Puzzleteilchen und lieferte zwei weitere Hinweise:

Nummer eins: In der Astronomie können diejenigen, die die Galaxien betrachten (auch diese Galaxie), nicht verstehen, warum sich die Sterne so um die Mitte drehen, wie sie es tun. Alle Sterne scheinen in derselben Geschwindigkeit um das Zentrum zu rotieren. Und wie ihr vielleicht gemerkt habt, entspricht das nicht der Newton'schen Physik. Es hat nichts mit Masse oder Schwerkraft zu tun, wie euch vielleicht aufgefallen ist. Jede Spiralgalaxie, wie diejenige, in der ihr lebt, hat dieses Attribut, und zwar, weil sie mit dem Zentrum *verschränkt* ist. Das heißt, das Zentrum der Galaxie enthält etwas, das ihr als das *Potenzial einer Singularität* bezeichnet. Das ist kein *Schwarzes Loch* an sich, sondern vielmehr ein Quantengeschehen. Es ist eine Druck-Zug-Energie. Ihr könnt das »ein Schwarzes Loch« nennen, wir nennen es aber »die Zwillinge«. Es gibt da eine Druck-Zug-Quantenenergie, eine starke und eine schwache Quantenkraft.

Physiker, hört auf diese Durchgabe! Diese Dinge führen vielleicht zu neuen Ideen. Diese Galaxie ist verschränkt. Verschränkung hat viele Ebenen, doch die höchste Ebene ist die Quantenfixierung aller Sterne in derselben Geschwindigkeit – egal, wie weit sie vom Zentrum weg sind. Es gibt ein »Geschehen«, welches in der Mitte abläuft und so stark ist, dass ihr euch damit dreht. Ihr seid mit dem, was dort geschieht, fixiert. Jede Spiralgalaxie hat dieses Attribut, denn das ist die noch nicht entdeckte Physik des Geschehens im Zentrum. Was könnte also da in der Mitte sein? Dort ist ein Geschehen, meine Lieben, und das ist für den Moment alles, was wir darüber sagen. Dort trefft ihr nicht auf Gott. Es ist etwas noch Größeres als das. Vielleicht geschieht dort sogar eine Kommunikation mit etwas anderem?

Nummer zwei – hinsichtlich Nummer eins [siehe oben]: Ist es nicht interessant, dass für Astronomen und Physiker die einzig sinnvolle Simulation, die die Bewegung der Sterne in derselben Geschwindigkeit um das Zentrum herum stimmig erklärt, darin besteht, Unmengen an unsichtbarer Energie zuzuführen, die nicht verstanden und »dunkle Materie« genannt wird? Na ja, es ist gar keine Materie, meine Lieben. Es ist ein physikalisches Quantengesetz, welches Verschränkung bewirkt. Quantenenergie kann mit dreidimensionalen Attributen nicht definiert werden. Wir wollen also einfach sagen: Es sind Quantengesetze, die auf die dreidimensionalen Teile Druck und Zug ausüben. Etwas wie dunkle Materie, wie sie von ihren »Erfindern« genannt wird, die sich das ausgemalt haben, gibt es nicht.

Ihr Physiker und Astronomen, wenn ihr erst einmal die Druck-Zug Energie versteht, die das Universum erschaffen hat und die auch Bestandteil des Zentrums dieser Galaxie ist, dann werdet ihr die starke und die schwache multidimensionale Kraft erkennen, die überall ist und alles erklärt. Damit ist das Rätsel ohne dunkle Materie gelöst, und die Formeln funktionieren. Dann erkennt ihr die Wahrheit darin, in fast allem, was ihr untersucht. Denn es sind die Quantengesetze, die hier wirken. Dann bitte ich euch, ihr Biologen, schaut in das Innere des Menschen. Denn so wie es im Kleinen und im Großen ist, ist es auch im Menschen. Ihr werdet das Wunder der Quanten-DNA entdecken.

Kryon Live-Channelling »Alles über die Gitter«, durchgegeben in Philadelphia – 14. April 2012

Was sagt die Wissenschaft?

In den Vorlesungen, die ich an der Universität besuchte, wurde die Entstehung des Universums mit der Theorie vom Urknall erklärt. Einer meiner großen Einwände gegen die Urknalltheorie ist folgender: Wie kann aus nichts ALLES entstanden sein, und das mit einer Geschwindigkeit, die schneller ist als das Licht, sich augenblicklich ausbreiten, damit sämtliche Gesetze der derzeit gültigen Physik verletzen und in einem Nano-Moment die derzeitige Masse des Universums erschaffen? Verstehen Sie mich nicht falsch. Der Urknall hat stattgefunden, aber meiner Meinung nach kam er eben nicht aus dem Nichts!

Wie ein Blick auf die von Kryon durchgegebenen Informationen zeigt, ist der »Urknall« eigentlich ein Quantengeschehen. Das bedeutet, er findet nach wie vor statt, und zwar, weil es in einem Quantenzustand keine Zeitachse gibt. Das erklärt die Energie der Ausdehnung des Universums. Doch die Entdeckung der zwei noch fehlenden physikalischen Naturgesetze durch die Wissenschaft steht noch aus, und die Wissenschaftler versuchen das, was sie sehen, in die Dreidimensionalität der Newton'schen Gesetze einzupassen. Ich bin überzeugt, es ist nur noch eine Frage der Zeit, bis die noch fehlenden Teilchen des Urknall-Puzzles entdeckt werden. Wenn das geschieht, können Sie mit einem Lächeln sagen: *»Das weiß ich doch schon längst! Kryon hat uns das doch schon vor Jahren erzählt!«*

Ein paar abtrünnige Kosmologen meinen inzwischen, sie hätten die Antwort gefunden und sie laute »zyklisches Universum«. Paul Steinhardt und Neil Turok hegen die radikale Vorstellung, dass unser dreidimensionales Universum nur ein winziger Teil eines

»Multiversums« ist, und stellen die Behauptung auf, der Urknall sei das Ergebnis eines Zusammenpralls von Membranen zwischen unserer und einer anderen Realität. Für sie ist der Urknall nur die jüngste in einem Zyklus von kosmischen Kollisionen, die sich unendlich in die Vergangenheit und in die Zukunft erstrecken. Jede Kollision erschafft ein neues Universum. Sowohl die Zeit als auch der Raum sind demnach unendlich.

Was hindert die Kosmologen daran, dieses neue Modell anzuerkennen? Zum einen, dass im Moment der Kollision die Zusatzdimension von »verschwindend klein« auf »buchstäblich null« schrumpft. Dadurch entsteht eine sogenannte Singularität, ein Punkt, an dem die physikalischen Naturgesetze nicht mehr gelten, was für die Kosmologen ein Problem darstellt.

Doch trotz dieses Problems meint David Spergel, Astrophysiker an der Princeton University, dass das von Steinhardt und Turok vorgestellte Modell »[...] am wahrscheinlichsten korrekt ist«. Kryon hat bereits die Antwort gegeben; er sagt, so etwas wie Singularität gibt es nicht.

Ich unterbreche die wissenschaftliche Diskussion an dieser Stelle und lasse Kryon in einer seiner Durchgaben beschreiben, wie Universen erschaffen werden.

Seid gegrüßt, meine Lieben, ich bin Kryon vom Magnetischen Dienst. Warum würde sich ein Engelwesen von der anderen Seite des Schleiers diesen Namen aussuchen? Kryon ist an sich ein seltsamer Name. Es ist auch nicht mein Name, sondern die Schwingung der Luft, die ich euch hören lassen will, wenn ihr dieses Wort aussprecht, damit ihr eine bestimmte Wahrnehmung habt. Wir wollten keine gar zu locker-flockige Wahrnehmung, versteht ihr? [Kryons Humor.] Denn sonst würden wir von einer bestimmten Schicht Menschen, die *locker-flockig* mögen oder eben nicht, sofort akzeptiert bzw. abgelehnt.

Wie ihr verstehen müsst, befassen wir uns ständig mit dem, was die dreidimensionalen Wesen wahrnehmen. Ihr habt in eurer Wahrnehmung die »Scheuklappen« eurer Dimension und eurer Erfahrung des Lebens auf, mit all der damit verbundenen Voreingenommenheit. Doch eine dreidimensionale Welt ist nur ein Teil der Realität, selbst für die größten Geister und Denker auf dem Planeten. Sie stecken in einer Wahrnehmungs-Schublade. Dagegen ist nichts zu machen, und das wird respektiert, aber dadurch wird es für uns auch schwieriger, mit euch zu kommunizieren. Auch für euch wird es schwieriger, denn ihr versucht ständig, ein multidimensionales Universum anhand eurer dreidimensionalen Regeln wahrzunehmen. Die 3-D-Wahrnehmungen steuern somit genau die Konzepte, die ihr infrage stellt; sie sind der treibende Faktor hinter euren Glaubensvorstellungen und Überzeugungen. Ihr könnt nicht wissen, was ihr nicht kennt, deshalb könnt ihr nicht einmal die richtigen Fragen stellen über das, was ihr nicht kennt und wisst. Ihr seid in den Vorbehalten der Dreidimensionalität gefangen und könnt nichts dagegen tun, denn das ist eure Realität. Das alles verstehen wir.

Das Universum dehnt sich aus, und zwar wegen einer Energie, die natürlich unsichtbar ist, aber es ist einfach Energie, die man in 3-D nicht sehen kann. Es dehnt sich noch schneller aus, als eure 3-D-Gleichungen besagen, wenn ihr euch einmal die ganze Masse anschaut. Das sollte euch eigentlich etwas darüber sagen, was da passiert. Ich sollte euch eigentlich sagen, dass etwas passiert, was außerhalb des von euch Erwarteten liegt ..., vielleicht sogar außerhalb von 3-D? Vielleicht ist es mit eurem Wissen nicht einmal erklärbar. Ich will also noch einmal mit euch darüber reden, denn das sind alte Informationen, die ich schon lange mit mir herumtrage.

Es gibt da Menschen, die die Möglichkeit einer dunklen Energie postulieren, denn sie stellen inzwischen die Frage nach der Energie im Universum, die ihr nicht sehen könnt. Wenn man das in ein auf der Newton'schen Physik basiertes System einpassen wollte, bräuchte man Unmengen einer für euch unsichtbaren Energie, die jedoch trotzdem alles hin- und herbewegt. Könnte es vielleicht sein, dass dieses »es« – was immer es auch ist – von ganz woanders herkommt? Da wird dann spekuliert und gemutmaßt, deshalb sage ich euch Folgendes: Das, was euren sogenannten Urknall erzeugt, wenn man es nun einmal so nennen will, ist in eurem sich ausdehnenden Universum am Werk und sorgt dafür, dass es sich weiter ausdehnt.

Euer Universum existiert neben anderen dimensionalen Realitäten ..., neben anderen Universen. In dem, was ihr als dreidimensional betrachtet, liegt und sitzt ein ganzes System aus anderen Dimensionen, die sich überlappen. Sie kommen sich nicht in die Quere, aber ab und zu kommt ein Attribut einer anderen Dimension doch so nahe an eure Dimension heran, dass es sie energetisch beeinflusst; es zieht an eurer Dimension und erzeugt eine seltsame Energie und hält sich nicht an die dreidimensionalen Regeln der Physik. Ihr dehnt euch schneller aus, weil es eine dimensionale Überlappung gibt, die in diese Richtung zieht. Irgendwann wird dieser Zug immer schneller. Eure Wissenschaft untersucht das übrigens schon. Im Laufe von Jahrmilliarden wird aus der *dimensionalen Membran* eines anderen dimensionalen Szenarios, das der Schwingungsrate eurer Dimension zu nahe kommt, ein anderes Universum entstehen. In einem anderen Bereich der Realität gibt es dann noch einen Urknall.

Natürlich gibt es so einen Urknall, wie eure Wissenschaft es beschrieben hat, nicht. Aus nichts kann nicht etwas entstehen, und doch ist das immer noch die vorherrschende Meinung. Zumindest musste am Anfang Energie da sein. Anstatt also zu sagen, es gab Energie, die urplötzlich von *nichts* zu *allem* führte, macht es doch mehr Sinn (sogar in der Dreidimensionalität), sich zu überlegen, dass da vielleicht ... eventuell ... bereits schon etwas da war, oder? Es ist ein wunderschönes, elegantes System, welches die Universen erschafft. Eures ist so in die Existenz hineinexplodiert. Seinen Anfang nahm es aufgrund einer dimensionalen Verschiebung. Da stellt sich euch die Frage: *»Na gut, und wo hat das angefangen?«* Und wir antworten euch darauf: »Oh, wie menschlich ihr doch seid!« Es gab keinen Anfang. Alles verläuft in einem Kreis.

Und ratet mal, was sonst noch in einem Kreis ist? Ihr werdet es nicht verstehen. Ihr könnt es gar nicht verstehen. Es wird keinen Sinn ergeben. Es ist außerhalb der Linearität. Es ist die Zeit. Ich sage euch, was passieren wird. In eurer Zukunft wird das, was für euch als Potenzial verbleibt, das verändern, was gerade passiert, denn es hat dann die Tendenz, zu einer Realität zu werden. Es übt auf euch einen Zug aus, und deshalb können wir mit solcher Sicherheit sagen, das zukünftige Potenzial eurer Zivilisation auf dem Planeten sei positiv. Die Zukunft, die eurer Meinung nach noch nicht passiert ist, existiert als ein Potenzial in einem multidimensionalen Zustand, und es zieht euch dorthin. Wir sehen sie als bereits jetzt existent, und ihr seht sie als etwas Mysteriöses. Existiert Energie? Existiert ein Quantenzustand? Die Physiker werden das bejahen. Deshalb, meine Lieben, sind Potenziale Realität.

Wenn das der Fall ist, besteht dann auch die Möglichkeit, dass eure gegenwärtige Energie an vergangener Energie zieht? Gibt es in beide Richtungen Potenziale? Ein paar Physiker sind gerade dabei, genau damit zu experimentieren. Zeit verläuft in einem Kreis, und das sagt euch etwas. Nämlich, dass Potenziale eigentlich Katalysatoren sind. Inzwischen stellen Physiker die Frage: »Verläuft Zeit möglicherweise in beide Richtungen?« Genau das tut sie.

Kryon Live-Channelling »Harte Wissenschaft«,
durchgegeben in Sedona/Arizona – 21. Juli 2010

Kryon spricht oft davon, dass die Zeit in einem Kreis verläuft. Dieses Konzept ist für uns schwer zu verstehen, aber es ist sehr wichtig, um die universelle Wahrheit begreifen zu können.
Allmählich erkennt die Wissenschaft die Wahrheit von Kryons Aussage über die im Kreis verlaufende Zeit. Am 17. November 2010 erhielt der Physiker Yakir Aharonov die »National Medal of Science«, die höchste wissenschaftliche Auszeichnung der US-amerikanischen Regierung, in Anerkennung seiner quantenmechanischen Forschungsarbeit. Aharonov hat anscheinend nachgewiesen, dass in der Zukunft ausgeführte Handlungen in der Vergangenheit vorgenommene Messungen verändern können.

Quelle (übersetzt): http://usatoday30.usatoday.com/tech/science/columnist/vergano/2010-11-21-physics-future_N.htm

Das sagt die Wissenschaft über die Rotation der Galaxie

Kryon hat spezifische Informationen darüber durchgegeben, wie unsere Galaxie rotiert, und sagt auch, dass alle Spiralgalaxien sich so drehen. Als allererste Astronomin hat Vera Rubin diese Beobachtung gemacht; schon mit zehn Jahren fing sie an, die Sterne zu beobachten, und hat im Bereich der Galaxierotationsraten Pionierarbeit geleistet. Berühmt wurde sie durch ihre Entdeckung der Diskrepanz zwischen den prognostizierten Winkelbewegungen von Galaxien und der beobachteten Bewegung, aufbauend auf dem Studium galaktischer Rotationskurven.

Die Entdeckungen von Rubin scheinen die bekannten Newton'schen Grundgesetze infrage zu stellen. Moti Milgrom hat eine alternative wissenschaftliche Theorie vorgeschlagen – »Modified Newtonian Dynamics (MOND)« genannt –, als Lösung und Erklärung des Problems mit der Galaxierotation. Die wissenschaftliche Gemeinde hält davon zwar nicht viel, aber Rubin unterstützt die MOND-Theorie und sagt dazu:

> Wenn ich es mir aussuchen könnte, würde ich gerne erfahren, dass die Newton'schen Gesetze abgeändert werden müssen, um Gravitationsinteraktionen in großen Entfernungen korrekt beschreiben zu können. Das gefällt mir besser als ein Universum, welches voll mit einem neuen subatomaren Partikel steckt.
> *Quelle (übersetzt): http://www.newscientist.com/article/mg18524911.600-13-things-that-do-not-make-sense.html?page=2#.UI7 9oLNiM8*

Letztendlich wird die Wissenschaft entdecken, dass die Newton'schen Gesetze nicht abgeändert werden müssen. Stattdessen werden die beiden noch fehlenden Gesetze, die mit der starken und schwachen Quantenkraft zu tun haben, welche Druck und Zug ausüben, ein wenig Licht in ein ansonsten dunkles Thema bringen!

Das sagt die Wissenschaft über die im Universum geltenden Gesetzmäßigkeiten

Ein Team aus Astrophysikern aus Australien und England hat Erstaunliches entdeckt; es hat den Nachweis erbracht, dass die Gesetzmäßigkeiten der Physik in verschiedenen Teilen des Universums unterschiedlich sind. Die Ergebnisse wurden im »Physical Review Letters«, einem Wissenschaftsjournal für die American Physical Society, in deren Ausgabe vom 31. Oktober 2011 veröffentlicht.

Wie der Bericht feststellt, weisen Beobachtungen von mehr als 300 weit entfernten Himmelskörpern darauf hin, dass sich die Stärke der elektromagnetischen Kraft an unterschiedlichen Stellen des Universums verändert.

»Eine Veränderung in Alpha erzeugt einen sehr einzigartigen Fingerabdruck im Muster der Absorptionslinien«, sagte John Webb von der University of New South Wales, der federführend an dem vor Kurzem veröffentlichten Artikel beteiligt war.

Quelle (übersetzt) für dieses und die folgenden Zitate: http://physicsbuzz.physicscentral.com/2011/11/another-law-of-physics-broken.html

Sonderbarerweise waren die Unterschiede in den Spektrallinien inkonsistent. Quasare in der nördlichen Hemisphäre hatten anscheinend einen geringfügig kleineren Alpha-Wert, diejenigen in der südlichen Hemisphäre tendenziell einen leicht höheren Wert.

»Wie wir herausgefunden haben, scheint eines der physikalischen Gesetze im Universum zu variieren«, sagte Webb.

Diese drastische Behauptung könnte weitreichende Folgen haben. Die Forscher kommen zu dem Schluss, dass dies der Nachweis für multiple Universen sein könnte, denn diese Ergebnisse *»lassen auf ein sehr großes bzw. unendliches Universum schließen, in dem unser ›lokales‹ Hubble-Volumen einen winzigen Bruchteil darstellt; das geht mit entsprechend kleinen Schwankungen der physikalischen Konstanten einher.«* Wie andere Mitglieder des Teams verlauten ließen, könnte dies auch eine Erklärung dafür liefern, warum die

Gesetze des Universums so perfekt auf die Erhaltung von Leben abgestimmt scheinen.

Diese Ergebnisse widersprechen dem seit Langem etablierten Äquivalenzprinzip, welches besagt, dass die physikalischen Grundgesetze überall im Universum konstant sind.

Meiner Meinung nach leben wir in einer sehr aufregenden Zeit! Die Veränderung des menschlichen Bewusstseins hat auf dem Planeten zu einer neuen Bewusstheit geführt. Alte Seelen erwachen von Neuem und schaffen eine höher entwickelte, »erleuchtetere« Gesellschaft. Eine erleuchtete Gesellschaft wiederum führt zu höheren Wissenschaften sowie neuen Entdeckungen, Erfindungen und Technologien.

Sehen Sie, wie alles miteinander zusammenhängt?

Frage: Welche Veränderungen können wir erwarten, wenn erst einmal die beiden noch fehlenden physikalischen Grundgesetze entdeckt und von der wissenschaftlichen Gemeinschaft anerkannt worden sind?

Kryon: Akzeptanz der beiden letzten Gesetze (dann sind es insgesamt sechs) heißt auch die volle Anerkennung der Tatsache, dass Newtons Gesetze auf die einstellige Dimensionalität beschränkt sind. Die gesamte Physikerschar wird sich in Anhänger und Gegner Newtons aufspalten; es wird die alte Garde geben, die die alten Gesetze einfach am liebsten in unwahrscheinliche Modelle verändern würde, anstatt die neuen, potenzialbasierten Quantengesetze zu akzeptieren.

Die Menschen lieben Struktur, und die einstellige Dimensionalität gibt ihnen genau das. Erst wenn es um die Wahrscheinlichkeitskurven von Energie in einem chaotischen Zustand geht, schrecken die Wissenschaftler zurück. Sie wollen, dass ihre Formeln jedes Mal gleich funktionieren und dass ihre Berechnungen immer das ergeben, was sie gemäß ihren Grafiken ergeben sollen. Doch die Vorstellung, Lösungen können sich mit äußeren veränderten Attributen wandeln, ist dem linear denkenden Menschen fremd.

Linear: Wenn ein Huhn mit zwei Kilometer pro Stunde die Straße überquert und die Straße 16 Meter (52 Fuß) breit ist, könnt ihr ganz genau berechnen, wie lange das Huhn braucht, bis es auf der anderen Seite ist. In der linearen Welt gilt diese Lösung für immer.

Quantum: Das Huhn überquert die Straße mit zwei Stundenkilometer und sieht einen Hahn kommen. Jetzt ist die Lösung variabel, denn das Huhn könnte die Geschwindigkeit ändern oder nicht. In die Gleichung muss also eine »Hahnen-Regel« einfließen.

Seht ihr, was ich meine? Potenziale sind in den Lösungen von komplexen Problemen, die mit einer sich ständig verändernden Quantensuppe aus Energie und Masse zu tun haben, die ihr »Atomstruktur« nennt, wichtig.

Ihr habt Atome lediglich in 3-D beobachtet, wo der Raum darin mit nichts ausgefüllt ist. Doch wenn ihr den Raum als etwas Flüchtiges sehen könntet? Dann hätte die Atomstruktur ein Potenzial, das sich verändern könnte ... oder auch nicht. Willkommen in einer Welt, wo sich die Dinge herumbewegen. Das lasst ihr in eurem Bewusstsein zu. Warum also nicht auch in der Physik?

In jedem Atom gibt es einen »Hahnen-Effekt«, in Abhängigkeit von einigen Variablen, die ihr steuern könnt.

Kapitel 3

Die Energiegitter der Erde

Das Thema der Energiegitter der Erde hat mich ursprünglich dazu veranlasst, dieses Buch zu schreiben. Seit Jahren war ich schon auf der Suche nach öffentlich zugänglichen Informationen über die Energiegitter von Gaia, von denen Kryon in seinen Durchgaben gesprochen hatte. Doch je mehr ich danach suchte, desto größer wurde mein Frust. Der Großteil der Informationen handelte von der Arbeit von Bill Becker und Bethe Hagens über das »Planetengitternetz«, von den sogenannten Curry-Linien, die von Siegfried Wittmann und Dr. Manfred Curry entdeckt worden waren, dem »Hartmann-Netz« bzw. den »Hartmann-Linien«, benannt nach Ernst Hartmann, sowie von allen möglichen Beschreibungen über Ley-Linien und Portale auf der Erde. Nichts davon stützte die Aussagen von Kryon, nirgendwo fand ich etwas über die Gaia-Gitter, die direkt mit den Menschen verbunden sind.

Mein Leben lang hegte ich ein leidenschaftliches Interesse an der Umwelt und entdeckte daraufhin auch die esoterischen (spirituellen) Aspekte allen Lebens; und so hatte ich den überwältigenden Wunsch, diese Informationen zu veröffentlichen. Meinem Gefühl nach sollten die alten erwachenden Seelen auf dem Planeten auf alle Informationen über das Gaia-System, die Kryon in den letzten 23 Jahren durchgegeben hatte, über eine einzige Stelle zugreifen können, damit sie sich diese Informationen nicht über alle möglichen Kanäle zusammensuchen müssen.

Ich hoffe und wünsche, dass Menschen dem Planeten andere Gefühle entgegenbringen, wenn sie erst einmal wissen, dass alles, was Gaia tut, für den Menschen getan wird. Ganz besonders hoffe ich, dass alle Umweltschützer und Menschen, die so denken, wie ich früher gedacht habe (nämlich dass die Menschen die Wurzel allen Übels auf der Erde seien), einen Blick auf das größere Bild erhaschen und erkennen, wie jede Seele, die auf diesem Planeten erwacht, durch mitfühlendes Handeln im Alltag die Erde auf unglaubliche, großartige Weise verändert.

Der Planet Erde hat viele Energiegitter. Die drei Hauptgitter dienen alle dem göttlichen menschlichen Wesen, und zwar, weil diese drei Energiegitter zu dem Zeitpunkt geschaffen wurden, als der Menschheit die plejadische DNA eingepflanzt wurde. Diese drei Gitter sind das »Magnetgitter«, das »Gaia-Gitter« (bzw. »Gaia-Bewusstsein«) und das »Kristallgitter«. In der Numerologie ist die Drei ein Katalysator. Die drei Gitter sind interaktiv miteinander verschränkt und sind eins; alles, was sich auf das eine Gitter auswirkt, beeinflusst auch die anderen Gitter. Das menschliche Bewusstsein verändert die Gitter, und diese Veränderungen bewirken wiederum Veränderungen im Menschen. Das ist Teil eines wunderschönen Systems, in dem unsere Galaxie und der Rest des Universums eingebunden sind (siehe Kapitel 5 – Gaia und das Universum).

Jedes Gitter hat eine bestimmte Aufgabe. Kryon erklärt die drei Gitter folgendermaßen:

Das Gittersystem der Erde hat ganz bestimmte Aufgaben. Es ist fein eingestellt und existiert aus einem einzigen Grund: Es dient dem »Aufbau« des Menschen. Ihr meint vielleicht, es ist ein geologisches Attribut der physikalischen Gegebenheiten der Erde, aber es ist mehr als das. Es ist die DNA-Liefermaschine. Genau das tut das Gittersystem. Es spricht zur Menschheit, zu jedem einzelnen Menschen, und es ist Teil eurer individuellen Persönlichkeit. Es macht euch sowohl zu Einzelwesen als auch zu einer Einheit, baut euch auf, gibt euch Herausforderungen, Lösungen und Liebe. Es ist das, was manche Menschen mit Gott verbinden! Mancher mag da sagen: *»Kryon, die Vorstellung von Physik als Teil der Spiritualität, von einem teilweise spirituellen Gitternetz der Erde gefällt mir nicht.«* Doch ich sage euch: Genau so ist es! Als die Schöpfer, die ihr seid, habt ihr alles erschaffen, was ihr vor euch habt, auch die Prüfung, die Dualität und die »Realitätsmaschinerie«, die dies eurer Zellstruktur verabreicht. Ihr könnt Spirit nicht von eurer Realität abspalten. Ihr wollt vielleicht gerne glauben, das ist etwas, was über dem Physischen steht, doch in Wahrheit ist es das Zentrum von allem Physischen. Ihr könnt Gott aus nichts heraushalten!

Kryon Channelling »Das Gitter und die DNA«,
durchgegeben in Breckenridge/Colorado, anlässlich der
Kryon Annual Summer Light Conference – 14. Juli 2001

Das Magnetgitter

»NASA Science – Science News« beschreibt das Magnetfeld der Erde in einem Artikel mit der Überschrift »Earth's Inconstant Magnetic Field« folgendermaßen:

> Das Magnetfeld der Erde entsteht tief im Innern der Erde, in ihrem Zentrum. Der »innere Kern« der Erde ist eine feste Eisenkugel, die so heiß ist wie die Sonne. Die Breite dieses inneren Kerns beträgt 70 Prozent der Breite des Mondes. [...] Er dreht sich etwas schneller als die ihn umgebende Erde und verfügt über sein eigenes Meer, eine sehr tiefe Schicht aus flüssigem Eisen, genannt »der äußere Kern« [...].
> Das Magnetfeld der Erde entsteht aus diesem Eisenmeer, einer elektrisch leitfähigen Flüssigkeit, die ständig in Bewegung ist. Von oberhalb des heißen inneren Kerns aus betrachtet, kocht und brodelt der flüssige äußere Kern wie Wasser in einem Topf auf einem heißen Herd. Der äußere Kern hat auch »Hurrikane« – Strudel, die aufgrund der Coriolis-Kräfte durch die Erdrotation entstehen. Diese komplexen Bewegungen erzeugen den Magnetismus des Planeten durch den sogenannten Dynamo-Effekt.
>
> *Quelle (übersetzt): http://science.nasa.gov/science-news/science-at-nasa/2003/29dec_magneticfield/*

Laut Aussagen der Forscher verändert sich das Magnetfeld unseres Planeten ständig, und so langsam verstehen sie, wie es sich verhält und warum. Die an der Oberfläche des Planeten beobachteten Veränderungen beruhen auf dem, was im Innern der Erde geschieht. Aufgrund ihrer Beobachtungen meinen die Wissenschaftler nun, im Erdinnern herrsche Chaos. Doch wenn sie die Interaktionen zwischen den drei Gitternetzen der Erde und dem menschlichen Bewusstsein verstehen würden, käme ihnen die Erkenntnis, dass all das Teil eines Systems ist und kein Chaos herrscht, sondern alldem ein intelligentes Design oder – wie Kryon gerne sagt – ein »gütiges Design« zugrunde liegt.

Kryon wird oft als »Meister vom Magnetischen Dienst« bezeichnet. Kryon übermittelte 1989 erstmals Botschaften auf den Planeten; er kam als Teil eines Gefolges hier an, das das Gitter veränderte. Kryon kam auf die Erde, weil sich das menschliche Bewusstsein veränderte. Eine der von Kryon übermittelten Botschaften lautete, das Magnetgitter der Erde würde sich in den nächsten zehn Jahren mehr verschieben als in den letzten 100 Jahren. 2002 ist genau dies passiert, und das kann man sogar mit einem ganz einfachen Kompass messen. Die Veränderungen des Magnetgitters resultierten direkt aus der Absicht der Menschheit, eine neue Realität zu erschaffen. Das kollektive Bewusstsein der Menschen erhöhte die Schwingung des Planeten, wodurch sich die Magnetik veränderte.

Damit sind die Veränderungen am Gitter also mehr als nur die von einem Kompass messbare magnetische Veränderung. Das Magnetgitter ist an das Gaia-Gitter und das Kristallgitter angekoppelt, und somit haben auch diese beiden Gitter sich verändert. Es ist also nichts zu Ende gegangen, sondern die Menschheit hat vielmehr ein neues Setup und ein neues Erdenpotenzial geschaffen.

Laut Kryon ist das Magnetgitter das Kommunikationsgitternetz; man kann es sogar als den Motor der Zellkommunikation beschreiben. Das Magnetgitter des Planeten ist kompliziert; einfach ausgedrückt stellt es für die Menschheit so etwas wie ein Liefersystem dar. Viele Jahre lang hat sich am Magnetgitter nichts verändert, weil die Menschheit nie ihre Absicht bekundete, die in ihrer DNA liegende Macht in Anspruch zu nehmen. Erst vor Kurzem hat sich die Menschheit entschlossen, ihre Realität zu verändern.

Sie fragen sich vielleicht, wie das Magnetgitter kommuniziert, und die Antwort auf diese Frage liegt in unserer DNA. Unsere

DNA ist magnetisch, und durch diese Magnetkraft können wir die DNA auf eine Weise verändern, die sich auch auf das Kristallgitter auswirkt. Das eine formt das andere, und das größte Ereignis, welches im Kristallgitter stattfinden wird, ist das Neuschreiben der Vergangenheit. Ein solches Konzept ist für uns schwer verständlich, weil der Mensch in seinem linearen Denken gefangen ist. Wir meinen, die Zeit verliefe auf einer Spur und es gäbe Vergangenheit, Gegenwart und Zukunft. Doch eigentlich verläuft die Zeit in einem Kreis, und deshalb können wir die Vergangenheit und die Zukunft verändern. Dieses Verständnis von Zeit ist mittlerweile auch bei Physikern zu finden.

Versteht man erst einmal den Fluss der Kommunikation zwischen unserer DNA und dem Magnetfeld der Erde, liefert das auch eine Erklärung für die wissenschaftlichen Beobachtungen. Es gibt stündliche Messungen des Magnetfelds der Erde, die aufzeigen, dass es im Zuge wichtiger Ereignisse der Menschheit stärker oder schwächer wird. Beim Tsunami am zweiten Weihnachtsfeiertag im Dezember 2004 erreichten die Magnetkräfte Höchstwerte. Am 11. September 2001, beim Terroranschlag auf das World Trade Center, kam es in der Magnetik der Erde zu dramatischen Veränderungen. In der Stunde, als die Flugzeuge in die beiden Hochhaustürme einschlugen, veränderten sich die Magnetwerte (laut Messungen zweier Wettersatelliten der US-amerikanischen National Oceanic Atmospheric Administration); ebenso waren Veränderungen bei der Rettung der 33 Bergleute in Chile zu verzeichnen. Das menschliche Bewusstsein ist mit Gaia verbunden!

Meiner Meinung nach ist das etwas unglaublich Tiefgreifendes und Wichtiges. Ereignisse, die menschliches Mitgefühl hervorrufen, erhöhen tatsächlich die Schwingung der Erde! Hier eine Aussage der Princeton University:

> Das »Global Consciousness Project« ist eine internationale, interdisziplinäre Zusammenarbeit von Wissenschaftlern und Ingenieuren. Wir sammeln ständig physikalische Daten aus einem globalen Netzwerk aus Zufallsgeneratoren, die an 70 Plätzen weltweit verteilt sind. Wenn das menschliche Bewusstsein kohärent und synchronisiert wird, verändert sich unter Umstän-

den das Verhalten von willkürlichen Systemen. Wenn ein großes Ereignis die Gefühle von Millionen Menschen synchronisiert, wird unser Netzwerk aus Sensoren auf subtile Weise strukturiert. Die Wahrscheinlichkeit eines zufälligen Effekts liegt bei eins zu einer Milliarde.

Quelle (übersetzt): http://noosphere.princeton.edu

Die Magnetik unterstützt das menschliche Bewusstsein. Es gibt Plätze auf dem Planeten, die neutral sind und an denen es keine Polarität gibt, beispielsweise am Äquator. Dort ist es für den Menschen schwieriger, zu seiner Göttlichkeit zu finden; Angst und Negativität sind hier nicht so leicht zu eliminieren. Am Äquator ist das Leben schwer. Auf dem ganzen Globus herrschen um den Äquator herum Krieg, Angst und Unmenschlichkeit. Diese Plätze und Menschen werden als Letzte erwachen. Die wenigen Menschen, die am Äquator leben und bereits im Erwachen begriffen sind, erwecken auf quantenhafte Weise alle Menschen am Äquator. Ich möchte diesen Seelen Ehre erweisen dafür, dass sie ihr Licht in solch schwierigen Umständen hochhalten. Ich hatte das große Glück, eine Gruppe von Lichtarbeitern in Ecuador kennenzulernen; diese Menschen möchte ich ermutigen und ihnen dafür danken, dass sie hier sind und mit dazu beitragen, die Schwingung des Planeten zu erhöhen.

Das Magnetgitter stellt auch so etwas wie die Antenne des Planeten zum Universum dar. Es kommuniziert mit der Magnetik des Sonnensystems. Verschränkung setzt Magnetik voraus. Verschränkung ist Quantenenergie, und damit wird das Magnetfeld zu einem Teil der Verschränkungsmaschine zwischen uns und dem Zentrum des Universums (siehe Kapitel 5 – Gaia und das Universum).

Das Magnetfeld der Erde kehrt sich etwa alle 250.000 Jahre um. Der magnetische Nordpol wird dann zum Südpol und umgekehrt. Bislang gibt es keine wissenschaftliche Theorie darüber, warum das passiert. Viele Forscher sind der Meinung, ein solcher Polsprung sei schon lange überfällig.

Quelle (übersetzt): http://www.universetoday.com/27005/earths-magnetic-field/

Frage: Was kannst du uns über den Umkehrzyklus des Magnetfelds sagen und über den Grund für diesen Polsprung?

Kryon: Geomagnetische Umkehrungen sind etwas ganz Normales und passieren auf Gaia alle halbe bis eine Million Jahre. Sie gehen langsam vor sich, und es dauert manchmal Jahrtausende, bis die tatsächliche Umkehrung erfolgt.

Der Grund dafür ist kein Geheimnis. Da gibt es die Magnetpole des Planeten; sie entstehen aus einem geschmolzenen Kern im Inneren, der sich mit einer anderen Geschwindigkeit als die der Erdrotation dreht. Dadurch wird das elektrische bzw. magnetische Feld der Erde erzeugt. Das ist so wie ein Elektromotor, der dann ein starkes Feld erzeugt. Doch ein flüssiger Kern ist flüchtig und auch anfällig für Anomalien und negativen Stress (beispielsweise ist er ständig dem Magnetfeld der Sonne ausgesetzt). Dadurch kommt es ab und zu zu einem »magnetischen Chaos« und einer Polumkehr.

Bis zum nächsten vollständigen Polsprung dauert es noch ein paar Tausend Jahre, doch der Prozess ist eingeleitet worden. Der letzte Polsprung liegt schon fast eine Dreiviertelmillion Jahre zurück. Genau wegen dieses Prozesses bin ich gekommen, denn wenn er seinen Anfang nimmt, kann das Bewusstsein neu kalibriert werden. All das wird von Gaia kontrolliert, es passiert also ganz termingerecht und im Einklang mit dem 26.000-jährigen Axialschlag-Zyklus der Erde.

Übrigens passiert auf dem Planeten nichts Physisches, wenn sich die Magnetpole umkehren; vielmehr verändert sich die elektrische Polarität. Das wurde von manchen missverstanden, und diejenigen glauben nun, der Globus würde sozusagen von unten nach oben gekehrt. Das würde natürlich das Ende der Menschheit bedeuten, und das ist nicht die Art, wie Spirit vorgeht. [Kryon lächelt.]

Das Gaia-Gitter

Während meiner langjährigen Arbeit als Park Ranger konnte ich ein paar sehr entlegene, unberührte Orte in der Natur besuchen, die nur sehr wenige Menschen gesehen haben. Oft gab es spektakuläre Anblicke von wilder Schönheit, herrliche Bergketten, kilometerlange Strände oder Wälder, in denen man in Frieden und Stille eingehüllt war. Haben auch Sie solche Erfahrungen an ähnlichen Orten gemacht? Ich hoffe es für Sie, und wenn nicht, ist es vielleicht an der Zeit, einen solchen Ort zu finden.

Während meiner Arbeit für Parks Victoria lautete eine der Hauptbotschaften der Organisation: »Gesunde Parks, gesunde Menschen.« Die meisten Umweltschutzeinrichtungen, die sich um die Bewahrung und den Schutz von Nationalparks und Reservaten bemühen, denken inzwischen anders über die Beziehung zwischen Parks und Menschen. Dieses Umdenken wurde auch von Richard Louvs Buch »Das letzte Kind im Wald« mit beeinflusst, in dem er den Begriff des »Natur-Defizit-Syndroms« geprägt hat. Dieses Natur-Defizit-Syndrom ist keine medizinische Störung, sondern lediglich eine Beschreibung der mangelnden Beziehung der Gesellschaft zur Umwelt. Meiner persönlichen Meinung nach bezieht sich das auch auf die Abspaltung der Menschheit von Gaia, einer Verbindung, die unsere Ahnen wirklich gut verstanden haben und die von vielen indigenen Völkern auch heute noch verstanden wird. Richard Louv schrieb ein weiteres Buch, »Das Prinzip Natur«, in dem er sieben Grundkonzepte darlegt, um unser Leben umzugestalten:

> Durch die Nutzung der regenerierenden Kräfte der Natur können wir unsere geistige Klarheit und Kreativität sowie Gesundheit und Wohlbefinden fördern; es hilft uns zudem, intelligentere und nachhaltigere Unternehmen, Gemeinschaften und Wirtschaften aufzubauen und letztendlich menschliche Bindungen zu stärken […]. Wir stehen am Beginn der kreativsten Zeit in der Menschheitsgeschichte; das 21. Jahrhundert wird zur Ära der Wiederannäherung des Menschen an die Natur.
> *Quelle (übersetzt): Richard Louv, »The Nature Principle«, New York 2011*

Ist doch interessant, dass bei diesem Potenzial von der Rückverbindung der Menschen zur Welt der Natur die Rede ist, nicht wahr? Und was meint Louv mit den regenerierenden Kräften der Natur? Vielleicht eine spezielle Energie, die in der Natur vorhanden ist? Vielleicht das Gaia-Bewusstsein? Menschen, die Orte besuchen, wo Gaia ganz sie selbst ist, spüren eine ungeheure Menge an süßer, liebevoller Energie, das ergibt doch Sinn, oder? Wir spüren Frieden und verbinden uns wieder mit unserem göttlichen Selbst.

Die Alten wussten intuitiv um das Bewusstsein von Gaia, die auch »Mutter Erde« genannt wurde. Sie verstanden und erkannten das Bündnis zwischen sich und Gaia. Bei der Beschäftigung mit den vielen indigenen Kulturen, die bis heute lebendig sind und praktiziert werden, erkennt man, dass diese Völker sich ihrer Verbindung zu und ihres Bündnisses mit Gaia bewusst sind und tagtäglich mit dem Planeten kommunizieren. Für sie ist die Erde ein Teil ihrer selbst und nichts Getrenntes. Während meiner Arbeit als Ranger musste bei wichtigen Veranstaltungen ein geeigneter Vertreter der Aborigines dabei sein.

Diese Vertreter anerkannten immer ihre Ahnen und die traditionellen Eigentümer des Landes und hießen die Anwesenden im Land mit einer »Welcome to Country«-Botschaft willkommen.

Beim Gaia-Gitter geht es um das Leben auf dem Planeten. Das eigentliche Bewusstsein von Gaia dreht sich komplett um die Menschheit. Deshalb ist Gaia das Gitter des Lebens. Seit über 15 Jahren ist Pepper Lewis als Channel-Medium die Stimme von Gaia (Mutter Erde). Pepper Lewis ist eine weltbekannte Autorin und Lehrerin und hat Gaias einzigartige Weisheit in viele Ecken des Globus getragen. Falls Sie mehr über das wissen möchten, was Gaia zu sagen hat, können Sie die Website www.pepperlewis.com besuchen.

Gaia trägt in sich die Akasha. Das Leben trägt in sich die Akasha. Jegliches Leben auf Gaia trägt in sich somit seine eigene Akasha-Chronik. Die Menschheit trägt ihre Akasha an zwei Stellen: in ihrer DNA und in der Höhle der Schopfung, in Gaia.

Kryons Informationen über Gaia und ihre Interaktion mit unserer Akasha sind sehr prägnant:

Jetzt wollen wir von *Gaia* und der *Akasha* sprechen. Wie ihr vielleicht schon gehört habt, ist Gaia eine Energie des Planeten Erde. Gaia ist empfindend [bewusst]; Gaia hat eine ihr innewohnende Intelligenz; deshalb verfügt Gaia über ein intelligentes Bewusstsein, welches von euch »weiß«. Gaia kann sich unterhalten und sprechen, ganz ähnlich wie Kryon das macht. Habt ihr davon schon einmal gehört? Dann habt ihr richtig gehört.

Gaias Energie spricht auf vielerlei Weise, eine davon zeigt sich bei einem Blick auf die Akasha. Würdet ihr Gaia fragen, was das ist, wäre die Definition »die Lebenskraft des Planeten«. Das berücksichtigt alles, was lebendig ist, auch die Dinge, von denen ihr meint, sie wären nicht lebendig. Das Konzept der *Akasha* von Gaia ist etwas ungeheuer Großartiges. Doch heute möchte ich insbesondere von Gaias System der Akasha *des Menschen* in Beziehung zur Erde sprechen. Wir reden von Gaias Mitarbeit an der spirituellen Erfahrung des Menschen und davon, dass sich im Wesentlichen alles um den Menschen dreht, sogar der Sinn und Zweck des Planeten.

Beginnen wir am Anfang und mit einfachen Definitionen, dann können wir sagen, es gibt ein System, das nachverfolgt, *wer* auf der Erde ist. Ihr meint vielleicht, Spirit bräuchte kein System, und das stimmt. Aber Gaia braucht es, und das aus einem bestimmten Grund. Denn jede einzelne Menschenseele, die auf diesen Ort namens Erde kommt, verändert als einzigartige Energie tatsächlich die Lebenskraft von Gaia. Wenn diese Seele also ankommt, legt Gaia sozusagen eine »Akte« bzw. Chronik an und mehr. Hier die Einzelheiten dazu:

Die Höhle der Schöpfung

Schon oft habe ich mit euch über ein Konzept gesprochen, welches ich hier noch einmal vorstelle. Tief im Innern der Erde gibt es eine multidimensionale Höhle, die niemals gefunden werden wird. Sie verfügt über dreidimensionale Eigenschaften, über die sie mit der Erdenwirklichkeit verbunden ist, aber sie ist auch multidimensional. Es ist schwierig, euch das zu erklären, denn ihr nehmt die Realität in einer einstelligen Dimensionalität wahr. Ich kann also noch so viel erklären, ihr werdet meine Erklärungen nicht verstehen, so wie wenn ich zu euch in eurer Sprache spräche und dann plötzlich in eine Sprache wechseln würde, die ihr nie zuvor gehört habt und in der die Wörter ganz durcheinander und rückwärts gesprochen würden und nicht linear geordnet wären. Ihr würdet nicht nur die Botschaft nicht verstehen, sondern diese sehr fremde Sprache zu hören, wäre für euch schon verstörend. So erscheint euch Multidimensionales eben chaotisch. Aber ich werde euch zumindest die Informationen zukommen lassen, so gut ich es vermag, damit ihr über das »Was« Bescheid wisst, wenn auch nicht über das »Wie«.

Die Höhle der Schöpfung ist das einzige physische Objekt auf dem Planeten, welches eine Art dimensionales »Zwitterwesen« ist. Das heißt, sie hat dreidimensionale Eigenschaften, die ihr, wenn sie sichtbar wären, absolut sehen und verstehen würdet; aber sie sind nicht sichtbar – denn diese Höhle kann niemals entdeckt und wird auch niemals gefunden werden. An diesem multidimensionalen Ort befindet sich eure »Akte« mit Aufzeichnungen darüber, wer ihr seid. Noch einmal: Ihr Name ist *Höhle der Schöpfung*.

Wenn ihr auf den Planeten kommt, besucht ihr als Erstes diesen Ort, noch bevor ihr in den Geburtskanal eintretet. Und wenn ihr den Planeten verlasst, ist dies der letzte Ort, den ihr besucht, bevor ihr nach Hause zurückkehrt. Dies ist deshalb der Aufbewahrungsort der menschlichen Chronik – aller Leben, die die Menschheit gelebt hat, und die Kernessenz der Seele, dessen, wer jeder von euch ist. Und hier kommen weitere Informationen darüber, wie es funktioniert. Das ist die Akasha-Chronik.

Jede Seele in der Höhle der Schöpfung ist einzigartig. Du zum Beispiel. Was ist dein spiritueller Name? Es ist kein Name, den du aussprechen kannst, mein Lieber, sondern vielmehr eine Energie. Dieser energetische Name ist teilweise der Name Gottes und metaphorisch in der Höhle der Schöpfung aufgezeichnet, als ein Streifen auf einer Kristallstruktur, welche sozusagen die Schwingung deines Wesens, wer du warst, erinnert. Wenn du also zum ersten Mal auf den Planeten kommst, wartet eine Kristallstruktur auf dich (denn es ist bekannt, dass du potenziell hier ankommst). Wenn du auf dem Planeten Erde lebst, »wissen« Gaia und das gesamte System, dass du hier bist. Dann gehst du auf die andere Seite des Schleiers. Wenn du die Erde verlässt, besuchst du die Höhle erneut und verstärkst die Kristallstruktur mit einer Energie von allem, was du getan hast. Dann verlässt du die Erde, doch die Kristallstruktur mit deinen *Informationen* bleibt zurück.

Und dann kommst du erneut auf die Erde, hast ein anderes Leben und einen anderen Erdennamen. Bevor du in den Geburtskanal gelangst, wird der Kristallstruktur ein weiterer Streifen hinzugefügt. Zu beachten dabei ist: *Es ist dieselbe Seele,* aber jetzt hat sie einen zweiten Streifen. Sie entwickelt sich auf dem Planeten weiter, und die Höhle weiß, du wirst zurückkommen und den Streifen bei jeder Rückkehr aktivieren bzw. erwecken. Deshalb gibt es eine Kristallstruktur für jede Seele, nicht für jede Lebenszeit. Manche der hier vertretenen Seelen haben tausend Streifen! Jetzt versteht ihr vielleicht, dass es viel weniger kristallene Seelenaufzeichnungen gibt, als ihr gedacht habt. Eine pro Seele, nicht eine pro Lebenszeit.

Jetzt möchte ich euch noch etwas sagen. Es gibt alte Seelen in diesem Raum und unter den Lesern dieser Aufzeichnungen. Das seid ihr. Selbst die ein oder zwei unter euch, die nicht unbedingt wegen dieses Programms hierhergekommen sind, sondern um jemanden zu begleiten, sind alte Seelen. Man muss sich nicht mit spirituellen Dingen auskennen, um eine alte Seele zu sein. Viele wandeln auf dieser Erde und erwachen nie zu ihrem wahren Selbst, denn das ist ihre freie Entscheidung. Tatsache ist jedoch, dass die Menschen, die oft zu solchen Treffen kommen, den Ruf vernehmen, an der Veränderung des Planeten mitzuwirken, am Ende eines Zeitalters und dem Beginn eines neuen Zeitalters. Diese Menschen lesen jetzt diese Zeilen.

Die geheimnisvollen Funktionen der Höhle

Die Höhle der Schöpfung wird somit zur Gaia-Chronik, in der festgehalten wird, wer hier ist und hier war. Das ist der physische Teil.

Was ich euch als Nächstes erzähle, betrifft den multidimensionalen Teil, der für den Menschen verwirrend ist. Hört gut zu: Die Höhle ist in 3-D etwas Statisches, aber in Multi-D etwas Dynamisches; das heißt, in 3-D kommen nie Kristalle hinzu oder werden weggenommen. Und das bedeutet, es gibt eine Kristallstruktur für jedes potenzielle menschliche Wesen, das jemals auf dem Planeten Erde leben wird. Jetzt könntet ihr sagen: *»Oh nein, das ergibt keinen Sinn. Das klingt wie Vorherbestimmung. Spirit kennt jeden, der kommt?«* Nein, das tun wir nicht, und es ist keine Vorherbestimmung, sondern die Höhle ist auf quantenhafte Weise darauf eingestellt, in jedem Augenblick vollständig zu sein. Eine Quantenenergie hat mit Potenzialen zu tun und nicht mit empirischen [absoluten] Attributen. Wenn sich auf dem Planeten etwas verändert, verändert sich auch die Höhle auf quantenhafte Weise, aber nicht physisch. Die Anzahl der Kristallstrukturen ändert sich nicht. Ich kann euch das nicht erklären und kann nur sagen, es ist ein Quantenvorgang. Die Höhle ist immer vollständig, es befindet sich immer die gesamte Menschheit darin. Sie ist mit der Vergangenheit, Gegenwart und Zukunft verbunden.

Was für euch so verwirrend ist: Das bedeutet, *ihr interagiert mit denjenigen, die noch gar nicht da sind.* Und noch einmal, ich kann es nicht besser erklären, und euer dreidimensionaler Verstand ist nicht bereit, diese Reise anzutreten. Aber wisst:

- Die Höhle ist vollständig.
- Sie ist heilig.
- Sie ist auf immer versiegelt.
- Die Seelenkristalle erinnern eure Lebenszeiten und die Energie dieser eurer Leben.
- Die Seelenenergien in den Kristallen interagieren miteinander.
- Die Leben, die ihr lebt, verändern die Energie der Höhle und damit auch Gaia.
- Gaia ist dort, denn die Höhle befindet sich auf multidimensionale Weise in Gaia.

Zusammengefasst lässt sich also sagen, dass diese Höhle zur Chronik der Seelen wird, ihrer vielen Lebenszeiten und der von ihnen erzeugten Energie. Jetzt hört mir gut zu, denn jetzt kommt der Kernpunkt dieser Botschaft: Was immer ihr auf dem Planeten tut, welche Schwingungsenergie auch immer ihr auf dem Planeten erzeugt – all das ist diesen Kristallsubstanzen eingeprägt! Die »Akte« dieser Lebensenergie verbleibt auf dem Planeten mit der dazugehörigen Schwingung in diesem Kristall – auf ewig.

Mary und George

Sagen wir, du bist heute Abend Mary, und ich rede mit dir. Mary, wenn du auf die andere Seite hinübergehst, gehst du in die Höhle. Das ist eine dreitägige Erdenreise. Mary, alte Seele, du warst hier schon früher. Ja, Mary, du warst schon früher dort – und deswegen gehst du voller Freude dorthin. Du erinnerst dich daran! Du weißt, wohin du gehst, und du erinnerst dich daran, was das bedeutet. Du gehst nach Hause. Der Tod hat keinen Stachel, denn obwohl es vielleicht zeitweise einen Nebel aus multidimensionaler Rückverbindung gibt, erinnerst du dich an das Gefühl der Freude! Das ist das Versprechen an dich, Mary: dass wir alle deine Hand nehmen und du das spürst. Der Tod des Menschen ist eine Übergangsenergie, nicht eine End-Energie. Es gibt kein »Ende«, sondern vielmehr eine Reise zu einer Energie, an die du dich erinnerst, sobald du deinen letzten Atemzug tust.

Nehmen wir an, Mary ist eine Heilerin und hat durch ihre Präsenz, ihr Hiersein auf der Erde die Schwingung des Planeten erhöht. Die Erde erinnert sich an Marys Schritte, denn Gaia weiß, wer sie ist. Nehmen wir weiter an, Mary ist in Kontakt mit ihrem Höheren Selbst und hat deswegen überall, wo sie ist, ein Mini-Portal erschaffen, und jetzt geht sie auf die andere Seite.

Menschen kommen zusammen ..., es herrscht große Trauer. Diese Menschen sind traurig, weil sie geht, denn sie war eine wunderbare Präsenz, eine wunderbare Mutter, ein liebevolles menschliches Wesen. Sie weinen, vergießen Tränen und sind voller Kummer. Nun, hier kommt die metaphysische Wahrheit: Mary geht zur Höhle der Schöpfung, und alles, was sie jemals war, und das Portal, welches sie als Mensch erschaffen hat, all das ist ihrer kristallinen Seelenstruktur eingeprägt. Dieses Portal bleibt, weil Mary hier war! Die wundervolle Präsenz, die wunderbare Mutter und das liebevolle menschliche Wesen sind nicht verschwendet! Sie wird Gaia eingeprägt, durch den Prozess der Höhle der Schöpfung, und diese Energie des Erinnerns geht niemals weg. Sie geht niemals weg! Sie wird von diesem Zeitpunkt an Teil des Erden-Lebenskraft-Bewusstseins.

Und dann kommt sie als George wieder.

[Gelächter.]

Lacht nicht einfach nur, denn das ist der wahre Prozess und die Schönheit des Systems. Seid ihr bereit? Wenn George kommt, greift er auf Marys »Akte« zurück! Dann gehen George und Mary zur nächsten Lektion der Akasha-Lehre über, der zweiten von vier Lektionen, die wir euch heute lehren. Das System geht weiter.

Die Akasha in eurer DNA

Alles, was in der Höhle der Schöpfung in eurer kristallinen Kernseelenstruktur repräsentiert ist, wird bei der Geburt auf eure DNA übertragen, und zwar in der Höhle der Schöpfung. Deshalb geht ihr dorthin. Das ist eure persönliche Akasha-Chronik, über all eure Lebenszeiten, über alles, was ihr jemals getan habt – all das steht in eurer DNA. Wie wir bereits gesagt haben, sitzt diese Akasha-Chronik multidimensional in jeder Doppelhelix, vertreten durch die Milliarden von chemischen Stoffen in den 90 Prozent der DNA, die die Wissenschaft als DNA-Müll betrachtet! Sie betrachtet das mit 3-D-Augen, und damit erscheint alles ungeheuer komplex, ohne jegliche Symmetrie oder Ordnung. Diese DNA weist tatsächlich aber ein Höchstmaß an Multidimensionalität auf! Doch es ist alles in einem wunderschönen System vorhanden. Das haben wir euch schon gesagt. Aber vielleicht habt ihr nicht voll verstanden, was das bedeutet?

Überlegt einmal. George, du hast jetzt George *und* Mary in deiner DNA, aber nur Georges Körper ist da. Was also macht George mit Marys Lebenszeit in seiner DNA? Ich gebe euch die Antwort auf diese Frage: Alles, was Mary gelernt hat, steht jetzt George zur Verfügung. Vergesst nicht: Mary und George sind dieselbe Seele, nehmen derzeit auf Gaia aber eine andere Form an. Die Schönheit des Systems liegt darin, dass das Höhere Selbst auch dasselbe ist, denn es repräsentiert die Kernseelenenergie. Deshalb muss George nicht noch einmal das lernen, was Mary schon gelernt hat! Es steht in seiner DNA. Selbst die mitfühlende Mutter befindet sich dort. Marys spirituelle Reise ist da, und auf einer Ebene, die mit den Geschlechtern rein gar nichts am Hut hat, ist Gottes Liebe da, erzeugt durch die Reise einer Menschenseele auf dem Planeten Erde.

Hört mir zu. Ihr kamt in dieses Leben und sitzt auf dem Stuhl, hört oder lest diese Botschaft – und ihr lernt heute etwas Spirituelles. Vielleicht meint ihr, da ist eine steile Lernkurve und es gibt so viel zu wissen? Vielleicht ist das alles neu für euch und ihr seid von all diesen Informationen und den damit einhergehenden Gefühlen überwältigt?

Ich sage euch, ihr alten Seelen, ihr erwacht einfach zu etwas, was ihr bereits wisst. Wenn ihr, alte Seelen, Absicht hineinlegt, werdet ihr euch daran erinnern!

Und wenn du eine sehr alte Seele auf diesem Planeten wärst? Das würde bedeuten, du hättest die Weisheit der Ahnen in deiner DNA, und zwar genau jetzt. Zu jeder Seite, die du in einem Kryon-Buch liest, könntest du sagen: *»Ja, daran erinnere ich mich. Das stimmt. Da steht nichts Neues. Aber schön, es in einem Buch aufgeschrieben zu sehen.«*

[Kryon lächelt.]

Jetzt wollen wir einmal die ersten beiden Attribute der menschlichen Akasha anschauen. (1) Die Höhle der Schöpfung ist eine Chronik darüber, wer kommt und geht. Ihre Energie verbleibt auf der Erde und trägt mit dazu bei, die Schwingung des Planeten zu verändern. Die menschlichen Lebenszeiten verändern also die Schwingung des Planeten. (2) Die DNA jedes einzelnen Menschen enthält die individuellen Aufzeichnungen der einen Seele und unterstützt die nächste Inkarnation [in der sich der Mensch auf der Erde ausdrückt] darin, bewusster zu werden, wenn sie sich dafür entscheidet.

Schaut euch das erste Attribut dieser Lektion an: Es hat mit Gaia zu tun. Die Höhle befindet sich in Gaia, tief in der Erde, und sie repräsentiert viele Kristallstrukturen. Die Erde »kennt« euch. Und die Erde liebt euch. Wer von euch sich mit erdverwandten Sachen beschäftigt – Natur, Tiere, ja auch Felsen und Böden –, kann das spüren. Wenn ihr an bestimmten Orten herumlauft, könnt ihr es spüren. Die Intelligenz, die Gaia ist, spricht zu euch. Es kommt zu einem Zusammenfließen von Energie; sie hüllt euch ein und sagt: *»Ich kenne dich. Du gehörst hierher. Es ist stimmig, dass du auf dem Planeten wandelst.«* Denn, du Mensch, was du hier tust, wird letztendlich das Universum verändern. Wer von euch ging schon einmal im Wald spazieren und hat die Gesellschaft der Bäume gespürt? Das ist real!

Kryon Live-Channelling »Das Akasha-System«,
durchgegeben in Syracuse/New York – 11. September 2010

Haben Sie die Energie von Kryon in der obigen Durchgabe gespürt und seine Botschaften aufgenommen? Dann können Sie jetzt erkennen, wie verschränkt Gaia mit der Menschheit ist! Doch viele Menschen, insbesondere die Städtebewohner, vergessen allzu oft, Gaia Ehre und Dank zu erweisen.

So oft wie möglich sage ich mental zwei Sätze auf: *»Danke, Gaia, dass du da bist. Danke, Gaia, dass du uns liebst.«*

Wir sind oft so mit unserem Alltag, unserem eigenen Prozess des Erwachens beschäftigt, dass wir darüber vergessen, unsere Beziehung zu Gaia anzuerkennen. Gaia, unsere Mutter Erde, ist voller Liebe und Großzügigkeit und bereit, ihre Beziehung zu Ihnen zu erneuern, wenn Sie sich dafür entscheiden. Während einer Durchgabe am Mount Shasta im Jahr 2010 hat Kryon uns eingeladen, uns mit Gaia rückzuverbinden:

Die heute Abend übermittelte Botschaft hat mit eurer Beziehung zu Gaia zu tun: was auf dem Planeten passiert und von euch verstanden wird, aber auch einiges, was ihr vielleicht nicht versteht; ein paar Sachen, die vielen von euch noch unbekannt sind, und dann das Neue, wovon ihr wohl noch nichts gehört habt. Zunächst einmal geht es um die Energie des Erinnerns.

Die Urvölker der Erde, die Ahnen, haben den Planeten, auf dem sie lebten, verehrt. Er war für sie so etwas wie eine Mutter oder ein Vater, eine Quelle, aus der alles Gute kam. Die Erde lieferte die Nahrung aus dem Wald und aus dem Boden [Jagen und Pflanzen]. Sie versorgte sie mit Wasser und gab ihnen Zuflucht und Obdach, selbst wenn sie ärgerlich erschien. Es entwickelten sich eine Mythologie und viele Geschichten. Viele der alten Götter stellten die Energie von Gaia dar. Und dabei ging es oft nicht um einen Gott (Singularität), sondern um viele gottähnliche Energien – das Meer, die Luft, das Land, die Ernte, die Sonne, die Wärme und die Kälte. Das geschah immer mit Respekt, und diese Betrachtungsweise des Planeten hat sich am längsten gehalten und war unter den indigenen Völkern noch bis vor wenigen Hundert Jahren vertreten – immer mit Respekt.

Die Lemurier hatten das erkannt, und als eine der ersten Kulturen setzten sie eine Art »Protokoll der Umgangsformen« mit Gaia auf, wobei Gaia als eine Energie des Bewusstseins betrachtet wurde, die als »Mutter Natur« bezeichnet wurde. Über genau dieses Bewusstsein wollen wir heute sprechen.

Wie die Lemurier herausfanden, gab es ein Gleichgewicht, welches durch das Geben und Nehmen der Natur hergestellt werden konnte, fast so, wie wenn man einen guten Freund besucht: Da bringst du ein Geschenk mit, und auch Gaia wurde im Gegenzug für an sie gestellte Bitten immer mit Geschenken bedacht. Diese Opfergaben erzeugten für diejenigen, für die die Natur ein Bewusstsein hatte, immer eine Balance. Wer vom Land etwas nahm, gab auch etwas zurück ..., etwas Einfaches, aber etwas, was ihm gehörte und das mit seiner Energie versehen war.

Nun, ihr Lieben, in der modernen Zivilisation wurde dies selbst unter Lichtarbeitern nicht weitergepflegt – ihr steht nicht morgens auf und bringt Gaia ein Opfer dar. Ihr tut vielleicht alles Mögliche andere – ihr sprecht zu euren Zellen und habt Visionen, die mit eurem Höheren Selbst verschlungen sind –, aber diese Entität namens Gaia wird dabei außen vor gelassen.

Hier gebe ich also eine Botschaft durch, in der ihr eingeladen werdet, euch wieder mit der Energie der Erde zu verbinden, wodurch erneut eine Brücke des Bewusstseins zwischen dem Menschen und Gaia errichtet wird. Denn Gaia dient der Menschheit und verändert sich mit der Veränderung eures Bewusstseins. Erinnert ihr euch an das, was wir schon vor langer Zeit gesagt haben? *Das Bewusstsein der Menschheit auf der Erde geht eigentlich in den Boden [das Kristallgitter]. Es wird gespeichert, und die Erde reagiert darauf. Der Erdboden an sich nicht, aber Gaia sehr wohl. Man könnte also sagen, die Menschen sind eigentlich verantwortlich für die Veränderungen der Erde.*

Wenn ihr das erkennen könnt, dann werdet ihr beträchtliche Kontrolle darüber haben, was in Bezug auf die Erde passiert. Ihr müsst wieder eine Beziehung aufbauen. Derzeit blicken die Menschen voller Angst auf die Erde und sagen: *»Was passiert da gerade? Ich habe Angst vor diesen Veränderungen, die nicht normal und für mich ungewohnt sind.«* Der Mensch versteht nicht, dass viel von diesem Geschehen von ihm verursacht wurde! Und zwar nicht durch irgendetwas, was die Menschheit der Umwelt angetan hat, sondern durch das, was die Menschheit durch ihr erwachendes Bewusstsein tut.

Kryon Live-Channelling »Die Beziehung zu Gaia«, durchgegeben am Mount Shasta/Kalifornien – 24. April 2010

Es gibt noch weitere wichtige Informationen über Gaia, die Sie wissen sollten, aber darüber möchte ich noch nicht sprechen. Zunächst möchte ich Ihnen etwas über das Kristallgitter sagen, und dann können Sie sich darauf einstellen, etwas über das System zu erfahren, was Sie nie erwartet hätten und was auch erklären könnte, warum Sie die Wale und Delfine auf dem Planeten so lieben und warum Sie sich so stark zu Plätzen wie dem Mount Shasta und Machu Picchu hingezogen fühlen.

Frage: Gaia geht auf so viele wunderbare Arten mit der Umweltverschmutzung um. Nach der Ölkatastrophe im Golf von Mexiko im Jahr 2010 haben sich beispielsweise der Ozean und das Leben im Ozean viel schneller erholt, als prognostiziert worden war.

Doch wie wird Gaia mit all dem nicht biologisch abbaubaren Abfall umgehen, welcher im Meer versenkt und auf Müllhalden abgeladen wird? Jährlich werden Hunderte von im Meer lebenden Arten als direkte Folge des die Meere verschmutzenden Mülls mit all den Plastikprodukten und treibenden Fischernetzen ausgerottet. Wie könnten wir Gaia helfen, dieses Problems Herr zu werden?

Kryon: Das ist ganz einfach, denn Gaia ist den Menschen und ihren Lebensweisen ausgeliefert. Erinnert ihr euch noch daran, wie ihr bestimmte Arten von Tüten nicht mehr produziert habt, weil eure Kinder darin erstickten? Wie lange hat das gedauert? Nun, jetzt ist Gaia an der Reihe.

Wie wäre es mit biologisch abbaubaren Netzen, die sich auflösen, wenn sie länger als 30 Tage im Wasser liegen? Oder Abfall, der einen Gaia-Test bestehen muss, bevor er vergraben wird? Oder Plastik, das sich bei Kontakt mit Salzwasser nach und nach auflöst etc.? Eure Technologie ist zu solchen Dingen in der Lage, und ein höher entwickeltes Bewusstsein auf dem Planeten wird den Sinn darin erkennen, auch wenn die Entwicklung Geld kostet. Es wird der Tag kommen, an dem altruistisches Denken in viel stärkerem Maße auf die Erde angewandt wird, durch intuitives »Wissen« ... und durch eine Rückkehr zu den Betrachtungsweisen der Urvölker, für die die Erde die »Mutter allen Lebens« war.

Derzeit herrscht noch immer das Profitdenken der alten Energie vor. Doch schließlich wird aus Motiven gehandelt werden, die den Umweltschutz genauso stark respektieren wie die menschliche Sicherheit. Das meinen wir mit Bewusstseinsveränderung. Wenn ihr euren Planeten verschmutzt, werdet ihr nicht so lange leben.

Frage: Die alten Urvölker brachten Gaia regelmäßig Opfergaben dar und hatten eine sehr starke Verbindung mit dem Gaia-Bewusstsein. Sollten wir es so machen wie die Urvölker, oder ist unsere Absicht der Verbundenheit mit Gaia ausreichend?

Kryon: Die Absicht ist ausreichend, denn in dieser sich neu entwickelnden Energie werdet ihr auf eine Art und Weise mit dem Planeten verbunden, die ihr euch gar nicht vorstellen könnt.

Physische Gaben sind eine schöne Zeremonie des Erinnerns, aber eine echte Gabe an Gaia besteht darin, täglich über die Liebe Gottes zu reflektieren und zu wissen, dass Mutter Gaia eure Verbindung zu einer größeren Quelle ist. Kehrt zurück zu dem »Wissen« der Urvölker, wo Gaia ein Gesicht hatte und wo es ein wunderschönes System gab, durch das jeder Mensch, der es erblickte, zu etwas Größerem wurde. Das ist die Gabe, die Gaia von einer hoch entwickelten menschlichen Rasse erhalten möchte.

Das Kristallgitter

Das Kristallgitter ist am schwersten zu erklären. Bevor wir darauf näher eingehen, wollen wir uns anschauen, wie die Gesellschaft mit dem Kristallgitter interagiert. Auf viele Menschen üben antike Stätten einen großen Reiz aus. Millionen besuchen die ägyptischen Pyramiden und die Ruinen in Italien und Griechenland. Viele Archäologen, Anthropologen und Wissenschaftler suchen Antworten auf ihre Fragen über die Zivilisationen, die an diesen Orten gelebt haben.

Und dann gibt es noch die antiken Stätten, die aufgrund der damit assoziierten mystischen und spirituellen Qualitäten Millionen Besucher anziehen – beispielsweise Stonehenge und Glastonbury in England, Lourdes in Frankreich und Machu Picchu in Peru. Aber was heißt das: ein »mystischer« und »spiritueller« Ort? Warum gehen die Leute dorthin? Was spüren sie dort und warum? Die Antworten sind für jeden Menschen verschieden, denn wir empfinden unterschiedlich, je nachdem, was mit unserem spirituellen Kern, unserer Verbindung zu Gaia und dem Reifegrad unserer Akasha passiert.

Um das mit dem Kristallgitter zu erklären, möchte ich gerne von meinen Empfindungen an solchen Orten erzählen. Als ich einmal in den australischen Alpen zeltete, wo man mich mit dem Helikopter eingeflogen hatte, fühlte ich mich an diesem Platz wirklich gut. Es war schön und friedlich dort, und es gab hauptsächlich Gaia-Energie, denn sonst war dort eigentlich nie etwas passiert.

Nur sehr wenige Menschen haben jemals diesen Ort besucht. Als ich jedoch das erste Mal an der Stelle in Nordchile war, wo die 33 Bergleute aus 700 Metern (2300 Fuß) Tiefe unter der Erde gerettet worden waren, spürte ich eine zutiefst mitfühlende Energie, die direkt aus dem Kristallgitter kam. Bei meinem ersten Besuch des historischen Gefängnisses Port Arthur in Tasmanien/Australien dagegen spürte ich eine schwere Dunkelheit, und dieser Ort war für die Gefangenen ja tatsächlich voller Schrecken gewesen und auch Schauplatz eines Massakers, bei dem viele Touristen und Personal von Port Arthur von einem verrückten Amokschützen getötet worden waren, eine Tragödie, die die australische Gesellschaft schwer schockierte und zu einer Reform der Schusswaffengesetze führte. Diese dunkle Energie, die ich in Port Arthur spürte, kam direkt vom Kristallgitter.

Was also ist dieses Kristallgitter, das diese für uns spürbare Energie erzeugt? Am besten lassen wir Kryon eine Erklärung geben; er hat uns im Laufe der letzten zehn Jahre detaillierte Informationen darüber zukommen lassen. Die nachfolgenden Informationen entstammen zwei Kryon-Channellings, die hier in zusammengeführter Form alle Attribute des Kristallgitters erklären.

Das Kristallgitter ist eine Metapher. Ihr könnt es nicht sehen, aber fühlen. Kristalle halten als einziges Gestein auf dem Planeten Schwingungen zurück. Deshalb ist das Kristallgitter eine Metapher, und das Attribut des Zurückhaltens von Schwingungen sollte euch erahnen lassen, was es macht. Es »hält« die Schwingung nicht nur, sondern es erinnert und speichert *Informationen*.

Es ist ein esoterisches Gitter, das heißt, es ist etwas Spirituelles und für euch nicht sichtbar. Wir wollen obige Definition noch etwas detaillierter und klarer machen. Das Kristallgitter von Gaia [dem Planeten] ist ein esoterisches [spirituelles] Gitter der Erde, welches die Lebenskraft der Menschheit speichert, eure Energie. Es ist etwas anderes als die Höhle der Schöpfung. Die Höhle ist eine Art Chronik dessen, wer ihr seid und was ihr getan habt. Die Energie von allem, was ihr auf der Erde beigetragen habt [egal was], geht in die Höhle, wird Teil der Erde und bleibt dort. Das Kristallgitter dagegen befindet sich über der Erde, ihr könnt es euch auf der Erde liegend vorstellen. Dieses Gitter ist außen. Ihr könnt es nicht sehen, aber es existiert dort.

Auch dem Kristallgitter ist eure Energie aufgeprägt, aber ortsspezifisch. Am besten kann ich es euch mit folgendem Beispiel erklären: Wenn ihr bestimmte Teile Europas besucht, könnt ihr vielleicht spüren, was dort geschehen ist. Es gibt schichtenweise Kriege. Manche von euch hatten Schwierigkeiten, an solchen Plätzen zu meditieren. Es ist schwierig, das Land zu klären wegen dem, was da passiert ist, nicht wahr? Das Kristallgitter enthält alles, was jemals geschehen ist, genau dort, wo es geschehen ist. Versteht ihr? Es ist also ein ortsspezifisches Speichergitter menschlicher Energie. Ist es Teil von Gaia? Oh ja. Es liegt auf Gaia wie eine Decke aus menschlicher Bewusstseinsenergie.

Habt ihr das schon einmal bemerkt? Wenn ihr zu bestimmten Orten auf dem Planeten geht, wo keine wichtigen Ereignisse der menschlichen Geschichte stattfanden, ist die Energie klar und rein, und ihr könnt besser meditieren. Ich frage euch: Meint ihr, das wirkt sich darauf aus, wo die Spirituellen dieser neuen Energie herkommen? Schaut euch nur einmal an, woher die ganzen Channel-Medien der letzten 25 bis 30 Jahre stammen: aus unberührten Gebieten, wo nie größere Kriege stattfanden [viele aus dem Westen der USA]. Habt ihr euch das schon einmal überlegt? Schaut es euch an. Das ist so, weil der Mensch sich dort leichter mit der reinen Gaia-Essenz verbinden kann. Dadurch entsteht eine viel stärkere spirituelle Verbindung. Noch einmal: Die Verbindung zu Gaia ist da – die Verbindung mit der Erde. Warum der Erde? Weil Gaia Teil eines Messsystems ist, eines Schwingungsmessers. Es wird der Tag kommen, an dem die Schwingungsattribute der Erde gemessen werden – Attribute, die durch das Tun der Menschen erzeugt wurden. Kollektiv betrachtet liegt die gesamte Menschheitserfahrung auf und in diesem Planeten und erzeugt eine Schwingungsrate, die von Spirit gemessen werden kann. Das ist das Kristallgitter.

Alles, was du, alte Seele, tust, wird auf dem Kristallgitter aufgezeichnet. Es erinnert sich an dein Leben. Jeder Fußschritt wird aufgezeichnet. Erst vor Kurzem haben wir euch auf einem anderen Kontinent gesagt, dass das Kristallgitter seine Art und Weise des »Erinnerns« verändert. Bestimmte Sachen erinnert es mit bestimmter Stärke. Es gibt beispielsweise Schlachtfelder hier in der Nähe, und ihr könnt euch dort hinstellen und etwas erspüren. Wer von euch entsprechend stark fühlt, wird sagen: »Das war ein Ort des Todes, und hier ist viel passiert.« Wie erspürt ihr das? »Spricht« da etwas zu euch über die Vergangenheit?

Es ist das Kristallgitter; es übermittelt euch ein multidimensionales Bild über Emotionen und Handlungen. Bis zu diesem Punkt in eurer menschlichen Existenz hat das Kristallgitter sehr lineare Erinnerungen bewahrt: das, was Krieg war, das, was Heilung war, und das, was Mitgefühl war, ist auf dem Gitter in ziemlich ähnlicher Weise erinnert und eingeprägt worden.

In Europa könntet ihr auf Schlachtfeldern stehen, in denen in der Vergangenheit Millionen Menschen umkamen. Viele Zivilisationen sind an einem Ort in Schichten im Boden vertreten. Dort ist das Channeln schwierig, ihr Lieben, ihr braucht nur einmal meinen Partner zu fragen. Und zwar, weil die Energie dort keinem klaren Portal entspricht, das so weit wie möglich geöffnet sein muss, damit Channeln möglich ist. Das ist das Kristallgitter »in Hochform«. Es erinnert das, was die Menschen getan haben.

Jetzt möchte ich euch etwas über das Kristallgitter sagen, wovon noch nicht oft die Rede war. Wenn sich das Kristallgitter an das Tun der Menschen erinnert, dann müsste der Großteil dieser Erinnerungen und »Prägungen« sich zu Land befinden. Wasser ist ständig im Austausch begriffen, es kann also nicht so »geprägt« werden wie das Land. Manche Ereignisse an Land wurden später von Wasser überflutet, deshalb ist die Erinnerung dieser wasserbedeckten Gebiete nicht vollständig. Selbst wenn an so einem Platz in der Vergangenheit Wichtiges geschehen ist, werdet ihr nicht viel spüren. Deshalb sind die meisten kristallinen Erinnerungen auf trockenem Boden zu finden, und dort spürt ihr am meisten vom menschlichen Tun.

Da fragt ihr vielleicht, was es mit dem *Bermuda-Dreieck* auf sich hat, das ist ja Wasser. Es hat aber nichts mit dem Kristallgitter zu tun. Wir haben darüber heute noch nicht gesprochen, aber da geht es um Magnetik. Jetzt reden wir darüber, was ihr spürt, wenn ihr an bestimmten Plätzen steht, meine Lieben, wo die alte Seele mit dem Land in Resonanz ist und spürt, was dort geschehen ist. Das ist das Kristallgitter, mit dem das menschliche Bewusstsein in Resonanz geht.

Wie wir euch gesagt haben, ist das Kristallgitter für die Phänomene verantwortlich, die ihr als Geister wahrnehmt. Das ist etwas anderes als das, was ihr gelernt habt, deshalb könnt ihr diese neue Vorstellung nur schwer begreifen.

Das Kristallgitter ist der *ultimative Energierekorder und -spieler.* Es spielt das Ereignis ab und spielt es ab und spielt es ab. Wenn tiefes menschliches Drama involviert war, spielt es stärker, manchmal so stark, dass man diese Gefühle sogar über Temperaturschwankungen messen kann, und zwar, weil es quantenhaft immer noch real ist. Diese seltsame Energie stellt keine Entitäten von der anderen Seite dar oder Wesen, die gefangen sind. Es sind einfach Aufzeichnungen von Energien aus der Vergangenheit. Manchmal können Menschen sehen, wie das immer wieder in diesen Gegenden geschieht. Das ist das Kristallgitter vom Feinsten, es sendet aus, was da passiert ist. Versteht also, Geister sind etwas Reales, aber nicht so, wie ihr euch das vorstellt. Es ist eine multidimensional zusammenhängende Energie aus der Vergangenheit, so wie sie im Gitter »eingefangen« worden ist. Das erklärt auch, warum vieles von dem, was gefühlt wird, immer am selben Ort gefühlt wird und sich immer und immer wiederholt.

Jetzt erzähle ich euch, was in Bezug auf das Gitter gerade passiert: Die Erde ist im Begriff, ihre Energie zu verändern, und in diesem Prozess wird das Kristallgitter auf Mitgefühl ausgerichtet; damit verändert sich die Art und Weise, wie es *aufzeichnet und abspielt.* Wo Mitgefühl herrscht, gibt es Energie, die jeder fühlen kann. Wo Dunkelheit herrschte und Krieg und Tod, wird weniger Energie vorhanden sein als jemals zuvor. Durch diese Neuausrichtung ist es euch möglich, auch über Plätze zu schreiten, die euch vorher verstört haben, wo das Kristallgitter jetzt aber still und ruhig ist. Ihr kommt an Orte, wo früher Heilung stattfand, und jetzt steigt die Energie an! Dort, wo eine Wertschätzung von Gott und Liebe herrschte, gibt es jetzt Portale der Dankbarkeit. Selbst kleinste Heilprozesse werden stark bemerkt werden.

Durch die Neuausrichtung des Gitters wird die Mutter-Energie neu fokussiert. Wir nennen sie *Mutter Erde,* und es ist an der Zeit, dass sie entsprechend reagiert. Der *Erinnerungsfaktor* der kristallinen Physik verändert sich also. Das bedeutet, es wird weniger Energie in Form von erinnertem Hass und erinnertem Drama ausgestrahlt, was oft das Feuer derjenigen schürt, die sich in bestimmten älteren historischen Gebieten des Planeten befinden. An bestimmten Orten auf dieser Erde werden das die Menschen einfach nicht spüren, und sie »springen« nicht mehr auf Hass und Krieg an.

Die religiösen Glaubenssysteme des Planeten werden aufweichen. Der Katholizismus, eines der größten dieser Systeme, wird sich neu ausrichten. Innerhalb von ein bis zwei Generationen wird diese Kirche eine Veränderung durchlaufen, und die Liebe Christi wird das oberste Ziel sein, wie es sein sollte; die Regeln der alten Energie dagegen werden verfallen. Die Kirche wird nicht verschwinden, meine Lieben. Sie muss auch nicht verschwinden. Beurteilt für keinen anderen Menschen etwas als richtig oder falsch; denn manche brauchen die Organisation, etwas, wohin sie sich auf lineare Weise wenden können. Sie spüren die Liebe Gottes so wie ihr, aber sie brauchen Struktur. Manche singen Lieder und werden geheilt, so wie ihr [im Glaubenssystem des Neuen Zeitalters], und sie fühlen sich damit wohl. Manche sind »Mitläufer«, und daran ist nichts Falsches. Wie du den Schöpfer lieben willst, ist deine Entscheidung. Wir spüren diese Liebe, egal welcher Art.

Wenn ihr also etwas für diese große Kirche visualisieren könnt, dann visualisiert Reinheit, Stimmigkeit und eine Veränderung der Integrität. Diese Möglichkeit besteht, denn die Methode des Erinnerns des Kristallgitters verändert sich. Die Menschen leben auf dem Kristallgitter, und bestimmte Gebiete *versorgen* sie tagtäglich mit der Energie dessen, was dort geschehen ist. Seht ihr, was das bewirken kann? Wenn das Gitter sich besser an Schönes erinnert, dann wird auch diese schöne Energie spürbar. Das Gitter wird neu kalibriert.

Das Kristallgitter hat keinerlei Symmetrie. Die Menschen mögen es gern symmetrisch, deshalb suchen sie in allem nach

Symmetrie. Wenn ihr Linien zwischen diesen Plätzen zieht, dann wisst, sie werden sich nicht zu Worten verbinden oder ein verborgenes Geheimnis enthüllen. Von einem Ort zum anderen gibt es kein Rätsel zu lösen, welches weitere Informationen preisgibt. Es ist vielmehr so: Das menschliche Tun an bestimmten Orten erzeugt ein Muster auf dem Gitter, und dieses Muster ist nicht symmetrisch.

Kryon Live-Channelling »Das Akasha-System«,
durchgegeben in Syracuse/New York – 11. September 2010;
und Kryon Live-Channelling »Alles über die Gitter«,
durchgegeben in Philadelphia – 14. April 2012

Wie ich ja schon erzählt habe, spürte ich eine Energie tiefen Mitgefühls dort, wo in Nordchile 33 Bergleute gerettet worden waren. Dieses Geschehen veränderte auch die Magnetik des Planeten. Die Rettung dieser 33 Bergleute wurde von ebenso vielen Menschen verfolgt wie die Apollo-Landung auf dem Mond – von fast einer Milliarde Menschen. Haben auch Sie zugeschaut? Ich war zu diesem Zeitpunkt tatsächlich in Chile und weiß noch, wie ich gejubelt und geweint habe, als sich die dramatische Rettung abspielte. Erst später erkannte ich die enorme Bedeutung dieses Ereignisses. Wenn man einmal einen Blick auf all die anderen Geschehnisse auf dem Planeten wirft, die solches Mitgefühl verursachten, dann haben sie alle eines gemeinsam: Es waren Tragödien. Die Rettung der 33 Bergleute jedoch war das erste Ereignis auf dem Planeten, bei dem das Mitgefühl durch Jubel und Freude und nicht durch Trauer und Tod ausgelöst wurde.

Jorge Bianchi, ein sehr guter Freund von mir, beschäftigte sich intensiv mit der Numerologie und anderen Fakten in Bezug auf dieses Geschehen. Jorge stammt aus Chile und hat auf mehreren Kryon-Seminaren, unter anderem in Australien, Neuseeland, Bulgarien, Russland, Kasachstan, der Ukraine, Portugal, Spanien, den USA, Kolumbien, Argentinien, Brasilien, Peru und natürlich Chile die tiefgründigen Wahrheiten über die Rettung der 33 Bergleute präsentiert. Hier Jorges eigene Worte darüber:

Ein Ereignis des Mitgefühls, das die Welt verändert hat

Es war das Jahr 2010, und die Welt stand kurz davor, Zeuge eines Geschehens zu werden, das das erste seiner Art war und sogar den Beginn einer neuen Zeit ankündigte – eines völlig neuen Zyklus der menschlichen Geschichte. Es fand in dem Land mit den südlichsten Landstrichen der Welt statt: Chile. Die Abfolge der Ereignisse sowie die verblüffenden Koinzidenzen, die diesen Unfall und die Verschüttung der 33 Bergleute sowie ihre erstaunliche Rettung umgeben, zeigen deutlich die unendliche, gütige Kraft des menschlichen Spirit auf. Die nachfolgenden Worte beschreiben die Höhepunkte dieses Ereignisses, aber es gibt noch so viel mehr zu entdecken. Genießen Sie es!

Chili oder Chile?

Wir wollen da anfangen, wo wir anfangen sollten. Zunächst einmal besteht zwischen Chili und Chile keinerlei Verbindung. Glauben Sie mir, es gibt wirklich keine! Die Chilenen essen nicht einmal viele scharf gewürzte Speisen … Chili ist etwas Mexikanisches! Chile dagegen ist ein lang gezogenes, sehr schmales Land, das sich über fast 5000 Kilometer (über 3000 Meilen) von Norden nach Süden erstreckt. Wie breit es ist? Nicht sehr breit, nur etwa 170 Kilometer (bzw. 100 Meilen). Im Osten ragen sehr hohe Berggipfel auf: die Anden; und im Westen liegt das weite Meer: der Pazifik. Die Bevölkerung: gerade einmal 17 Millionen Menschen, 40 Prozent davon leben im Einzugsgebiet der Hauptstadt Santiago. Die Landessprache von Chile, einer 200 Jahre alten Republik, ist Spanisch.

Einer der Hauptaspekte, auf den ich hinweisen möchte, ist Chiles wirtschaftliche und geschäftliche Stärke. Das Land hat das westliche Rezept übernommen und stetig umgesetzt. Als eines der offensten Wirtschaftssysteme der Welt rangiert Chile seit ein paar

Jahren unter den Top-10-Ökonomien im »Index of Economic Freedom«, normalerweise ein Indikator ökonomischer Chancen und ökonomischen Wohlstands. In lediglich zehn Jahren hat sich die Wirtschaft des Landes verdoppelt und wird als die stabilste Wirtschaft Lateinamerikas angesehen.

Dennoch scheinen die Chilenen nicht ganz zufrieden mit der wirtschaftlichen Leistungskraft des Landes zu sein. Frohsinn ist nicht unbedingt eines der Hauptmerkmale der chilenischen Kultur, im Vergleich zu anderen lateinamerikanischen Ländern. Vielmehr scheint es, ihr wohnt eine Rastlosigkeit inne, die von keinen wirtschaftlichen oder materiellen Errungenschaften jemals befriedigt werden kann. Als Chilene darf ich so etwas sagen!

2008: Eine Botschaft voller Tiefe und eine Warnung

Im Laufe der Jahre fühlte ich mich immer gesegnet, dass ich an Veranstaltungen und Retreats mit Lee Carroll und den Durchgaben von Kryon teilnehmen durfte, sowohl als Organisator als auch als Sprecher und Lehrer. Die Kryon-Informationen waren durchgehend sehr ermutigend und haben den Menschen die Augen geöffnet, was erklärt, warum Hunderte und Tausende von Menschen sich versammeln, um sich auszutauschen und all seine neuen Botschaften zu hören. Eine bestimmte Veranstaltung hat mich jedoch besonders tief berührt: das erste Kryon Discovery Retreat außerhalb der Vereinigten Staaten, welches im Oktober 2008 im wunderschönen Valle Nevado Resort stattfand, auf fast 3000 Metern (etwa 10.000 Fuß) Höhe in den chilenischen Anden.

Bei diesem Retreat kam es zu vielen erstaunlichen Vorfällen und Synchronizitäten, so vielen, dass ich nicht alle erzählen kann. Stattdessen möchte ich mich auf zwei der wesentlichen Botschaften von Kryon konzentrieren. Normalerweise zeichnet Lee Carroll auf Discovery Retreats die Kryon-Botschaften nie auf, und das war auch bei diesem Retreat nicht der Fall. Doch Eduardo Borrello, ein wunderbarer Regisseur aus Argentinien und ein guter Freund von uns, bat um die Erlaubnis, Teile des Retreats zu filmen. Er sammelte Material für einen Dokumentarfilm. Uns war nicht klar, dass dieses Filmmaterial eine sehr tiefgründige und prophetische Aufzeichnung einer Botschaft von Kryon festhalten würde. Ich hatte diese Filmmitschnitte völlig vergessen, bis Eduardo uns fast zwei Jahre später kontaktierte; das war etwa im März/April 2010. Er sagte, wir sollten einen bestimmten Abschnitt einer Botschaft Kryons während des Retreats im Jahr 2008 anschauen. Hier ist die Transkription davon:

Was passiert in Chile?
Manche von euch wissen es nicht, oder?
Die Ahnen haben es vorhergesagt.
Zieht los und findet es.
Ihr wisst also, Kryon hat euch nicht irgendwie irgendetwas gegeben, das nicht so ist.
Denn in der Gaia-Struktur gibt es spirituelle Einflusslinien, die sich entlang den Landmassen des Planeten nach unten bewegen.
Und auf der Erde findet eine große Verschiebung statt.
Und es gibt etwas, was »die Kundalini des Planeten« genannt wird [siehe Kapitel 4 – Die Kundalini der Erde].
Ein spiritueller Ausdruck – zieht los und findet sie, zieht los und findet heraus, was das bedeutet, denn ihr werdet beeindruckt sein.
Kundalini ist eine Energie, die vibriert und sich dann bewegt.
Wer auch immer sich in der Kundalini des Planeten befindet, kann nicht stillsitzen.
Die größten Meister des Planeten kommen oft aus den Ländern, wo die Kundalini sitzt.
Seit der Geburt eurer Großväter sitzt die Kundalini in Indien.
Jetzt bewegt sie sich und wird schließlich in Chile landen.
Das hat seinen Preis!
Wenn solche Aktivitäten stattfinden, bewegt sich die Erde etwas mehr als gewöhnlich.
Das meiste passiert südlich von hier.
Aber stellt euch auf eine Verschiebung ein!

Ich habe euch dies nicht als Erster durchgegeben; so steht es geschrieben, und so ist es.

Die Urbewohner des Planeten, diejenigen, die diese Dinge spirituell verfolgen, haben es kommen sehen.

Es steht geschrieben, zieht aus, es zu finden!

In Chile.

Die Auswirkungen, die die Verschiebung oder den »Umzug« der Kundalini-Energie des Planeten von der nördlichen zur südlichen Hemisphäre nach sich zieht, sind enorm, so groß, dass dieses Thema irgendwann (bald!) ein eigenes Buch verdient! Für den Augenblick möchte ich einfach ein paar Schlüsselsätze aus dem oben Gesagten hervorheben:

Kundalini ist eine vibrierende Energie.

Die Erde verändert sich mehr als gewöhnlich.

Das meiste davon passiert südlich von hier.

Macht euch bereit für die Veränderung!

27. Februar 2010

Ursprünglich hieß es, es wäre um 3:33 Uhr morgens losgegangen, später dann hieß es um 3:34 Uhr. Am 27. Februar 2010 wurde Chile von einem dreiminütigen Erdbeben der Stärke 8,8 auf der Richterskala heimgesucht – eines der zehn stärksten je aufgezeichneten Erdbeben, etwa tausendmal stärker als das Erdbeben auf Haiti Anfang desselben Jahres.

Die größte Zerstörungskraft hatten die auf das Erdbeben folgenden Tsunamis, die die chilenische Küste auf Hunderte von Kilometern trafen. Weitere Länder, von Japan bis Neuseeland, waren von viel schwächeren Tsunamis betroffen.

Wie mehrere GPS-basierte Untersuchungen berichteten, verschob das Erdbeben des Jahres 2010 Santiago, die Hauptstadt von Chile, um fast 30 Zentimeter (11–12 Zoll) nach Südwesten; Concepción, die zweitgrößte Stadt Chiles, wurde um mindestens 3 Meter (10 Fuß) nach Westen verschoben, und einige Städte südlich von Concepción hoben sich um bis zu 3 Meter (10 Fuß).

Obwohl der Großteil an modernen Gebäuden und Anlagen das Erdbeben gut überstand, war Chile verwüstet. Die Erdbeben und Tsunamis hatten aufgrund ihres großen Umfangs enormen Schaden angerichtet; überall herrschte Chaos. In zwei der am stärksten betroffenen Provinzen waren die Häuser und Wohnungen von bis zu 20 Prozent der ansässigen Bevölkerung entweder komplett zerstört oder schwer beschädigt. Über 500 Menschen verloren ihr Leben – eine sehr geringe Zahl, verglichen mit dem Erdbeben auf Haiti zuvor im selben Jahr oder dem Erdbeben in Japan im Jahr 2011. Dennoch waren die Chilenen vom Leid so vieler Familien, die ihre Angehörigen und ihr Zuhause verloren hatten, sehr betroffen, und das ganze Land wollte etwas tun und den Bedürftigen Hilfe zukommen lassen.

Ich hatte Glück. Meine Familie erlitt keine Verletzungen, und unsere Häuser waren nicht schwer beschädigt. Wir waren sehr dankbar und konzentrierten uns darauf, die kleineren Schäden an den Häusern zu beseitigen – das Dach meines Hauses hatte ein Loch – und nach unseren Möglichkeiten zu helfen. Ich erinnerte mich nicht an Kryons Botschaft aus dem Jahr 2008, wo er uns, wie ich meine, eine Art Vorwarnung hatte zukommen lassen. Kryon hatte anscheinend sogar Tipps gegeben, wo das Epizentrum liegen würde: »Das meiste davon passiert südlich von hier.« Eduardo Borrello, unser argentinischer Freund, nahm mehrere Wochen später mit uns Verbindung auf und erzählte uns von dieser speziellen Botschaft von Kryon. Wie es schien, hatte sie eigenartigerweise mit dem kürzlichen Erdbeben zu tun, wodurch ich die Geschehnisse viel aufmerksamer betrachtete. Könnte das alles eine tiefere Bedeutung haben?

Chile erholte sich schnell. Nach nur drei Monaten war die Hauptinfrastruktur repariert oder durch provisorische Lösungen ersetzt worden. Der Bau neuer Häuser anstelle vorübergehender Notunterkünfte dauerte viel länger. Doch die Chilenen waren nicht unbedingt stolz auf diese erstaunlich schnelle Wiederherstellung ihres Landes. Sie blieben introspektiv, innerlich emotional berührt. Inzwischen glaube ich, diese große Naturkatastrophe war das Schlüsselereignis zur Schaffung der tiefen Verbundenheit und emotionalen Intensität, die zu den ganz einzigartigen Geschehnissen später im selben Jahr führte.

33 Bergleute

Nicht einmal sechs Monate nach dem Erdbeben, am Donnerstag, den 5. August im selben Jahr, erfuhren die Chilenen von einem großen Grubenunglück in Nordchile, bei dem Dutzende von Bergleuten verschüttet wurden. Die über hundert Jahre alte Mine San José war eingebrochen, und 33 Bergleute saßen darin gefangen. Die San José Gold-Kupfer-Mine befindet sich mitten in der Atacamawüste, einer der härtesten und trockensten Regionen der Erde, 45 Kilometer (28 Meilen) von der Stadt Copiapó entfernt. Die Mine war dafür bekannt, dass Sicherheitsvorschriften verletzt wurden und es auch früher schon zu geologischen Instabilitäten kam.

Ob die Männer noch lebten oder nicht, war nicht bekannt. Alle Kommunikations- und Entlüftungsleitungen in der Mine waren durch das Einbrechen von Tausenden von tonnenschweren Felsbrocken beschädigt, sodass keine Kommunikation möglich war.

Erste Rettungsversuche waren erfolglos. Immer mehr Felsen stürzten ein, und laut geotechnischer Messungen war die Erde nach wie vor in Bewegung. Es war klar: Die 33 Männer würden, ob lebend oder tot, für lange Zeit oder vielleicht für immer eingeschlossen sein. In ungefähr 700 Metern (2300 Fuß) tief im Erdinnern in einer höchst gefährlichen, instabilen uralten Mine gefangen zu sitzen – das bedeutete, die Chancen, jemals wieder zurück zur Erdoberfläche zu gelangen, waren wirklich sehr gering. Angesichts der Geschichte der Mine ging man ursprünglich davon aus, dass die Bergleute den Einbruch wahrscheinlich nicht überlebt hätten oder, wenn doch, höchstwahrscheinlich verhungern würden, bevor man sie fand, wenn überhaupt!

Doch Chile hatte sich verändert. Aufgrund des Leids, das so viele Familien durch das vorherige Erdbeben erfahren hatten, waren die Chilenen nicht gewillt, noch mehr Leid für noch mehr Familien einfach so hinzunehmen. Man könnte sagen, die Chilenen waren in diesen Monaten ein bisschen emotional geworden und waren nicht mehr sehr rational; das Erdbeben hatte an ihr Herz gerührt. Und das machte in diesem Fall einen gewaltigen Unterschied aus.

Denken Sie mal nach: Was würden Sie in einer solchen Situation »rational« tun? 33 Bergleute und keinerlei Informationen darüber, ob sie noch leben oder nicht, sitzen 700 Meter (2300 Fuß) tief in der Erde fest – das ist fast doppelt so hoch wie das Empire State Building, aber nach unten gerichtet, ins Erdinnere. Es gibt keine Kommunikationsmöglichkeiten in einem fast vollständig zusammengebrochenen Minenbetrieb. Ich sage Ihnen, was man fast überall auf der Welt gemacht hätte (auch in Chile bei früheren Vorfällen): Man wartet, ob es nicht doch eine Kommunikationsmöglichkeit gibt, und in der Zwischenzeit beurteilen ein paar Experten, ob und wie ein Rettungsteam eventuell nach unten gelangen könnte. Und wenn nach zwei oder drei Wochen noch immer nichts Entscheidendes passiert ist, werden die Familien bzw. die Menschen darauf vorbereitet, dass alle Bemühungen eingestellt würden und sie für die Seelen der in der Tiefe Verschütteten beten sollten. Allein in China werden Jahr für Jahr über 2000 Bergleute bei ähnlichen Grubenunglücken getötet.

Doch diesmal war die Situation anders. Emotional befanden sich viele Chilenen, auch hohe Regierungsverantwortliche, in einem Zustand, der eher dem einer Mutter mit gebrochenem Herzen ähnelte. Was würde eine Mutter anstelle eines Landes für ihre Kinder machen, wenn sie tief in der Erde gefangen wären? Die Antwort ist einfach: Sie würde alles in ihrer Kraft Stehende tun, ganz egal, ob es Sinn macht oder nicht. Und genau so ging Chile vor. Das Land unternahm vermeintlich verzweifelte Versuche, die Bergleute zu erreichen, in der Hoffnung, sie bzw. zumindest die meisten wären noch am Leben. Die chilenische Regierung unter Führung von Präsident Sebastián Piñera, der erst vor Kurzem, zehn Tage nach dem Erdbeben, sein Amt angetreten hatte, mischte sich ein und übernahm die Kontrolle über die Rettungsversuche; ihm war klar, dass die Bergbaugesellschaft nicht die erforderlichen Mittel für eine effektive Aktion hatte. Die Regierung mit ihren Unternehmungen hatte in Chile sofort die öffentliche Meinung auf ihrer Seite. Nicht einmal in den beliebten Fernsehprogrammen wurde darüber diskutiert, ob dieses Engagement und diese Ausgaben überhaupt sinnvoll seien. Manchmal hatte ich das Gefühl, das ganze chilenische Volk stünde unter Hypnose, allerdings unter der Hypnose ihrer aktiven Herzen, die so tief mit den Herzen der Bergleute und deren Familien verbunden waren.

Die erste Rettungsstrategie wurde aufgegeben, und ein zweiter Plan wurde entwickelt. Es musste eine andere Möglichkeit geben, die Männer aus der Mine zu befreien, ohne den Haupttunnel benutzen zu müssen. Chile ist ein Bergbauland und verfügt über die Technik und die erforderlichen Fähigkeiten, Edelmetalle tief aus dem Erdinnern zu gewinnen. Eine Entscheidung wurde gefällt: Chile würde Bohrungen vornehmen, um die Bergleute zu erreichen.

22. August

Chile suchte nach den besten Spezialisten für Fernbohrungen. Das Land holte zudem das Wissen der besten Rettungsfachleute aus aller Welt ein, unter anderem der NASA. Das Herz des Landes fachte die besten Köpfe und Experten des Landes an. Und so begann die abenteuerliche Rettung der 33 im Innern der Erde verschütteten Bergleute.

Nach den weltweiten Hilfeaufrufen boten über 25 Firmen aus mindestens sieben verschiedenen Ländern ihre Hilfe an. Letztendlich konnten neun in der Nähe befindliche Bohrgeräte eingesetzt werden. Die Bohrungen fanden ohne echte Planung statt; es wurden fünfzehn Löcher gebohrt in dem dringlichen Bemühen, zu den Bergleuten durchzudringen, wobei immer wieder Probleme auftraten. Falls sie überhaupt noch am Leben waren, würden sich die Minenarbeiter höchstwahrscheinlich im Schutzraum aufhalten, denn dort befanden sich, wie die Bergleute wussten, ein paar wenige, begrenzte Vorräte. Und dieser Schutzraum war auch das Ziel der Bohrungen.

Oben wurde ein Lager eingerichtet, das »Campamento Esperanza« (Camp Hoffnung); anfangs waren nur Familienangehörige und Bergbauspezialisten anwesend, doch dann kamen immer mehr Fernsehteams dazu, die sich über das Geschehen informieren und darüber berichten wollten. Aus Tagen wurden Wochen; die Familien waren voller Verzweiflung, aber gaben dennoch die Hoffnung auf ein Wunder nicht auf – das Wunder der Wiedervereinigung mit ihren Lieben. 33 kleine weiße Konstruktionen, ähnlich wie Schreine, wurden auf einen kleinen Hügel in der Nähe des Lagers gestellt, für jeden der eingeschlossenen Männer eine. Tag und Nacht waren Gebete zu hören.

Es wurde immer weiter gebohrt. Manche Sonden erreichten die richtige Tiefe, hatten aber den Schutzraum völlig verfehlt. Die hochsteigenden Emotionen wechselten zwischen Hoffnung und Verzweiflung. Siebzehn Tage nach dem Unfall traf ein Bohrgerät auf eine Öffnung, wurde abgeschaltet und eine Sonde in das Loch hinuntergelassen. Als sie wieder nach oben gezogen wurde, fanden die erstaunten Rettungsmannschaften eine Botschaft daran befestigt. Es war der 22. August, die 33. Woche des Jahres. Wenn man dann noch mit der gebräuchlichen esoterischen Numerologie dieses spezielle Datum untersucht, die Ziffern des vollen Datums – Tag, Monat, Jahr – addiert, erhalten wir die Zahl 33. In der Numerologie sind die Zahlen 11, 22 und 33 sogenannte Meisterzahlen. Die Ziffern dieser speziellen Zahlen werden nie addiert. Die Zahl 22 wird also nicht zu 4 (2+2), sondern bleibt als 22 stehen. Der 22. August 2010 wird somit zu 22+8+2+0+1+0=33.

Die Nachricht auf dem kleinen Papierzettel, geschrieben in roter Farbe, wurde schon bald zu einem Symbol menschlicher Entschlossenheit und menschlichen Durchhaltevermögens. Und was noch wichtiger ist: Sie steht für die enorme Macht des Menschen, wenn unsere Motive aus dem Herzen kommen. Der Text der Nachricht lautete: »Estamos bien en el refugio los 33« (»Alle 33 sind im Schutzraum wohlauf«).

Entgegen jeder Wahrscheinlichkeit waren alle 33 Männer noch am Leben. Die Nachricht lautete nicht: »Schafft uns hier raus und schickt uns bitte etwas zu essen!« Nein, es war eine andere Botschaft, geschrieben in der roten Farbe des Herzens, aus der die Liebe zur Familie sprach. Die Nachricht war an die Familien gerichtet, um ihnen Frieden und Ruhe zu schenken und die Angst zu vertreiben, die – wie die verschütteten Minenarbeiter wussten – ihre Familien durchmachten.

Die Männer hatten dank der Nahrungsmittelrationen im Schutzraum überlebt. Das ganze Land geriet in große Aufregung. Überall feierten die Leute auf den Straßen. Die 33 Bergleute lebten noch! Natürlich waren sie immer noch da unten eingesperrt, und es war unklar, ob eine sichere Rettung überhaupt möglich war. Dennoch versetzte das innere Gefühl, mit der Entscheidung, zu bohren und nach den Männern zu suchen, das Richtige getan zu haben, die Chilenen in eine fast euphorische Stimmung, die wochenlang anhielt. In den geschäftigen chilenischen Städten waren überall freundliche und lächelnde Gesichter zu sehen – etwas, was bislang kein wirtschaftlicher oder materieller Erfolg bewirkt hatte, nicht einmal, als Chile Fußballweltmeister wurde!

Die Prüfung war noch lange nicht vorbei. Die große Frage lautete: Wie können sie sich am Leben erhalten, und wie können sie da herauskommen?

Die Originalnachricht der Bergleute auf Spanisch umfasste insgesamt 33 Buchstaben, Zeichen und Leerstellen. Es wurde klar, dass dies ein Ereignis von historischer Bedeutung war. Tagtäglich verfolgte ich das Geschehen aufmerksam und in allen Einzelheiten.

33 Bohrtage

Nachdem man die Bergleute am 22. August mit der Sonde erreicht hatte, wurde alles in Bewegung gesetzt, um sie da rauszuholen. Es würden, so die Retter, drei Bohrgeräte benötigt werden, die gleichzeitig 24 Stunden am Tag bohrten – das waren Plan A, Plan B und Plan C. Die drei Bohrlöcher wurden auf die Namen »Hoffnung«, »Beharrlichkeit« und »Die Hand Gottes« getauft. Walter Herrera, einer der Führungsverantwortlichen einer der involvierten Bohrfirmen, sagte Berichten zufolge: »Es war fast unmöglich, an den Punkt zu gelangen, wo wir sind; wir hatten so viele Probleme mit abgewichenen Bohrlöchern und Sonden. Gottes Wille hat uns geleitet.« Alle drei Pläne bzw. Bohrgeräte sollten im Grunde auf die eine oder andere Weise ein Loch bohren, das weit genug sein würde, eine Rettungskapsel nach unten zu schicken, um damit die Bergleute einen nach dem anderen hochzuholen.

Während der gesamten Vorbereitungs- und Bohrphase der drei Pläne wurden die Minenarbeiter über eine sehr lange und dünne Pipeline, die in einem der von den Sonden gebohrten Bohrlöcher verlief, mit Nahrung, Kleidung und Arzneimitteln versorgt und emotional und mental unterstützt. Wie es so schön heißt, übertrifft die Wirklichkeit die Science-Fiction. Genau das war hier der Fall. Für mich ähnelte die ganze Situation stark der Ernährung eines Babys über die Nabelschnur, die das Kind mit der Mutter verbindet. Es wirkte so, als ob Mutter Erde mit 33 Männern in ihrem Bauch »schwanger« ging, welche vom Vater Menschheit versorgt wurden, bis sie schließlich als neue Männer geboren und an die Oberfläche geschickt würden.

Während also die drei Bohrgeräte weiterbohrten, baute die chilenische Marine drei Rettungskapseln aus Metall. Welch ein Zufall – drei Pläne und drei Rettungskapseln –, noch einmal die Zahl 33! Plan B erreichte die Bergleute schließlich zuerst, und zwar nach insgesamt 33 Bohrtagen – wieder diese geheimnisvolle Zahl.

Bei diesem Geschehen tauchte überall die Zahl 33 auf, wirklich überall. Ich habe beruflich einen Ingenieurs- und geschäftlichen Hintergrund. Zu Beginn meiner beruflichen Laufbahn hatte ich ganz schön viel mit Statistik und Wahrscheinlichkeiten zu tun. Sie können das gehäufte Vorkommen der Zahl 33 natürlich als bloßen Zufall abtun, wenn Sie möchten. Doch ich sage Ihnen, die Wahrscheinlichkeit eines solchen »Zufalls« liegt bei eins zu Milliarden … Gibt es statt Zufall etwas Realistischeres, an das man glauben könnte? Lassen unser Verstand und unser Herz genug Raum für das Außergewöhnliche?

Die Rettung

Der 13. Oktober 2010 war schließlich der Tag der Rettung. Die Bergarbeiter saßen bereits 69 Tage gefangen – die längste Zeit überhaupt, die jemand nach einem Grubenunglück unter Tage überlebt hatte. Die Leiter der Rettungsaktion wollten keinen Tag länger warten. Die speziell für diese Rettung gebaute Kapsel wurde durch den Rettungsschacht getestet. Sie wurde »Phönix« genannt, denn die Minenarbeiter würden auf dem Weg in den fast sicheren Tod wiedergeboren werden. Der Test verlief erfolgreich, und fünf Retter wurden hinunter in den Schutzraum geschickt, um den Bergleuten sicher in die Phönix-Kapsel hinein zu helfen.

Die Bergleute wurden einer nach dem anderen an die Oberfläche gebracht. So etwa alle halbe Stunde entstieg ein weiterer neuer Mensch dem Phönix, betrat die Oberfläche und wurde von einem vorab entsprechend ausgesuchten Familienmitglied begrüßt und umarmt. Mehr als 1,3 Milliarden Menschen haben laut Schätzungen die Rettungsaktion überall auf der Welt verfolgt. So viel Aufmerksamkeit ist in der Geschichte der Menschheit nur vier Ereignissen zuteil geworden. Manche sagen sogar, es war das Ereignis mit dem größten Publikum überhaupt. Die Rettung der 33 Bergleute unterschied sich ganz wesentlich von allen anderen Geschehnissen auf der Erde. Am wichtigsten dabei war: Es ging um gute Neuigkeiten und um die große Fähigkeit der Menschen, Gutes zu tun. Es ging um Liebe und Familie, Feiern und Freude, nicht um Tragödie.

Ich werde diesen Oktobermittwoch nie vergessen. Während der ganzen Zeit zwischen dem Erdbeben im Februar bis zu dem Grubenunglück und der Rettung der 33 Bergleute war mein Privatleben voller starker Synchronizitäten und tiefgreifender Ereignisse. Im Juni desselben Jahres war bei meinem Schwiegervater ein tödlicher Gehirntumor diagnostiziert worden. Als die Bergleute Anfang August verschüttet wurden, zog er zu uns und starb genau am Tag ihrer Rettung, kurz nachdem der dritte Bergmann nach oben geholt worden war. Am selben Tag kamen Lee Carroll, Dr. Sid und Amber Wolf, Peggy Dubro, Robert Coxon und Monika Muranyi, die Autorin des vorliegenden Buchs, in Chile anlässlich des zweiten Kryon Discovery Retreats hoch in den chilenischen Anden zusammen.

Die Rettungsaktion an diesem 13. Oktober dauerte fast 24 Stunden. Als Letzter kam einer der Retter nach oben. Genau 33 Minuten nach Mitternacht, am 14. Oktober, stieg er aus dem Phönix und setzte seinen Fuß auf die Erde.

Ein Geschenk für eine Mutter

Die San José Mine, in der die Bergleute verschüttet worden waren, ist in Nordchile gelegen, mitten in der Atacamawüste, berüchtigt als die trockenste Wüste der Welt. Alle paar Jahre ist dort ein wunderschönes Phänomen zu beobachten. Die Wüste blüht, erwacht mit wundervollen Blumen zum Leben. 2010 war eines dieser Jahre. In der Woche der Rettungsaktion war eine Explosion an leuchtenden Farben und unglaublicher Lebenskraft zu erleben, mit einer der schönsten Blütezeiten überhaupt. Mutter Erde hatte gerade 33 Männer zur Welt gebracht. Sie wurden erneut in dasselbe Leben geboren, ohne zu sterben. Und was schenkt man üblicherweise einer Mutter, wenn sie ein Kind geboren hat? Genau! Blumen.

Die Zahl 33

Was also ist diese Zahl 33? Was bedeutet sie? Warum tauchte sie bei diesem Ereignis so oft auf? Es gibt natürlich biblische Implikationen, beispielsweise das Alter Christi, als er gekreuzigt wurde, und viele weitere Verbindungen zu historischen oder biblischen Ereignissen.

Wie meine Forschungen ergeben haben, wird die Zahl 33 von vielen als die Zahl des Avatars betrachtet – als die Zahl von unglaublichen Menschen wie Jesus Christus, Buddha oder Mohammed. Für wieder andere steht die 33 für den Meisterheiler oder für die Stärkung der Energien der Liebe in Anwesenheit eines höheren menschlichen Bewusstseins. Was trifft hier zu? Für viele zeigt die 33 in diesem Fall die zweite Ankunft Jesu Christi an, in Form eines neuen Bewusstseins, welches sich in ganz normalen Männern und Frauen entwickelt. Was ist die 33 also?

Ich beschloss, Lee Carroll um eine Botschaft von Kryon zu diesem Thema zu bitten. Er willigte ein, und die Botschaft lautete, diese spezielle Zahl 33 symbolisiere »mitfühlendes Handeln«. »Genau!«, dachte ich. Da konnte ich nur voll zustimmen. Dieses Ereignis veranschaulichte ganz bestimmt eine sehr hohe Ebene an Mitgefühl, welches in der entschlossenen Suche der Chilenen nach einer Rettungsmöglichkeit und der Rettung der Bergleute zum Ausdruck kam. Gleichzeitig war dazu eine Menge an intelligentem, fachkundigem Handeln erforderlich.

Auch die Zahl 7 sticht hervor. Die Bergleute saßen in ungefähr 700 Metern Tiefe fest (eine 7), und das für etwa 70 Tage (noch eine 7). In Bezug auf ein bestimmtes Ereignis wird die Zahl 7 von mehreren numerologischen Systemen als Hinweis auf die »göttliche Absicht« betrachtet. Könnte das stimmen?

Mein inneres Selbst, Höheres Selbst, Bewusstsein oder wie immer Sie diesen Teil von uns nennen möchten, sagt mir dazu noch mehr. Ich glaube, dieses Ereignis signalisiert den Beginn einer neuen Zeit: den Beginn des Zyklus der Neuen Kundalini auf der Erde. Gemäß vielen Prophezeiungen der Urvölker – inklusive der Maya – und anderen Quellen, wie zum Beispiel Kryon, wird dieser neue spirituelle Zyklus etwa 13.000 Jahre lang andauern.

Wie einige dieser Quellen erklären, zentriert sich der Kern der Neuen Kundalini im Gebiet der Anden, die sich über Nordchile, Nordargentinien, Bolivien und Südperu erstrecken – dort liegt auch die Atacamawüste, und dort wurden die Bergleute verschüttet! In diesem gesamten Bereich der Anden werden die meisten Kondore gesichtet, wodurch sich eine mögliche Verbindung zwischen diesen Ereignissen und anderen ähnlich lautenden Prophezeiungen mit anderen Namen andeutet, beispielsweise das Zusammentreffen des Adlers mit dem Kondor.

Ich gehe sogar noch weiter. Ich glaube, die Ereignisse mit den 33 Bergleuten sind nicht nur ein Zeichen, welches definitiv den Beginn des Zyklus der Neuen Kundalini auf der Erde ankündigt. Ich glaube auch, diese Ereignisse zeigen, dass dieser neue Zyklus damit zu tun hat, sich für die Neugeburt eines neuen Menschen zu entscheiden, der nächste Schritt der Evolution, ähnlich wie wenn eine Raupe sich in einen Schmetterling verwandelt. Das ist der Beginn des Zeitalters des Neuen Menschen, der aus dem alten Menschen hervorgeht, ohne zu sterben. Ein neuer Mensch, der die sehr tiefe Verbindung zu Mutter Erde anerkennt und ehrt. Willkommen im Zeitalter des Neuen Menschen, der Menschen, die durch mitfühlendes Handeln eine Neue Erde erschaffen können! Werden auch Sie einer von ihnen?

Wer sich mit Jorge in Verbindung setzen oder an einem der vielen Seminare und Veranstaltungen teilnehmen möchte, findet weitere Informationen im Internet unter: www.jorgebianchi.com und www.NewHumanNewEarth.com.

Ich hoffe, auch der Rest der Menschheit wird eines Tages die große Bedeutung dieses Ereignisses erkennen. Ich hatte das Glück, den Ort, an dem die 33 Bergleute gerettet wurden, während der Kryon Kundalini Tour 2012 zu besuchen. Als erste spirituelle Gruppe, die diesen Platz besuchte, fühlten wir uns unglaublich besonders. Ich hoffe, noch viel mehr Menschen kommen hierher, und die Menschen in Chile erkennen das Potenzial dieses Orts und ermöglichen den Besuch vieler Menschen.

Bei unserem Aufenthalt bei der San José Mine in der Nähe von Copiapó gab Kryon folgende Botschaft durch:

Hier fand ein Ereignis voller Mitgefühl statt. Solche mitfühlenden Ereignisse geschahen auf dem Planeten fast immer aufgrund einer Tragödie. Das in Worte zu fassen ist schwierig, denn Menschen können das nicht verstehen. Hier geht es um die Vorstellung, dass ihr, wenn ihr hierherkommt, eure Potenziale dessen kennt, woran ihr beteiligt seid. Das hat nichts mit Vorbestimmung zu tun, sondern vielmehr mit einer angemessenen Bestimmung, die sich potenziell erfüllen kann.

Einem Hammer ist es nicht vorherbestimmt, einen Nagel einzuschlagen, aber er ist für diese Aufgabe prädisponiert. Wenn der Hammer nie in die Nähe eines Nagels gelangt, dann wird er auch nie den Nagel einschlagen. Karma steuert euch in prädisponierte Pläne, aber wenn ihr es fallen lasst, dann seid ihr der Plan eures eigenen Lebens. Das lehrt Kryon seit Jahren. Aber diejenigen, die diese Botschaft vernehmen, gehören größtenteils zu dem einen Prozent der Bevölkerung auf der Erde, die weise alte Seelen sind und wissen, was das eigentlich bedeutet.

Ereignisse des Mitgefühls erhöhen die Schwingung des Planeten. Diejenigen, die daran teilnehmen, agieren deshalb als Katalysator, um Gaia in Zeiten zu helfen, wenn solche Dinge geschehen müssen. Derzeit ist das die einzige Möglichkeit für den Planeten, um große Schwingungsveränderungen zu erzeugen, wobei über eine Milliarde Menschen gleichzeitig ein Ereignis sehen und an den damit verbundenen Gefühlen teilnehmen können. Wie eure Wissenschaft inzwischen nachgewiesen hat, erzeugen Ereignisse des Mitgefühls eine kohärente Energie, die sich auf die geomagnetische Energie auswirkt.

Ein weiteres Ereignis des Mitgefühls auf dem Planeten geschah am 11. September 2001 [Terroranschlag in den USA]. Meint ihr, diese dreitausend Menschen haben diesem Ereignis zugestimmt? Die Antwort lautet: Ja. Ihr habt den *Geist Gottes,* bevor ihr hier ankommt. Mitfühlendes Handeln auf dem Planeten zu erzeugen ist eine der besten Handlungen, die ihr überhaupt tun könnt, und viele haben sich voll darauf eingelassen.

200.083 Menschen verloren ihr Leben beim Tsunami [dem Tsunami vom 26. Dezember 2004], darunter viele Kinder, und auf dem ganzen Planeten herrschte großes Mitgefühl. Meint ihr, all diese Seelen wussten um das Potenzial dessen, was sie in diesem Moment durchleben mussten? Die Antwort lautet: Ja. Auch der Tod von nur ein oder zwei Menschen kann, wenn viele Menschen davon wissen, Mitgefühl erzeugen. Der Tod von Prinzessin Diana [31. August 1997] wurde von vielen Menschen mit Ehrungen begangen; ihr Leben wurde geehrt, und doch haben eine Milliarde Menschen davon gewusst.

Jetzt atmet einmal tief durch. Welches andere Ereignis mitfühlenden Handelns habt ihr in eurem Leben gesehen, welches keine Tragödie war? Welches andere Ereignis des Mitgefühls wurde von der gesamten Welt beobachtet, das nichts mit Tod und Trauer zu tun hatte? Die Antwort lautet: Keines.

[Pause.]

Oh, es gab Dinge, die eine Milliarde Menschen mitverfolgt haben, doch nichts erzeugte die Gefühle, wie sie hier auf diesem Boden erzeugt wurden, wo ihr gerade seid [San José Mine, Ort der Rettung der 33 Bergleute]. Denkt darüber nach und überlegt, was dieses Gebiet für den Planeten darstellt.

Was ihr, meine Lieben, hier seht, ist ein Paradigmenwechsel. Zum ersten Mal entstand mitfühlendes Handeln durch das Retten von Leben, und dass das überhaupt geschehen konnte, war gegen jede Wahrscheinlichkeit. Es war kein Tsunami und auch kein Terroranschlag, sondern die Energie und das Mitgefühl der Mutter. Gaia hat 33 Männer in dieser Wüste geboren. Lasst die Symbolik dieses Geschehens nicht vergeblich für euch sein! Denn es symbolisiert die Geburt eines neuen Paradigmas mitfühlender Liebe und Dankbarkeit ... genau hier in Südamerika.

Alle diese Männer wussten um dieses Potenzial, bevor sie hierherkamen. Zum ersten Mal fand ein Ereignis mitfühlenden Handelns auf diese Art und Weise auf eurem Planeten statt ..., zum allerersten Mal. Das ist wichtig, denn es verändert die Grundvorstellung davon, wie Spirit mit der Menschheit zusammenwirkt. Es ist der Beginn eines neuen Paradigmas, ja einer neuen Gaia. Denkt über diese Dinge nach, denn aus genau diesem Grund seid ihr hier auf der Kundalini Tour. Feiert die Veränderungen und blickt auf das Land, wo es passiert. Fühlt die Pachamama! Denn sie ist jetzt hier.

Und so ist es.

Kryon Live-Channelling »33 Bergleute«,
durchgegeben bei der San José Mine, Copiapó/Chile –
24. Oktober 2012

Kryon hat noch mehr über das Kristallgitter erzählt, was Sie wissen sollten:

Der Anstoß für die Energie, mit der Gaia etwas auf dem Planeten erschafft, kommt vom menschlichen Bewusstsein. Das erzählen wir euch seit 22 Jahren. Es geht auch anders herum, denn eure DNA als Ganzes reagiert auf das sogenannte Kristallgitter auf dem Planeten. Das ist ein esoterisches »Gedächtnisgitter« oder »Erinnerungsgitter« und stellt die gespeicherte Energie und die gespeicherten Ereignisse der Menschheit dar. Wir haben euch in der Vergangenheit schon vom Kristallgitter erzählt, man könnte aber sagen, es ist eine Schale um den Erdboden herum, welche man zwar nicht sehen kann, die aber sämtliche Energie und die Geschichte eines jeden Menschen, der je auf dem Planeten gelebt hat, in sich trägt. Wenn ihr geboren werdet und euren ersten Atemzug tut, schaut das Quantenfeld eurer Menschlichkeit auf das Kristallgitter und passt seine Effizienz an die Energie des Planeten an. Diese Energie hat die Menschheit während der Zeit, in der sie hier lebt, erzeugt.

Zum jetzigen Zeitpunkt ist die Energie auf diesem Planeten mit Jahrtausenden voller Krieg gefüllt, der alten, kämpfenden Energie, Machismus und Intoleranz. An genau das passt sich eure DNA bei eurer Geburt an. Ihr seid auf 100-prozentige DNA-Effizienz ausgelegt, aber im Moment arbeitet sie nur mit 30 Prozent. Und das, meine Lieben, verändert sich gerade, denn die DNA ist im Begriff, mit einem höheren Effizienzgrad zu arbeiten, weil eine Bewusstseinsveränderung stattfindet. Das seht ihr natürlich als Erstes an denjenigen, die gerade geboren werden. Wenn sie ihren ersten Atemzug tun, liegt die Effizienz bei 35 Prozent, und das ergibt einen Menschen, der in einem viel jüngeren Alter viel bewusster ist und viel mehr begreift. Das ist fast so, als seien sie sich instinktiv des gesamten Menschheitswissens bewusst, anstatt alles wieder von vorne zu lernen, so wie ihr.

Wir haben euch von diesen neuen Kindern erzählt; deshalb sind eure Kinder so ungewöhnlich, und wie ihr wisst, sind sie das. Viele hier im Publikum, die Enkel haben, sehen das ganz deutlich; die Kinder sind anders.

Ihr könntet nun sagen: *»Zu blöd, dass wir unsere DNA-Effizienz nicht selbst erhöhen können.«* Aber genau das könnt ihr! Denn die Energie des Planeten ist wachsam und bereit, Signale an die alten Seelen zu schicken, die im Begriff sind, zu verstehen, dass sie ihre eigenen Felder durch die Vorlagen, die sich in ihnen befinden, verändern können, durch Bewusstsein, reine Absicht und Mitgefühl. Ihr könnt die Quanten-»Prägung« der DNA durch Mitgefühl verändern! Das haben wir euch von Anfang an gesagt, jetzt will ich das in einfachen Worten zusammenfassen, die nicht wissenschaftlich sind. Mach langsam, mein Partner! Mach das klar und prägnant [Kryon zu Lee].

Neuanpassung der DNA an die neue Gaia-Energie

Bei eurer Geburt passt sich eure DNA selbstständig an das auf der Erde Geschehene an. Sie hat für euch eine Realität erschaffen, die ihr *die menschliche Natur* nennt. Die Erde verändert sich. Das Kristallgitter lüftet ein wenig den Schleier, und eure DNA reagiert darauf. Das zeigt sich als Erstes in euren Kindern, und sie kommen bereits mit einem anderen menschlichen Begriffsvermögen. Sie denken nicht so linear wie ihr. Ist euch das schon aufgefallen?

Das verändert sich mit der Zeit mehr und mehr. Schließlich wird die DNA viel effizienter sein; sie schafft die fehlende Brücke zwischen dem angeborenen und dem normalen menschlichen Gehirn. Das bedeutet, ihr habt intuitivere Gedanken über das, was in eurer Zellstruktur falsch und richtig ist. Manche entdecken für sich zum ersten Mal neue Essgewohnheiten, und ihr seid eingestimmt auf eine Zellstruktur, die sagt: *»Wenn ich dies und das ändere, lebe ich länger.«* Das führt zu instinktiven Veränderungen des Essverhaltens ohne eine Erklärung. Das Angeborene beginnt zu kommunizieren.

Jahrelange Gewohnheiten werden aufgegeben, weil eure Zellstruktur euch hilft, Schluss damit zu machen, denn sie weiß, sie passen nicht für euch. Wenn jemand zu viel isst und sein Körpergewicht durch einen veränderten Stoffwechsel und ohne lästige Extremdiäten normalisieren kann, braucht euch das nicht zu überraschen. Andere wieder geben Drogen auf, nach denen sie süchtig sind, und im Rahmen dieses Prozesses lassen sie ein viel längeres Leben zu.

Ihr werdet sehen, wie sich die Zellstruktur auf für euch überraschende Weise regeneriert. Ihr werdet schneller geheilt und wisst das. Ihr werdet erleben, dass ihr weniger krank seid als jemals zuvor. Die vorherrschende 3-D-Weisheit sagt euch: *»Na ja, du bist jetzt älter, deshalb wirst du immer kränker.«* Aber das wird nicht passieren, und ihr werdet wissen, dass sich etwas verändert. Was wir euch sagen, ihr Lieben, ist: Ihr könnt das haben, was die Jungen haben. Ihr erwacht jetzt nach und nach zu einer neuen Energie auf diesem Planeten, die euch länger leben lässt. Eure DNA arbeitet effizienter. 35 Prozent? Vielleicht sogar 40 Prozent, alte Seele? Und das wird noch viel mehr in die Höhe gehen.

Kryon Live-Channelling »Die Neukalibrierung von Gaia«, durchgegeben in Melbourne/Australien – 18. März 2012

Verstehen Sie jetzt, wie wichtig Sie sind? Wie alles, was Sie tun, sich auf den Planeten auswirkt? Dass Gaia Sie kennt und dass Gaia jeden Ihrer Schritte segnet und dass Sie Gaia segnen? Was machen Sie mit diesen Informationen? Verändert sich dadurch etwas für Sie? Wie würde es Ihnen gefallen, wenn das Kristallgitter sich an Ihr Leben erinnert?

Liebe alte Seele, wenn du dies liest, wird dein Tun von Gaia und dem Kristallgitter »gesehen« und hat eine viel größere »Auswirkung« als eine neue Seele auf dem Planeten. Ihr Erwachen und Ihre mitfühlenden Handlungen verändern den Planeten! Alles, wofür Sie sich entscheiden, ist Ihre freie Wahl. Egal, für was Sie sich entscheiden, Gott und Gaia sind Ihnen in tiefer Liebe zugetan.

Wie Sie sich vielleicht erinnern, habe ich ja von Machu Picchu als einem der heiligen und mystischen Plätze gesprochen, der alljährlich von Millionen Menschen besucht wird. Und stellen Sie sich vor: Die Energie, die man dort spürt, hat absolut gar nichts mit dem Kristallgitter zu tun! »Wie bitte«, höre ich Sie fragen, »wie das?« Wenn Sie das erfahren wollen, dann sollten Sie unbedingt weiterlesen. *(Kleiner Tipp: Achten Sie darauf, was Kryon später über die Ley-Linien von Gaia sagt.)*

Frage: Wenn die Zeit im Kreis verläuft und jedes Mal Fraktale verstärkt zurückkommen, bedeutet das, dass die Zeitfraktale aus Zeiten, wo das Bewusstsein weniger entwickelt war, zurückkommen werden, oder sind wir in der Lage, die Potenziale dieses Geschehens zu verändern, und wenn ja, gehen diese Informationen ins Kristallgitter ein?

Kryon: Die Zeitfraktale befinden sich in einer »Quantensuppe« aus Potenzialen. Würde sich das Bewusstsein des Planeten nie verändern, wären die Zyklen linear, vorhersehbar und würden planmäßig und termingerecht zurückkehren. So ist das seit Jahrtausenden gewesen, wodurch die Kalender mit ihren Prognosen funktioniert haben. Doch nun kommt die »Veränderung des menschlichen Bewusstseins« hinzu, und plötzlich werden die Fraktale abgeändert, so wie wir das vorhin mit dem Huhn erklärt haben.

Wenn ihr diesen Wandel durchlauft, verändern sich die Fraktale zeitlicher Vorhersagen. Sie stellen sich neu auf immer höhere Zyklen ein, nicht mehr auf hoch und niedrig. Und wenn das geschieht, justiert sich auch das Kristallgitter neu, wodurch höhere Handlungs- und Denkebenen möglich werden. Das haben wir ja bereits erklärt. Also ja. Es werden teilweise neue Fraktale erzeugt, durch eine neue Kristallgitterenergie, welche von einem neuen Menschen geschaffen wird.

Wale und Delfine

Die Menschen hatten schon immer eine Verbindung zu Walen und Delfinen. Früher wurden Hunderte, wenn nicht Tausende von Walen und Delfinen zur Nutzung aus den Meeren gefischt. Das ist teilweise auch heute noch der Fall, allerdings sind es nicht mehr so viele wie in der Vergangenheit. Im Dezember 1946 wurde von 14 Mitgliedstaaten die internationale Walfangkommission gegründet, mit dem Ziel, die Walbestände zu sichern. Heute gehören 89 Länder der Kommission an, auch Länder, die gar keine Meere haben! Die Kommission hat ermutigende Schritte in Richtung Rettung und Schutz der Wale unternommen, unter anderem wurde 1986 der kommerzielle Walfang weltweit eingestellt. Derzeit widersetzen sich noch einige Länder, darunter Japan, Neuseeland und Island, diesem Verbot.

Das kollektive Bewusstsein der Menschheit will die Wale schützen und ihnen Sicherheit geben. Das betrifft auch die Delfine, denn sie gehören zur selben Familie der Cetacea, die Wale, Delfine und Tümmler umfasst; die Delfine sind also sozusagen die Vettern der Wale und Teil einer Unterstützungsgruppe. Sie spielen eine Rolle in der Entwicklung der Wale. Doch es geht nicht nur um den

Schutz der Wale. Tausende von Menschen hatten nach einer Walbeobachtungstour oder nachdem sie mit Delfinen geschwommen waren, Erlebnisse, die ihr Leben verändert haben. Solche Erfahrungen beeindrucken uns so stark aufgrund der Zellinformationen in unserer DNA. Die gesamte Menschheit versteht intuitiv, dass die Ausrottung der Wale auf jeden Fall die Balance der Lebenskraft auf der Erde verändern würde.

Die drei Gitternetze von Gaia wurden ja schon ausführlich erklärt. Auch die menschliche DNA ist Teil des Gaia-Systems; sie stellt die biologische Weiterentwicklung der Menschheit auf dem Planeten dar. Die Wale und Delfine sind die lebendigen Anteile des Gittersystems; sie enthalten die »Geschichte der Erde«, und aus diesem Grund sind sie heilig. Sie koordinieren das Kristallgitter und wirken mit ihm zusammen. Kryon beschreibt das als eine Art »Sicherungssystem«, und zwar kein lineares für den Fall, dass das erste verlorengeht, sondern ein System, das alle anderen immer unterstützt. Die Informationen der drei Akasha-Systeme werden gemeinsam in den Walen und Delfinen gespeichert. Das ist die letzte Schicht, die die Menschheit mit Gaia und allem anderen Leben auf der Erde auf höchst tiefgreifende Weise verbindet.

Die Wale sind in Gaia. Sie leben unter Wasser und sind Säugetiere wie die Menschen. Sie enthalten die Informationen. Der Akasha-Zyklus ist vollständig. Die Meere der Erde erstrahlen durch all das, was wir getan haben, wer wir sind und wer wir sein könnten.

Von den Walen und Delfinen können wir viel lernen; sie können sogar zur Heilung unseres physischen Körpers beitragen. Laurie Reyon Anderson ist eine international bekannte Seelenheilerin, die zwischen den Spezies kommuniziert. Dank ihrer Gabe kann sie zu Tieren sprechen und deren Botschaften übersetzen und an die Menschheit weitergeben. Ihrer Erkenntnis nach sind die Cetacea die Alten Wesen auf diesem Planeten. Im Zuge ihrer Arbeit kommuniziert und heilt sie mit den Delfinen und Walen der Erde. Laurie Reyon wird von den Indianern »Standing Whale Mother«, also »Stehende Mutter der Wale« genannt; sie übermittelt der Menschheit die Weisheit und die heilenden Energien der Wale und Delfine. Hier eine wunderschöne Botschaft der Wale an die Menschheit, über Laurie kommuniziert:

Wir sind die Alten der Alten. Wir sind die Seele der Seelen. Wir sind eure Vergangenheit und eure Erinnerungen. Wir sind eure Gegenwart, und wir sind bei euch hier in der Jetzt-Zeit. Wir sind mit euch verbunden, um die Zukunft für die Heilung und den Aufstieg von Mutter Gaia zu erschaffen. Wir sind ein Gruppenbewusstsein, welches diesen Planeten als ein Beispiel des Guten der Vielen behütet.

Die Wale sind die molekularen Bibliothekare der Evolution der Erde. Das, was wir die Akasha-Chronik nennen, lebt in den Meeren des Planeten Erde. Die Informationen werden in den Wassermolekülen gespeichert. Da Wasser nie zerstört, sondern lediglich recycelt wird, verbleibt die gesamte Geschichte der Erde sicher in unseren Meeresarchiven. Die Wale haben Zugriff auf die Informationen, verbreiten sie und tragen weitere Informationen bei. Die Kommunikation findet über die Verbindung zur Intelligenz in den Wassermolekülen statt. Wie sie mir erzählen, werden uns die Informationen im Wasser sagen, dass die menschlichen Körperflüssigkeiten in Zukunft zur fehlerlosen, individuell abgestimmten Behandlung von Gesundheitsproblemen dienen werden.

Die Wale würden uns gerne helfen, uns wieder daran zu erinnern, wer wir in Wahrheit sind. Das Wissen und der Respekt für unser wahres Sein ist ein wichtiger Aspekt unseres persönlichen Wachstums hin zur Liebe zu uns selbst und zu unserer Erde. Sie sagen uns, es sei für die Menschen wichtig, einen Punkt in ihrer Evolution zu erreichen, wo sie sich wahrhaftig auf die Suche nach ihrem Selbst machen. Es ist wichtig, nach dem Wissen zu greifen, welches in der Akasha bewahrt wird und uns sagt, wer wir wirklich sind, woher wir kommen, woraus wir bestehen und warum wir heute hier sind.

Auf unserer Suche nach diesem Wissen der Selbstbewusstheit identifizieren wir uns als Wesen, für die die Liebe wichtiger ist als alles andere; und wir bekräftigen unseren Glauben an die Liebe, indem wir unsere Lebensweise entsprechend verändern. Wir lernen uns als Schwingungen der Liebe kennen und erinnern uns dadurch unserer Welt und unserer wunderschönen Mutter Gaia in einem anderen Licht.

Durch unser Erinnern fühlen wir uns zu ähnlich gesinnten Menschen hingezogen und übernehmen nach und nach wieder die bewusste Kontrolle über unsere Umwelt. Wir erinnern uns wieder daran, dass das, was wir denken und fühlen, sich auf unsere Umwelt und unsere Mitmenschen auswirkt. Wenn wir die Kontrolle über unsere Emotionen und Gedanken übernehmen, erkennen wir, dass wir wahrhaft die Schöpfer unserer eigenen Realitäten sind, die Kontrolle über unser Umfeld haben und keine Opfer sind. Das nennen die Wale bewusste oder absichtliche Weiterentwicklung.

Als letztes Stück der Erinnerung an unser Selbst erkennen und entwickeln wir dann schließlich die Verbindung zum Kosmos und zum Leben über die dritte Dimension hinaus. Wir sind nicht allein im Universum und waren es nie. Es gibt Milliarden anderer Lebensformen, die aus unserer 3-D-Perspektive nicht sichtbar sind. Wir können uns mit diesen anderen Bewohnern des Planeten, unseren Brüdern und Schwestern des Lichts, verbinden. Wir können von ihrer Weisheit und ihrem Wissen profitieren und mit ihnen zusammenkommen, wenn wir durch unsere Ängste hindurch zurück zur Wahrheit dessen finden, wer wir sind und warum wir hier sind. Die Delfine und Wale sind Meister des kosmischen Reisens und Meister der Multidimensionalität. Sie sind hier, um uns zu unterweisen, uns dabei zu helfen, unseren Verstand und unseren Körper zu heilen, und sie laden uns ein, unsere Glaubenssysteme multiplen Realitäten der Liebe zu öffnen.

Laurie Reyon hält für die Menschheit weitere Botschaften von den Delfinen und anderen Tieren bereit. Mehr darüber kann man auf ihrer Website erfahren: www.lauriereyon.com.

Frage: Kannst du uns noch etwas über die Delfine und Wale sagen?

Kryon: Die Cetacea der Ozeane (hauptsächlich die Wale und Delfine) bewahren für die Menschheit Energie, worüber wir zum derzeitigen Zeitpunkt noch nicht reden möchten. Das wird erklärt werden, wenn der Planet schließlich dafür bereit ist.

Aber ihr müsstet das eigentlich wissen, nicht wahr? Diese Säugetiere stehen weltweit unter Schutz, selbst Länder ohne Meer haben diese Verträge unterzeichnet! Die Menschen wissen intuitiv, dass dies ganz besondere Tiere sind; sie dürfen nicht gestört werden und müssen gedeihen können. Macht weiter damit!

Die Ley-Linien von Gaia

Viele Leute haben vielleicht schon von den sogenannten Ley-Linien gehört, aber nur sehr wenige verstehen wirklich, was das ist; man könnte wohl sagen, sie sind weitestgehend unerklärt. Selbst diejenigen, die meinen, sie komplett verstanden zu haben, haben ihre wahre Natur oft fehlinterpretiert.

Als ich zum ersten Mal von Ley-Linien hörte, begann ich nachzuforschen und war schließlich sehr frustriert, weil es so viele Definitionen davon gab. Die alten Urvölker waren sehr auf Gaia eingestimmt und nahmen, als sie die Ley-Linien von Gaia entdeckten, sie sehr bewusst wahr. Die Urvölker benannten sie allerdings anders; sie gaben ihnen den Namen »Geistlinien« oder »Drachenlinien«.

Der Begriff »leys« wurde in den 1920er-Jahren von Alfred Watkins geprägt; er verstand darunter ein Netzwerk von Landmarken, die heilige Stätten – wie Kirchen, Megalithen, Quellen und Bergspitzen – miteinander verbanden. In den 1960er-Jahren baute John Michell auf Watkins Arbeiten auf und benannte die St.-Michael-Ley-Linie, die in Großbritannien viele (dem Heiligen Michael gewidmete) Orte miteinander verbindet (beispielsweise den St. Michael's Mount in Cornwall, Avebury Henge und Glastonbury Tor).

Während meines Aufenthalts in Schottland erfuhr ich auch von der St.-Georgs-Ley-Linie; wie ich herausfand, gibt es im südwestlichen Zipfel von Ungarn, in Lenti, ganz in der Nähe der Grenze zu Österreich, Slowenien und Kroatien, den Energiepark St. Georg. Dort kann man, laut Aussagen der Parkverwaltung, *»die Steinwege entlanggehen, die die Richtung der St.-Georgs-Linien anzeigen; die ›Pfosten‹ entlang dem Weg markieren die Überschneidungen dieser Linien, wo die Energiewellen am stärksten sind.«* Im Park gibt es auch eine Reihe von Thermalbädern.

Doch keines dieser Beispiele konnte mir wirklich erklären, was eine Ley-Linie eigentlich ist. Versuche, eine Ley-Linie auf einer Landkarte darzustellen, zeigen immer eine gerade Linie, die abrupt beginnt und abrupt wieder aufhört. Das ergab für mich keinen Sinn, vor allem wenn ich dann las, Ley-Linien seien überall auf dem Globus zu finden, etwa an Plätzen wie den ägyptischen

Pyramiden und Machu Picchu in Peru. Unsere Fixierung darauf, eine gerade Linie auf einer Landkarte zu ziehen, ist ein klassisches Beispiel für unser linear verhaftetes Denken und unseren Versuch, alles auf dreidimensionale Weise zu erklären.

Warum also gibt es darüber so viel Verwirrung, und was genau ist eine Ley-Linie? Ich vermute, viel Verwirrung und Fehlinformationen kommen zustande, weil wir nur Stückchen und Teilchen des Puzzles sehen. Hinzu kommt, dass dieses Puzzle multidimensional ist. Das erklärt, warum Ley-Linien bis vor Kurzem nicht definiert worden sind. Erst auf der Summer Light Conference in Sedona im Jahr 2012 gab Kryon folgende Informationen durch:

Ley-Linien sind Energielinien, welche auf bewusstem menschlichem Handeln basieren. Es gibt viele Ley-Linien in der nördlichen Hemisphäre, denn dort haben 85 Prozent der Bevölkerung gelebt. Die Ley-Linien bilden sich um, wenn Mitgefühl da ist, wenn Herz(-Energie) da ist. Wo großes Mitgefühl herrscht oder früher Mitgefühl geherrscht hat, gibt es Portale. Portale sind über Ley-Linien in einem nicht symmetrischen Muster miteinander verbunden. Sie sind ständig in Bewegung, insbesondere heutzutage, wo die Erdenergie sich umgestaltet. Die Kundalini des Planeten ist in Bewegung und zieht um.

Eine Neujustierung des Zentrums der Weisheit wird gerade vorgenommen. Wundert euch nicht, wenn ihr zu vormaligen Kraftorten kommt und da ist nichts mehr da. Oder ihr geht vielleicht zu einem anderen Platz, wo früher nichts war, und auf einmal werdet ihr von Energie überwältigt. Gaia reagiert auf euch, und ihre Reaktion besteht darin, sich neu zu kalibrieren, in einem Wandel weg von Krieg und hin zu Mitgefühl. Somit richten sich die Gitter verstärkt auf mitfühlende Liebe aus. Ley-Linien verändern sich und reagieren darauf.

Kryon Channelling »Gaia & Kryon«,
durchgegeben in Sedona/Arizona anlässlich der
Kryon Summer Light Conference – 9. Juni 2012

Jetzt gibt es also eine klare Definition von Ley-Linien. Ley-Linien sind Energielinien, die auf bewusstem menschlichem Handeln basieren. Charakteristischerweise verändern sich Ley-Linien und reagieren auf das Tun der Menschen; folglich sind sie nicht symmetrisch und verlaufen nicht unbedingt in einer geraden Linie, was auch bedeutet, dass man sie nicht auf einer Landkarte einzeichnen und dann sagen kann: »Hier sind die Ley-Linien.« Und wo sich früher Ley-Linien befanden, befinden sie sich heute nicht mehr unbedingt.

Während der Kryon Kundalini Tour im Jahr 2012 gab Kryon weitere Informationen über die Ley-Linien von Gaia durch. Diese gechannelten Botschaften waren sehr tiefschürfend und vermittelten uns neue Erkenntnisse über das größere Bild. Bei Kryons ersten Durchgaben über die Ley-Linien saß die Gruppe hoch oben im Tal des Mondes in San Pedro de Atacama/Chile. Die überwältigende Liebe von Gaia an diesem Platz wurde durch den herrlichen Sonnenuntergang nach dem Channelling noch verstärkt. Auf meiner Website www.monikamuranyi.com sind ein paar Bilder unserer Tour zu sehen. Und Kryon hatte uns Folgendes zu sagen:

Wir möchten zunächst ein wenig erklären, wie die Energie von Gaia sich auf der Oberfläche des Planeten verteilt. Manche der hier Versammelten, die mit meinem Partner auf dem Berggipfel sind, waren schon an vielen heiligen Stätten. Vielleicht habt ihr die Energie jedes dieser Plätze gespürt und auch, dass kein Platz gleich ist? Das stimmt. Es gibt anscheinend unterschiedliche Dinge zu spüren, je nachdem, wo ihr seid. Das entwickelt sich zu einem komplexen Thema, doch alles hat mit dem zu tun, was wir euch als das Kristallgitter beschrieben haben.

Um es noch einmal klarzumachen: Das Kristallgitter ist ein esoterisches Gitter, welches die Plejadier ursprünglich auf dem Planeten platziert haben und welches eine umfassende Kommunikation zwischen dem menschlichen Bewusstsein und dem Erdboden, genannt Gaia, ermöglicht. Dieses Gitter *erinnert,* was die Menschen auf dem Planeten tun. Dieses Gitter ist dafür verantwortlich, wenn ein Mensch beim Gang über ein Schlachtfeld oder auch dort etwas fühlt, wo die 33 Helden aus dem Innern der

Erde hervorkamen [die Rede ist von den 33 Bergleuten, die 2010 aus einer Mine in Nordchile gerettet wurden].

Wir wollen also über das Kristallgitter und Gaia sprechen. Mein Partner steht jetzt an einem sogenannten »Nullpunkt« [bezugnehmend auf das Tal des Mondes in San Pedro de Atacama in Chile]. Lasst mich ein paar Dinge erklären. Das Kristallgitter ist von einem Feld umgeben, nicht dem Magnetfeld, sondern einem multidimensionalen Feld, welches mit dem Feld menschlichen Bewusstseins interagiert. Deshalb fühlt ihr an verschiedenen Orten auf der Erde das, was ihr fühlt. Ich möchte euch etwas über Felder sagen. Die Natur erzeugt tatsächlich gerade Linien, und zwar durch Kristallisation. Das ist in 3-D. Jedes Mal, wenn es um ein multidimensionales Feld geht, gibt es aber keine geraden Linien. Wir wollen kurz darüber reden, denn was ich euch gleich sagen will, wird einige Traditionen der Vergangenheit auf den Kopf stellen.

Die Menschen reden gerne über Ley-Linien. Es gibt tatsächlich so etwas wie Ley-Linien, doch Spirit hat sie nicht wirklich so genannt. Das ist eine 3-D-Wahrnehmung der Menschen, die gerade Linien zwischen ihrer Meinung nach wichtigen spirituellen Dingen ziehen. Diese menschlichen Linien sind von der Art, wie sie von Architekten errichtet wurden – zwischen Pyramiden, zwischen Kirchen, zwischen heiligen Stätten ..., sehr gerade Linien, die den manchmal von der Sonne geworfenen Schatten folgen. Das sind keine Ley-Linien. Das sind Linien, die von Menschen gezeichnet worden sind. Es sind keine Ley-Linien, weil sie gerade verlaufen!

Jetzt möchte ich auf etwas Komplexes eingehen. Manche von euch haben Darstellungen von scheinbar magnetischen Einflusslinien um einen Magneten herum gesehen. Dabei ist zu erkennen, dass sie vom Nord- zum Südpol des Magneten in einer Kurve verlaufen – gekrümmte Linien. Wenn ihr sehr, sehr winzig, mikroskopisch klein wärt, könntet ihr auf einem dieser Magnete stehen, und die Linien würden gerade erscheinen, obwohl ihr wisst, dass sie nicht gerade sind. Wenn ihr nur eineinhalb Linien sehen könntet, würdet ihr die Symmetrie des Felds, wie wir das nennen, nicht wahrnehmen. Das ist ein Beispiel dafür, wie gerade

Dinge eigentlich überhaupt nicht gerade sind. Doch es steckt noch mehr dahinter.

Lasst uns über das Kristallfeld sprechen. Manchmal scheint es gerade zu sein, obwohl es das nicht ist. Die Linien sind komplex. Anders als die Linien eines Magnetfelds verlaufen sie nicht von einem Pol zum anderen. Sie verlaufen zu und weg von etwas, was wir »Knoten« nennen werden. Knoten sind Aufzeichnungen sich überlappenden menschlichen Bewusstseins. Aber es ist sogar noch komplexer: Auch Gaia hat eine Art Feld, außer dem Kristallfeld. Wenn das Kristallfeld sich mit dem Gaia-Gitter auf bestimmte Weisen überlappt, entstehen die Charakteristika von Knoten. Hier baut sich Energie auf. In manchen Fällen heben sich bei einer Überlappung die Energien gegenseitig auf. Wenn das geschieht, gibt es einen Nullpunkt, wo keinerlei Kristallenergie vorhanden ist; hier ist nur reine Gaia-Energie.

Ich frage euch nochmals: »Was fühlt ihr an einem Nullpunkt?« Die Antwort lautet: »Die Abwesenheit des Kristallgitters.« Dies ist eine Energie, die direkt von Gaia zu euch spricht. Ihr spürt die Reinheit und die Liebe des Planeten, die euch direkt geschenkt wird, denn es gibt keinerlei Vermischung mit dem Kristallgitter. Ihr sitzt gerade auf einem Nullpunkt [Anrede der Gruppe vor Kryon]. Davon gibt es viele auf dem Planeten, und deren Energie bzw. deren Mangel an Energie fühlt sich genauso an wie hier.

Jetzt kommt der komplexe Teil. Wir wollen jetzt von den Knoten sprechen. Es gibt drei Arten von Knoten, zum Beispiel Machu Picchu. Machu Picchu ist ein Knoten, der sich mit Pachamama, der Weisheit des Südens und der göttlichen weiblichen Energie überlappt und sie verstärkt – einer profunden Energie, die von manchen als »Portal« bezeichnet wird. Ein Portal ist eine Art Knoten. Ein *»Vortex«* ist ebenso eine Art Knoten. In einem Vortex prallen Energien aufeinander, und die Energie ist ständig in Bewegung bzw. zirkuliert. Für manche fühlt sich das eine Zeit lang gut an, aber in einem echten Vortex zu leben ist schwierig. Dann gibt es noch eine dritte Art von Knoten, ein »Vortal« – zwischen einem Portal und einem Vortex. Das ist echt komplex.

Wodurch werden nun diese drei geschaffen? Durch das Kristallgitter. Und wodurch entsteht das Kristallgitter? Durch das menschliche Bewusstsein. Vor einer Weile habe ich etwas gesagt, was ich jetzt noch einmal sagen werde: Eine Landkarte mit diesem Kristallgitter zu zeichnen, wäre sehr schwierig. Wenn ich davon spreche, dass es keine Symmetrie hat, bedeutet das, es hat kein Gesamtmuster als Gitter, so wie es auf einer zweidimensionalen Oberfläche gesehen werden würde. Ihr sucht in allem nach Symmetrie – aber bitte nicht hier! Hinzu kommt, dass die Gitterlinien unter der Erde und auch auf der Erde verlaufen, dadurch wird es noch komplexer, als ihr es euch vorstellen könnt. Ist das für euch zu technisch? Warum erzähle ich euch das alles?

Es gehört zu der Weisheit, die wir gerade zusammentragen und euch vermitteln; ihr wisst das bislang noch nicht, aber sie ist so genau. Ihr müsst darüber Bescheid wissen. Die Menschen gehen gern zu bestimmten Plätzen, um die Energien zu spüren und sich Geschichten darüber auszudenken, warum diese Energien dort sind. Es ist an der Zeit, die Tür zu solchen Dummheiten zuzumachen, alte Seele, und den Prozess und die Mechanik der wahren Energie auf dem Planeten und die damit zusammenhängende Komplexität zu verstehen.

Die Sonne geht gerade unter. Während wir uns unterhalten haben, ist sie untergegangen; das ist fast, wie wenn Gaia uns zuwinkert. Jetzt übermittle ich euch eine Botschaft direkt von Gaia, an diesem Platz, denn das ist ein Nullpunkt. *Die Erde ehrt den Menschen! Es gibt eine direkte Verbindung zwischen dem Mitgefühl des Menschen und dem Mitgefühl des Planeten. Dies sind die Orte, wo ihr das direkt, ohne Störung spüren könnt. Wenn ihr diese Energie erneut spürt, haltet inne und schenkt uns Liebe, denn das bewirkt Veränderung und verstärkt das, was der Planet ist und für euch und alle, die nach euch kommen, tun kann.* Das reicht für heute.

Und so ist es.

Kryon Channelling »Die Ley-Linien von Gaia, Teil I«, durchgegeben im Tal des Mondes, San Pedro de Atacama/Chile – 26. Oktober 2012

Als wir auf der Sonneninsel im See Titicaca in Bolivien ankamen, erzählte uns Kryon den Rest der Geschichte. Für alle war es eine Art Härtetest, auf den Berggipfel zu steigen; dort saßen wir auf

4000 Meter (13.000 Fuß) Höhe über dem Meeresspiegel. Waren Sie jemals in einer solchen Höhe? Falls ja (und Sie aber wie ich die Höhe des Meeresspiegels bevorzugen), dann wissen Sie ja, wie schwierig das Atmen in solcher Höhe ist, geschweige denn das Hochklettern! Doch als Belohnung durften wir dort niedersitzen und die Liebe Gaias und die Liebe unserer Ahnen spüren, und nach dem Channelling blickten wir über den See hin zu den schneebedeckten Bergen; an einer Stelle war der Schnee in die Form eines riesigen liebenden Herzens geschmolzen. Wir meinten, das wäre vielleicht ein Naturphänomen und fragten die Leute, die von hier stammten, wie oft das vorkomme; doch sie hatten so etwas nie zuvor gesehen. Bloß ein Zufall? Oder ein Zuzwinkern von Gaia und Spirit? Sie haben die Wahl! In der Zwischenzeit kommt hier der Rest der Geschichte über die Ley-Linien.

Wir möchten über vieles sprechen, aber um der Klarheit willen machen wir jetzt mit einem Thema weiter, über das wir das letzte Mal mit euch sprachen, als wir in der Natur saßen. Damals saßen wir an einem sogenannten Nullpunkt des Kristallgitters, und es ging um Ley-Linien, Nullpunkte und Knoten. Diese Lektion sollte erklären, wie das Kristallgitter auf dem Planeten funktioniert und warum ihr das fühlt, was ihr fühlt. Ebenso sollte erklärt werden, warum sich manche Orte auf dem Planeten Erde heiliger als andere anfühlen.

Wir sprechen also zur Klärung noch einmal über Knoten. Knoten sind sich überschneidende Energien; sie sind etwas Esoterisches und stehen für das Kristallgitter. Die Überlappung hat mit der Quantensymmetrie der Knoten auf dem Planeten zu tun. Jeder Knoten hat seine eigene, spezifische Symmetrie, ist aber nicht unbedingt linear. Wenn man diese Energien alle auf komplexe Art und Weise zusammenbringt, entstehen durch die Überlappungen Knoten. Manche Knoten sind kraftvoller als andere. Manchmal, wenn das Kristallgitter sich auf bestimmte Art und Weise überkreuzt, entstehen Knoten, die nicht stark zu spüren sind. Doch wenn es eine tiefe Überschneidung gibt, sind die Knoten zu spüren, und über ein paar davon haben wir ja schon gesprochen.

Auf dem Planeten gibt es so etwas wie eine energetische »Buchführung«. Was ich euch jetzt erzähle, soll erklären, wo ihr sitzt und warum ihr das spürt, was ihr spürt [bezugnehmend auf die Gruppe, die vor Kryon auf der Sonneninsel im Titicacasee sitzt]. Wir sagen euch jetzt also etwas über Knoten und wie komplex sie sein können. Doch zunächst noch einmal zur Klärung: Das Kristallgitter auf dem Planeten ist ein esoterisches Gitter, das menschliches Bewusstsein erinnert und alles, was geschehen ist. Jeder einzelne Mensch, der jemals gelebt hat, ist Teil davon. Das erklärt eine Menge – auch warum ihr beim Gang über ein früheres Schlachtfeld die negative Energie dort spüren könnt und warum ihr an anderen Plätzen womöglich Freude und Dankbarkeit verspürt. Dahinter steckt das Kristallgitter. Dieses Kristallgitter ist deshalb so etwas wie eine Quanten-Zeitkapsel, die menschliches Bewusstsein und menschliches Handeln reflektiert.

In letzter Zeit haben wir damit begonnen, diesen Prozess zu erklären; wie wir gesagt haben, war das bislang ein linearer Prozess. Wenn an einem bestimmten Ort etwas Negatives geschah, hatte das dieselbe Gewichtung wie etwas Positives. Wir haben euch auch gebeten, einen Blick in eure menschliche Geschichte zu werfen und zu erkennen, dass es da sehr viel mehr Negatives als Positives gab. Deshalb war das Bewusstsein des Planeten nicht so hoch entwickelt, wie ihr vielleicht meint. Dann erzählten wir euch, dass das alles sich zu verändern begann, und als Kryon vor 23 Jahren zu euch kam, habe ich euch gesagt, der Planet befände sich in einem Veränderungsprozess. Ihr wart in die Präzession der Tagundnachtgleiche eingetreten, wodurch sich die Prophezeiung der Ahnen erfüllen würde, die lautete, die Erde könnte das Maskuline und Feminine eventuell wieder in Balance bringen und dieses neue Gleichgewicht würde im Jahr 2012 erreicht. Dadurch würden sich praktisch alle esoterischen und energetischen Prozesse auf dem Planeten rekalibrieren, also neu einstellen.

Doch jetzt wieder zum Kristallgitter. Wie wir euch sagten, würde sich sogar das Kristallgitter neu justieren und nicht mehr linear sein. Das heißt, Ereignisse des Mitgefühls würden von nun an mit sehr viel mehr Energie geladen sein als negative

Geschehnisse. Gaia würde darauf reagieren, und das menschliche Bewusstsein würde sich im Laufe von Generationen verändern. Die Menschen würden sich tatsächlich eine andere Denkweise zulegen. Die spirituelle Logik würde sich zeigen. Und die Weisheit, die hier neu ausgerichtet würde, wäre – wie wir erwähnten – die Weisheit der Urvölker, denn diese wussten, wie sie mit Gaia kommunizieren konnten. Sie verstanden die Beziehung zwischen dem Schöpfer, wozu alles Leben auf dem Planeten zählte, und Gaia selbst. Wenn man mit solchen Dingen kommunizieren kann, kann man die Erde auf einen anderen Weg bringen.

Doch jetzt noch einmal zum Kristallgitter. Was passiert bei komplexen Knotenüberschneidungen? Manchmal erhält der entsprechende Landstrich dann Attribute, die sehr verwirrend sind, beispielsweise einen Vortex. Ein Vortex ist ein Zusammenprall von Energien, die sich gut anfühlen können, aber immer in Bewegung sind. Nach einiger Zeit fühlen sie sich also nicht mehr gut an. Manchmal führen sich überlappende Energien zu einem Knoten, der immer ein gutes Gefühl vermittelt, einem sogenannten Kraftplatz oder einem Portal. Ist das hier der Fall [bezugnehmend auf die Sonneninsel]? Nein. Hier geht es um etwas anderes.

Lasst mich euch eine sehr verwirrende Überlappung von Kristallgitter-Überschneidungen erklären. Auf dem Planeten gibt es einen sehr verwirrenden Ort; er hat sogar Einfluss auf die Funktion des Magnetgitters und wird »Bermuda-Dreieck« genannt. All das hat mit Knoten auf dem Kristallgitter zu tun. Ich bitte euch jetzt, mit mir (im Geiste) eine lange Zeit zurückzugehen. Das ist schwer zu erklären, aber wenn ihr versteht, dass es da einen Plan des Schöpfers gibt, macht es Sinn. Als der Schöpfer diese Erde erschuf, geschah das immer mit dem Potenzial, dass die spirituelle Saat von einem anderen Ort in der Galaxie eintreffen würde, um die spirituelle Entwicklung des Menschen einzuleiten. In diesem Fall [dem Planeten Erde] würden das die Plejadier sein. Sie würden potenziell die Samen des Schöpfers pflanzen, also das »Wissen um Dunkelheit und Licht«. Wie wir euch ja schon gesagt haben, kamen sie vorher schon einmal, um das Kristallgitter zu errichten und ebenso die Höhle der Schöpfung, als Vorbereitung der beginnenden Akasha-Chronik der Menschheit.

Das ist jetzt wirklich sehr schwer zu verstehen. Es musste auf dem Planeten Orte geben, Knoten, fast so wie die Magnetpole, wo es mehr und weniger Weisheit geben würde. Je nachdem, was die Menschen taten, würde das das zukünftige menschliche Bewusstsein gestalten, und auch diese Plätze würden sich verändern. Aus offensichtlichen Gründen ließ sich der größte Teil der Menschheit in der nördlichen Hemisphäre nieder, denn das ist die Land-Hemisphäre. Die anerkannten und erforderlichen Weisheitsknoten befanden sich in Tibet und Indien. Spirit kümmert sich nicht um Ländergrenzen, aber ich nenne diese Länder, damit ihr wisst, wo diese *Weisheitsknoten* waren. Sie waren sehr profund und tiefgründig.

Ein Blick auf die Weisheit dieser Gegenden zeigt, dass sie der nördlichen Hemisphäre lange Zeit gedient haben. Es gab mehrere Prophezeiungen für diesen Planeten, und das menschliche Bewusstsein wurde tatsächlich mehrere Male neu initiiert, was euch an den Punkt gebracht hat, an dem ihr heute seid. Ihr befindet euch auf der sogenannten *Kundalini Tour,* eine Metapher für das, was gerade auf diesem Planeten geschieht. Die Weisheit der nördlichen Hemisphäre ist im Begriff, sich der Weisheit der südlichen Hemisphäre hinzugeben und unterzuordnen, und der Knoten, auf dem ihr jetzt sitzt und der den Namen Bolivien und Peru trägt, ist die gespeicherte Weisheit, die der Planet jetzt braucht.

Die Metapher vom Adler und vom Kondor bringt das Verständnis dieses Transfers und die Akzeptanz dieses Vorgehens zusammen. Laut Prophezeiung entsteht vom Jahr 2012 an ein neuer Knoten auf dem Planeten, und die Weisheit, *die es hier schon immer gab,* ersetzt die Weisheit des anderen Knotens in Tibet und Indien, die für das ältere Gleichgewicht des Planeten steht. Das geschieht gerade, allerdings ganz langsam. Der Knoten ist bereits vorhanden, aber diese Erkenntnis und deren Bedeutung dringen nur langsam durch. Kleine Gruppen von Menschen werden das erkennen und haben das bereits erkannt. Die Urvölker sagen alle nicht mehr »Es ist am Kommen«, sondern »Es ist schon da«.

Es werden noch viel mehr Besucher kommen, die gar nicht wissen, warum sie kommen, aber sie werden es auf einer sehr tiefen Ebene spüren. Eine Neuausrichtung des Gleichgewichts von Norden nach Süden ist nur ein Teil der Veränderung. Die Weisheit ist immer hier gewesen, es handelt sich also buchstäblich um eine Neuverteilung der Wichtigkeit der Knoten. Die Inkas [Gefolgsleute von König Inka] sind hier gewandelt, und ihr betrachtet sie als die Ahnen des Landes, aber ihr wisst nicht, wer vor ihnen da war. Daher kommen all die Energie und Weisheit hier. All das werdet ihr herausfinden, aber wenn ihr einen Blick auf eure Geschichte werft, dann seht ihr, dass das alles mit der Eroberung der südlichen Hemisphäre durch die nördliche Hemisphäre unterbrochen wurde, und von diesem Zeitpunkt an hat das Land, auf dem ihr gerade sitzt, geschlafen. Es hat so lange gedauert, für die Prophezeiung zu erwachen.

Auch die Kalender der Maya haben von einer potenziellen Bewusstseinserweiterung des Menschen zum jetzigen Zeitpunkt gesprochen. Das ist eine nordamerikanische Prophezeiung über eine südamerikanische Prophezeiung. Auf dem ganzen Planeten war das bekannt, und der Adler und der Kondor prophezeiten deshalb dasselbe. Das befand sich lange Zeit im Schlaf. Der Puma erwacht, die Weisheit erwacht, und zwar so langsam, dass es sanft passiert. Aber ihr werdet es fühlen.

Kryon Channelling »Die Ley-Linien von Gaia, Teil II«, durchgegeben auf der Sonneninsel, Titicacasee/Bolivien – 29. Oktober 2012

Zusammengefasst verändern sich also die Ley-Linien in Reaktion auf das menschliche Bewusstsein und bleiben nicht gleich. Die Linien sind komplex und verlaufen von einem Knoten zu einem anderen. Knoten sind überlappendes menschliches Bewusstsein. Außer dem Kristallgitter verfügt auch Gaia über ein Feld, und wenn das Kristallgitter mit bestimmten Merkmalen sich mit dem Gaia-Feld überschneidet, wird entweder Energie aufgebaut, wodurch Knoten entstehen, oder diese Überlappung führt zu einer gegenseitigen Aufhebung der Knotenenergien, und es entsteht ein Nullpunkt. Ein Nullpunkt ist demnach ein Ort, wo das Kristallgitter abwesend ist, sodass man reine Gaia-Energie erhält.

Es gibt drei Arten von Knoten: Portal, Vortex und Vortal. Ein Portal ist ein Knoten, der mit Gaia überlappt und Gaia verstärkt.

In einem Vortex prallen Energien aufeinander, und die Energie ist ständig in Bewegung. Das fühlt sich für manche eine Weile gut an, aber das Leben dort ist schwierig. Ein Vortal ist zur Hälfte ein Portal und zur Hälfte ein Vortex. Diese Linien haben keine Symmetrie, und sie verlaufen sowohl unter als auch auf der Erde. Es ist also noch komplexer, als wir meinen. Alle diese Linien werden vom Kristallgitter erzeugt, und das Kristallgitter wiederum wird vom menschlichen Bewusstsein erzeugt.

Außerdem verfügen die Knoten auf dem Planeten über größere oder weniger große Weisheit, je nachdem, durch welche Taten die Menschen das menschliche Bewusstsein geformt haben. Der Großteil der Menschheit lebt in der nördlichen Hemisphäre, und die von ihnen akzeptierte Weisheit stammt aus den Knoten in Tibet und in Indien. Anlässlich der derzeitigen Bewusstseinsveränderung des Menschen (der Umzug der Kundalini der Erde) entsteht ein neuer Knoten auf dem Planeten, und zwar in Bolivien und Peru. Er ist im Begriff zu entstehen, und die Weisheit, die es hier schon immer gab, ersetzt nach und nach die Weisheit des anderen Knotens in Tibet und Indien. Die Metapher vom Adler und Kondor bringt das Verständnis dieses Transfers und die Akzeptanz dieses Ablaufs zusammen (siehe Kapitel 4 – Die Kundalini der Erde).

Frage: Kannst du uns noch mehr über die Plätze auf der Erde sagen, an der die Knotenenergien überlappen, wie beispielsweise das Bermuda-Dreieck, und kannst du auch etwas über andere Nullpunkte sagen? Wie du bereits erwähnt hast, befinden sich Portale an Stellen, wo großes Mitgefühl herrschte, und manche Gebiete auf der Erde spielen in Zukunft keine Rolle mehr, so wie Stonehenge, während andere wichtiger werden, wie Glastonbury (beide Orte befinden sich in England). Kannst du uns mehr darüber sagen?

Kryon: Manchmal entsteht durch Synchronizität eine Situation, in der Antworten auf eine Frage auch Antworten auf eine andere Frage ergeben. In diesem Fall verweise ich auf die Frage über den Polsprung des Planeten.

Die Magnetik der Erde befindet sich in ständigem Wandel, und das heißt, auch das Magnetgitter verändert sich ständig. Als ich 1989 hierherkam, sagte ich euch, das Magnetgitter würde sich in zehn Jahren stärker verändern als in den letzten 100 Jahren. Und genau das geschah, was zeigt, dass die Gitter sich verschieben und der Polsprung erneut eingesetzt hat.

Dadurch können sich die vielen Gitter des Planeten, die es außer dem Magnetgitter noch gibt, neu justieren. Knoten, Nullpunkte, Portale, Vortexe und Vortale – all das sind die Folgen sich überlappender Gitterenergien. Das bedeutet auch, dass sich mit den Veränderungen der Erde und dem veränderten Mitgefühl erwartungsgemäß auch die Nullpunkte und Portale verändern.

Scheinbar heilige Stätten, die seit Jahrzehnten eine bestimmte Energie hatten, fühlen sich deshalb für euch plötzlich vielleicht komisch an, und Plätze, die bislang nie Energie hatten, verändern sich vielleicht plötzlich und können tatsächlich »gespürt« werden. Geht also nicht davon aus, dass sich nur euch bekannte Orte verändern, sondern auch unbekannte Plätze ändern ihre Energie.

Die Gitter – eine Zusammenfassung

Zusammengefasst gibt es drei Orte, wo menschliche Energie existiert, und zwar gleichzeitig:

1. Die Höhle der Schöpfung. Sie zeichnet auf, wer Sie sind, während Sie kommen und gehen, und prägt Ihre Lebenszeit mit ihren Erfahrungen in die Schwingung des Planten ein, wenn Sie gegangen sind. Das ist das multidimensionale System, welches die menschliche Erfahrung für Gaia erfasst, und es verbleibt bei Gaia. Es ist deshalb die Akasha-Chronik der gesamten Menschheit.
2. Die menschliche DNA. Die DNA im menschlichen Körper hilft, während Sie Ihr jeweiliges Leben leben, denn alles, was Sie jemals waren, ist Energie und Information, was in der Doppelhelix gespeichert ist. Wenn Sie tausend Leben leben, dann sind sie alle dort gespeichert und zugänglich. Spirituell müssen Sie nichts von Neuem lernen, denn das Wissen häuft sich an,

bleibt bei Ihnen, von einem Leben zum nächsten. Sie sind Ihre eigenen Ahnen.

3. Das Kristallgitter. Ein spirituelles Gitter, das über der Oberfläche des Planeten liegt und sich an alles erinnert, was die Menschen tun und wo sie es tun. Die Energie der Menschheit wirkt sich auf die Schwingungsebene des Planeten in der Jetzt-Zeit aus, Sie müssen also nicht warten, bis Sie Energie empfangen, wenn Sie zur Höhle der Schöpfung gehen, sondern können diese Energie jetzt empfangen. Das fühlt sich für Sie so an, als wenn die Zeit schneller verstreichen würde. Letztendlich wird das Kristallgitter auf Mitgefühl ausgerichtet, auf die Mutter-Energie. Der Erinnerungsfaktor des Kristallgitters verändert sich also. Es gibt weniger Erinnerungen an Hass und mehr Erinnerungen an Liebe und Mitgefühl.

Beim Magnetgitter geht es um Kommunikation. Das Magnetgitter ermöglichte es den Plejadiern, auf die Erde zu kommen und dem Menschen die Saat der Erleuchtung einzupflanzen. Und es ermöglicht Verschränkung. Der Planet Erde ist mit der Mitte der Galaxie verschränkt.

Die Wale und Delfine sind die lebenden Teile des Gittersystems. Sie enthalten die »Geschichte der Erde« und sind aus diesem Grunde heilig. Sie koordinieren das Kristallgitter und arbeiten mit ihm zusammen. Sie wissen, wer Sie sind. Wenn Sie Zeit mit ihnen verbringen, spüren Sie höchstwahrscheinlich die Verbindung.

Ley-Linien sind Energielinien, die auf dem Handeln menschlichen Bewusstseins basieren und sich entsprechend verändern und reagieren, je nachdem, was die Menschen tun. Die Linien sind komplex und verlaufen von einem Knoten zum anderen. Knoten sind das Resultat einer Überlappung des Kristallgitters mit Gaia. Es gibt drei Arten von Knoten: Portal, Vortex und Vortal. In manchen Fällen löschen Überlappungen die Energien gegenseitig aus, und so ergibt sich eine Null und damit ein Ort, an dem das Kristallgitter abwesend und nur reine Gaia-Energie vorhanden ist.

Frage: Was sollten wir noch über die Gitter wissen?

Kryon: Die Gitter werden mit zunehmender Entwicklung eures Planeten noch sehr viel mehr bei euch bewirken, denn die vielen Gitter sind eine riesige Zeitkapsel voller Informationen, Ideen, Erfindungen und Wissen aus der Vergangenheit. Der wahre Zweck der Gittersysteme besteht also darin, der Menschheit zu helfen, wenn sie nach und nach dazu bereit ist; das Leben auf die Erde zu bringen, ja sogar die Evolution voranzutreiben. Unterschätzt niemals das, was da sein könnte und was ihr nicht erwartet! Stellt euch die Gitter als Zeitkapsel vor, die Energie und Informationen freisetzt, so wie die Menschheit sie braucht.

Kapitel 4

Die Kundalini der Erde

Bevor ich mit der Niederschrift dieses Buchs begann, zog ich im Februar 2012 nach Santiago in Chile. Ich fühlte mich wegen dem, was (wie ich wusste) mit der Kundalini-Energie gerade passiert, zu diesem Gebiet hingezogen. Das war einer der Gründe dafür, dass ich in Chile leben wollte. Nach sechs Monaten dort wachte ich eines Morgens auf und hatte eine kristallklare Botschaft erhalten: Ich sollte ein Buch schreiben, in dem all die gechannelten Botschaften von Kryon über Gaia und die Menschheit zusammenfließen sollten. Ich wollte eine Lücke füllen, die für mich ganz offensichtlich war. Es sollte zumindest eine Publikation geben, die für all die esoterischen Informationen über das Gaia-System einen Bezugspunkt liefern sollte. Über zwei Jahre lang war ich auf der Suche nach Publikationen und Websites mit Informationen insbesondere über die Energiegitter der Erde, aber auch über all die anderen, von Kryon in Lee Carrolls Durchgaben erwähnten Dinge gewesen. Ich konnte nichts finden. Anscheinend gab es keine solche Publikation. Das wollte ich ändern, und so entstand dieses Buch.

Ich hatte wohl ein paar romantische Vorstellungen, wie es wäre, an einem Ort zu leben, wohin, wie ich gehört hatte, die Kundalini-Energie zog. Aus irgendeinem Grund ging ich davon aus, dort würde ich viel leichter mit meinem Höheren Selbst in Verbindung treten können und wäre deshalb auch in der Lage, ständig im Zustand der Erleuchtung zu wandeln. Na ja, ich weiß schon, was Sie da jetzt denken … Ich war ziemlich naiv! Es gab Augenblicke, da schien es, alles wäre genau das Gegenteil von dem der Fall, was ich erwartete.

Wie Kryon gesagt hat, ist die Kundalini-Energie ständig in Bewegung, und wer in der Kundalini-Energie sitzt, kann nicht stillsitzen. Ich persönlich machte genau diese Erfahrung. In Santiago hatte ich Schwierigkeiten mit dem Schlafen. Ich war ständig ruhelos, und bei Tagesende hatte ich immer das Gefühl, ich würde gleich implodieren! Zeitweilige Erleichterung fand ich bei den Spaziergängen mit meinem Hund im Park, doch auch diese Entspannung war nur von kurzer Dauer. Wenn ich Santiago verließ, wurde ich nach und nach ruhiger und fühlte mich wieder normal. Wie ich in Gesprächen mit anderen Lichtarbeitern erfuhr, erlebten sie Ähnliches. Erst seit Anfang 2013 ist diese unangenehme Ruhelosigkeit einer friedvollen Ruhe gewichen. Es fühlt sich fast so an, als ob die Kundalini den größten Teil ihres Umzugs inzwischen hinter sich gebracht hat und nun sanfter weiterzieht.

Im Oktober und November 2012 nahm ich an der Kryon Kundalini Tour mit Lee Carroll teil. Mein Wissen wurde erweitert, ich erhielt viele neue Informationen, die in dieses Buch einfließen konnten. Ich glaube, alle Teilnehmer dieser Tour erlebten eine tiefgreifende persönliche Transformation. Inzwischen habe ich erkannt, dass der Umzug nach Chile Teil meiner Reise war. Dadurch erhöhte sich meine Bewusstheit für das Gaia-Bewusstsein und für die unendlichen Verbindungen zwischen jeglichem Bewusstsein. Durch den Umzug nach Chile entstand in meinem Leben ein Raum, wo ich dieses Buch schreiben konnte. Meine Suche nach einem Buch, in dem alles esoterische Wissen über Gaia zu finden wäre, hatte ein Ende, stattdessen schuf ich selbst dieses Buch – ein Buch, das meinem Gefühl nach geschrieben werden musste, damit Sie, liebe Leserin und lieber Leser, Zugang zu fundierten Informationen über Gaia und die Menschheit haben.

Doch was ist Kundalini-Energie? Was bedeutet das, und warum passiert das mit dem Planeten Erde? Kundalini ist ein Wort aus dem Sanskrit und bedeutet »eingerollt«, wie eine Schlange. Die Kundalini repräsentiert das Gleichgewicht zwischen dem Männlichen und dem Weiblichen, die mit großer Energie zusammenkommen und so Vollkommenheit und Balance erzeugen. Deshalb wird Kundalini mit dem Zeugungsvorgang assoziiert. Die Existenz der Kundalini wird von der Medizin nicht anerkannt, spielt jedoch eine große Rolle in der yogischen und tantrischen Literatur der Buddhisten und Hindus. Wahrscheinlich kennen Sie das Caduceus-Symbol, den sogenannten Hermesstab – seit Jahrhunderten ein Symbol für die Medizin: ein kurzer Stab, um den sich zwei Schlangen winden und an dessen Kopf zwei Flügel sitzen. Ironischerweise repräsentiert dieses Symbol auch die Kundalini-Kraft, die das Rückgrat bzw. Sushuma Nadi hochsteigt, den Hauptenergiekanal des menschlichen Körpers und des Chakrasystems. In der Geschichte wurde der Hermesstab in vielen Kulturen und in unterschiedlicher Form als Symbol der Heilung verwendet.

Die Kundalini-Energie im Menschen liegt schlafend an der Basis der Wirbelsäule und windet sich dreieinhalb Mal um den Lingam. Lingam bedeutet »Lichtsäule« und ist reine Lebensenergie. Gebräuchliche Praktiken zur Erweckung der Kundalini-Energie im Körper sind Yoga, Meditation, Reiki und Qigong. Die erweckte Kundalini-Kraft steigt durch die Wirbelsäule über die Chakras hoch und erreicht schließlich den Scheitelpunkt am Kopf.

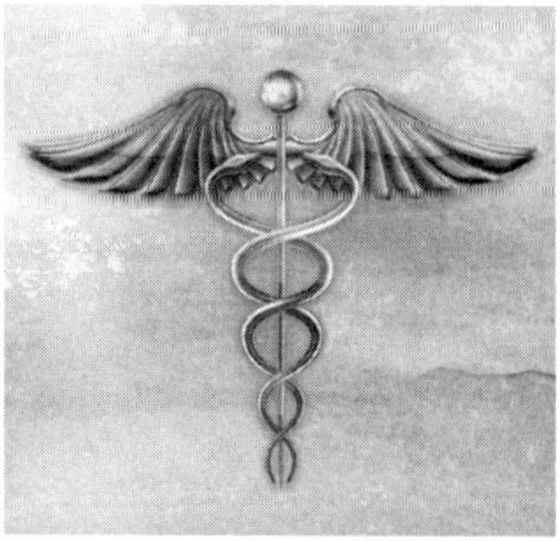

Das Caduceus-Symbol

Auch im Planeten sitzt die Kundalini; viele indigene Kulturen haben sie als die Bewegung der Gefiederten Schlange beschrieben. Diese Bewegung muss sowohl metaphorisch als auch physisch gesehen werden. Viele alte Kulturen sprachen von einer Zeit, in der der Planet Erde das Potenzial zu einem großartigen Wandel hätte, der für eine Bewusstseinsveränderung stünde und wodurch sich die Gefiederte Schlange nach Süden bewegen würde. Im Kryon-Band 6, »Über die Schwelle«, von Lee Carroll gibt es ein Kapitel von Woody Vaspra über die Reise der Gefiederten Schlange. Ich fand diese Enthüllungen so überzeugend, dass ich sie hier wiedergebe:

> Vor über 20 Jahren begann Gerardo Barrios, Ältester der Maya, sein Bestreben, die heiligen Mayakalender zu bestätigen und zu verstehen. Er bereiste verschiedene Dörfer in sehr abgelegenen Gegenden Mittelamerikas auf der Suche nach den traditionellsten Ältesten der Maya. Er wollte wissen, ob sie alle dieselben Kalender verwenden. Abgesehen von ein paar namentlichen

Abweichungen und geringen sprachlichen Unterschieden stimmten die meisten von ihnen überein. Ein Teil dieser Forschung bestand darin, dass er und neun weitere Maya 1988 zu einem sehr abgelegenen Dorf reisten, wo traditionelle Maya seit mehr als tausend Jahren ihr Leben der Erhaltung des Tempelfeuers gewidmet hatten. Die Maya lassen dieses Feuer als ein Gebet für Frieden auf Erden 24 Stunden am Tag brennen. Nach einer fünftägigen Wanderung durch den tiefen Wald erreichten Gerardo und sein Team schließlich das Dorf. Die Ältesten wussten durch ihre Visionen von der Ankunft dieser Gruppe. Die zehn Maya erhielten Weissagungen und nur fünf davon wurden im heiligen Tempel des Dorfes empfangen. Gerardo war einer davon.

Sobald sie im Innern des Tempels waren, nahm einer der Ältesten Gerardo zur Seite, um persönlich mit ihm zu sprechen. Der Älteste stellte ihm die Geschichte der gefiederten Schlange Kulkulkan vor, eine schlangenähnliche heilige Erdenergie, die sich durch das ganze Land bewegt. Es waren noch zwei weitere Besuche in diesem Dorf erforderlich, um die Geschichte zu Ende zu erzählen. Die Maya-Ältesten des Dorfes erklärten, wie diese Energie regelmäßig ansteigt, und zeigten ihm auf der Karte, die der Älteste mitgebracht hatte, wo und wann dies geschehen war.

Als Gerardo später die Geschichte verfolgte, fand er entlang diesem Pfad Ereignisse wie das große spirituelle Erwachen von Tibet in den Fünfzigerjahren, die Anti-Vietnamkrieg-Bewegung der Sechzigerjahre und Führer wie Martin Luther King.

Diese Ältesten sagten, dass die gefiederte Schlange die Absicht hat, durch das Rückgrat von Mutter Erde entlang dem amerikanischen Kontinent zum Titicacasee in den Anden zu gelangen, um dann 2012 dort angelangt zu sein. Wenn man eine Karte von der westlichen Hemisphäre aufschlagen und die Gebirgsketten von Alaska in Nordamerika bis nach Chile in Südamerika verfolgen würde, dann würde man sehen, dass sie sich in eine durchgehende Linie von Norden nach Süden ausdehnen. Dies wurde als das Rückgrat von Mutter Erde beschrieben.

Es ist wichtig, zu verstehen, warum das passiert und wofür es steht. Die nördliche Hemisphäre des Planeten ist Träger der männlichen Energie, die südliche eher der weiblichen Energie. Das ist die Polarität oder, wie man auch sagen könnte, die Dualität des Planeten. Mit der Veränderung der Menschen unterlaufen auch alle Gitternetze des Planeten eine Veränderung, die wiederum die Bewegung der Kundalini erzeugt.

Wie ein Blick auf die Geschichte zeigt, fanden die meisten großen Kriege und beide Weltkriege auf der nördlichen Welthalbkugel statt. Das Gleichgewicht des Planeten war also durch ein sehr starkes männliches »Kriegsungleichgewicht« im Norden gekennzeichnet. Fast alle Kriege auf der Südhalbkugel wurden durch Kriege im Norden ausgelöst.

Mit der Schaffung eines neuen Bewusstseinsgleichgewichts wird auch das Bewusstsein des Männlichen und Weiblichen wieder in Balance gebracht. Die Menschheit ist mehr im Gleichgewicht, und deshalb muss die Kundalini »umziehen«. Seit sehr langer Zeit befand sie sich in der nördlichen Hemisphäre – in Indien und Tibet, für viele Menschen das Zentrum spiritueller Weisheit. Die schwere männliche Energie wurde dadurch zwar ausbalanciert, aber auch hier war sie im »Übergewicht«.

Unter den Mönchen und anderen Orden finden sich in diesen Gegenden eigentlich keine weiblichen Führungspersonen. Die südliche Hemisphäre repräsentiert die weibliche Energie des Planeten. Die Kundalini reagiert auf die Menschheit mit Bewegung, und sie zieht nach Süden – nach Südamerika.

Wichtig dabei ist, dass dieser Umzug der Kundalini nichts mit einer Weisheitsverschiebung zu tun hat.

Beim Studium der Urvölker Südamerikas findet man das weise göttliche Weibliche. Kryon hat sogar gesagt, man könnte Machu Picchu die Hauptstadt des weisen, göttlichen Femininen auf dem Planeten nennen. Um das noch besser klarzustellen: Beim Umzug der Kundalini geht es nicht um die Weisheit Tibets, die nach Peru zieht. Peru hatte schon immer seine eigene Weisheit.

Die Kundalini ist das Herzchakra der Erde und sucht sich gerade ein anderes Weisheitszentrum mit mehr Balance. Sie zieht zu einem

Platz, wo die Weisheit mehr Weichheit und Sanftheit hat, und sucht die Weisheit des göttlichen Weiblichen. Die Erde ist bereit, diese Weisheit zusammenzutragen und sich der Portale in dieser Gegend zu bedienen, und dabei verändert sich das Bewusstsein des Planeten. Die Erde hat darauf gewartet, und die Ahnen haben es prophezeit.

Wer schon einmal am Machu Picchu war, hat vielleicht gespürt, wie süß die Energie dort ist. Man hat das Gefühl, im Mutterbauch zu sein – sicher und geschützt. Laut Kryon ist es an der Zeit, die Weisheit, die schon immer hier war, in das Kristallgitter einzubringen und mit allen zu teilen. Die Hauptstadt des weisen göttlichen Femininen hütet Geheimnisse, die womöglich niemals enthüllt werden. Dort sind diejenigen, die die Sieben Schwestern vertreten und sich noch nicht gezeigt haben. Dort geht ein Erwachen vor sich, und einige der menschlichen Schamanen in diesem Gebiet sind sich dessen bewusst.

Während eines Channellings in Lima sagte Kryon, die Peruaner sollten ein Fest veranstalten, denn darauf hätten die alten Seelen gewartet. Die alte Energie will das nicht akzeptieren, es gibt Widerstand. Die alte Energie ist vor langer Zeit aus der nördlichen Hemisphäre gekommen und ist aus dem Gleichgewicht. Sie respektiert das Land, die Luft und das Wasser nicht (Kryon Live-Channelling »Die Neuausrichtung der Weisheit«, durchgegeben in Lima/Peru – 27. November 2011).

Während der Kryon Patagonien-Kreuzfahrt Anfang 2012 wurden esoterische (spirituelle) Informationen über die Kundalini durchgegeben:

Die Kundalini liegt zusammengerollt an der Basis der Wirbelsäule des Körpers. Sie entrollt sich erst, wenn das Männliche und das Weibliche im Gleichgewicht sind. Sie windet sich dreieinhalb Mal um drei Körperenergien und um das sogenannte Lingam. Drei Windungen stehen für leicht zu entwindende Teile von Energie, doch die letzte halbe Windung repräsentiert den schwierigsten Teil, nämlich die göttliche Erleuchtung des Gleichgewichts. Wenn sich die Kundalini aufrollt und so bleibt, habt ihr einen Menschen im Gleichgewicht. Das ist eine Metapher des Planeten, und das ist im Begriff zu geschehen …

Dieser Entfaltungsprozess hat bereits begonnen, und das starke Erdbeben in Chile im Jahr 2010 war die physische Bewegung als Reaktion des Planeten auf die Kundalini-Energie. Das heißt, mit fortschreitender Entfaltung wird es in Südamerika weitere Erdbewegungen geben, vielleicht an Orten, wo so etwas bislang nicht geschehen ist. Kryon hat den Zeitrahmen der Bewegung der Kundalini-Energie identifiziert:

Die alle 26.000 Jahre stattfindende Neuausrichtung der Tagundnachtgleiche eures Planeten ist eine große Ausrichtung und wird in der Astronomie *Galaktische Ausrichtung* genannt (ein anderer Name ist »Galaktische Synchronisation« oder »Harmonische Konvergenz«), und zwar, weil der Start- und Haltepunkt des Axialschlags eurer Erde auf der Erdachse sich durch eure Sonne auf das Zentrum der Galaxie ausrichtet. Diese Ausrichtung erfolgt nur ein Mal alle 26.000 Jahre.

Der Weg der Äquinoktien durch die Äquatorialebene eurer Galaxie [den Streifen der Milchstraße am Himmel] bis zum Ende dieses Zyklus und zum Beginn des nächsten Zyklus dauert 36 Jahre. Diese Schlussphase hat vor etwa 18 Jahren begonnen; jetzt, im Jahr 2012, ist die Mitte erreicht bzw. der Beginn der zweiten Hälfte des letzten Zyklus. Es bleiben also noch 18 Jahre dieses energetischen Geschehens übrig, welches eigentlich für das Ende von etwas und den Beginn von etwas anderem steht.

In diesem Zeitfenster von 36 Jahren besteht die Möglichkeit der Entfaltung der gesamten Kundalini. Ist es nicht interessant, dass sie sich dreieinhalb Mal um den Lingam windet? Jede der drei Windungen steht in diesem metaphorischen Code für einen Zeitraum von zehn Jahren. Dreieinhalb wären 35 Jahre, sehr nahe an dem 36 Jahre dauernden astronomischen Ereignis, das gerade stattfindet. Diese Prophezeiung über die Kundalini war schon immer die Metapher für das Versprechen der Erde, welches vor 18 Jahren seinen Anfang nahm und jetzt [2012] seine Mitte erreicht hat. Jetzt sollte die Zeremonie abgehalten werden – in der Mitte der 36 Jahre, dem mittleren Punkt der Entfaltung.

Wenn das alles verwirrend klingt, lasst mich das vereinfachen. Auch die Ahnen, die die Sterne beobachteten, wussten von dieser Ausrichtung. Das entsprach den Möglichkeiten einer Bewusstseinsveränderung, denn es stand für einen Punkt der Entscheidung oder ein Zeitfraktal im Muster von Potenzialen, welches seit Äonen den Kern der alten astronomischen Prophezeiungen darstellt. Doch es trägt in sich einen tiefgreifenden Wandel, und das sahen wir alle vor über 20 Jahren, als ich hier ankam und meine ersten Botschaften durchgab. Die Menschheit hatte diese Chancen immer dann, wenn etwa die Hälfte des 26.000-jährigen Zyklus der Ausrichtung erreicht war, zum letzten Mal vor 13.000 Jahren, aber da war die Menschheit noch nicht bereit dafür. Doch jetzt seid ihr bereit!

Liebe Menschenwesen, ihr sitzt an einem sehr, sehr besonderen Ort [an die Gruppe vor Kryon gerichtet]. Ihr seid die erste Menschengruppe, die diese Bewegung an der unteren Spitze Südamerikas feiert, wo diese Verschiebungen eigentlich beginnen. Oh ja, es gab Menschen, die sich entschieden haben, über Land zum unteren Ende zu reisen und ihre Ankunft zu feiern, doch haltet fest, dass diese Gruppe jetzt, auf dem offenen Meer, am unteren Ende der Erde als erste im Jahr 2012 dieses Fest feiert [dieses Channelling fand im Januar 2012 statt].

Kryon Live-Channelling »Der Umzug der Kundalini«,
durchgegeben während der Kryon Patagonien-Kreuzfahrt –
28. Januar 2012

Abschließend ist zu sagen, dass die Entfaltung der Kundalini begonnen hat. Das ist ein sehr langsamer Prozess. Die Entfaltung ist ebenso wenig linear wie das menschliche Bewusstsein, doch es besteht die Möglichkeit, dass sie im Laufe der nächsten 18 Jahre (ab 2012) stattfindet und abgeschlossen wird.

Wie ich bereits erwähnt habe, nahm ich an der Kryon Kundalini Tour 2012 mit Lee Carroll teil. Sie wurde von meinem guten Freund Jorge Bianchi organisiert. Die Tour begann in Mendoza/Argentinien, und verlief dann weiter zu vielen, äußerst energiegeladenen Orten in Chile, Bolivien und Peru. Während der Tour wurden zwölf Kryon-Channellings durchgegeben, neun davon hatten mit den neun Buchstaben des Worts Kundalini zu tun. In der Numerologie steht die Neun für Vollendung. Alle Audio-Aufnahmen der Channellings der Kryon Kundalini Tour 2012 sind auf der Kryon-Website zu hören; zusammengefasst waren die Themen, die in Bezug zu den einzelnen Buchstaben des Worts Kundalini standen, die folgenden:

Kundalini
(Kundalini)
Unity
(Einheit)
Notify Gaia of Your Conscious Actions
(Nachricht an Gaia über euer bewusstes Handeln)
Don't Think Like a Human
(Denkt nicht wie ein Mensch)
Ascension
(Aufstieg)
Love
(Liebe)
Intuition
(Intuition)
New Human
(Neuer Mensch)
Illumination
(Erleuchtung)

Die auf der Kryon Kundalini Tour 2012 durchgegebenen Informationen führten zu einer neuen Bewusstheit und Wahrnehmung der großen Bedeutung des derzeitigen Bewusstseinswandels des Menschen und der Verbindung dieser Veränderung mit der Kundalini-Energie der Erde.

Nachfolgend finden sich die Hauptbotschaften dieser Durchgaben. Die vollständigen Audio Aufnahmen stehen auf Lee Carrolls Website zur Verfügung.

Kundalini (der Buchstabe K im Wort Kundalini)

Lasst uns über die Ahnen sprechen. Warum gibt es eine Prophezeiung über den Umzug der Kundalini? Was geht da eigentlich vor sich? Diese spezielle Durchgabe wird *Channelling über den Buchstaben K* genannt werden; während der zwölf von euch angesetzten Veranstaltungen werden neun Durchgaben gemacht, die speziell mit den Buchstaben des Namens Kundalini zu tun haben. Die Durchgabe zum heutigen Thema gibt euch weitere Informationen über die Kundalini [für die das K steht], aber wir werden keine wesentlichen Informationen wiederholen, die bereits übermittelt worden sind. Geht zurück und studiert die anderen Channellings, wenn ihr wissen wollt, worum es bei der Kundalini geht ...

Die Resultate der Verschiebung sind vielfältig. Das Gesamtergebnis wird die Menschheit schließlich in eine neue Realität befördern, doch das ist die Zukunft. Ein paar Veränderungen werden allerdings unmittelbar sichtbar sein. Lasst uns betrachten, was das im Rahmen des Kundalini-Umzugs bedeutet.

Seit einiger Zeit ist der Planet emotional polarisiert, und zwar hauptsächlich deswegen, weil die Mehrheit der Menschen einen Teil des Planeten bevölkert. Mit der Zeit hat das eine männliche Erde geschaffen. Wenn 80 Prozent der Bevölkerung im Norden leben und der Norden ein bestimmtes Bewusstsein hat, dann übernimmt der gesamte Planet dieses Bewusstsein. Doch das ist nicht das Bewusstsein, welches im Süden begann. Wenn man sich die Urvölker des Südens vor der Eroberung anschaut, ihren Glauben und ihre Lehren, dann war das alles sehr viel weiblicher (weicher). Es gibt also einen maskulinen Norden und einen femininen Süden, aber weil es im Norden immer so viel mehr Menschen gab, war das Bewusstsein des Planeten insgesamt eher maskulin, und das spiegelt sich in der Geschichte wider. Doch plötzlich gibt es eine Verschiebung. Und da wird es kompliziert.

In eurer Realität empfindet ihr alles als linear. Vielleicht habt ihr im Norden noch keine Bewusstseinsveränderung wahrgenommen? Aber es gibt sie. Das meiste davon kommt von alten Seelen, die erwachen, doch es geht nicht darum, wie viele Menschen erwacht sind, sondern vielmehr um die Menge an Energie in denen, die erwacht sind. Das sind die Menschen hier im Raum und viele derjenigen, die das hören oder lesen. Es geht eine Verschiebung vor sich, sogar in der Art und Weise, wie die »Energiebuchhaltung« auf dem Planeten funktioniert. Sie verlagert sich von einer linearen zu einer nicht linearen Funktionsweise, und Gaia, die mit alldem verschränkt ist, beginnt sich zu bewegen und die Kundalini bzw. das Herzchakra des Planeten zu verschieben. Wir wollen uns also anschauen, wer was tut.

Die Bewegung ist nicht linear

Nummer eins: Gaia ist eine bewusste, fühlende, stimmige Energie, die mit euch verbunden ist. Wegen der Quantenverlagerung, die aufgrund der Geschehnisse vorhergesagt worden ist, fängt die Menschheit an umzudenken, was sich in den alten Seelen stärker bemerkbar macht. Gaia hat das erkannt und besorgt nun die Verschiebung. Gaia ist also involviert, und das ist die Mechanik, wie die Energie bewegt wird. Doch ihr betrachtet das alles auf lineare Weise und fragt: *»Okay, und wo ist die Kundalini jetzt? Sie zieht von Norden nach Süden, und wo ist sie jetzt?«* Ich beantworte diese Frage gleich, und sie wird anders ausfallen, als ihr euch vorgestellt habt. Doch jetzt wollen wir darüber sprechen, was dieser Umzug wirklich bedeutet.

Was geschieht, wenn die Erde zum ersten Mal ihre maskuline und feminine Energie ausgleicht? Was würde das bedeuten? Es bedeutet einen Anstieg an *mitfühlendem Handeln*. Wisst ihr, wozu Handeln ohne Mitgefühl führt? Es führt zu Krieg. Das ist eine Handlung ohne Mitgefühl – ebenso wie Trennung, Verurteilen und eine Bevölkerung, die sich nicht fürsorglich kümmert. Und wisst ihr, wozu mitfühlendes Handeln führt? Zur Zusammenarbeit, Vereinigung, zur Schaffung von Frieden, kein Verurteilen, zu Toleranz, Verständnis und zum Beginn universeller bedingungsloser Liebe. Seht ihr, von welcher Art von Veränderung wir hier sprechen? Sie wird euer Denken verändern – innerlich und äußerlich.

Ein Mehr an Mitgefühl

Wenn ihr jemanden zum ersten Mal trefft, was sind dann eure ersten Gedanken? Das ist eine gute psychologische Übung. Wie viele Menschen betrachten jemand anderen und sagen sich: *»Das ist ein Schöpfer von Gottesenergie, wie ich. Er gehört zur Familie, wie ich. Er war hier auf der Erde, wie ich. Also begrüße ich den Gott in ihm und nehme ihn in den Arm und gebe ihm eine Umarmung von Herzen zum Herzen.«* Und wenn das nun alle tun würden? Aber so begrüßt ihr euch nicht, nicht wahr? Manche schon, aber das ist der Unterschied zwischen einer männlichen und einer weiblichen Erde. Das geschieht dank der Mutter-Energie, und das geschieht gerade auf dem Planeten – ein Anstieg der Mutter-Energie. Sie verzeichnet einen Anstieg hier, an diesem Ort namens Südamerika.

Die Weisheit, die seit Äonen ins Kristallgitter aufgenommen worden ist, wird dem Norden auf eine Art und Weise gegeben werden, die noch erklärt werden muss. Das ist eine Erklärung, die von innen kommt. Im Außen werdet ihr viele Veränderungen an den Menschen sehen, aufkeimende Toleranz und Integrität. Wenn etwas nicht integer ist, werdet ihr kein Interesse daran haben. Könnt ihr euch Menschen mit diesen Eigenschaften vorstellen? Könnt ihr euch vorstellen, welchen Einfluss das auf eure Politik hätte? [Gelächter.] Das ist ein Kryon-Witz. Aber das betrifft die ganze Welt, nicht nur dieses Land. Könnt ihr euch mitfühlendes Handeln nicht nur von Regierungen vorstellen, sondern vielleicht auch von Institutionen, Unternehmen und sogar im Gesundheitswesen? Das würde weitreichende Veränderungen des Produktangebots bewirken. Könnt ihr sehen, wie das alles verändern würde? Es würde alles verändern. Ihr habt bereits damit begonnen. Im Laufe der letzten 18 Jahre habt ihr euch bereits langsam verändert. Diese Veränderungen geschehen so langsam, dass ihr das nicht einmal bemerkt!

Und wie sieht es mit eurem Kontinent aus [an die Südamerikaner gerichtet]? Was seht ihr, wenn ihr 100 Jahre zurückgeht? Wie sahen eure Regierungen aus im Vergleich zu heute? Konntet ihr damals wählen, wen ihr wolltet? Ja, das konntet ihr, aber es machte anscheinend keinen Unterschied. Euer Leben ist viel zu kurz, und nach 70 oder 80 Jahren macht ihr kehrt und kommt zurück. Ihr erinnert euch an nichts, wenn ihr wieder auf die Erde kommt, aber wenn ihr mit euren Ahnen reden könntet, sie würden sich erinnern. Ihr habt euch von einem eroberten Kontinent mit sich verändernden Grenzen und Diktatoren, die über alles die Kontrolle hatten, zu dem gewandelt, was ihr heute habt. Erkennt ihr den erstaunlichen Unterschied? Erkennt ihr, dass das gegen die sogenannte menschliche Natur geht? Fragt einmal jemanden, was die Rolle der menschlichen Natur ist, dann lautet die Antwort vielleicht, dass die Menschen ständig Krieg geführt haben. Die Zyniker würden sagen, die Menschen töten die Menschen und werden das immer tun. Sie würden sagen, es gäbe immer Diktatoren. Wenn das stimmt, wie erklärt ihr dann Südamerika? Langsam hat es sich, wie alle anderen Kontinente auf dem Planeten, verändert – und bereitet sich langsam auf die jetzige Zeit vor.

Die Felder sind gepflügt worden und aufnahmebereit für die Saat. Eure Körper werden sich verändern. Wisst ihr, was durch mitfühlendes Handeln passiert? Die Zellstruktur verändert sich. Darüber hat es schon Channellings gegeben, auch über die neuen Veränderungen bei der Geburt hinsichtlich der Intuition, mit der ein Mensch geboren wird.

Das Kristallgitter justiert sich neu

Lasst uns über Gaia sprechen, denn es verändert sich gerade einiges. Über eine Sache haben wir schon gesprochen, aber nicht in eurer Sprache [Spanisch]. Wir wollen es noch einmal klarstellen: Es gibt etwas, das nennt sich »das Kristallgitter«. Das ist ein esoterisches [unsichtbares] multidimensionales Gitternetz. Es als »kristallin« zu bezeichnen ist eine Metapher für *ein Gitter, welches Erinnerungen bewahrt.* Es erinnert Schwingungen; es erinnert sich an euch! Das ist sehr komplex und in 3-D schwierig zu verstehen. Ihr lebt euer Leben und bringt dabei die Energie, die ihr seid, in das Kristallgitter ein. Licht, das ihr durch die Arbeit mit spirituellen Energien erzeugt, kreiert eine Einprägung auf dem Gitter. Auch dunkle Dinge erzeugen im Gitter Energie. Kriege erzeugen ebenso Energie im Gitter wie mitfühlendes Handeln. Und noch einmal: Das ist ein Gitter, welches sich an menschliches Tun erinnert, und bislang waren das lineare Prägungen – das heißt, alle Energien wurden gleichermaßen eingeprägt.

Doch plötzlich misst dieses Gitter dem, was die alten Seelen tun, mehr Gewicht bei als dem, was die Menschen im Allgemeinen tun. Es ist also kein lineares Energiegitter mehr, sondern ist jetzt stärker auf Lichtarbeiter ausgerichtet. Was also am stärksten erinnert wird, ist das, was Mitgefühl erzeugt, und nicht das Dunkle, welches zu Trauer und Tod führt. Das ist Teil der neuen Funktionsweise in der Zukunft.

Wir könnten vieles über das Kristallgitter erzählen. Wir könnten euch sagen, wie es reagiert oder funktioniert. Doch vieles davon wurde bereits durchgegeben und wird weiterhin durchgegeben werden. Stattdessen möchte ich euch etwas erzählen, was noch nicht durchgegeben worden ist, das ist für die Neugierigen unter euch. Wenn ich von Gaia spreche, was denkt ihr dann, was stellt ihr euch vor? Die Energie der Erde? Was ist in eurem Kopf, wenn ihr das Wort *Erde* hört? Viele von euch werden wohl den Globus visualisieren, wie er im Raum schwebt. Ihr habt recht, denn das ist das Bewusstsein von Gaia; es ist der Globus. Gaia umgibt den Globus nicht mit Energie, vielmehr ist sie der Globus – das ganze Ding. Vielleicht spürt ihr, dass der »Gaia«-Teil nur die Oberfläche bzw. die Erdkruste ist? Und wenn das so ist, wie sieht es dann mit dem Rest aus? Mit dem Erdmantel? Dem Erdkern? Erkennt ihr, wie viel Materie in der Erde ist, die sich nicht auf der Oberfläche befindet? Welche Beziehung besteht zwischen dem Erdmantel und dem Erdkern und der Erdkruste? Und hat diese Beziehung ein Bewusstsein? Ja, und das nennt sich *Gaia*.

Ihr Lieben, ich erzähle euch das nicht, um eure Wahrnehmung zu verkomplizieren, sondern um euch ein Gefühl dafür zu vermitteln, wie Gaia sich mit der Energie bewegt. Wenn ihr beschließt, eine Herdplatte auf dem Ofen zu erhitzen, fügt ihr dem Eisen Energie zu, um Hitze zu erzeugen. Würde jemand fragen: *»Wo befindet sich die Hitze auf der Herdplatte?«?* Die Antwort lautet:

Nein. Die Herdplatte erhitzt sich *überall gleichzeitig* und kühlt auf einen Schlag ab. Bei den Energiebewegungen des Planeten ist es ähnlich. Die Bewegung der Kundalini kommt *durch* die Erde und geschieht nicht nur *an der Oberfläche*. Ergibt das für euch einen Sinn? Das, was auf dem Planeten geschieht, geschieht überall gleichzeitig.

Beim Gedanken an den Umzug der Kundalini lautet die Frage also nicht: *»Wo ist sie jetzt? Durch welches Land zieht sie gerade?«* Die Energie der Kundalini betrifft den ganzen Planeten, sie zieht nicht von einem Punkt an der Oberfläche zu einem anderen. Das ist eine Quantenveränderung und geschieht nicht linear. Doch die ganzen Jahre über haben wir über diesen Umzug wie von einem linearen Wechsel von Indien und Tibet nach Südamerika gesprochen. Die Energie kann von einem Gebiet zu einem anderen neu ausbalanciert werden, ohne dass an der Oberfläche eine Reise stattfindet.

Die Veränderung ist also in all den vergangenen Jahren überall gleichzeitig passiert, für den ganzen Planeten. Das ist der Wechsel von einem Bewusstsein zu einem anderen, nicht von einem Ort zu einem anderen. Es ist nach und nach mehr weibliche Energie zu spüren, was die beiden Hemisphären in Balance bringt und den ganzen Planeten mit einbezieht. Wir sagen euch aber, das Zentrum des neuen Gleichgewichts ist am stärksten in Bolivien und Peru zu spüren. Es kam aber nicht auf einer imaginären Straße dahin.

Vor einigen Jahren saß ich an einem Ort in Chile und sprach über den Umzug der Kundalini (Valle Nevado, 2008). Wenn ihr euch die Metapher der Kundalini anschaut, dann gibt es die Bewegung der Kundalini, wie sie im menschlichen Körper verläuft. Ein Teil davon bewegt sich vor und zurück. In diesem Fall ist es eine Metapher für ein Hin- und Herschwingen, eine Schwingungsverlagerung hin zu einem höheren Bewusstsein. Doch diesmal ist Gaia mit einbezogen – die Erdkruste, der Erdmantel, der Erdkern. Ihr seid mit Gaia verschränkt, und damals im Jahr 2008 sagten wir euch, die Erde würde sich potenziell schon bald bewegen, und zwar südlich unserer Position zum Zeitpunkt des Channellings, und so war es! [Die Rede ist vom Erdbeben in Chile am

27. Februar 2010.] In Chile wird noch mehr passieren, und es wird wiederum im Süden geschehen.

All diese Bewegung ist notwendig, und manchmal ist es etwas Physisches. Gaia kennt euch, und sie bewegt sich und passt sich an. Doch diese erforderliche Anpassung nimmt sie größtenteils dort vor, wo niemand lebt. Ihr Lieben, wenn ihr erlebt, wie das passiert, geht nicht in die Angst! Wenn ihr seht, wie Vulkane aktiv werden, habt keine Angst! Habt stattdessen den Mut, die Hand zu heben und zu sagen: *»Vielen Dank, Gaia!«*, dass du es dort getan hast! Ihr müsst wissen: Das Gebiet, in dem ihr euch gerade jetzt befindet, ist unbeständig und flüchtig [die Rede ist von dem Platz, an dem das Channelling stattfindet]. Doch alte Seelen können sogar die Merkmale der Plattentektonik verändern. Die Erde wird an Stellen in Bewegung geraten, von denen ihr das nicht gedacht hättet, und wenn ihr das seht: *»Vielen Dank, Gaia!«* Ihr werdet wissen, dass ich recht habe und dass ihr, meine Lieben, auf immer im Bewusstsein mit eurer Erde verbunden seid.

Der Planet verändert sich, und die Urvölker hatten recht. Sie nahmen den Erdboden in die Hand und sagten: *»Das ist das Leben.«* Das stand für mehr, als sie wussten, und für mehr, als ihr wisst. Es stand für das Bewusstsein von Gaia und die Partnerschaft mit der Menschheit. All das geschieht so zur Ehre der Menschheit.

Kryon Live-Channelling »Der Buchstabe K im Wort Kundalini«, durchgegeben in Mendoza/Argentinien – 17. Oktober 2012

Unity – Einheit (der Buchstabe U im Wort Kundalini)

Die heutige Durchgabe geht um den Buchstaben U. Das ist der zweite Buchstabe des Worts Kundalini. Zwei ist seine Zahl, denn es ist der zweite Buchstabe. In der Numerologie hat die Zwei mit *Struktur* zu tun. Wir lassen das für ein Wort stehen, das auch mit

U beginnt, nämlich *Unity (Einheit)*. Die Energie der Kundalini-Bewegung drückt sich in einigen der spirituellen Attribute der heutigen Unterweisung aus, und Einheit ist eines der größten. Wir definieren Einheit als das *Vereinen schwieriger und ungleicher Energien.*

Letzte Nacht sprachen wir vom Zusammenkommen von Nord und Süd. Das ist nichts Lineares, sondern ein nicht lineares Geschehen. Es geht nicht darum, Energie von einer Stelle zu einer anderen zu bringen. Vielmehr ist es ein Vermischen von Energie, um ein Gleichgewicht herzustellen und so Vereinigung zu erzeugen. Vereinigung wäre das Vermischen des Männlichen und Weiblichen. Diese spezielle Vereinigung erzeugt als Attribut erhöhtes Mitgefühl für den Planeten, und Mitgefühl ist das Schlüsselwort.

Es gibt viele Arten von Einheit, doch bei dieser speziellen Einheit ist immer wieder vom »Anstieg des Weiblichen auf der Erde« die Rede. In vielerlei Hinsicht solltet ihr das als Mutter-Energie betrachten, denn die Mutter hat Eigenschaften, die das Männliche nie fühlen wird. Die Kundalini wird mit Zeugung assoziiert, wir wollen also einmal die Mutter und das Kind betrachten. Gibt es da eine Einheit? Das Kind wächst im Mutterleib heran, ist an den Blutkreislauf der Mutter angebunden und sogar an ihr Bewusstsein. Wenn die Mutter singt, weiß das der menschliche Fötus. Wisst ihr, dass ein Baby aus der Mutter herauskommt und bereits weiß, wer sie ist? Die Ankunft auf der Erde ist vielleicht ein Schock, aber das Baby kennt seine Mutter, und auch wenn dann die Nabelschnur durchtrennt wird, will das Baby als Erstes die Mutter finden. Das ist der Instinkt von Mutter und Kind, aber das ist die Art von Einheit, von der wir sprechen, und einer der Gründe, warum die Urvölker der Erde die weibliche Energie zugeordnet haben, die *Mutter Erde* genannt wird. Deshalb geht es beim neuen Gleichgewicht für den Planeten nicht darum, weiblicher zu werden, sondern es geht darum, mehr Mitgefühl zu entwickeln.

Die menschliche Rasse ist seit einiger Zeit nicht im Gleichgewicht. Das Bewusstsein der Menschheit ist seit Äonen männlich gewichtet, wie wir sagen würden. Die Einheit, von der in diesem

Buchstaben die Rede ist, bedeutet, die Energien des Männlichen und des Weiblichen zusammenzubringen und so ein ausgewogenes Gleichgewicht für Gaia zu schaffen. Es geht nicht darum, dass Gaia weiblich wird, sondern es geht um die Schaffung eines Gleichgewichts. Es wird allerdings so aussehen, als hättet ihr mehr weibliche Energie als jemals zuvor, damit die Energie des Männlichen und des Weiblichen gleich stark sind. Eine höhere Gleichwertigkeit erzeugt den Wunsch nach Einheit.

Es gibt auf dem Planeten ein neues Attribut, welches das in Aktion zeigt. Ein Blick auf Europa zeigt etwas Interessantes, was gerade in der neuen Vereinigung namens Europäische Union passiert ist. Sie erhielt gerade den Friedensnobelpreis (2012). Warum erhält eine Wirtschaftsunion einen Friedenspreis? Die Antwort lautet: Das Zusammenbringen vormaliger Feinde hat eine Union des Mitgefühls geschaffen, die Europa jetzt vom Kriegführen abhält. Das erste Mal in der Menschheitsgeschichte beschlossen frühere Feinde, sich auf dauerhafte Weise zusammenzuschließen und zu vereinen.

Ich möchte euch daran erinnern, dass hier, wo ihr heute sitzt, vor zwölf Jahren die Möglichkeit eines weiteren Kriegs drohte. Dieser Krieg wäre ausgebrochen, wenn das Bewusstsein des Planeten so geblieben wäre wie die letzten hundert Jahre. Das wäre der letzte Krieg gewesen, das Armageddon. Viele haben dieses Ereignis vorhergesagt, auch der Mann, den ihr Nostradamus nennt. Auch in euren heiligen Schriften ist davon die Rede, aber dieser Krieg brach nicht aus.

Damit sich ein solch großes, vorgesehenes Ereignis verändern konnte, musste sich auch die menschliche Natur verändern. Im Laufe der letzten 18 Jahre wurden auf dem Planeten vereinte Anstrengungen unternommen, Dinge zusammenzubringen, anstatt sie auseinanderzureißen. Die Ahnen haben auch das vorhergesagt, denn ihre Prophezeiungen drehten sich um eine Ausbalancierung des Planeten bis zum Jahr 2012 und die beginnende Veränderung der menschlichen Natur. Wenn ihr als Menschheit das Jahr 2000 überleben würdet, ohne euch zu zerstören, bestand die potenzielle Möglichkeit, dass die Energie der galaktischen Ausrichtung des Jahres 2012 das menschliche

Bewusstsein auf immer verändern könnte. Und das hat bereits begonnen.

Spirit hat euch schon immer aus vielen Quellen und vielen Gegenden Botschaften der Einheit übermittelt. Jeder einzelne Meister, der irgendeine Religion begründet hat, hat solche Botschaften verkündet, ob nun absichtlich oder nicht. Wenn ihr euch den jüdischen Meister Abraham und seine Söhne anschaut, geht es um das Thema der Einheit. Und dem Propheten Mohammed wurde in der Höhle die Botschaft verkündet, er solle *die Stämme Arabiens vereinen.* Es ging immer um Einheit. Bei Meister Christus war das sehr tiefgreifend. Schaut in die Augen Jesu und stellt ihm eine Frage: »Worum geht es überhaupt?« Er würde antworten: *»Es geht um die Einheit von Gott und Mensch. Es geht um den Aufstieg der Menschheit. Es geht um das Mitgefühl der Mutter.«* Interessanterweise hat die erste und größte christliche Religion auf dem Planeten die Mutter Christi fast so sehr verehrt wie Christus selbst. Weil Mitgefühl im Mittelpunkt der Suche nach Gott steht.

Wir haben das schon früher gesagt: Es gibt einen Spruch: *Wenn Mütter die Erde regieren würden, gäbe es keinen Krieg, denn eine Mutter würde ihre Kinder niemals aufs Schlachtfeld schicken.* Das ist die Art von Energie, die jetzt dem ganzen Planeten präsentiert wird. Das, ihr Lieben, ist die Veränderung, die ihr beobachtet.

Noch besteht die Möglichkeit eines weiteren kleinen Kriegs im Nahen Osten; er wird im Laufe der nächsten zwei Jahre ausbrechen. Dieser spezielle Kampf wird zu etwas führen, was ihr bislang noch nie erlebt habt. Er wird die Vereinigung von Ländern einläuten, die in der Vergangenheit noch nie zusammengekommen waren. Er könnte das Gegenteil von dem bewirken, was erwartet wird. Er könnte der Beginn der Vereinigung sein.

Südamerika, wir haben dir etwas prophezeit. Wir haben keine Uhr. Wir können nicht sagen, wann etwas genau passiert, sondern sehen Potenziale. Wir sehen das Potenzial eines geeinten Südamerikas – einer Einheit aller südamerikanischen Länder, ähnlich wie die Europäische Union. Schaut euch einmal kurz die Europäische Union an, dann seht ihr, dass sie anscheinend in Schwierigkeiten steckt. Ihr könnt nicht ungleiche Ökonomien nehmen, sie zusammenzwingen, ihnen eine einheitliche Währung verpassen und meinen, das würde problemlos verlaufen. Ihr könnt nicht Regierungen mit unterschiedlichen Bewusstseinshaltungen hernehmen, sie zusammenzwingen und erwarten, dass alles wunderbar funktioniert. Ihr Lieben, das ist eine der schwierigsten Aufgaben, die ihr jemals auf dem Planeten erledigt habt!

Intuitiv habt ihr im Laufe der letzten 40 Jahre erkannt, dass euch das retten wird und notwendig ist, und letztendlich wird es auch funktionieren. Es ist das Geheimnis, das euch vom Kriegführen abhält. Auch hier [Südamerika] werdet ihr mit denselben Problemen konfrontiert sein, denn auch hier gibt es wie in Europa starke und schwache Ökonomien. Es gibt Regierungs-Bewusstsein – viele Regierungen, die die Einheit möchten, aber auch andere, die sich da nicht so sicher sind. Es gibt Attribute, bei denen die Kleinen vor den Großen Angst haben. Manche sagen, das würde nie geschehen, doch wir sagen euch: Oh ja, es wird geschehen!

Lasst uns einmal etwas vorstellen. Stellt euch vor, der Kontinent Südamerika ist so weit vereinigt, dass er als eine Einheit mit jedem anderen Kontinent oder Land auf der Welt Handel betreiben kann. Welche Wirtschaftskraft würde daraus resultieren? Welche Lebensqualität würde daraus resultieren? Das ist die Lösung, um in Südamerika keine Armut mehr zu haben, denn eben diese Vereinigung wird die Armen aus ihrer seit vielen Jahren anhaltenden Armut erheben. Es wird eine Zeit kommen, in der die Favelas (die Slums von Brasilien) mit Bulldozern plattgemacht werden, weil niemand mehr dort wohnt. Die Bewohner haben sich auf den Weg gemacht zu Dingen, die sie schon lange verdient haben. Dasselbe gilt für Bolivien und andere Gegenden, die unter Armut leiden, denn die Menschen, die unter Brücken leben, müssen dann nicht mehr so leben. Das ist das Potenzial, welches wir sehen.

All das wird langsam vor sich gehen, und in Südamerika kommt es potenziell zunächst zu einer teilweisen Vereinigung. Doch im Laufe von ein paar Jahren verändern sich auch die Länder, die diese Einheit abgelehnt haben, und schließen sich der Union an. Es wird Kontroversen und Schwierigkeiten geben, und doch werdet ihr das tun, weil dadurch etwas zusammengebracht wird, was schon immer zusammengebracht werden musste. Die Union der südamerikanischen Staaten wird schließlich zustande kommen. Dieser Planet wird eine Zeit erleben, in der es insgesamt vielleicht nur noch fünf verschiedene Währungen gibt, und es werden sich Kontinente und Länder vereinigen, die dann nie mehr Krieg führen.

Das ist der Buchstabe U des Worts Kundalini. Das ist ein Versprechen an euch, und das wird nicht schon morgen passieren. In 18 Jahren werden viele von euch erwachen und sich an diesen Augenblick erinnern [gerichtet an die im Raum Anwesenden]. Etwas in eurem Innern bringt euch dazu, euch daran zu erinnern, wie ihr hier in dieser Stadt wart, und ihr werdet euch umblicken und sehen, was in Südamerika passiert ist, und ihr werdet wissen, dass es angefangen hat.

Auch die Einheit in euch selbst hat bereits begonnen. So viele von euch haben mit der Dualität zu kämpfen! Ihr könnt Dualität so definieren, wie es euch beliebt, *doch für uns ist sie die Existenz von Dunkelheit und Licht in einem einzigen verkörperten menschlichen Wesen.* Womit kämpft ihr in dieser Dualität? Ich werde es euch sagen: Ihr kämpft mit einer schwierigen Energie, die schon immer da war, ihr kämpft gegen das, was – wie ihr wisst – göttlich und Teil von euch ist. Das ist der Kampf. Es ist das Licht und die Dunkelheit in euch: Angst kämpft gegen das Licht Gottes. Jetzt, alte Seele, stell dir vor, was passiert, wenn Gaia hilft, das Licht auf der Erde zu verstärken. Der Planet kommt nach und nach ins Gleichgewicht, und die Dualität wird geringer. Der Kampf wird schwächer, und ihr beginnt, diese Dunkelheit und das Licht an einem Platz zu vereinen, wo sie nicht mehr scheinbar gegensätzliche Kräfte repräsentieren, die nicht nebeneinander existieren können. So kommt es zur Vereinigung des Selbst.

Es kommt eine Zeit, da ist das dreidimensionale menschliche Wesen in der Lage, mit dem multidimensionalen Höheren Selbst zusammenzukommen. Das ist die höchste Einheit!

Wie fühlt ihr euch jetzt, wo ihr dies hört? Seid ihr mit euch selbst in Frieden? Meine Frage lautet nicht, ob ihr in eurem Leben Probleme habt, sondern ob ihr in Frieden seid. Diejenigen, die diese Frage bejahen können, sind dabei, diese Einheit des Selbst zu verstehen. Es ist so, als ob es sich alleine, außerhalb von euch befindet und doch auch in euch. Egal, was um euch herum passiert, es kann sogar eure Zellstruktur entspannen. Es kann euch bis zu einem Punkt entspannen, an dem ihr sagen könnt: »Mit meiner Seele ist alles gut.« Das geht über jegliches Verstehen hinaus; das ist die Einheit des Selbst.

Manche von euch, die ihr meiner Stimme lauscht oder diese Zeilen lest, können das tun und spüren. Ihr seid im Begriff, das wahre Selbst zu erkennen. Ihr seht die Anteile Gottes in euch, seht, wer ihr seid, und all das Dreidimensionale um euch herum wird einfach zu etwas, wofür ihr eine Lösung finden müsst, anstatt zu etwas, was euer Leben definiert. Das, was euer Leben definiert, ist das Mitgefühl Gottes, und das ist die Einheit, von der wir hier sprechen.

Ich sage es also noch einmal und mache dann Schluss. Bei der Bewegung der Kundalini auf diesem Planeten geht es um den einzelnen Menschen und das, was sich bei den Menschen auf Zellebene abspielt. Die Ahnen lächeln, denn sie haben das erwartet.

Kryon Live-Channelling »Der Buchstabe U im Wort Kundalini«, durchgegeben in Uspallata/Argentinien – 18. Oktober 2012

Notifying Gaia of Your Conscious Actions – Nachricht an Gaia über euer bewusstes Handeln (der Buchstabe N im Wort Kundalini)

Was meint ihr, was das erste N im Wort Kundalini bedeutet? Heute, im Rahmen dieser Unterweisung, bedeutet *Nachricht an Gaia, dass ihr Teil der Veränderung seid.* So mancher wird da sagen: *»Kryon, was meinst du damit? Wenn eine Veränderung stattfindet, werde ich Teil davon sein. Warum also dann eine Benachrichtigung?«* Oh, wie linear ihr doch seid! [Kryon lächelt.]

Manche Paradigmen spirituellen Handelns verändern sich gerade. Ihr habt natürlich das Gefühl, eine Veränderung dieser Größenordnung würde die gesamte Menschheit involvieren. Ja, es sind wirklich einige involviert, aber wer wirklich auf den Plan treten und etwas verändert muss, sind alte Seelen, und das seid ihr. Bei dieser Veränderung wandeln sich eure inneren spirituellen Attribute, denn ihr könnt dann nicht mehr einfach herumsitzen und passiv teilhaben. Es reicht nicht mehr, einfach nur das Licht zu tragen. Oh ja, natürlich wird das wertgeschätzt und verändert den Planeten, doch das hat es schon immer. Nein. Dies hier ist etwas anderes. Eine Veränderung spielt sich gerade ab, eine Art Wiedergeburt der Menschheit, und die alte Seele muss entweder mitmachen oder nicht. Diejenigen, die nicht mitmachen, werden nicht bestraft und nicht verurteilt. Aber das ist der eigentliche Grund, warum ihr hier seid.

Alte Systeme und die alten Weisen sind sehr interessant, denn viele von euch betrachten diese Dinge als etwas Statisches, ihr habt also das Gefühl, sie sind ein für alle Mal so und verändern sich nie. Habt ihr schon einmal die Worte gehört: *»Gott ist derselbe gestern, heute und morgen«?* Wenn das so ist – und es stimmt tatsächlich –, haben viele Menschen das Gefühl, in Bezug auf Gott müsse nichts anderes getan werden. Aber wenn sich die Beziehung zwischen den Menschen und Gott verändert? Wenn sich eure DNA und eure spirituelle Bewusstheit wahrhaftig verändern, dann müssen sich auch die alten Paradigmen eures Zusammenwirkens mit Spirit und Gaia verändern.

Die Esoteriker unter euch [New Age] meinen manchmal, einfach auf dem Boden zu sitzen und Energie zu absorbieren reiche aus. Sie strecken die Hände in die Luft und sagen: *»Danke, Gott, für deine Liebe!«* Dann stehen sie auf und tun, was sie immer getan haben. Daran ist nichts verkehrt, denn sie haben schon immer Licht für den Planeten getragen. Das ist seit Jahrhunderten die Aufgabe der Lichtarbeiter. Doch das verändert sich jetzt vom Passiven zum Aktiven, und die alte Seele dient als Katalysator.

Mit dem Ausdruck *mitfühlendes Handeln* ist gemeint, ihr tut etwas zusätzlich zu eurer gewohnten Lichtarbeiter-Tätigkeit. Es bedeutet Aktion und nichts rein Passives, wie das Licht in eurer Gegend tragen. Wir wollen darüber sprechen, worum es bei dieser Aktion geht. Denn wenn ihr das verändert, was ihr in eurer Wirklichkeit tut, *betrachtet* Gaia das als Aktion und das ist *eure Nachricht* an sie, dass ihr Teil der Veränderung seid.

In eurem Leben gibt es Dinge, die für die Hinwendung zu mitfühlendem Handeln bereit sind. Deshalb seid ihr hier. Bevor ich fortfahre, möchte ich euch nochmals sagen: Ihr werdet nicht verurteilt, wenn ihr euch entscheidet, dieselben zu bleiben. Eine alte Seele, die Zeit damit verbringt, durch sie Licht auf den Planeten scheinen zu lassen, ist etwas Gutes. Viele werden beschließen, dass sie genau das weiterhin tun möchten; sie fungieren als Anker für diejenigen, die den Schritt hin zu mitfühlendem Handeln tun. Es gibt also ein Gleichgewicht in der Gruppe der alten Seelen.

Eine alte Seele, die spürt, wie der Neue Mensch geboren wird, kann nicht stillsitzen. Für diese Seelen ist diese gesamte Verschiebung wie ein Wunder. Dafür sind sie auf die Erde gekommen, und sie sind bereit, den nächsten Schritt zu tun. Durch ihr Handeln in diesem nächsten Schritt geben sie Gaia automatisch Nachricht, mit der Veränderung weiterzumachen. Erinnert euch: Gaia ist mit dem Bewusstsein der Menschheit verbunden. Wenn die Menschheit also einfach nichts an ihrem Tun verändert, kommt die Veränderung zum Stillstand. Die alte Seele versteht also, dass ihr Tun in diesen nächsten 18 Jahren sich auf ihre Kinder und Enkelkinder auswirkt.

Bewusstes mitfühlendes Handeln. Was für eine Art Handeln ist das? Es ist das, worüber wir seit Jahren sprechen. Wie wirst du dein Leben verändern? Was kannst du an deinem Tun verändern, um mehr Licht auf dem Planeten zu erzeugen? Ich meine damit nicht, ihr müsst euch auf ungewöhnliche Weise verändern; ich spreche hier von einer Veränderung, die ein friedlicheres Leben schafft. Wir wollen also ein paar Bereiche auflisten, wo mitfühlend gehandelt werden sollte.

Nummer eins: Wie nehmt ihr andere Menschen wahr? Wenn ihr zu einem Treffen wie diesem kommt [die Rede ist von dem großen Seminar in Santiago] und ihr lernt Menschen kennen, die ihr vorher noch nie getroffen habt, was ist dann eure Wahrnehmung? Vielleicht ein großes Lächeln? Vielleicht umarmt ihr sie sogar und erkennt eine andere alte Seele, vielleicht einen Lichtarbeiter? Euer Herz ist voller Mitgefühl, und ihr betrachtet sie als Gleichgesinnte. Vielleicht liebt ihr sie sogar, denn die Verbindung zu Gott ist da, und sie ist wunderschön. Dann verlasst ihr nach scheinbar sehr kurzer Zeit den Raum, setzt euch in euer Auto und fahrt die Straße entlang. Dabei schneidet euch eine andere Person, die offensichtlich nicht erleuchtet ist. Ihr tretet auf die Bremse und baut fast einen Unfall. Was denkt ihr nun über diese Person? Na ja, selbstverständlich ..., natürlich liebt ihr sie ..., hab ich recht? [Gelächter.]

Ich spreche hier also darüber, wie ihr die Menschen im Allgemeinen seht, die Rede ist von eurer ersten Reaktion auf Menschen, die ihr trefft, egal in welcher Lebenssituation. Ich rede nicht von Lichtarbeitern in einem auf Liebe gegründeten Treffen, sondern von anderen Menschen im sogenannten normalen Leben. Was ist eure Sicht der Menschheit? Könnt ihr jede einzelne in einem Körper steckende Person als Teil der Familie Gottes sehen? Manche sind vielleicht in ein Drama verwickelt, andere sind krank; manche haben womöglich Angst und verhalten sich euch gegenüber nicht sehr nett, andere wiederum sind angenehme Gesellschaft. Wie ist eure erste Wahrnehmung von diesen Menschen? Das ist also eine der besten Übungen zur Entwicklung menschlichen Mitgefühls. Betrachtet alle Menschen als Teil Gottes.

Als die Meisterinnen und Meister auf der Erde wandelten, wie nahmen sie die Menschen wahr, mit denen sie zusammentrafen? Oh, ihr kennt die Antwort. Sie betrachteten alle mit den Augen Gottes. Jetzt werden manche sagen: *»Nun mal langsam, Kryon. Das waren die Meister des Planeten! Sie waren nicht wie wir.«* Ja, ihr Lieben, sie waren Meister. Was wir euch sagen wollen: Sie zeigten euch als Meister, wie das geht.

Auf dem Planeten geht eine Veränderung vor sich, bei der ihr gebeten werdet, mitfühlendes Handeln mehr als je zuvor zu praktizieren. Je mehr ihr eure neue Wahrnehmung der Menschheit praktiziert, desto mehr stimmt die Zellstruktur eures Körpers mit eurem Tun überein. Dann seid ihr geduldiger; ihr seid toleranter; ihr seid weniger wütend, und egal, wie jemand euch behandelt, ihr werdet diese Person *mit den Augen Gottes* betrachten.

Nun, ich möchte, dass ihr euch auf ein paar Reaktionen einstellt. Denn wenn ihr dies praktiziert, werden manche wütend werden. Ihnen wird das nicht gefallen. Sie wollen, dass ihr reagiert und wütend werdet; sie erwarten und wollen ein Drama, und einige unter euch wissen genau, wovon ich hier rede. Manche Menschen leben geradezu von genau solchen Sachen! Auch wenn ihr von hier weggeht, müsst ihr heimkehren und das umgehend praktizieren.

Was passiert, wenn ihr euch nicht auf das Drama einlasst? Wenn ihr euch weigert, mit anderen das mitzumachen, was sie erwarten? Egal, was sie euch antun; egal, was sie sagen – eure Augen strahlen Frieden aus. Ihnen wird nicht voller Wut geantwortet. Könnt ihr das tun? Wenn ja, könnt ihr in die Ränge derjenigen aufsteigen, die die Meisterschaft praktizieren. Wenn ihr das tun könnt, habt ihr das gerade Gaia mitgeteilt! Ihr habt Spirit Nachricht davon gegeben, dass ihr Teil dieser Veränderung seid.

Durch die Wiedergeburt der Menschheit entsteht ein anderes Bewusstseinsparadigma. Oh, glaubt mir, ihr werdet Beachtung finden! Oh, ihr Lieben, womöglich lassen euch Freunde deswegen im Stich. Doch bevor sie gehen, sagen sie vielleicht: *»Weißt du, ich bin nicht mehr gern mit dir zusammen. Es macht keinen Spaß mehr mit dir. Du steigst nicht mehr so wie früher auf unsere Gespräche ein. Ich habe dein ›altes Selbst‹ lieber gemocht.«* Und sie haben recht! Denn meistens wurden in ihren Gesprächen andere Menschen heruntergemacht, oder sie schwelgten in ihrer Opferhaltung, oder sie beschwerten sich dauernd über andere und immer wieder mit demselben Blabla. Ihr wisst genau, wovon ich rede, nicht wahr? Ich weiß ja, wer hier ist. Ich weiß, wer zuhört und meine Unterweisungen liest.

Nummer zwei: Das ist ein einfacheres Thema. Wo steht ihr, wenn es um das Beurteilen von anderen geht? *»Wie bitte, Kryon? Wir beurteilen andere doch nicht!«* Das glaubt ihr vielleicht, auf eine fast unmerkliche Weise tut ihr das alle. Das gehört zu dem, was Menschen machen. Ihr schätzt andere Menschen ein. Wie viel wissen sie? Wie clever sind sie? Ihr seht sofort, wo sie auf der sozialen Leiter stehen und womit sie ihren Lebensunterhalt verdienen. Wie viel Geld haben sie? Ihr alle macht das, aber nicht mit Absicht. Ich macht das, weil eure Eltern es so gemacht haben und ebenso deren Eltern ... Ihr macht das, weil es euch in der Vergangenheit euer Überleben gesichert hat. Wenn ihr die anderen dann *eingeordnet* habt, wisst ihr, was ihr sagen und nicht sagen könnt und ob ihr ihnen vertrauen könnt. Das war Teil eines automatischen alten Energiesystems.

Was wäre, wenn ihr euch wie die Meister mit einer Blase umgeben würdet und es gäbe keinerlei Urteile oder Vorurteile? Alle gehören zu Gottes Familie, und nichts, was andere tun, könnte sich auf eure Spiritualität auswirken, die jetzt euer Überleben ist. Nichts und niemand auf diesem Planeten kann euch krank machen – nicht, wenn ihr dieses wunderschöne Licht tragt, welches euch aktiv umgibt. Dazu gehören auch die Reaktionen eures Emotionalkörpers auf das, was andere über euch zu sagen haben.

Und plötzlich spüren viele Menschen das Mitgefühl der Meister aus euch strömen. Habt ihr jemals etwas über die Meister gelesen? Wusstet ihr, dass Tiere ihnen nachfolgten? Die Tiere saßen ihnen zu Füßen, denn Tiere haben Instinkt. Sie können friedvolles Bewusstsein erspüren. Dasselbe wird mit euch passieren. An welchem Punkt im großen Bild steht ihr?

Nummer drei: Angst. Es ist an der Zeit, die Energie dessen, was euch Angst macht, aufzulösen, auch die Angst vor anderen Menschen. Vor wem habt ihr Angst? Wen möchtet ihr lieber nicht von Angesicht zu Angesicht treffen? Wen habt ihr aus eurem Leben befördert und wollt ihn nicht mehr sehen? Ich weiß, wer hier ist, und ich weiß, wer zuhört. Das ist eine Veränderung des alten Bewusstseins. Vergebung verändert nicht die Vergangenheit. Vergebung verändert die Zukunft. Wer mitten in der Blase seiner Wahrheit steht und sagen kann: *»Ich vergebe dir, weil ich erkannt habe, dass du ebenso ein Teil Gottes bist wie ich«,* ist eine weise und mutige alte Seele. Oder man könnte auch sagen: *Gott spiegelt sich in uns beiden wider.*

Nummer vier: Zum Schluss geht es noch einmal um das Thema Dualität. Manche sagen, Dualität ändere sich niemals. Das ist das Gleichgewicht von Dunkelheit und Licht, welches eure körperliche Natur ist. Nun ja, es hat sich gerade verändert. Was ich euch sagen will: Ihr habt so viel Macht über die Dunkelheit! Fangt an, Licht in euer Leben zu bringen. Tut das für euch selbst, nicht für eure Mitmenschen und nicht für euren Arbeitsplatz, sondern für euch selbst. Die meisten von euch tun das nicht. Ihr wendet euer Licht nach außen. Doch wenn ihr damit beginnt, es auch auf euch selbst zu richten, werden die dunkelsten Teile von euch verschwinden. Ihr werdet ein friedlicheres Leben haben. Das ist Dualität.

Wenn sich das Gleichgewicht zwischen Dunkelheit und Licht auf dem Planeten nach und nach verändern soll, dann beginnt damit bei euch selbst. Dieser Prozess macht euch friedvoller und langlebiger. Ihr altert nicht so stark. Die Krankheit macht kehrt und läuft davon, wenn sie die Göttlichkeit in eurer Zellstruktur sieht. Hört auf, krank zu werden! Ich sage euch, all das ist real. Euer Lichtquotient wirkt sich auf eure biologische Existenz aus. Das ist mitfühlendes Handeln. Darum geht es beim Buchstaben N im Wort Kundalini. Benachrichtigt Spirit, dass ihr Teil von allem sein werdet, was los ist!

Kryon Live-Channelling »Der Buchstabe N im Wort Kundalini«, durchgegeben in Santiago/Chile – 20. Oktober 2012

Don't Think Like a Human – Denkt nicht wie ein Mensch (der Buchstabe D im Wort Kundalini)

Das D in Kundalini steht für *Denkt nicht wie ein Mensch.* Das soll heißen: Denkt nicht wie der *alte Mensch,* der so denkt, wie er es gelernt hat. Denkt vielmehr wie der *Neue Mensch,* der dabei ist, einen multidimensionalen Sinn für die Realität zu entwickeln.

Mein Partner erwähnte etwas über Südamerika [im Seminar], und er hat recht. In Südamerika erwachen mehr junge Menschen als auf jedem anderen Kontinent der Erde. Spirituelle und Soziologen werden euch sagen können, wer Interesse an Spiritualität entwickelt; ihren Aussagen zufolge sind das meist Menschen über vierzig. Denn sie stehen an einem Punkt im Leben, wo sie ihre Ausbildung abgeschlossen haben, sesshafter geworden und nicht mehr so beschäftigt und geschäftig sind. Dann wenden sie sich Gottes Angelegenheiten zu. Und dann belegen sie ihren Standpunkt mit Forschungen über die Altersgruppen, die spirituelle Veranstaltungen besuchen. Doch wie wir hier in Südamerika sehen, ist das überhaupt nicht so.

Was also ist an den Geschehnissen in Südamerika so anders? Es geht um ein neues Paradigma des Menschseins. Die Jugend ist an ihrer Spiritualität interessiert, weil sie nach etwas namens *spiritueller Bewusstheit* und der *Gotteslogik* sucht. Sie wird nicht auf einen Schlag religiös; vielmehr ist ihre Neugier auf das Leben größer als eure in diesem Alter. Diese jungen Menschen interessieren sich spirituell auch für das, was über Dreidimensionales hinausgeht, und stellen einige der tiefgründigsten Fragen, die die Menschen je gestellt haben. Sie nutzen die Weisheit ihrer Ahnen, um diese spirituellen Rätsel zu lösen, anstelle der Weisheit der Erwachsenen ihrer jeweiligen eigenen Kultur. Da gibt es einen Unterschied.

Ich lade euch ein, sich ihnen anzuschließen, und spreche dabei zu allen, die meiner Stimme lauschen oder diese Worte lesen. Ich werde euch in der nachfolgenden Gesprächsrunde ein paar Beispiele nennen. Versteht das nicht als Kritik, sondern vielmehr als einen neuen Weg spiritueller Logik und als eine Einladung, manches anders zu betrachten als früher. Denkt nicht wie ein Mensch.

In diesem Raum befinden sich viele Lichtarbeiter und alte Seelen. Meine Botschaft heute Abend ist mehr für diejenigen bestimmt, die meiner Stimme zu einem anderen Zeitpunkt lauschen, als für diejenigen, die sich hier im Raum aufhalten. Aber auch hier im Raum sind Menschen, die sie vernehmen müssen. Manche von euch haben bereits diese Richtung eingeschlagen; deshalb sitzt ihr hier und genießt diese Energie, die ihr »Channelling« nennt.

Es gibt eine spirituelle Tradition, die von Geburt an gelehrt wird: Gott, der Schöpfer der Erde und des Universums, ist groß. Der Mensch ist klein. Manche behaupten sogar, der Mensch verdiene es nicht einmal, hier zu sein. Manche sagen, die Menschen seien schlecht für die Erde und es wäre besser gewesen, sie wären nie hierhergekommen. Es gibt Älteste, die das Gewand der Kirche tragen und die sagen, ihr seid schmutzig geboren worden und nichts, was ihr tun könntet, würde Gott zufriedenstellen, außer ein paar wenigen Dingen ..., und sie wüssten, was das wäre. Und wenn ihr das nicht tut, schickt euch dieser liebende Gott nach dem Tod an bestimmte Orte und bestraft euch jeden Tag.

Und manche werden sagen, ihr hättet hier auf der Erde eure Arbeit so schlecht erledigt, dass ihr, wenn ihr sterbt und diesen Planeten verlasst, zur Strafe jeden Tag im Feuer schmoren werdet. Meine Lieben, das ist nicht die Art Gottes! Lasst jetzt einmal alles, was ihr jemals gelernt habt und über Gott zu wissen meint, außen vor und macht euren Geist klar. Heute sollt ihr anfangen, spirituelle Logik einzusetzen, und mit Hilfe des Teils des Schöpfers in euch das alles auf den Prüfstand stellen. Ist das, was man euch erzählt hat, gültig oder nicht?

Ihr seid Teil dieser Familie aus kreativer Energie. Ihr seid die Essenz dessen, was die Planeten erschuf, alle miteinander ..., die euch bekannten wie auch die unbekannten. Sie alle haben eure Energie. Ihr könntet sogar sagen, Gott sei der eigentliche Vater bzw. die Mutter eurer Energie. Wir sind ein Teil von euch und ihr ein Teil von uns. Es gibt ein Licht, nämlich Gott, und dieses Licht ist in jedem Einzelnen von euch. Egal, was ihr tut, ihr könnt es niemals verlieren. Ihr kommt auf dem Planeten mit einem Prüfungsblatt in der Hand an, denn ihr wisst nicht, dass ihr ein Teil Gottes seid. Die Prüfung besteht darin, zu sehen, ob ihr das während eurer Lebenszeit hier entdecken und die Erde verändern könnt oder nicht.

Ihr seid niemals verurteilt worden. Es gibt kein Strafsystem Gottes, und das steht auch in einigen eurer heiligen Schriften, und doch glaubt ihr es nicht. In Eurer Heiligen Schrift [dem Neuen Testament] gibt es eine Parabel, das *Gleichnis vom verlorenen Sohn*. Da wird von zwei Söhnen erzählt. Der eine macht alles so, wie seine Kultur es ihm vorschreibt, und der Vater ist erfreut und zufrieden. Der andere Sohn zieht in die Welt und macht alles falsch – der Vater macht sich Sorgen um ihn. Doch als der eine Sohn aus der Fremde und der andere Sohn vom Feld heimkehrt, wird ein großes Begrüßungsfest ausgerichtet. Für den Vater sind beide seine Kinder und werden auf gleiche Weise geliebt. Das steht in eurer Heiligen Schrift. Das ist ein Beispiel dafür, wie Gott mit der Menschheit arbeitet. In dem Gleichnis ist Gott der Vater, und die Söhne stehen für die Wahlmöglichkeiten der Menschheit. Euer Verhalten wird niemals verurteilt werden. Wie sehr, meint ihr, liebt euch Gott? Ihr habt keine Vorstellung davon, wie sehr! Gottes Liebe übertrifft jegliche menschliche Liebe, die ihr jemals erfahren habt, sogar die Mutterliebe.

Eltern, wie sehr liebt ihr eure Kinder? Stellt euch einmal kurz vor, ihr bereitet für eure Kinder eine Prüfung vor ..., einen sehr tiefgründigen Weisheitstest. Ihr schickt sie in die Welt hinaus, um zu sehen, wie sie damit zurechtkommen. Eines der Kinder macht dann beispielsweise etwas, was eher nicht so weise ist. Foltert ihr deshalb seine Seele auf immer und ewig? Wie klingt das für dich, Mama? Es ist absurd! Absurd! Diese »Beurteilungsregeln« Gottes sind von Menschen geschaffen, nicht von Gott, und zwar erst vor Kurzem und aus politischen Gründen.

Jetzt werft mit mir einmal einen Blick auf die Glaubensüberzeugungen der ersten spirituellen Organisationen auf dem Planeten, als die Menschen anfingen, Glaubenssysteme zusammenzustellen – was ihr heute »organisierte Religion« nennt; schaut euch einmal die allerersten an. Sie waren voller Intuition und menschlicher Weisheit über Gott. Gibt es in ihren Doktrinen Urteile? Nein. Und was steht da stattdessen? Schaut es euch an: Ihr findet Glaubenssysteme, welche die Fähigkeit des Aufstiegs beschreiben, noch während ihr auf dem Planeten seid. Fast alle glaubten an den Kreislauf des Lebens und dass menschliche Seelen auf diesen Planeten kommen und wieder gehen und dabei jedes Mal etwas anderes lernen. Sie glaubten an die Liebe Gottes, und das hatte nichts mit »schmutzig geboren werden« zu tun. Vielmehr war der Mensch ein stimmiger Teil des Systems des Lebens.

Das ist die spirituelle Logik, um die wir euch bitten. Vergleicht das doch einmal mit dem, was euch in eurer Kultur beigebracht wurde. Gewichtet es nicht anhand der Geschichte der

Menschheit bzw. anhand dessen, was euch als Geschichte der Menschheit weitergegeben wurde. Gewichtet es vielmehr anhand eurer Intuition über Gott und Gottes Liebe. *Denkt nicht wie ein Mensch.* Klammert euch nicht an das, was ihr in einem alten Buch über Gott erfahren habt. Gott ist in euch! Wollt ihr gute Informationen? Die könnt ihr direkt von der Quelle bekommen! Versteht ihr, was ich sagen will? Das ist spirituelle Logik.

Auf diesem Planeten geht eine Veränderung vor. Soll ich das belegen? Dann werft einen Blick auf die jungen Menschen, denn manche von ihnen haben das herausgefunden. Sie sprechen mit der Quelle! Sie erhalten aktuelle Informationen. Den Erwachsenen gefällt das gar nicht, denn manchmal verfügen die Jungen plötzlich über mehr Weisheit als ihre Ältesten!

Und hier noch ein zweites Beispiel: Der Mensch setzt sich Ziele und arbeitet dann an ihrer Erfüllung. Das ist lineares Denken und Planen. Selbst spirituelle Menschen setzen sich Ziele und platzieren sich selbst in einer Zukunftsschublade. Diese Schublade wird dann zum Ziel ihres Handelns.

Ich frage euch: Und wenn ihr diese potenzielle Schublade gar nicht kennt? Wenn sie größer oder tiefer oder schöner ist als die Schublade, die ihr euch für euer Ziel ausgedacht habt? Dann verbringt ihr vielleicht euer ganzes Leben mit dem Versuch, in eure kleine menschliche Schublade hineinzugelangen, aber ihr erreicht nie die große Schublade, weil ihr euch euer »menschliches Ziel« schon ausgeknobelt habt. Versteht ihr? Es ist an der Zeit, aufzuhören, wie ein Mensch zu denken!

Setzt euch ein Ziel, das euer Nachbar nicht verstehen wird:

»Mein Ziel besteht darin, dort zu sein, wo ich hingehöre, mit denjenigen, die zu mir gehören, und es mag mich zu vielen ungewöhnlichen Orten bringen. Mein Ziel besteht darin, im Herzen mit alldem in Frieden zu sein. Ich sorge mich nicht um meine Zukunft, weil ich nicht allein bin. Ich glaube an die spirituelle Logik dahinter, denn es hat mit Potenzialen zu tun, von denen ich jetzt noch nichts wissen kann; stattdessen vertraue ich darauf,

dass es sie gibt und dass mein Weg deshalb von Lichtern erleuchtet ist, die ich jetzt noch nicht sehe. Aber ich kann eines vor mir sehen, es nennt sich spirituelle Logik, Intuition und Liebe Gottes. Wenn ich an diesem einen Licht vorbeigeschritten bin, wird mir ein anderes Licht leuchten, ich muss sie nicht alle sehen. Ich muss nicht wissen, wohin ich gehe. Ich ruhe entspannt in den Armen Spirits.«

Das ist das Gleichnis von der fehlenden Brücke, welches ich euch bereits erzählt habe, meine Lieben. In diesem Gleichnis wisst ihr nicht einmal, ob die Brücke gebaut worden ist, aber ihr lauft in voller Geschwindigkeit auf den Canyon zu, als ob es sie gäbe. Denkt nicht wie ein Mensch.

Und jetzt noch ein Beispiel, das esoterischste von allen: Viele werden euch erzählen, ihr seid auf diesem Planeten mit allem angekommen, was ihr jemals haben werdet. Euer Körper, euer Gehirn, euer Intellekt, eure Intelligenz, das ist alles, was ihr habt. Wenn ihr Glück habt – so werden sie behaupten –, werdet ihr etwas lernen und wachsen, aber ihr werdet immer mit denselben Werkzeugen arbeiten, mit denen ihr geboren worden seid. Wenn ihr das glaubt, steckt ihr in diesem linearen Muster fest; dann habt ihr ein Gefängnis für euch geschaffen, welches besagt, ihr werdet nie in der Lage sein, aus der *Schublade* herauszugelangen, *in der ihr seid.* Ihr könnt in der Schublade wachsen, aber die Schublade ist etwas Beständiges und Dauerhaftes.

So haben die Menschen es euch gelehrt. Doch es entwickelt sich auf diesem Planeten eine Energie, die die strikten Vorgaben eurer Lehren, also diese Schublade, aufweicht. Stellt euch einmal kurz eine Schublade vor, die größer wird. Das seid ihr. Die Ausdehnung, das ist euer jetziges Ich plus das, was ihr einmal wart, in der Form sogenannter früherer Leben. Und wenn ich euch jetzt sage, ihr kommt auf die Erde mit der ganzen Weisheit und dem Wissen und den Talenten aller Leben, die ihr jemals gelebt habt? Linear betrachtet, seid ihr euch nur eurer gegenwärtigen Schublade bewusst. Ihr versucht also nicht einmal, das Tor zum Lagerraum der Weisheit, des Wissens und der Talente zu öffnen, wo alles steht, was ihr jemals in vergangenen Leben verdient habt.

Die Menschen werden sagen, das sei lächerlich und dumm. Doch der Beweis dafür ist überall um euch herum zu sehen, in Form beobachtbaren Akasha-Erbes ..., die Wunderkinder und andere tiefgründige Geburtsmerkmale, die nicht erklärbar sind, wenn man nicht diese neue Vorstellung darauf anwendet. Über so etwas könnt ihr ohne ein bisschen multidimensionale Intelligenz, die ein Verständnis der Zeit als Kreislauf hat, nicht nachdenken. Sie ist nicht linear, und in vielen Fällen passt sie kein bisschen zu den euch gelehrten Modellen. Willkommen im Jetzt! Der Neue Mensch beginnt, über die Schublade linearer Zeit hinauszudenken; dazu gehört auch die Vorstellung, die menschliche Seele sei etwas Ewiges, und zwar in beide Richtungen.

Das, lieber Mensch, ist das Erwachen der Weisheit der Vergangenheit. Ich möchte euch ein Geheimnis über die Urvölker verraten. Nur sehr wenig ist von ihren Zeremonien schriftlich niedergelegt worden. Stattdessen geben sie ihre Geschichte in mündlichen Überlieferungen an ihre Kinder weiter. Einiges von dem, was sie wissen, kann nicht an euch weitergegeben werden, weil diese Informationen nicht linear sind. Eure Kultur ist modern geworden und wirft deshalb die multidimensionalen Geheimnisse Gottes weg. Wenn die Urvölker sich zur Zeremonie im Kreis versammeln, dann ehren sie ganz oft als Erstes die Ahnen ihrer jeweiligen Kultur. Da mögt ihr sagen: *»Na gut, das ist echt nett. Sie mögen ihre Ältesten, und dadurch wird der Weisheit der Toten Glaubwürdigkeit verliehen.«* Doch darum geht es nicht! So schaut es für euren modernen linearen Verstand aus. Sie sind klüger, aber ihr erkennt das nicht an.

Ich sage euch, was sie tun: Sie wissen um den Kreislauf des Lebens. Sie wissen, dass sie nicht schmutzig geboren worden sind, und verstehen, dass sie ein Teil von Gaia und dem gesamten System sind. Sie haben Pachamama immer Ehre erwiesen. Und in ihrer Verehrung der Ältesten und der Ahnen erkennen sie, dass sie sich auch selbst ehren. *Denn sie sind sich bewusst, dass sie ihre eigenen Väter und Großväter sind.* Kein Wunder, dass sie ihnen so viel Ehre erweisen! Sie sind im Jetzt, und ihre Schublade ist größer geworden und umfasst nun auch sie selbst in einem früheren Leben. Sie betrachten ihre Vergangenheit als dasselbe wie ihre Gegenwart. Die Weisheit der Ahnen ist *ihre* Weisheit. Habt ihr das gewusst?

Und nun? Was fangt ihr damit an? Ihr seid eingeladen, eure Schubladen zu vergrößern und zu verstehen, wer ihr seid, ihr alten Seelen, und zu begreifen, dass ihr die Fähigkeit habt, alles, was ihr in der Vergangenheit wart, in die Gegenwart zu bringen. Dadurch entsteht die Weisheit, mit der die Erde weitergehen und zu einer *aufgestiegenen Erde* werden kann.

Ein aufgestiegener Planet hat im Unterschied zu einem nicht aufgestiegenen Planeten nicht etwa mehr Engel oder Elfen. Vielmehr ist er multidimensional selbstverwirklicht und hat erkannt, dass er nichts Singuläres mehr ist. Es ist eine Rückkehr zur ursprünglichen Weisheit, die Erkenntnis, dass ihr eure eigenen Ahnen seid. Eine Erkenntnis, dass ihr über mehr Weisheit verfügt, als ihr geglaubt, und eure Schublade größer ist, als ihr gemeint habt.

Stellt euch darauf ein, ein paar Regeln zu brechen, denn fast alles, was euch beigebracht wurde, ist nur ein Teilstück der ganzen Wahrheit. Setzt gleich jetzt spirituelle Weisheit ein. Wie fühlt sich das an? Fühlen sich diese Informationen dumm an, oder spürt ihr die Schauer der Wahrheit? Was tut sich dadurch für dich? Ich sage es euch. Zunächst einmal wird sich eure Zellstruktur, die DNA, verändern. Ihr werdet länger leben und in allem friedlicher sein. Ihr werdet auf dem Planeten Dinge erkennen, die für euch mehr Sinn ergeben.

Irgendwann werden die Menschen Dinge tun, die ihr euch nie hättet vorstellen können, und ihr wisst, dass ich recht habe. Dann wird sich in der Politik gesunder Menschenverstand zeigen, auch wenn ich sage, ihr glaubt mir nicht [Gelächter]. Haltet Ausschau und beobachtet. Die jungen Menschen heute werden schließlich diese Regierungsämter übernehmen, und sie werden klüger sein als die jetzigen Amtsinhaber.

Der gesunde Menschenverstand und die spirituelle Logik sind im Begriff, sich der Menschheit einzuprägen …, und das sind genau die Attribute eines multidimensionalen Gottes.

Kryon Live-Channelling »Der Buchstabe D im Wort Kundalini«, durchgegeben in Santiago/Chile – 21. Oktober 2012

Ascension – Aufstieg (der Buchstabe A im Wort Kundalini)

Die Wächter waren schon immer hier, und die Urvölker betrachten sie als zu ihnen gehörig, aber sie waren schon vorher da. Sie wachen über die Schwingung des Gebiets, die sie ursprünglich eingerichtet haben. Dieses kurze Channelling wird die Bedeutung des Buchstabens A im Wort Kundalini enthüllen.

A ist der erste Buchstabe des englischen und spanischen [und auch des deutschen] Alphabets, er steht also für die Zahl Eins. Es ist der fünfte Buchstabe des Namens Kundalini; wir haben ja jeden Buchstaben der Reihe nach erklärt. Die numerologischen Aspekte erzählen – wie gesagt – eine Geschichte. Die Eins (A im Alphabet) steht für den Neuanfang, und die Fünf (fünfter Buchstabe) steht für Wandel. Das ist also das Thema der Kundalini: der Anfang des Wandels!

Wandel bedeutet nicht einfach nur, dass Altes sich verändert; manchmal bedeutet Wandel auch einen Neustart. Hier geht es um die Neukalibrierung des Planeten, denn alles verändert sich über lange Zeiträume hinweg. Ihr seht ja bereits, wie Gaia mit dem Klimawandel etwas in Bewegung setzt. Die Dürre hier [Elqui-Tal] wird durch Regen abgelöst werden – und zwar zu viel Regen. Doch das ist der Zyklus von Gaia; er muss Extreme durchlaufen, bevor er sich einspielt. Denn hier wird jungfräuliches Gebiet neu kalibriert. Der Buchstabe A wird für Ascension (Aufstieg) stehen. Wir wollen euch eine Definition von Aufstieg geben, und zwar in drei Schritten.

Zunächst einmal sagen wir euch, was *Aufstieg* eurer Meinung nach bedeutet, dann, wie wir es definieren. Früher war Aufstieg für euch die Bewegung weg vom Planeten in einen spirituellen Bereich. Ein aufsteigender Mensch würde demnach aus seinem Körper verschwinden und an einen euch unbekannten Ort gehen – das Jenseits. So habt ihr das gesehen. Das Wort an sich bedeutet ja *»hochsteigen«*. Und in der Welt des Dreidimensionalen bedeutet »hoch« nach oben in den Himmel. Jetzt wollen wir eure Denkgewohnheiten neu anpassen.

Für uns bezieht sich Aufstieg nur auf dimensionale Attribute, also den *dimensionalen Aufstieg in eine höhere Schwingung* ... oder, wie manche sagen würden, in einen Quantenzustand. Doch das bedeutet einfach einen multidimensionalen Zustand außerhalb von 3-D [4-D]. Ihr durchlauft einfach die Skala der Dimensionen, aber ich erinnere euch nochmals daran, dass diese Skala nicht linear ist. Denn wenn ihr erst einmal die vier Dimensionen hinter euch gelassen habt, seid ihr nicht mehr linear, was bedeutet, es wird nicht mehr gezählt [denn Zählen ist etwas sehr Lineares]. Ihr könnt den auf 4-D folgenden Schritt also nicht die fünfte Dimension nennen; ja, sie ist höher als die vierte, aber in Wahrheit wird dieser auf die Vier folgende Schritt in die Multidimensionalität führen, welche den ganzen Rest umfasst. Durch das Verändern der Dimensionalität wird das Gefüge der Zeit verändert, ebenso eure Denkweise über alles. Jetzt müsst ihr eure Denkweise über die Funktionsweise von Dingen verändern; lasst uns beim menschlichen Bewusstsein anfangen.

Ihr werdet (1) im Bewusstsein, (2) im Körper und (3) in der Beziehung zu Gaia aufsteigen. Wie gesagt sind *drei Attribute* Teil des Wandels, wir wollen sie kurz ansprechen.

Der Aufstieg des menschlichen Bewusstseins:

Darüber sprechen wir mit euch seit vielen Jahren: Ihr verändert eure Denkweise und erhaltet ein größeres Bild der Weisheit. Die Merkmale eures normalen Lebens verändern sich, und das ist mehr als nur das, was ihr für real gehalten habt. Ihr erkennt, dass das Bewusstsein auch auf anderes abgestimmt ist, was lebendig ist, ob ihr das nun gesehen habt oder nicht. Dazu gehören natürlich die Bäume und natürlich auch all die Pflanzen, die euch mit Sauerstoff versorgen, sowie Dinge in der Luft, die für euch kein Leben darstellen. Es gibt überall multidimensionales Leben. Auch der Boden der Erde verfügt über multidimensionale Energie. Gaia, Pachamama [Gaia-Bewusstsein] selbst verfügt über Merkmale von Intelligenz und Leben.

Die Erweiterung des menschlichen Bewusstseins wird auch diese Dinge umfassen, und ihr werdet merken, dass ihr euch zurück zu dem wendet, was die Urvölker des Planeten geglaubt haben. Denn – noch einmal – sie sahen in ihrer Weisheit eine Verbundenheit von allem, was sie umgab, selbst die Wolken am Himmel. Das ist ein aufgestiegenes Bewusstsein ..., eine höhere Bewusstheit der menschlichen Göttlichkeit. Diese Bewusstheit löst dann den nächsten Schritt aus, nämlich den Aufstieg auf der zellulären, biologischen Ebene.

Es gibt eine Art Schnittstelle oder Brücke zwischen Bewusstsein und Biologie, in der sogenannten Zirbeldrüse an der Hirnbasis. Wird die Zirbeldrüse stimuliert, leitet sie dieses Bewusstsein als Signal zu den Körperzellen weiter, wodurch die DNA aktiviert wird.

Der Körper:

Jetzt wollen wir definieren, was DNA-Aktivierung ist. Durch DNA-Aktivierung können die 3-D-Teile der DNA mit den Quantenanweisungen der 90 Prozent der DNA zusammenarbeiten, die nicht der Proteincodierung dienen [keine Gene produzieren]. Dadurch entsteht nach und nach eine DNA, deren Effizienz viel höher ist als die eurer derzeitigen DNA und die ermöglicht, dass die Anweisungen und Informationen in den 90 Prozent umgeschrieben werden. So wird ein anderer Mensch mit einer besser funktionierenden Biologie geschaffen.

Ich möchte euch ein paar Beispiele erzählen, an die ihr nicht gedacht habt: Manche von euch machen sich Sorgen um die Umwelt, und das solltet ihr auch. Die Luft ist verschmutzt. Aber es gibt nicht nur die Luftverschmutzung, sondern auch die sogenannte elektromagnetische Verschmutzung. Sie verändert die Atomstruktur von allem in eurer Umwelt und ordnet die Polarität leicht um. Elektromagnetische Verschmutzung ist etwas Reales, es gibt sie. Wirkt sie sich auf die Zellstruktur des Menschen aus? Ja. Und was werdet ihr dagegen unternehmen? Ihr versucht, sie linear zu bekämpfen, versucht also, die Verschmutzung so gut wie möglich zu stoppen und euch vor den Energiefeldern zu schützen, denen ihr ausgesetzt sei. Seid ihr damit festgefahren? Es wird etwas passieren, was euch überraschen wird.

Wenn eure DNA auf der biologischen Ebene besser funktioniert, verfügen die Kinder, die jetzt auf die Welt kommen, über einen eingebauten Schutz gegen das, womit ihre Eltern die Umwelt verschmutzt haben. Ihr könnt das »spirituelle Weiterentwicklung« nennen, wenn ihr so wollt. Wie ihr sehen werdet, wird die menschliche Leber insgesamt größer. Kinder haben größere Lebern, um biologische Schadstoffe verarbeiten zu können. Auch die elektromagnetische Verschmutzung wird sie weit weniger beeinträchtigen als euch, denn ihre DNA hat dank ihrer Einsicht in Vergangenes eine Neuordnung vorgenommen.

Wie ihr auch sehen werdet, können Babys bei der Geburt besser intuitiv denken. Die Kinder sind besser in Kontakt mit ihrer Akasha [Aufzeichnungen über frühere Leben]. Sie werden früher sprechen lernen und sich intuitiv erinnern, ganz ähnlich, wie Tiere das tun, instinktiv, wie ihr sagt. Laufen, Sprechen und die Weisheit des Lebens treten mit einer höheren DNA-Effizienz viel schneller ein.

Und schließlich noch das menschliche Bewusstsein und die Beziehung des Menschen zu Gaia:

Gaia spiegelt das menschliche Bewusstsein; Gaia reflektiert das Bewusstsein, das ihr die Menschheit gibt. Gebt ihr Gaia das Bewusstsein des Kriegs, schwingt Gaia mit einer langsameren Frequenz, um sich an das anzupassen, was ihr ihr gebt. Gebt ihr ihr das Bewusstsein der Liebe oder des mitfühlenden Handelns, wird Gaia auch darauf entsprechend reagieren.

Wie ihr sicherlich wisst, ist das alles sehr komplex, und die Erde hat nicht überall auf dem Globus dieselbe Schwingung. Je nachdem, was in bestimmten Gegenden mit der Menschheit passiert ist, erzeugt sogar das Kristallgitter Zonen mit – wie ihr sagen würdet – hohen oder niedrigen Schwingungen. Doch ich sage euch etwas: Es gibt auf diesem Planeten Orte, wo die Plejadier schon früh hinkamen, und sie reinigten das Gitter in diesen Gegenden, sodass nichts, was jemals dort geschehen würde, die Reinheit des Bodens der Erde verändern würde. Darüber haben wir schon gesprochen.

Kryon Live-Channelling »Der Buchstabe A im Wort Kundalini«, durchgegeben in Elqui-Tal/Chile – 23. Oktober 2012

Love – Liebe (der Buchstabe L im Wort Kundalini)

Wir machen weiter mit den Buchstaben des Worts Kundalini, und der nächste Buchstabe ist L.

Müssen wir euch wirklich sagen, wofür das L steht? Wir haben den ganzen Tag darüber gesprochen, es steht für *Love (Liebe).* Die heutige Botschaft vermittelt also noch ein bisschen etwas über Liebe – gerade als ihr gemeint habt, dieses Thema wäre nun umfassend erklärt.

Wir haben den Tag mit einer Zeremonie der Ureinwohner begonnen, um Gaia Ehre zu erweisen, und viele von euch haben daran teilgenommen. Ich stelle also jetzt ein paar Fragen und bitte euch dann, sie in eurem Geist zu beantworten, während ich darüber spreche.

War bei der Ehrung des Planeten in der heutigen Zeremonie Liebe? Ist das die Art von Liebe, die ihr erwartet habt? Könntet ihr es überhaupt Liebe nennen? Habt ihr darauf eine Reaktion gespürt? Bei alldem geht es um die Frage, wie ihr das Wort *Liebe* überhaupt definieren würdet. Wir haben ja schon über die Liebe Gottes gesprochen, und wir werden das erneut tun. Wie wir gesagt haben, ist sie der Liebe einer Mutter zu ihrem Kind sehr ähnlich. Sie ist in jeder Hinsicht bedingungslos.

Und Gaia? Liebt die Erde die Menschheit, oder ist das etwas anderes? Ich sage euch, ihr Lieben, sie liebt die Menschen tatsächlich! Der Planet weiß, wer ihr seid. Gaia wurde das Kristallgitter aufgeprägt, und deshalb ist das Bewusstsein von Gaia auf das Bewusstsein der Menschheit eingestimmt. Sie liebt euch. Gaia ist nicht Gott, aber sie hat ihr eigenes Bewusstsein. Sie reagiert auf denselben Schöpfer wie ihr. Sie dient der Menschheit und ist für euch da. Wenn ihr Gaia Ehre erweist, reagiert sie darauf. Derzeit passiert vieles auf dem Planeten, welches mit Gaias Liebe zu euch zu tun hat. Gaia erweist euch Ehre zurück für das, was in letzter Zeit vom menschlichen Bewusstsein an sie reflektiert wurde.

Viele von euch machen sich gerade auf eine Reise [die Rede ist vom Tourstart]. Physisch reist ihr auf der Kundalini Tour an neue Orte. Ihr werdet zum Zentrum der alten Weisheit reisen, und dort wird es viele Gefühle geben. Doch die Veränderungen, die ihr spürt, sind, wie die Urvölker sagen würden, *das Erwachen des Pumas*. Es drückt das Erwachen der Weisheit der Region aus, und ihr werdet diesen Ausdruck vernehmen und wissen, was er bedeutet. Es bedeutet einen Anstieg der Intelligenz dieser Beziehung zwischen dem menschlichen Bewusstsein und Gaia; damit wird diese Beziehung noch enger, als sie ohnehin schon war. Es ist eine Form von Liebe.

Das L in Kundalini ist Gaias Liebe zur Menschheit. Diese Beziehung zwischen euch und der Erde ist interessant, denn ihr betrachtet den Globus als ein einziges Objekt. Ihr betrachtet auch Gott als eine einzige Energie oder sogar als Entität. Ihr seid euch des Gesamtheitsaspekts nicht bewusst. Alles, was multidimensional ist, hat eine unendliche Anzahl von Bewusstsein, aber sie sind alle als ein einziges ausgerichtet. Sie stellen sich in eurer Wahrnehmung als ein einziges Bewusstsein dar, aber es sind in Wirklichkeit viele.

Habt ihr jemals Gaia zu euch sprechen gefühlt? Das war der Teil von Gaia, der euch kennt und den Fußspuren folgt, die ihr im Kristallgitter erzeugt. Gestern wart ihr am Nullpunkt, wo es keine Kristallenergie gibt [das Tal des Mondes in Chile] und wo Gaia nach euch greifen und euer Herz berühren kann. Es gab dort Tränen, und das ist Liebe. Es ist also an der Zeit, eure Gefühle für die Erde neu einzustellen. Das bedeutet, ihr geht buchstäblich weg von diesem Platz und betrachtet das, was ihr »Natur« nennen würdet, mit anderen Augen. Dort ist Liebe, und sie ist bedingungslos.

Ich möchte euch noch ein bisschen mehr über die Liebe Gottes erzählen und sie auf eine Weise erklären, wie ich das bis lang nicht getan habe. Beim Gedanken an bedingungslose Liebe denkt ihr an die Beziehung zwischen einer Mutter und ihrem Kind. Doch die Liebe Gottes geht darüber hinaus, sie geht weit darüber hinaus. Die Menschen haben einen freien Willen. Sie kommen auf diesen Planeten mit einem intuitiven Gespür für die Schöpfung. Das, was sie in ihrer Suche nach Gott als Nächstes tun, ist ziemlich linear. Sie legen Doktrinen und Regeln fest und definieren Wahrheit auf vielerlei Weise, und zwar, weil sie sich damit in einem System organisieren können, welches für eine lineare Realität ganz bequem ist. In diesem Gespräch könntet ihr also sofort fragen: *»Was ist Wahrheit? Wer hat sie richtig und wer falsch verstanden?«*

Ich möchte euch etwas zum Nachdenken geben: Wir wollen uns vorstellen, ein Mensch erwacht spirituell und erkennt durch Intuition, dass es einen Schöpfer geben muss. Dieser Mensch erlebt beispielsweise eine Situation, in die ein Tier involviert ist, was er als ein Zeichen Gottes betrachtet – und er ordnet im Kopf dem Tier Schöpferenergie zu. Jetzt frage ich euch: *»Was ist Wahrheit? Hat er sie richtig oder falsch verstanden?«* Wird diese Handlung, mit der er einem Tier den Schöpfer zuordnet, von Gott respektiert oder nicht?

Die Antwort? Alles, was der Mensch tut und wodurch er der Liebe Gottes näherkommt, ist Wahrheit. Alles, was den Menschen auf Gaia ausrichtet, wird von Gott als stimmig akzeptiert und respektiert. Wenn der Mensch sein ganzes Leben vor einem Tier verbringt und glaubt, es repräsentiere die Schöpferenergie Gott, dann ist das vielleicht nicht die ganze Wahrheit, aber es ist ein Teil der Wahrheit und stimmig. Versteht ihr das? Habt ihr in euren besten Momenten gemeint, ihr hättet die gesamte Wahrheit? Habt ihr mit zunehmendem Alter und zunehmender Spiritualität eine größere Wahrheit auf diesem Weg entdeckt? An welchem Punkt könntet ihr sagen: *»Ich habe die Wahrheit!«*?

Wenn ihr euch dem Schöpfer und seiner Weisheit nähert, beginnt ihr zu verstehen, dass Gottes Wahrheit größer ist als alles, was die Menschen sich vorstellen können. Ihr seid frei, die Liebe Gottes so zu entdecken, wie ihr wollt. Es wird Menschen geben, die mit dem Finger auf euch zeigen und sagen: *»Ihr tut uns leid, denn ihr habt nicht die richtige Wahrheit.«* Oder sie sagen: *»Ihr macht eine Dummheit!«* Doch ich sage euch, ihr Lieben: Gott ist hier bei euch, und Spirit wird die Liebe, die ihr spürt, verstärken, egal, wie ihr es macht. Der einzige Dummkopf ist derjenige, der meint, er hätte die gesamte Wahrheit und könne aufhören, danach zu suchen und weiter zu lernen.

Ja, die Suche des Menschen nach Gott kann stimmig oder unangemessen sein. Jedes Mal, wenn ihr die Liebe Gottes anzweifelt, ist es unangemessen. Jedes Mal, wenn ihr sie in welcher Form auch immer annehmt, ist es stimmig. Das Einzige, was Gott von euch erbittet, ist also, die spirituelle Logik eurer Intelligenz und Intuition zu nutzen, um zu erkennen, *was Gott ist und was nicht Gott ist.* Aber wisset: Ihr werdet Gott in allem finden, wenn ihr nur hinschaut. Er wird im Kleinsten des Kleinen und im Größten des Größten sein. Definiert damit das Paradigma der bedingungslosen Liebe neu. Gott ist es egal, wo ihr diese Liebe findet, denn sie ist überall.

Kryon Live-Channelling »Der Buchstabe L im Wort Kundalini«, durchgegeben in San Pedro de Atacama/Chile – 27. Oktober 2012

Intuition
(der Buchstabe I im Wort Kundalini)

Wir wollen die Unterweisung weiterführen. Der Buchstabe im Wort Kundalini, über den wir heute reden, ist das I, der siebte Buchstabe. Er bedeutet *Intuition*. Wahrscheinlich habt ihr auch schon früher Definitionen für Intuition aufgestellt, aber wohl kaum eine, die korrekt war. Denn dieses spezielle Attribut gewinnt allmählich in eurem Leben mehr Macht.

Lasst uns einmal einen Blick auf das werfen, was die Gehirnforscher über Intuition sagen. Sie ist extrem schwierig zu definieren. Manche verstehen darunter *»vom Gehirn zu willkürlichen Zeiten erzeugte willkürliche Gedanken«.* Intuition zeigt sich willkürlich durch den Intellekt und die Logik. Das ist auch schon das Beste, was sie zu bieten haben.

Das menschliche Bewusstsein hat vier Hauptattribute: Intellekt, Logik, Emotion und Intuition.

Das ist die gesamte Ausgangsbasis für menschliches Denken und Handeln. Psychologen verfolgen gern eure Gedankengruppen und legen sie in diese Schubladen. Eine intellektuell veranlagte Person wird bestimmte Arten von Entscheidungen auf Basis intellektuellen Denkens treffen, und eine emotionale Person trifft bestimmte Arten von Entscheidungen, die komplett von Gefühlen geleitet sind. Eine ultralogische Person wird nur Dinge tun, die mit ausschließlich auf Logik basierten Lösungen gefüllt sind. Wo passt da also Intuition hinein? Die Antwort lautet: Eigentlich fast nirgends, bis jetzt. Ihr müsst euch anschauen, was Intuition ist, wo sie herkommt und wie ihr euch damit fühlt. Wenn ich fertig bin, werdet ihr das besser verstehen.

Ihr werdet in Zukunft mit Intuition umgehen müssen, und sie wird genauso stark sein wie die anderen Attribute. Intuition kommt und geht nicht willkürlich und ihr könnt sie nicht als »Schluckauf« des Gehirns abtun. Bis jetzt wurde Intuition von den Psychologen oft als kleiner Wachtraum behandelt. Sie ist genauso unwichtig und kommt und geht schnell. Doch Intuition taucht nicht plötzlich willkürlich zwischen logischen Gedanken auf. Sie ist viel mächtiger. Auf dem Planeten geht eine Veränderung vor, einige der grundlegendsten Attribute von Gaia werden neu kalibriert. Ihr sitzt gerade in einem klassischen Weisheitszentrum [bezugnehmend auf Cusco/Peru], welches im Erwachen begriffen ist und an Kraft gewinnt, weil das Bewusstsein der Menschheit Weisheit ein bisschen mehr wertschätzt.

Wie ein Blick auf die Touristenzahlen in dieser Stadt zeigt, sind sie in den letzten Jahren fast exponentiell in die Höhe gegangen, und zwar nicht aufgrund einer emotionalen Reaktion; und es gab auch keine Förderung durch Logik oder Intellekt. Es war fast ausschließlich intuitiv. Hier, ihr Lieben, liegt der Unterschied zwischen Intuition und den anderen Merkmalen des Menschen, denn Intuition ist Quantenbewusstsein und das einzige Merkmal, welches ihr durch das Beobachten des Handelns der Massen messen könnt. Millionen Besucher wurden hierhergeführt, weil hier in dieser Gegend etwas vor sich geht, was sie intuitiv spüren. Man könnte also sagen, Intuition ist ein Quantenteil des Gehirns, und dieser spezielle Quantenteil ist viel größer, als ihr gedacht hättet. Er hat mit einer Idee, die viele hatten, die Massen erreicht.

In der Vergangenheit waren die anderen Attribute für das verantwortlich, was ihr »dreidimensionales Überleben« nennen würdet. Krieg ist nichts Intellektuelles, sondern etwas Emotionales. Manche Intellektuelle argumentieren für oder gegen den Krieg, aber keiner sitzt am Rand und argumentiert mit Intuition. Was ich damit sagen will: Bislang hatten die dreidimensionalen Teile eures Gehirns die Kontrolle. Doch jetzt, mit der gerade stattfindenden Neukalibrierung des Planeten beginnt der Quantenteil eures Gehirns sich zu zeigen, und Intuition ist multidimensional. Deshalb haben wir sie in die Bedeutung der Buchstaben von Kundalini mit aufgenommen.

Wir wollen einen Moment anhalten und uns die Intuition anschauen. Was macht sie angeblich? Wie wird sie im Körper produziert? Warum glaubt ihr nicht an sie, wenn sie passiert? Wir wollen einmal schauen, wo sie herkommt. Das wird für manche nicht als Schock kommen, denn intuitives Denken ist ein Produkt der Zirbeldrüse. Die Zirbeldrüse, die in vielen Kulturen das Dritte Auge repräsentiert, ist Teil eures Bewusstseinsportals, das auf euer Höheres Selbst reagiert. Die kleinen Gedanken, die euch in den Sinn kommen und von manchen Menschen verworfen werden, sind intuitives Handeln. Diese Gedanken kommen und gehen womöglich so schnell, dass ihr nicht einmal genau wisst, worum es dabei ging. Sie kommen über das Portal der Zirbeldrüse, durch euer Höheres Selbst.

Wenn die Menschen die Zellstruktur, von der die Rede war, neu kalibrieren, reagiert die DNA ihres Körpers auf die neuen Anweisungen eines sich weiterentwickelnden Bewusstseins. Wer die Wahrheit sucht und wer ins Licht erwacht, hat in der Zirbeldrüse ein größeres Portal. Die Kommunikation mit dem Höheren Selbst weitet sich aus, und intuitives Denken hat Vorrang vor Logik und Emotionen. Das, meine Lieben, zieht die Linie zwischen euch und anderen Menschen. Denn intuitives Denken scheint keinen Sinn zu ergeben, wenn die Logik es auf den Prüfstand stellt.

Wenn du beschließt, deinen Lebensweg wegen eines momentanen intuitiven Gedankens zu ändern, sagen die Leute vielleicht: *»Moment mal! Das macht doch keinen Sinn. Hast du das genau überlegt? Ist es logisch? Was sagt der intellektuelle Geist dazu?«* Und du antwortest, das wäre egal, denn: *»Meine intuitiven Gedanken kommen von dort, wo ich Gott bin.«* Jetzt beginnt ihr zu verstehen, warum das Rätsel für den Lichtarbeiter noch größer wird. Ihr empfangt Botschaften von eurem Gottes-Selbst. Jetzt hört gut zu, ihr Menschen, das ist kein Urteil. Aber ihr habt eine ungeheure Tendenz, eure Intuition zu ignorieren, oder gebt nicht einmal zu, dass ihr eine Intuition habt! Wir wollen also anschauen, wie sie funktioniert.

Wenn Intuition hauptsächlich multidimensional ist, dann wird sie mit euch nicht linear kommunizieren. Geht mit mir einmal in den Geist eines Künstlers, der ein Musikstück komponiert. Da geschieht etwas, was der Künstler euch niemals erklären kann: Die Komposition, die er schreibt, ist auf einmal in seinem Gehirn entstanden. Alle Phrasen, die Melodie und die Verbindungen zwischen den einzelnen Teilen entstehen nicht so, wie das Ohr es dann schließlich hört, sondern innerhalb von Sekundenbruchteilen, auf einen Schlag, im Gehirn. Dann geht der Künstler hin und überträgt das alles, indem er diese flüchtige, intuitive Idee in Form strukturierter Noten niederschreibt.

Welche musikalische Komposition berührt eure Seele, treibt euch vielleicht sogar Tränen in die Augen und berührt euer Herz? Ich sage euch etwas: Diese wundervolle Musik mag profund sein, wenn ihr sie in der linearen Zeit anhört, aber sie kam dem Komponisten als Geistesblitz und hat doch die Macht, euch innerlich zu berühren. Das ist Channelling!

Ein Künstler weiß um die Quantenintuition. Diejenigen, die Farbe auf die Leinwand auftragen, experimentieren beim Malen nicht oder löschen alles wieder. Die Meisterwerke, die ihr in den Galerien seht, sind nicht das Ergebnis von Farbexperimenten. Die Künstler wussten genau, was sie tun mussten, und zwar innerhalb von Sekundenbruchteilen, intuitiv. Das Gemälde war mit seiner ganzen Schönheit innerhalb von Sekundenbruchteilen in ihrem Kopf, lange bevor sie den Pinsel in die Hand nahmen. Wie wir ja schon gesagt haben: Der Bildhauer nimmt einen Stein und entfernt das, was nicht hingehört, um das zu erschaffen, was – wie er wusste – schon da war. Alles wurde innerhalb eines Sekundenbruchteils geschaffen.

Jetzt übertragt das auf euer Leben. Es gibt einen neuen Prozess, ein neues Paradigma, wo intuitive Gedanken gefühlt, gewusst und erkannt werden müssen. Je mehr ihr das tut, desto besser werdet ihr darin. Doch warum glaubt ihr euren eigenen intuitiven Gedanken nicht? Interessant, oder, wie Emotionen und Intellekt auf Autorität reagieren? Doch die Intuition ist in diesem Szenario nicht einmal mit dabei. Stattdessen müsst ihr eure 3-D-Welt hinter euch und die Intuition als gleichwertigen Mitspieler teilhaben lassen. Wenn ihr das schafft, werden sowohl der Intellekt als auch die Emotionen sich einreihen, zusammenkommen und einen Sinn ergeben.

Stellt euch vor, es gibt ein paar intuitive Menschen, die sich von Quantenintuition leiten lassen. Wenn ihr sie fragt, wie sich das anfühlt, werden sie euch sehr ausgewogene Antworten über ihre intuitiven Gedanken geben. Der Intellekt, der die Logik produziert, ergibt nun einen Sinn, weil er sich der Intuition unterwirft. Auch emotional fühlen sie sich ausgeglichen, nicht ängstlich.

Die reinsten Urvölker auf dem Planeten waren diejenigen, die ihre Intuition in einem Höchstmaß gebraucht haben. Stellt euch vor, wie vor Jahrtausenden die Menschen so intuitiv waren, dass sie den Kreislauf des Lebens in sich selbst und in der Natur erkannten. Eine moderne Welt sieht sich das an und sagt, das sei alles Mythologie und Dummheit. Doch was, wenn diese Menschen viel quantenhafter gewesen wären als irgendjemand hier in diesem Raum?

Wir wollen einen Test machen. Intuition kommt und geht so schnell, dass ihr es nicht glauben könnt. Hier ist der Test. Ich bitte euch, alles, war ihr jemals gelernt habt, zu vergessen und Antworten intuitiv zu erkennen. Wenn ich euch eine Frage stelle, sollt ihr den intuitiven Gedanken dazu fühlen. Dabei geht es um erste Eindrücke. Nehmt den ersten intuitiven Gedanken, der euch kommt, das ist für euren Geist eine Offenbarung. Intuition ist nicht an euren 3-D-Gedanken festgemacht; wenn ihr das erkennt, zeigt sie euch, was ihr wirklich denkt. Das Portal zum Höheren Selbst lügt euch nicht an. Es wird euch jedes Mal die Wahrheit vermitteln. Die Frage ist, wie ihr sie annehmt. Wenn sie mit dem zu kämpfen hat, was ihr gelernt habt, dann hat euer dreidimensionaler Anteil gewonnen.

Lasst uns für einen Moment sitzen. Manche dieser Fragen sind einfach, manche vielleicht nicht. Ich stelle eine Frage, und ihr sollt dann den ersten intuitiven Gedanken, der euch kommt, aufgreifen, nicht das, was man euch gesagt hat, und nicht das, was eure Eltern euch gesagt haben oder die Gesellschaft euch aufgezwungen hat. Ihr seid hier ganz allein, mit euren eigenen Gedanken. Wie lauten eure Antworten auf diese Fragen?

Frage: Ist Gott real?

Fühle es. Hast du es gefühlt? Oh, das ist eine einfache Frage. Sonst wärst du nicht hier. Du wärst sonst nicht in dieser Gruppe, nicht wahr? Du kennst also die Antwort auf diese Frage. Es war dein erster intuitiver Gedankenblitz: *»Natürlich, ganz bestimmt.«* Doch dein Intellekt und deine Logik wissen, dass es keinen Beweis dafür gibt. Warum also warst du dir da so sicher? Weil deine Lebenserfahrung mit einem unsichtbaren Gott dir all das mitgegeben hat, was du brauchst, um Ja zu sagen. Deshalb war das dein erster intuitiver Gedanke, und du hast ihn erkannt.

Jetzt pass auf, was passiert, wenn wir dich bitten, Gott zu definieren! Denn die Intuition beginnt, mit dem Intellekt und der Emotion zu kämpfen.

Jetzt wird es schwieriger.

Frage: Kann man mit Gott reden?

Erster intuitiver Gedankenblitz! Bleib dran! Kannst du dich mit dem Schöpfer unterhalten? Ja oder nein? Das geht jetzt gegen das, was du gelernt hast, nicht wahr? Spürst du diesen leichten Konflikt?

Frage: Ist Gott in dir?

Ihr werdet ganz gut mit diesen Dingen. Ich weiß, wer hier ist, und ich gebe euch voller Absicht intuitive Lektionen über Dinge, die ihr schon wisst. Damit soll der *intuitive Muskel* trainiert werden, damit ihr wisst, wie er sich anfühlt. Keine der von mir gestellten

Fragen kann jedoch bewiesen werden; der Intellekt kann euch also nicht voller Autorität gute Informationen darüber geben, sondern nur eine Meinung auf Basis des von euch Gelernten: dass ihr dumm seid oder dass das nicht logisch ist oder dass ihr zu emotional seid. Das sind keine Beweise oder Widerlegungen, sondern Urteile! Das, meine Lieben, zeichnet die Dualität des Menschen aus. Ist Gott in euch? Gebraucht eure Intuition! Lasst euch keine Meinung von eurem Gehirn »aufschwätzen«.

Mein Partner hat euch vorhin eine Antwort gegeben, die von mir war und nicht von ihm. Manche von euch haben sie aufgenommen, und selbst er war sich nicht so ganz sicher, warum er das gesagt hatte. Wie er euch sagte, haben die Menschen eine Neigung, sich selbst zu beurteilen. Das ist der Kampf zwischen göttlichem intuitivem Denken und Emotion und Intellekt. Der Intellekt wird sagen: *»Nun, du hast einen intuitiven Gedanken, und er war nur sehr kurz, nicht wahr? Deshalb war das einfach nur ein kleiner Traum und hatte nichts zu bedeuten. Er war nicht einmal logisch. Du hast noch nicht einmal verstanden, was deine Intuition dir da gesagt hat, also hör auf, über Unsichtbares nachzudenken, und komm auf den Boden zurück!«* Euer eigenes Bewusstsein hat ein Urteil auf Basis einer Meinung gefällt, anstatt eine Schlussfolgerung zu ziehen.

Ist Gott real? Spricht Gott zu euch? Ja. Wenn ihr es schafft, den intuitiven Muskel des Gehirns zu stärken, könnt ihr klarere und längere intuitive Gedanken denken.

Beantworte die folgende Frage: Stell dir vor, du bist im Wald oder im Dschungel oder auch in der Wildnis. Du bist völlig allein, es gibt keinen anderen Menschen im Umkreis von Hunderten von Kilometern.

Beantworte bitte die Frage: Weiß die Natur, dass du hier bist? Bist du nur ein Beobachter, oder hast du durch dein Hiersein teil an der Natur? Fast alle hier wissen die Antwort, und sie lautet: Ihr sitzt und badet darin, *bekannt zu sein,* und ihr seid nicht allein. Die Blätter an den Bäumen grüßen euch. Die Luft, die ihr in die Lunge aufnehmt, weiß, wer ihr seid, und der Boden der Erde kennt eure Schuhgröße. Es gibt unglaublich viel Kommunikation! Weist das nach!

Wo sind der Intellekt und der Emotionalkörper, wenn ihr sie nachweisen müsst? Sie können nicht nachgewiesen werden, doch der Lichtarbeiter hat keine Zweifel an intuitiver Wahrheit. Ihr betont also intuitives Denken und müsst nichts anhand der anderen Attribute verifizieren. Ihr »wisst« auf intuitiver Ebene und lasst Intellekt und Emotionen später nachkommen. In diesem Fall wisst ihr zuerst durch intuitives Denken um die Wahrheit. Diese Beispiele sollen euch helfen zu verstehen, wie sich gute intuitive Antworten anfühlen, damit ihr über die Intuition auch Antworten auf die schwierigen Fragen des Lebens finden könnt.

Noch eine Frage, dann hören wir auf. Ein Mann sitzt auf einem Stuhl auf einer Bühne in Cusco und sagt, er channelt Kryon. Ist diese Botschaft real?

Der Intellekt, die Logik und die Emotion schreien: *»Nein! Gott redet nicht so zu Menschen!«* All das, was ihr in der Vergangenheit gelernt habt, und all eure Vorurteile treten da auf den Plan, vertreten vom Intellekt. Für beides gibt es keine Beweise, doch der Intellekt stellt sich dennoch als Autorität hin, nur wegen dem, was man euch gesagt hat. Das ist eine Meinung.

Doch wenn Gott mehr ist, als ihr meint? Vielleicht gibt es eine ungeheure kreative Energie, welche die Lieder schreibt, die ihr gerne hört, und die Bilder malt, die ihr gerne anschaut. Aber ihr könnt nicht einen Teil einer Energie ablehnen und sagen, die anderen Teile existieren sehr wohl. Versteht ihr, was ich sagen will? Ihr könnt keine Linie ziehen und entscheiden, welche unsichtbaren Dinge real sind und welche nicht. Ihr seht hier ein kreatives Geschehen, so wie der Künstler ein Bild malt und der Musiker ein Lied komponiert, und das nennt sich Channelling. Ist es real?

Das ist heute eine gute Übung, denn hier im Raum beantworten manche die Frage mit Nein. Ich sage euch, ihr Lieben: Das kann sich morgen ändern, wenn ihr eurer Intuition die Chance gebt, Botschaften an euch zu vermitteln. Das ist so grundlegend. »Wohin führt das, Kryon? Warum redest du über das alles?« Weil der intuitive Geist die Zukunft des Planeten anleitet. Die Intuition wird sagen: »Kein Krieg mehr!« Jetzt werden der Intellekt und die Emotion auf den Rücksitz verbannt.

Durch die Intuition werden Dinge, die sich bislang nicht so gut zusammenbringen ließen, geeinigt. Und durch Intuition werden neue Paradigmen des Lebens entstehen. Die Intuition bringt die Biologen dazu, Leben im Erdboden und in den Felsen zu entdecken, welches in einem Halbquanten-Zustand lebt. Diese zukünftigen Dinge können nicht geschehen, solange die Menschheit nur von Intellekt, Logik und Emotion getrieben ist.

Achtet auf Folgendes: Es wird der Tag kommen, an dem intuitives Denken wissenschaftlich glaubwürdig belegt wird, und dann werdet ihr wissen, dass sie etwas Reales ist. Aber das wird nicht so schnell passieren, wie es für euch möglich wäre. In euch gibt es einen liebenden, fürsorglichen Gott, der Teil von euch ist. Dieser Gott weiß alles über euch und möchte klarer zu euch sprechen können, durch den Ausbau eurer Zellstruktur und der Kommunikationsmöglichkeiten, sodass ihr in der Lage sein werdet, herauszufinden, was echte Wahrheit ist.

Und noch eine Frage, ohne eine Antwort:

Du Mensch, mit allem, was du bist, ergibt es für dich wirklich einen Sinn, dass du angeblich nur etwa 80 Jahre leben kannst und es dann mit dir vorbei ist? Was für ein Plan ist das denn? Denk darüber nach und lass dir von deiner Intuition eine vollständige Antwort geben!

Kryon Live-Channelling »Der Buchstabe I im Wort Kundalini«, durchgegeben in Cusco/Peru – 31. Oktober 2012

New Human – Neuer Mensch (der zweite Buchstabe N im Wort Kundalini)

Bitte schaut einmal, was auf der Bühne passiert. Es gibt hier ein größeres Bild, eine Metapher, eine Ehrung auf mehreren Ebenen. Dies ist ein Quantenereignis. Schaut euch an, was gerade geschehen ist. Es sind Nordamerikaner hier auf der Bühne [bezugnehmend auf Lee Carroll und Peggy Phoenix Dubro], die fest in Südamerika verwurzelt und geerdet sind und die weise göttliche Energie channeln, die aus diesem Platz hervorströmt. Denkt einmal an den Adler, der auf den Kondor trifft [siehe am Ende dieses Kapitels]; genau das geschieht hier und jetzt.

Warum sonst sollten diese Nordamerikaner hier sein? Sie bringen euch keine Weisheit, denn ihr habt eure eigene Weisheit! Sie sind gekommen, um die Weisheit zu ehren, die hier aus dem Boden kommt. Einige von euch sind ihre eigenen Vorfahren! Ist euch das klar?

Dies ist eine Ehrung der Vorfahren, genau das ist es. Schaut euch an, welche Metapher von Anfang an für diese Tour [Kundalini Tour 2012] gilt. Das Thema ist *das sich wandelnde Gleichgewicht von Norden und Süden.* Das passiert hier auf der Bühne, vor eurer Nase; es ist ein Teil der Prophezeiung, der erfüllt worden ist.

Manche unter euch wundern sich vielleicht über das Channelling. Da sitzen heute zwei Menschen auf dem Stuhl vor euch, aber sie channeln als ein Wesen. Es ist nicht ein Mensch mit einer Quelle und ein anderer Mensch mit einer anderen Quelle, sondern eine Quelle fließt in die andere über. Die Quelle ist die Quelle von der anderen Seite des Schleiers. Manche von euch nennen sie *Gott,* aber wir nennen sie *Familie*. Denn ihr seid Teil von uns, und da ist keine Trennung. Ich möchte euch aber auch bitten, noch etwas anderes anzuschauen, was geschehen ist. Ich werde euch eine Botschaft über einen weiteren Buchstaben des Worts Kundalini durchgeben. Der vorletzte Buchstabe ist der achte Buchstabe. In der Numerologie steht die Acht für Manifestation. Der Buchstabe ist N, und ich muss euch eigentlich nicht sagen, was er bedeutet, denn seine Bedeutung ist euch bereits vermittelt worden. Das weise göttliche Feminine hat es euch gerade gesagt. Wir kommen als EINES, und die Botschaft geht über den *Neuen Menschen.* Sie stammt nicht von mir, sondern von ihr [bezugnehmend auf Peggy Phoenix Dubro, die neben Lee channelt]. Ihr seht, wir sind eins.

Was also bedeutet der Umzug der Kundalini-Energie? Ist das Interessante daran etwas, was mit der Erde zu tun hat? Ist es etwas Schamanisches? Oder nur etwas, was sich auf Peru bezieht? Nein. Es geht um die gesamte Menschheit, und diese Gegend der Welt spielt bei der Veränderung eine große Rolle.

Wie bereits gesagt worden ist, werden neue Bewusstseinssamen gepflanzt. Lasst sie jetzt zur Saat des Verstehens werden. Das, was aufgrund dieses neuen Gleichgewichts auf dem Planeten passiert, wirkt sich direkt auf Menschen überall auf der Welt aus. Alles, was passiert, betrifft nicht nur die Erde, sondern die Menschen. Die Prophezeiungen gingen nicht um die Erde, sondern um ein Gleichgewicht auf der Erde, welches die Menschen beeinflusst. Es geht um das menschliche Bewusstsein, welches sich verändert, und dabei wird ein Neuer Mensch erschaffen. Das Paradigma des Menschseins verändert sich, auch die sogenannte menschliche Natur.

Wir haben in den letzten Wochen in unseren Gesprächen über dieses neue Gleichgewicht von Nord und Süd mehrere Themen behandelt. Das Zusammenkommen des Adlers und des Kondors war eines davon. Ihre Vereinigung ist das neue Gleichgewicht. Sie kommen auf eine Art und Weise zusammen, welche ein Potenzial menschlichen Bewusstseins generiert, wodurch die männlichen und weiblichen Aspekte aller Menschen, nicht nur der hier Anwesenden, ins Gleichgewicht kommen.

Und wir haben über die Einheit gesprochen, die sich gerade entwickelt und für den Planeten etwas Neues ist. Wir haben die Einheit Südamerikas vorhergesagt. Ihr seht das bereits im Norden, wo vormalige Feinde sich zusammengeschlossen haben und nun friedlich miteinander Handel betreiben. Was mit einer alten Energie nie hätte geschehen können, wird jetzt so nach und nach zu etwas ganz Normalem. Neue Ideen, die in einer alten Energie niemals funktioniert hätten, funktionieren allmählich. Das ist der Neue Mensch, ein Mensch, der das Leben anders als eure Eltern oder deren Eltern lebt und betrachtet.

Es findet ein Paradigmenwechsel menschlichen Denkens statt, und das, was dabei entsteht, macht den Neuen Menschen schneller. Bei der letzten Durchgabe zu einem Buchstaben des Worts Kundalini ging es um Intuition – das Einbeziehen einer Quantenenergie, die in der Zirbeldrüse erzeugt wird, als wichtigen Akteur neben Intellekt, Logik und Emotion. Das ist ein Paradox und Paradigma des Neuen Menschen, durch das *der Instinkt des Überlebens zu jedem Preis* nichtig gemacht wird.

Allerdings entsteht ein Paradox, denn im Moment könnt ihr den *neuen* Teil des Menschen nicht definieren, aber ihr beginnt, ihn genauso viel zu gebrauchen wie alle anderen Teile eures Gehirns. Willkommen beim Quantenrätsel! Ihr überschreitet das rein logische Denken und haltet Dinge für glaubwürdig und real, die bislang nicht einmal definiert werden konnten. Doch da ist noch mehr: Ich möchte mit euch über die potenziellen Ereignisse sprechen, die geschehen werden, nicht nur über das neue menschliche Denken, sondern auch darüber, was auf einem Planeten passiert, der quantenhafter wird. Auf was könnt ihr euch freuen?

Manche Menschen werden die Zukunft auf Basis alter Denkweisen vorhersagen. Ihre Prophezeiungen beruhen auf dem, was die Menschheit im Laufe der Zeit von Natur aus getan hat, doch nur sehr wenig davon wird tatsächlich eintreten. Was wäre, wenn der Mensch seine Denkweise und Gedankenabläufe verändern würde? Wenn der Kern des menschlichen Gehirns sich auf einmal auf quantenhafte Weise mit dem Planeten verbinden würde?

Ich möchte über ein paar Dinge sprechen und euch ein Bild aufzeigen, an das ihr vielleicht noch nicht gedacht habt. Ich möchte über die Erfindungen des Menschen sprechen. Manches davon habe ich schon früher angesprochen, aber nicht in eurer Sprache [Spanisch]. Manchen von euch mag das wie eine Wiederholung erscheinen, aber ihr müsst es als etwas Neues betrachten. Ist euch aufgefallen, dass die großen Erfindungen – euer sogenannter *globaler technischer Fortschritt* – fast gleichzeitig überall auf dem Planeten gemacht wurden? In Nordamerika fand der erste Flug eines Menschen statt. Doch gleichzeitig wurde an dieser Entwicklung auf der anderen Seite des Globus gearbeitet. Die Nordamerikaner waren den Europäern tatsächlich nur eine Woche voraus! Zur selben Zeit, als die Gebrüder Wright ihr Flugzeug entwickelten, saßen auch die Franzosen daran. Glaubt ihr, das sei ein Zufall gewesen? Warum geschahen diese Dinge sozusagen auf einem Haufen, arbeiteten so viele Menschen zur selben Zeit an derselben Sache? Und was hat euch das gebracht? Die Fähigkeit zu fliegen.

Kommt es euch nicht komisch vor, dass die Menschheit seit Jahrtausenden die Vögel beobachtet und die Chinesen sogar

Drachen fliegen ließen? Dennoch wurde die ganze Zeit diese so nahe liegende Erfindung des bemannten Fliegens nicht entwickelt, und als es dann geschah, tauchte die Idee weltweit auf einmal überall auf.

Auch die Erfindung des Radios geschah buchstäblich innerhalb von Wochen und wurde mit nur wenigen Wochen Zeitabstand öffentlich gemacht. Diejenigen, die an derselben Erfindung arbeiteten, kannten sich nicht und wussten nichts von ihrer gegenseitigen Arbeit. Die Streitfrage, wer denn nun der Erste war, ist immer noch nicht ganz geklärt. Habt ihr euch schon einmal überlegt, wie seltsam gering die Chancen für eine solche Gleichzeitigkeit sind? Wie kann so etwas passieren? Dazu möchte ich euch ein paar Informationen geben: Es hat mit dem zu tun, wozu die Erde bereit ist. Wenn die Menschheit das Bewusstsein dafür hat, dann wird es von Gaia gefördert und die Erfindung ermöglicht. Alles bewegt sich innerhalb eines Systems, und wenn die Menschen anfangen, anders zu denken, reagiert Gaia entsprechend. Die Erde, auf der ihr geht, gibt euch zurück, was ihr ihr gebt. Die Ahnen wussten das beim Anbau von Nahrung. Sie erwiesen der Erde Ehre, und die Erde erwies ihnen Ehre zurück. Es ist ein System.

Habt ihr jemals überlegt, dass der Menschheit vielleicht Ideen dann geliefert werden, wenn sie dafür bereit ist, wodurch neue technische Erfindungen gefördert werden? Auch wenn viele Intellektuelle meinen, die Menschheit könne sich alles jederzeit vorstellen, kann ich euch sagen, dass das nicht der Fall ist. Sonst wären die großen Erfindungen eurer Zeit nämlich schon viel früher gemacht worden. Die Menschen wurden nicht ganz plötzlich innerhalb der letzten 100 Jahre superschlau.

Das wird wieder passieren. Stellt euch auf große Erfindungen ein, die alles verändern werden, denn ihr seid gerade dabei, die Saat für eine Quantenzivilisation auszubringen. Diese Realität ist anders als eure gewohnte. Was wird passieren, wenn ihr Quantenenergie sehen könnt? Das wird als Katalysator für eine neue höhere Bewusstheit dienen. Habt ihr gesehen, was passiert ist, als ihr das elektronische Zeitalter eingeläutet habt? Habt ihr gesehen, wie eines ganz schnell zum nächsten führte? Erst vor scheinbar wenigen Jahren habt ihr gelernt, Nachrichten drahtlos zu versenden. Jetzt schaut, was daraus geworden ist! Wie leistungsfähig die Computer auf eurem Schreibtisch sind! Das wird wieder passieren, wenn ihr mit einer großen Erfindung einen neuen Durchbruch erzielt; dann wird eines zum anderen führen.

Was wird geschehen, wenn ihr Quantenenergie sehen könnt? Ihr habt keine Ahnung, was ihr sehen werdet, wenn die entsprechenden Instrumente gebaut worden sind und auf Quantenhaftigkeit ausschlagen. Dadurch wird sich eine Tür öffnen, eine komplexe, unerklärliche Tür, die der gesamten Menschheit den Atem verschlagen wird. Denn wenn sie den Türknauf drehen und dann die ganze Quantenenergie um sich herum sehen können, müssen sämtliche Wissenschaftsbücher der Welt umgeschrieben werden. Das ist nur eines von vielen Ereignissen, und es wird eine erstaunliche neue Bewusstheit hervorbringen. Das wird innerhalb der nächsten 18 Jahre geschehen.

Das ist auf anderen Planeten passiert, deshalb kann ich euch davon erzählen. Hier ein paar Hinweise: Wenn die neue Menschheit diese Erfindung gemacht hat und mit den Augen eines Quantensehers um sich blickt, wird sie Dinge sehen, die sie niemals erwartet hätte. Ein Blick auf einen Menschen zeigt dann eine *Quantenenergieblase* um jeden Menschen herum ... mit wunderbaren, sich verändernden Farben. Sie hat eine Breite von acht Metern.

Und wenn sie das Quantensichtgerät auf den Wald richten, werden sie das Quantenleben und die multidimensionale Energie dort sehen. Es wird für sie ein Schock sein, wenn sie die Felsen betrachten und darin Leben entdecken! Kein dreidimensionales Leben, wie ihr es kennt, sondern Quantenleben. Dadurch finden sich Erklärungen für das Geheimnisvolle von Wäldern und Bäumen. Die Wissenschaft auf der Erde wird das Leben neu definieren müssen, denn es reagiert, wenn es angeschaut wird, und erfüllt viele der derzeitigen Bedingungen für die Definition des Lebens.

Bestimmte Entdeckungen müssen die Menschen selber machen. Könnt ihr euch vorstellen, wie ihr mit einem Baum redet? Mit einem Felsen? Und der Luft, die ihr atmet? Dialog! Sie sprechen zu euch, und ihr sprecht mit ihnen, und zwar nicht in menschlicher Sprache oder auf die Art, wie ihr miteinander redet, sondern es sind *Quantengespräche*. Das kommt. Ich kann es nicht erklären, aber das wird alles überall neu definieren, worauf die Menschen einen Blick werfen. Wartet nur, bis sie nach den Sternen schauen! Das ist nur eines von vielen Dingen, die ihr erkennen werdet. Es kommt. Der Neue Mensch erzeugt eine neue Energie in Gaia, die mit neuer Energie auf euch reagiert.

Und jetzt noch das letzte Thema, es hat mit der DNA zu tun. Ich habe es schon früher gesagt, und ihr müsst es in eurer Sprache hören: Die DNA des Menschen wird effizienter, ein Teil eures gewohnten Paradigmas wird sich also sehr stark verändern. Wir haben ja schon darüber gesprochen, aber ich sage es noch einmal: Für uns ist das seltsam: Ihr seht die Tiere auf der Erde, da gibt es ein paar sehr interessante Dinge, aber ihr denkt nicht darüber nach. Wenn eine Büffelkuh in der Wildnis ein Kalb gebärt, rennt das Kälbchen bereits ein paar Stunden nach seiner Geburt mit der Herde herum. Das Kalb weiß von Geburt an, was giftig ist und was nicht. Und es weiß, wer seine Feinde sind.

Doch wenn menschliche Babys geboren werden, sind sie hilflos! Manche sagen sogar, sie sind nutzlos. Es dauert Jahre, bis sie laufen und sprechen lernen. Und ihr meint, das sei normal, nicht wahr? Hier seid ihr, die am höchsten entwickelten Lebewesen auf der Erde, und ihr könnt nicht einmal das, was die Tiere können. Dem Baby wird kein Instinkt mitgegeben. Bei jeder menschlichen Geburt geht es sozusagen wieder ganz von vorne los. Doch das wird sich ändern. Könnt ihr euch vorstellen, ein Kind zu haben, das bereits gelernt hat, dass es die Finger nicht auf eine heiße Herdplatte legen sollte? Habt ihr das Video gesehen, das heute gezeigt wurde [die Rede ist vom Video im Seminar, auf dem ein vierjähriges Kind wie ein Virtuose Klavier spielt]? Habt ihr gesehen, wie das Kind Klavier spielt? Das ist die Zukunft! Der Mensch wird schließlich mit sehr viel mehr Instinkt, Erinnerungen und Weisheit geboren werden. Das passiert bereits.

Die menschliche DNA entwickelt sich weiter, und es werden alte Seelen auf diesen Planeten kommen, die wissen, dass sie alte Seelen sind. Das nächste Mal, wenn ihr auf der Erde seid, wisst ihr darüber schon im Alter von fünf oder sechs Jahren Bescheid. Dann macht ihr in diesem Alter das, was jetzt die zehn- oder elfjährigen Kinder tun. Achtet darauf. Zum ersten Mal auf dem Planeten wird eure DNA ausgeglichen sein, und Gleichgewicht erzeugt das, was sich manifestiert. Das ist der Neue Mensch, und es beginnt jetzt. Ihr werdet es erleben.

Kryon Live-Channelling »Der zweite Buchstabe N im Wort Kundalini«, durchgegeben in Lima/Peru – 3. November 2012

Illumination – Erleuchtung (der zweite Buchstabe I im Wort Kundalini)

Jetzt wollen wir die Bedeutung des letzten Buchstabens des Worts Kundalini enthüllen. Der neunte Buchstabe ist ein Buchstabe der Vollendung. Es ist das I, und gleich werde ich euch eine Bedeutung dazu nennen, aber jetzt sage ich euch etwas, was ich bislang nicht erzählt habe. All das, was in den letzten Jahren geschehen ist, wurde vorhergesagt. Wie alle Prophezeiungen waren das nur Messungen von Potenzialen. Doch 1987 gerieten die Dinge in Bewegung, und die Prophezeiungen, die aufgrund der alten Energie getroffen worden waren, entfernten sich und verloren an Potenzial. Diese Prophezeiungen der alten Energie sahen das Ende der Menschheit voraus, einen letzten Krieg und das Ende eurer sogenannten »normalen Zivilisation«. Diese Prophezeiungen stimmten in ihrer Zeit, und es sah tatsächlich nicht so aus, als ob die Erde es schaffen würde. Das ist ein Merkmal des echten freien Willens, und wenn es passiert wäre, gäbe es kein Urteil darüber.

Der Test ist der Test, und das Rätsel wäre nicht gelöst worden. Doch dann veränderte sich alles. 1987 geschah etwas, was ihr *die harmonische Konvergenz* genannt habt. Die Zeitspanne der Präzession der Äquinoktien begann kurz vor 1994, aber 1987 war das für uns schon abzusehen. Die Potenziale begannen sich zu verlagern. Es gab eine Gruppe alter Seelen, die über eine gewisse Zeitspanne das Kristallgitter prägten. Dadurch veränderte sich

Gaia und reagierte wieder auf Bewusstsein, und die harmonische Konvergenz wurde unter der Bezeichnung 11:11 bekannt – der Zahl, die viele von euch fast überall auf nicht lineare Weise immer wieder sahen. Fünfundzwanzig Jahre vergingen, Lichtarbeiter sprachen darüber und fragten sich, was das bedeutete. Dann erwachte mein Partner und entdeckte, was seine Aufgabe sein sollte.

Zwei Jahre später betrat ich die Bühne. Kryon ist seit Anfang an hier, und es gab andere Menschen, die mich früher schon gechannelt haben, doch 1989 kam ich zu meinem Partner und fragte ihn, ob er bereit sei, die gesamte Überform von Kryon zu übernehmen und das zu tun, wozu er auf die Erde gekommen war. Typischerweise sagte er Nein. Es dauerte vier weitere Jahre, bis ich ihn davon überzeugt hatte, dass ich real bin; es war seine freie Wahl, das herauszufinden. Das war immer noch rechtzeitig vor Beginn der Verschiebung. 1994 war er dann bereit, und die Verschiebung begann, wodurch unter anderem die Prophezeiungen, an die ihr in der alten Energie gewöhnt wart, abgelöst wurden durch Prophezeiungen, die in der neuen Energie basierten.

Hier gibt es ein Paradox, denn die alten Prophezeiungen waren gar nicht so alt. Sie entstammten neueren Schriften und kamen von Menschen wie Nostradamus. Dies sind alles Neue Menschen. Dies sind neue Prophezeiungen über alte Energie. Die Prophezeiungen, die die Veränderung auslösten, die ihr jetzt seht, sind die Prophezeiungen der Urvölker – derjenigen, die seit über zehntausend Jahren hier leben. Sie sind diejenigen, die herausfanden, was die Sterne sagten. Sie waren diejenigen, die mit Gaia sprachen. Sie sahen die potenziellen Verschiebungen in 500-Jahres-Abständen. Als die anderen Voraussagen gemacht wurden, schwiegen sie, doch nach der Jahrtausendwende wussten sie, dass die Prophezeiungen ihrer Ahnen richtig waren. Vor zwölf Jahren, als klar wurde, dass die Prophezeiungen der alten Energie nicht eintreten würden, wurden die Potenziale der ursprünglichen Prophezeiungen ersichtlich.

Die Stämme der Urvölker, die noch auf dem Planeten verblieben waren, erlangten Bewusstheit, und sie begannen sich zu treffen, und die Verschiebung und Neukalibrierung wurde für sie etwas Reales. Die Eingeborenen der nördlichen Hemisphäre und die der südlichen Hemisphäre kamen zusammen und fanden heraus, dass sie dieselben Prophezeiungen hatten. Die Lakota, Hopi, Navaho und die Maya der Moderne erkannten, dass sie alle eins waren und dass die Ahnen aller Stämme dieselben Prophezeiungen gemacht hatten.

Ihr werdet den Beginn einer neuen Einheit auf der Erde erleben. Sie hat viele Namen: »Die Reise der Gefederten Schlange«, »Das Erwachen des Pumas«, »Das Treffen von Adler und Kondor«. All diese Namen stehen für die Verschiebung und für dasselbe. Was haltet ihr davon? Die Verschiebung ist hier. 11:11 ist real! Was meint ihr, wofür der Buchstabe I steht? *Illumination (Erleuchtung)*.

Als ich die Zusammenarbeit mit meinem Partner startete und er mit dem Channeln anfing, gab ich ihm viele Metaphern durch. Ganz am Anfang sprachen wir von einer ganz einfachen: *Erleuchtung*. Das war die Grundlage des Lichtarbeiter-Konzepts; ein Lichtarbeiter ist also jemand, der erleuchtet. Ich gab ihm die einfache Metapher, die wir seitdem jedes Jahr erzählen: Da war ein dunkler Raum, in dem viele Menschen lebten, aber sie konnten sich gegenseitig nicht sehr gut sehen und stießen ständig zusammen. Sie konnten ihre Gesichter nicht erkennen, und deshalb war es geheimnisvoll, und immer herrschte Angst. Sie spalteten sich in kleine Gruppen auf, um sich zu schützen und ängstlich zusammenzukauern. Dadurch entstanden Missverständnisse und kein Vertrauen. Sie begründeten separate Kulturen und verurteilten dann die anderen Kulturen, denn sie lebten in Dunkelheit.

Doch die Metapher geht weiter: Einer kommt und zündet ein Streichholz an, und plötzlich ist der Raum nicht mehr dunkel. Er ist auch noch nicht hell erleuchtet, doch plötzlich können viele schemenhaft etwas erkennen. Doch sie machen sich nicht auf die Suche nach demjenigen, der das Streichholz hält bzw. nach der Quelle des Lichts. Stattdessen können sie auf einmal ihren Nachbarn sehen! Plötzlich gibt es keine Angst mehr. Sie sehen das Gesicht des Nachbarn, und es sieht aus wie ihr eigenes. Das Licht versetzt sie in Erregung, denn es hat etwas erschaffen, was sie vorher nie gesehen haben ..., eine Bewusstheit von anderen

Dingen. Sie sind sich einander bewusst, und sie haben weniger Angst. Jetzt sind sie also interessiert und machen sich auf die Suche nach weiteren Streichhölzern, und sie finden auch welche. Jemand zündet ein Streichholz an, und noch jemand, und noch jemand. Plötzlich gibt es mehr Licht als jemals zuvor, und sie erkennen, dass sie alle zu einer Familie gehören, denn sie können sehen.

Es gibt so viele Metaphern, doch dies ist die Veränderung, die von einigen der Ältesten der Alten vorhergesagt wurde. Diejenigen, die schon lange vor den Inkas in Kontakt mit der Erde waren, lebten genau hier. Die Inkas waren eine spezielle Zivilisation. Sie waren große Baumeister, doch die Weisheit des Landes war schon hier, als sie hier ankamen.

Jetzt möchte ich euch sagen, was als Nächstes kommt und dass das langsam eintreten wird. Wo wart ihr 1987? Manche hier im Publikum werden sagen: *»Da war ich noch gar nicht hier.«* Andere werden sagen: *»Da war ich halb so alt wie jetzt«,* und wieder andere: *»Da war ich gerade am Heranwachsen.«* Wo werdet ihr in 18 Jahren sein? Das geht langsam vor sich, meine Lieben, aber das wisst ihr bereits. Solche Dinge geschehen nicht auf der Stelle, wie ihr das gerne hättet. Wenn ich also einige der nächsten Schritte erkläre, betone ich nochmals: Wir haben keine Uhr. Ich sehe diese bevorstehenden Dinge als Potenziale in einer Quantensuppe. Das sind die Potenziale des Moments, und sie haben mit dem Erwachen zu tun. Genau zum jetzigen Zeitpunkt ist die Mitte des Erwachens erreicht. Die Mitte der Veränderung, und vieles wird langsam vor sich gehen.

Die Bewusstseinsveränderung, von der wir gesprochen haben, schreitet bereits voran. Nach und nach wird das auf der ganzen Welt zu sehen sein. Ihr werdet es beobachten und werdet euch dessen bewusst sein. Immer mehr Länder werden ihre Integrität entdecken und werden mit dem seit Jahrhunderten andauernden Status quo nicht mehr zufrieden sein. In diesem Jahr habt ihr das in drei Ländern beobachten können, die seit Jahrhunderten stabil waren, aber sich jetzt für die Veränderung entschieden haben. In manchen Ländern lief das sanft ab, in manchen nicht, denn die alte Energie stirbt nicht so leicht, aber sie wird abgelöst werden. Wir haben euch von den Potenzialen erzählt, die das Bewusstsein dem Nahen Osten eröffnen wird. Wir haben gesagt, ihr sollt nach erstaunlichen Dingen Ausschau halten, die niemand prophezeit hat. So wie niemand den Fall der Sowjetunion vorausgesagt hat, damals als die Präzession der Äquinoktien gerade ihren Anfang nahm. Niemand hat die Revolution im Iran vorhergesagt, die, wie ich euch gesagt habe, stattfinden wird. Das ist das Potenzial, das greifbar ist.

Der Frieden im Nahen Osten wird auf eine Weise seinen Anfang nehmen, an die niemand gedacht hat, und es wird nicht leicht sein und auch nicht schnell gehen. Doch es wird innerhalb von 18 Jahren passieren, und all das hat mit etwas zu tun, was ihr nie zuvor gesehen habt. Es wird ein totaler Paradigmenwechsel stattfinden in der Art und Weise, wie sie seit Jahren zusammengearbeitet haben. Plötzlich wird es mitfühlendes Handeln geben. Wisst ihr, was mitfühlendes Handeln ist? Wenn ein Land auf ein anderes schaut und sagt: *»Es ist mir egal, was früher geschehen ist. Warum fangen wir nicht noch einmal von vorne an? Warum setzen wir uns nicht hin und beginnen von vorn, damit wir uns nicht gegenseitig Sorgen machen müssen ..., damit wir Handel betreiben, die Ressourcen gemeinsam nutzen und uns entspannen können, weil wir keine Angst haben müssen, dass der andere uns überfällt. Wir wollen unsere Mittel in Schulen und Krankenhäuser stecken. Warum fangen wir nicht noch einmal von vorne an und vergessen das, wozu uns die Vergangenheit drängt?«* Das, meine Lieben, war früher nicht die Art des Menschen.

Kryon Live-Channelling »Der zweite Buchstabe I im Wort Kundalini«, durchgegeben in Lima/Peru – 4. November 2012

Der Adler und der Kondor

Die Prophezeiung vom Adler und vom Kondor ist Tausende von Jahren alt und bei vielen indigenen Kulturen weltweit verbreitet, unter anderen am Amazonas und in den Anden, in Mittel-, Süd- und Nordamerika. Laut Prophezeiung werden sich die Gesellschaften der Menschen aufspalten und unterschiedliche Wege gehen. Der Weg des Kondors steht für das Herz, für die intuitive und mystische Energie, der Weg des Adlers für das Gehirn, für das Rationale und die materielle Welt. Für mich persönlich repräsentiert der Kondor auch das weise göttliche Feminine, der Adler dagegen das Maskuline.

Gemäß der Prophezeiung würden die beiden Wege im Laufe des 16. Jahrhunderts aufeinandertreffen, und der Adler würde den Kondor fast ausrotten. Wie ein Blick auf die Geschichte zeigt, wurden die Azteken, Maya und Inkas im 16. Jahrhundert von den spanischen Invasoren erobert.

Die nächsten 500 Jahre würden der Kondor und der Adler dann die Chance haben, sich zusammenzufinden und gemeinsam auf einer gemeinsamen Bahn am selben Himmel zu fliegen. Ergreifen der Kondor und der Adler diese Chance, wird die Welt ins Gleichgewicht kommen, und es wird Frieden auf dem Planeten herrschen.

Die Weissagung prophezeit das Miteinanderteilen von indigenem Wissen über die Technologien der Wissenschaft und den Ausgleich von Yin und Yang. Der Zeitpunkt der Prophezeiung entspricht der Bewusstseinsveränderung des Menschen, die wir gerade – mit dem Erwachen der alten Seelen – erleben. Diese Prophezeiung ist ein weiterer Ausdruck der Bewegung der Kundalini.

Auf dem Planeten ist hinsichtlich der Erfüllung dieser Prophezeiung etwas Erstaunliches passiert. Ein Treffen indigener Stämme unter dem Namen *Raices de la Tierra,* was so viel bedeutet wie »Wurzeln der Erde«, gab den indigenen Völkern die Möglichkeit, ihre Weisheit, ihr Wissen und ihre Prophezeiungen mit Tausenden von nicht indigenen Teilnehmern zu teilen.

Raices de la Tierra entsprang der Vision von Raymundo Norrh »Tigre« Perez. Perez wuchs in Texas auf, wo er sich seit seiner Kindheit mit der Spiritualität der nativen Diné (Navajo) des Montaña Grande (Großer Berg) Reservats und der Lakotas in Süddakota beschäftigt hatte. Tigre Perez machte es sich zur Lebensaufgabe, die essenzielle Spiritualität unter den amerikanischen Indianern, Mestizen und anderen indigenen Stämmen zu verbreiten. Sein ganzes Leben lang organisierte und veranstaltete er viele *Temazcales* in Mexiko und den Vereinigten Staaten. Ein *Temazcal* ist ein therapeutisches Ritual zum Reinigen von Geist, Körper und Spirit mit Feuer (manchmal werden Vulkangestein und Kräuter auf das Feuer gelegt).

Während einer besonderen Zeremonie mit dem Namen »Hanblecheyapi« (Visionssuche) hatte Tigre Perez eine Vision: Ihm wurde die Aufgabe übertragen, die Großmütter und Großväter von ganz Amerika zusammenzubringen, um in ihrer eigenen Sprache für Mutter Erde und die Menschheit zu beten; er sollte mit Hingabe seine Lehren an andere weitergeben.

Über 35 Jahre seines Lebens arbeitete Tigre Perez an der Umsetzung dieser Vision. Im Jahr 1989 versammelte er zum ersten Mal eine stammesübergreifende Allianz aus vielen indigenen Gruppen und Mestizen aus ganz Amerika in der Kalpulli-Teopantli-Gemeinde in San Isidro, Mazatepec, Jalisco/Mexiko.

1995 wurde Perez zum Leiter des stammesübergreifenden Ältestenrats und zum Mitglied von sieben verschiedenen Stämmen ernannt. Während der damit einhergehenden Ernennungszeremonie wurde ihm in Ehrung und Anerkennung seiner jahrelangen Arbeit an stammesübergreifenden Versammlungen ein Federschmuck aus Kondor- und Adlerfedern übergeben. Das war am letzten Tag einer Kiva-Zeremonie in Texas. Zwei Tage später ging Perez in die spirituelle Welt hinüber.

Raices de la Tierra geht auf Tigre Perez' Vermächtnis zurück – die Mission der Gemeinschaft Raices del Sur (das bedeutet »Wurzeln des Südens«), die darin besteht, kulturelle und spirituelle Traditionen von indigenen Völkern den »gemischten Völkern« nahezubringen, für einen sozialen und kulturellen Austausch zwischen den Völkern zu sorgen und unter anderem den respektvollen Umgang mit und eine harmonische Beziehung zur Umwelt zu erhalten. Sie widmen sich der Verbreitung des kulturellen Wissens der Ahnen des amerikanischen Kontinents unter allen Erdenbewohnern.

Raices del Sur besteht aus 45 aktiven ehrenamtlichen Mitarbeitern, darunter Studenten und Menschen aus allen möglichen Berufen und allen Altersgruppen. Das Leitprinzip ihrer Arbeit und ihrer gemeinnützigen Dienste lautet, alle Menschen als gleichwertig zu behandeln und anzuerkennen, unabhängig von sozialen, kulturellen, wirtschaftlichen, ethnischen, religiösen oder sexuellen

Aspekten, um in Harmonie und Respekt zum Aufbau einer multikulturellen Gesellschaft beizutragen.

Die Zeremonie Raices de la Tierra erfüllt die Prophezeiung des Adlers und des Kondors, bei der es um die spirituelle Vereinigung der Menschen des Nordens und des Südens geht. Die erste Veranstaltung wurde im Jahr 2005 in Zapoteca/Mexiko abgehalten. Dort fand sie in vier aufeinanderfolgenden Jahren statt; dieser spezielle Ort wurde deshalb gewählt, weil er den Norden repräsentierte – den Adler. Mexiko gehört zum natürlichen Lebensraum des Adlers. Danach wurde die Zeremonie von 2009 bis 2012 jeweils im November in Casablanca/Chile abgehalten, weil dieser Ort den Süden repräsentiert – den Kondor, denn Chile gehört zum natürlichen Habitat des Kondors. Im Dezember 2012 fand die Zeremonie dann in Bogota/Kolumbien statt, was die Mitte repräsentiert – sowohl den Adler als auch den Kondor. Die Wahl fiel auf diese Stadt, weil sie in der Sierra Nevada de Santa Marta in Kolumbien liegt, wo Adler und Kondor nebeneinander leben, und weil es eines der wenigen Gebiete auf der Erde ist, wo der natürliche Lebensraum beider Tiere sich überschneidet.

Raices del Sur lädt andere Menschen ein, an ihrer heiligen Feuerzeremonie teilzunehmen, dem Vermächtnis von Raymundo Tigre Perez. Weitere Informationen sind auf ihrer Website zu finden: www.raicesdelatierra.org.

Im Zusammenhang mit dieser Prophezeiung wurden weitere wichtige Zeremonien abgehalten. Während der Frühjahrs-Tagundnachgleiche im März 2006 sammelte eine Gruppe Hopi-Indianer aus Arizona in Nordamerika Wasser von heiligen Quellen aus aller Welt; dieses Wasser wurde in traditionellen Kalebassen transportiert. Läufer der Hopi liefen 2000 Meilen zu Fuß zum World Water Forum in Mexico City.

Die Nation der Hopi nahm an einer lang erwarteten Zeremonie in Teotihuacan/Mexiko teil und wurde von einer Stammesversammlung willkommen geheißen, an der unter anderem Navajo, Azteken, Maya und andere Stämme teilnahmen. Zum ersten Mal seit 500 Jahren wurde der Adlertanz aufgeführt. Dieses Ereignis stand unter dem Segen eines Adlers, der während der Zeremonie am Himmel erschien. Er zog in sechs seltsamen Mustern Kreise in Form der Zahl Acht. Ein Jahr später beschlossen die Stämme, die die Hopi willkommen geheißen hatten, einen Gegenbesuch zu machen. Sie sammelten die vier Elemente: Wasser, welches von den Hopi im Vorjahr gebracht worden war; Feuer, welches von einem Ältesten der Maya angezündet wurde; Erde und Luft. Diese Stämme liefen 2000 Meilen ins Land der Hopi. Zum ersten Mal überhaupt erlaubten die Hopi einer außenstehenden Gruppe, in ihrem heiligen Hof zu tanzen. Auf YouTube ist unter dem Titel »Eagle and Condor – Film Trailer« ein tolles Video davon zu finden.

Die Prophezeiung vom Adler und vom Kondor hat mit dem Umzug der Kundalini und der derzeitigen Bewusstseinsveränderung auf dem Planeten Erde zu tun. Auch ein Channelling der Hawaiianerin Kahuna Kalei'iliahi aus dem Jahr 2007 spricht davon, dass dies von den Ahnen geweissagt wurde.

> Der Adler trifft den Kondor …
> Der Adler trifft den Kondor …
> Der Adler trifft den Kondor …
> Es ist an der Zeit für den Adler, zu fliegen. Er hat seinen Weißen Spirit gesandt. Er wird gegen den Uhrzeigersinn fliegen. Der Adler trifft den Kondor … Es geht um Prophezeiungen, die in Erfüllung gehen … Die indigenen Völker der ganzen Erde haben von diesem Geschehen berichtet. Der Adler hat sich in die Lüfte erhoben …, um den Kondor zu treffen. Die Bewusstseinsveränderung der menschlichen Rasse wird nun schneller vor sich gehen. Habt Vertrauen. Alles ist gut.
> Fliege auf den Schwingen des Adlers, tapferer Krieger des Lichts (bezugnehmend auf Reynolds) … Halte Ausschau nach Veränderungen auf der Erde in nordöstlicher Richtung. Sende Licht dorthin. Viele werden sich entschließen, Mutter Erde zu verlassen. Aber habe keine Angst. Sie werden als kleine Friedenstauben zurückkehren. Sie umkreisen die Häupter der Gesalbten. Im Netz des Lebens ist alles miteinander verbunden.
> Great White Sky Chief spricht zu allen, die hören, zu denen, die ein reines und liebendes Herz haben. Es ist an der Zeit, dass alle vier Rassen zusammenkommen und ihre Einheit feiern, ihr Einssein. Vergebt …, vergebt die Vergangenheit und lasst sie

los. Vergebt …, Brüder und Schwestern, wir flehen euch an …, vergebt. Vergebt jetzt!
Der Adler hat sich in die Lüfte erhoben. Der Spirit des Weißen Adlers steigt hoch zu seiner heiligen Reise, um den Kondor zu treffen. Spirit reist, um die Prophezeiung zu erfüllen.
Derjenige, der uns als Bruder des Lichts bekannt ist (bezugnehmend auf Reynolds) spürt den »Druck« der zunehmenden Schwingung der Erde. (Er ist nur ein kleiner Junge, der auf dem Großen Weißen Adler reitet.) Ein Junge aus einem uralten Versprechen …, dem Versprechen vom See (bezugnehmend auf die Durchgabe, die Reynolds am Lake Tahoe gechannelt hat).
Gleichgewicht. Bringt die Erde und euch selbst ins Gleichgewicht. Lasst das Weibliche mit dem Männlichen verschmelzen.
Andere kommen und werden die fehlenden Teile dieser Nachricht ergänzen. (Habt eine) Sichere Reise zur Neuen Erde!
Channel durch Kahuna Kalei'iliahi in Hilo/Hawaii – 26. August 2007

Das Erwachen des Pumas

Vom Erwachen des Pumas hörte ich zum ersten Mal bei einem Besuch in Cusco in Peru, wo ich einen Schamanen namens Mallku kennenlernte. Was ich an ihm sofort mochte, war seine große Bereitschaft, über sein Wissen, seine Weisheit und seine Intuition zu sprechen, selbst wenn manches davon den alten Traditionen widersprach. Mallku glaubt, das Festhalten an Traditionen, insbesondere wenn sie auf Mythologien beruhen, hindert uns daran, Wahrheiten zu erkennen und weiterzugehen. Dem muss ich zustimmen, und auch Kryon spricht davon, wie wichtig es für die Menschen ist, spirituelle Logik zu gebrauchen. Hier ein paar Dinge über Mallku.

Mallku ist ein begabter Visionär und spiritueller Führer, der sich leidenschaftlich der Förderung von Bewusstheit, Genauigkeit und Klarheit in Bezug auf die Kultur der Anden widmet. Mallku versteht und überträgt intuitiv esoterisches Wissen aus der Archäoastronomie der Anden, welches er erstmals in seinem »Camino Iniciático Inka, el Despertar del Puma« (übersetzt: »Initiationspfad der Inka – das Erwachen des Pumas«) enthüllt hat. Er macht auf seine Weise das Wissen der Ahnen lebendig, von denen Kryon spricht. Auf der Website der Mondial Association of Andean Writers findet sich zu seinem Buch folgende Zusammenfassung:

> Mallku überbringt uns mit dem »Erwachen des Pumas« überzeugende Botschaften aus einer Zeit in der Geschichte der Anden, als die Meister in den Anden mit intensiver bewusster Verbindung und Wechselbeziehung zu Pachamama lebten und sie feierten – Mutter Erde. Mit ihrer Vorausschau und ihrem Respekt für die Natur haben diese Weisen einen konkreten Pfad hinterlassen, der für zukünftige Generationen deutlich nachvollziehbar ist.
>
> Mallku geleitet unsere Seele auf eine erleuchtende Pilgerreise von Kraftplätzen und Dimensionstoren zu Heilquellen, magischer Natur und himmelhohen Bergen. Die physische Reise durch diese mit großer Kraft ausgestatteten Plätze ist ein faszinierender zweiter Schritt dieser Erforschung, um uns Schönheit und Weisheit aufzuzeigen.
>
> Das Land und die Menschen dieses magischen Gebirges der Anden sind in der Tat ungeheuer ehrfurchtgebietend; zusammen mit Mallkus detailliertem Wissen und seinen klaren Erläuterungen werden wir Zeugen der Schönheit der Vergangenheit und Gegenwart, die zusammenkommen, voller Lebendigkeit angesichts des erregenden Versprechens einer weitergehenden Zukunft.
>
> Diejenigen, die mit den schamanischen Erfahrungen und Praktiken der Meisterkulturen vertraut sind, werden in manchen Teilen dieser Botschaften ihren kosmischen Weg erkennen und die Notwendigkeit, ihre Stimmen für eine bessere Welt gemeinsam zu erheben.
>
> Der Eingeweihte nimmt die Geheimnisse der Natur in sich auf; das verleiht ihm Intuition, Gewandtheit, Weitblick und die Fähigkeit, Energie zur Schaffung des Friedens unter den Menschen zu erzeugen und zu transformieren.

Einer der interessantesten Aspekte von Mallkus Lehren ist die Botschaft, dass die Tore zu diesen neuen Dimensionen der Bewusstheit vor Kurzem als Resultat des Beginns eines neuen Zeitalters, des »Pachakuti« bzw. des Kosmischen Zyklus, aufgestoßen worden sind. Die Geschichte der Anden teilt sich in Abschnitte von jeweils tausend Jahren auf, wobei alle fünfhundert Jahre eine Transformation vor sich geht. Während der Sonnenwende im Juni 1992 wurde einer dieser historischen Übergänge vollzogen.

Der visionäre Inka-Meister Pachakuti hat die Andenstadt Cusco in der physischen Gestalt eines Pumas entworfen, um dieses Himmelstier auf die Erde zu bringen und allen Bewohnern und Pilgern aller Zeiten mehr Erleuchtung und Stärke zu verleihen. Dieser Puma, Mittelpunkt der Inka-Gesellschaft, wird von jedem neuen Sonnenaufgang mehr erleuchtet, was das allmähliche Erwachen der sich entwickelnden, transzendenten Bewusstheit der Menschen symbolisiert. Die Geschichte der Anden wurde von den Eroberern eines Landes geschrieben, welches nun, 500 Jahre nach der Unterwerfung, zu einer neuen Zeit des Gleichgewichts und der Unabhängigkeit zurückkehrt. Spirituelle und mediale Tore, die seit Jahrhunderten geschlossen waren, werden nun wieder geöffnet und laden uns dazu ein, neue Höhen der Verantwortlichkeit und Rückverbindung mit unserem Planeten zu erreichen.

Es gibt für uns noch viel mehr über die Voraussicht und den Weitblick unserer Ahnen wiederzuentdecken. Wir sind jetzt in einer neuen Zeit, und die Mission dieser neuen Epoche hat zwar mit der des letzten Zyklus zu tun, ist aber eine andere. Toleranz und Respekt der Kulturen untereinander sowie die Fähigkeit, zuzustimmen und abzulehnen, ist ein großer Entwicklungsschritt, bestimmt für das neue Pachakuti. Der anhaltende destruktive Kampf um Beherrschung zwischen Menschen mit beschränkter Weitsicht, die einer Manifestation des Göttlichen verhaftet sind und eine andere dafür ablehnen, wird ersetzt durch die Erkenntnis der vielen Aspekte des Göttlichen.

Mallku kündigt an, dass weitere Geheimnisse der Anden-Weisheit in nachfolgenden Büchern erforscht werden. Themen sind die Heilpraktiken und die magischen Verbindungen der Küstengebiete und des Dschungels; des Weiteren der zeremonielle Gebrauch von Kraftpflanzen und die Interaktion mit heiligen Stätten in kosmischer Zeit sowie die wunderbare Welt der Meister der Anden; das soll unseren eigenen Sonnenpuma erwecken und Frieden auf der Erde Wirklichkeit werden lassen.

Quelle (übersetzt): http://www.andes007.com/MALLKU.html

Beim Erwachen des Pumas geht es deshalb um die derzeitige Bewusstseinsveränderung des Menschen; wir sind gerade mittendrin. Wie Kryon auch gesagt hat, bezeichnen manche der Urvölker auf dem Planeten, die diese Wende spüren können, sie als das Erwachen des Pumas. Kryon beschreibt das als das Erwachen der Weisheit der Region, und ihr werdet diesen Ausdruck vernehmen und wissen, was er bedeutet. Es ist der Anstieg der Intelligenz in der Beziehung zwischen dem menschlichen Bewusstsein und Gaia, wodurch diese Beziehung noch enger wird als früher. Es ist eine Form von Liebe …

Seid euch dessen bewusst, was die Urvölker *das Erwachen des Pumas* nennen. Achtet darauf und studiert es! Seht, was die Ahnen darüber gesagt haben, und ihr werdet herausfinden, dass die Kundalini-Erfahrung nichts Modernes ist, denn sie wurde erwartet.

Liebe Menschen, auf dieser eurer Reise sollt ihr mehr über die Wende erfahren. Spirit bringt ihr große Ehre entgegen. Warum nehmt ihr euch nicht einfach einen Moment Zeit und spürt das, denn die Liebe, die ihr fühlt, geht in beide Richtungen. Hier ist eine starke Energie der Stimmigkeit und Weisheit. Sie steht für eine große Veränderung auf der Erde.

Kryon Live-Channelling »Der Buchstabe L im Wort Kundalini«, durchgegeben in San Pedro de Atacama/Chile – 27. Oktober 2012

Der Umzug der Kundalini – eine Zusammenfassung

Egal, wie die Prophezeiung genannt wird, der Umzug der Kundalini geht jetzt vonstatten und führt zum Gleichgewicht des Männlichen und des Weiblichen. Lemurien war die einzige Zivilisation mit einer Gesellschaft, in der die männliche und die weibliche Energie ausgeglichen waren. Die Lemurier lebten 20.000 Jahre lang in Harmonie auf einer Insel, und der reine spirituelle Kern der Plejadier und alle ihre Lehren wurden von einer Generation zur nächsten unverfälscht weitergegeben. Die Plejadier besuchten auch Gegenden außerhalb Lemuriens (Hawaii), doch wie ein Blick auf diese Zivilisationen zeigt, neigten sie hauptsächlich dazu, sich aufzuspalten, zu einem Stamm zu werden und sich dann auf ihr eigenes Überleben zu konzentrieren. In Australien finden sich Belege dafür, dass es unter der Urbevölkerung der Aborigines mindestens 700 Stämme mit jeweils einer eigenen Sprache gab.

Historisch betrachtet neigten die Zivilisationen der Vergangenheit zur Abspaltung und Stammbildung. Auf dem europäischen Kontinent haben immer viele Länder Krieg miteinander geführt, unter anderem fanden dort der Erste und der Zweite Weltkrieg statt. Nahezu jeder erwartete einen dritten Weltkrieg, der das Ende unserer Welt bedeutet hätte. Doch dann geschah etwas anderes. Als eines der Ereignisse im Zuge der Veränderung fiel der Eiserne Vorhang in Osteuropa; danach wurde die Europäische Union gegründet. Wer hätte wohl vorausgesagt, dass die Länder in Europa Handelsvereinbarungen und eine gemeinsame Währung haben würden? Die Europäische Union hat durchaus ihre Probleme, doch das Wichtige ist: Diese Länder versuchen zusammenzuarbeiten, anstatt gegeneinander Krieg zu führen und sich voneinander abzuspalten.

Könnte das als Beleg für den Umzug der Kundalini gelten? Als Nachweis dafür, dass sich das menschliche Bewusstsein verändert? Ich glaube schon. Laut Kryon untersuchen potenziell auch andere Länder das Modell der Europäischen Union. Innerhalb von zwei Generationen werden, so Kryon, auch die Länder von Südamerika etwas Ähnliches auf die Beine stellen wollen wie in Europa. Zusammenkommen statt Trennung. Können Sie sich vorstellen, wie das wäre: Südamerika besuchen und die Grenzen überschreiten, ohne die lästige Immigrations- und Zollabfertigung und mit nur einer Währung? Eine potenzielle, von Kryon genannte Möglichkeit wäre ein Planet, auf dem es in Zukunft nur noch etwa fünf Währungen gibt.

Welche Hinweise zeigen noch an, dass die Energiebalance auf dem Planeten sich gerade verändert? Dass das weise göttliche Feminine dabei ist, mit dem Maskulinen zu verschmelzen? Schauen Sie sich einmal die Institutionen an, in denen eine Macho-Energie vorherrscht und es an Integrität mangelt. Sie straucheln. Werfen Sie einen Blick auf die Länder, in denen Frauen nicht respektiert werden, und Sie werden auch dort Veränderungen erkennen.

Laut Kryon kommen die kleinen Kinder auf dem Planeten mit einer viel besser ausgewogenen männlichen und weiblichen Energie an, weil der Planet ausgewogener ist. Sie gehen ihre Beziehung mit Gaia ein und werden vom Kristallgitter unterstützt, welches neu auf Mitgefühl ausgerichtet worden ist. Die jüngere Generation verfügt über Konzepte, die zu einer ausgewogeneren Gesellschaft verhelfen. Alles, was wir jetzt tun – vor allem innerhalb der nächsten 18 Jahre (ab 2012) –, trägt zu einem ausgewogeneren Planeten bei und pflanzt die Saat für den Frieden auf der Erde.

Und Sie? Was möchten Sie in den nächsten 18 Jahren unternehmen? All Ihr Tun wird im Kristallgitter aufgezeichnet. Das Gitter wird neu auf Mitgefühl ausgerichtet, und die alten Seelen auf dem Planeten werden Veränderungen bewirken. Liebe Leserin und lieber Leser, die Tatsache, dass Sie dieses Buch überhaupt lesen, hat an Gaia und den Schöpfer ein Signal geschickt, welches besagt, dass Sie Teil der Veränderungen sein wollen. Ihre Gedanken, Worte und vor allem Ihr mitfühlendes Handeln gegenüber Ihren Mitmenschen machen den großen Unterschied. Ich möchte Ihnen gratulieren und Ihnen als wunderbare, göttlichen Menschen Ehre erweisen. Gut gemacht!

Abschließend möchte ich auf einige der Bedenken eingehen, die von manchen Menschen in den nächsten 18 Jahren gesehen und gespürt werden (ab 2012). Kryon hat schon oft gesagt, es würde so aussehen, als würde alles noch schlimmer, bevor es besser wird. Wir sollten das nicht als etwas betrachten, wovor wir Angst haben müssen, sondern als etwas, was geschieht, wenn etwas auf etwas anderes ausgerichtet wird. In einem sehr profunden Channelling, dem ersten des Jahres 2013, sagte Kryon, wir sollten uns noch auf viel mehr Dinge gefasst machen. Zum Beispiel auf die drei folgenden:

Die Dunkelheit

Weil ihr das Gittersystem von Gaia verändert und eure Absicht bekundet habt, die 2012er-Schwelle ins Jahr 2013 zu überschreiten, haben sich die Regeln im Kampf von Licht und Dunkelheit verändert. Jetzt hat das Licht mehr Einfluss – sehr viel mehr.

Dunkelheit ist definitionsgemäß die Abwesenheit von Licht. Die Dunkelheit ist also die Leere, die nicht von Licht gefüllt ist, aber immer noch Energie hat, wenn auch weniger als früher. Lasst uns also etwas anderes definieren: das »Bewusstsein der Dunkelheit«.

Dunkelheit und Licht sind Maßeinheiten, keine Wesenheiten. Sie stehen für die Denkweise des Menschen und die Bewusstseinswellen, die andere beeinflussen und auf der Erde Paradigmen schaffen. Wenn wir also sagen: »Die Dunkelheit will dies oder das«, dann beschreiben wir damit Gruppen von Menschen, die kein Licht haben – das Gegenteil von Lichtarbeitern, also von Menschen, die erwacht sind und erkannt haben, dass sie Gott in sich tragen. Diese Erkenntnis steht übrigens der ganzen Menschheit offen, denn Gott ist in jeder Seele auf dem Planeten. Doch seit sehr langer Zeit hat der Mensch einfach nicht verstanden, dass es tatsächlich eine persönliche Wahlfreiheit gibt, alles zu sein und nicht nur das, was ihm gesagt wird.

Es fand schon immer ein Bewusstseinskampf darum statt, wie viel Licht denen gewährt werden sollte, die es sehen könnten oder sehen wollten. Doch wie ihr wisst, wankt der Großteil der Menschheit seit Jahrhunderten ohne große Veränderung in einem sehr schummrigen Licht herum – bis jetzt. Hier geht es nicht um Gut oder Böse. Es geht um einen Zusammenfluss bzw. einen natürlichen Konsens darüber, wie Menschen über sich denken und welches Verhalten für die Menschheit angemessen ist. Man könnte auch sagen, für die menschliche Natur.

Nun ja, dieses Denken der alten Energie will auch weiterhin dableiben. Es glaubt nicht, dass es eine Veränderung gegeben hat, und wird eine kleine Weile unausgewogen herumfuchteln, wenn es erkennt, dass es nicht mehr so mächtig ist. Das wird für euch unangenehm werden.

Manche von euch sagen da: *»Nun ja, 2013 sollte sich die Situation entspannen, ein frischer Wind wird wehen. Wir haben es geschafft!«* Doch ich sage euch, die alten Wege der Dunkelheit werden wie ein Kind, das nicht seinen Willen bekommt, in jedes verborgene Eckchen eures Lebens eindringen. Sie werden um ihr Leben und ihr Überleben kämpfen und spüren, dass die Dinge nicht mehr dieselben sind. Ich möchte deshalb, dass ihr in dieser Entspannungsperiode einen Schritt zurücktretet. Wenn ihr seht, wie diese Dinge ihr hässliches Haupt erheben, beschließt nicht, dass 2013 doch nicht das ist, was ihr gemeint habt. Wenn ihr auf dem Planeten noch mehr Ungleichgewicht seht, auch Dinge, die ihr nicht erwartet habt – und sie werden in Erscheinung treten –, dann steht nicht händeringend da und sagt: *»Da ist es wieder. Wir haben nichts bewirkt.«* Denn das habt ihr sehr wohl. Solche Dinge brauchen ihre Zeit.

Der Anfang der modernen Geschichte

Die Energie verlagert sich, das haben wir euch ja schon gesagt. Das Gleichgewicht des Kampfes richtet sich neu aus. Darum geht es in dieser Zeit. Wenn ihr andere in anderen Sonnensystemen fragt, die das schon durchgemacht haben, dann werden sie euch sagen, das sei buchstäblich der Beginn ihrer geschichtlichen Aufzeichnungen gewesen. Alles, was vorher war, würdigen sie keines Blickes. Alles beginnt jetzt. Wie wir also schon gesagt haben: Wenn ihr einen Blick in die Zukunft der Menschheit werft, dann werden sie auf diesen Tag verweisen und ihn als den Anfang der modernen menschlichen Geschichte markieren. Und das, was vorher war? »Das waren die Tage des Barbarentums, der modernen Mythologie. Das waren die Tage, wo wir es nicht besser wussten, und jetzt sehen wir das Antlitz Gottes in uns.« Darauf geht ihr zu. Aber es ist schwierig und dauert lange.

Das Ausbringen der Saat

Die Metapher vom *Ausbringen der Saat* habe ich schon oft verwendet; wir wollen das noch ein bisschen vertiefen und weitere Informationen übermitteln. Die Metapher bezieht sich natürlich auf den Landwirt und dient dazu, euch all die Attribute aufzuzeigen, auf die ein Bauer achtet und die euch allen bekannt sind.

Solange ihr gegen die alte Energie gekämpft habt, habt ihr die Felder nicht gepflügt und für die Aussaat vorbereitet, sondern euch um euer Überleben gekümmert. Jetzt ist es an der Zeit, die Felder für das Ausbringen der Saat vorzubereiten, und im Prozess des Loslassens und Entspannens wendet ihr euch nach innen. Das *Vorbereiten der Felder* ist eine Metapher für das Entdecken des Höheren Selbst, eurer inneren Quantenhaftigkeit, wobei ihr auf der persönlichen Ebene an einen Ort gelangt, wo die Dinge in eurem Alltag mehr Sinn ergeben.

Es sind Leute hier im Raum und Menschen, die das gerade lesen, von denen ich zu hören bekomme: *»Hilf mir, hilf mir!«* Ihr glaubt nicht, ich wüsste, wer hier ist? Ich sage euch also: Ihr wisst, wer ihr seid, meine Lieben, und bitte entspannt euch für einen Augenblick. Ihr werdet mehr geliebt, als ihr denkt. Gott kennt euch weit besser, als ihr meint, und das, was ihr gerade fühlt, ist etwas Vorübergehendes. Okay? Es geht vorüber. Wenn ihr um Hilfe ruft, dann seid ihr nicht im Gleichgewicht. Es ist an der Zeit, in Gott zu entspannen und zu wissen, dass ihr geliebt werdet. Es ist Zeit genug. Ihr werdet überleben. Ihr werdet es schaffen!

Der Plan hinter der Metapher der Aussaat ist weise. Zunächst einmal pflügt ihr die Felder; dann gebt ihr Dünger und Nährstoffe dazu. Schließlich bereitet ihr die Aussaat vor. Noch sind die Felder nicht bereit, ihr müsst also innehalten und sie vorbereiten. Bei alldem geht es also um eine Ackerbau-Metapher. Das macht vielleicht nicht für alle Sinn, aber es besagt: Die Abgrenzung zwischen Alt und Neu geschieht jetzt, und erst jetzt könnt ihr mit dem beginnen, was der Zweck eures Hierseins ist. Ihr habt die Saat noch nicht ausgebracht. Die Felder müssen vorbereitet werden. Und in diesem Prozess des Vorbereitens wird die Energie der Dunkelheit, wie ihr herausfinden werdet, leichter zu bekämpfen sein, und ihr könnt das Aussäen besorgen.

Es werden sich neue Szenarien ergeben, die euch zeigen, dass das wahr ist. Ihr werdet nicht glauben können, dass ihr einige der Herausforderungen so einfach bewältigt habt. Denn jetzt unterstützt euch die Energie, was vor einem Jahr noch nicht der Fall war. Das Jahr 2013 ist wahrlich eine Abgrenzung von Absichten, und das wirkt sich auf die Manifestation aus. Ihr beginnt, die Felder für die neue Energie vorzubereiten und die Saat auszubringen; dabei gebraucht ihr das, was die alte Seele hat: die Weisheit der Vergangenheit. Die Saat der Weisheit wird in die Wirtschaft, die Regierungen, die Haushalte und Familien hineingetragen. Es sind Samen der Integrität, und sie sprechen von der Weisheit des Zusammenkommens und nicht vom Auseinanderreißen.

Kryon Live-Channelling »2013 – und jetzt? Der Übergang beginnt«, durchgegeben in Phoenix/Arizona – 6. Januar 2013

Ich hoffe, Sie verstehen die Botschaft von Kryon wirklich: *Sie werden auf dem Planeten gebraucht, um weiterhin Ihr Licht zu tragen. Die nächsten 18 Jahre (ab 2012) sind extrem wichtig.* Wie viele von Ihnen habe auch ich Zeiten erlebt, in denen ich dachte, ich hätte genug von dieser Welt. Ständig stehe ich vor Herausforderungen. Ich habe es satt und würde mich gerne daraus verabschieden. Solche Gefühle sind ganz natürlich. Das gehört zur Prüfung dazu. Wenn Sie sich selbst wieder ins Gleichgewicht bringen, sehen Sie, dass es eine Prüfung ist. Wenn ich ausgeglichen bin, erkenne ich, inwiefern es eigentlich in meinem eigenen Interesse ist, hierzubleiben! So kann ich eine unglaublich kraftvolle Basis für meine

Rückkehr schaffen. Prüfungen oder Herausforderungen, die ich diesmal bewältige, muss ich dann nicht noch einmal durchlaufen. Ich werden dann viel früher erwachen können, als es mir in diesem Leben möglich war.

Ich betrachte das gerne als eine zeitversetzte Belohnung. Ich präsentiere Ihnen zwei Wahlmöglichkeiten. Wahlmöglichkeit eins: Sie bekommen Ihr Rund-um-die-Welt-Ticket auf der Stelle, es gilt aber nur für eine Strecke. Wahlmöglichkeit Nummer zwei: Sie erhalten Ihr Rund-um-die-Welt-Ticket erst in fünf Jahren, aber wenn Sie so lange warten, können Sie mit Ihrem Ticket grenzenlos den Rest Ihres Lebens herumreisen. Weil die Belohnung so hoch ist, wähle ich Nummer zwei! Und Sie? Ich wünsche Ihnen so sehr, dass Sie Ihre persönlichen Prüfungen und Herausforderungen erfolgreich hinter sich bringen. Ich wünsche Ihnen so sehr, dass Sie ein friedliches Leben führen, egal, was um Sie herum passiert. Mögen Sie mit dazu beitragen, die Schwingungen von Gaia zu erhöhen, damit wir alle das in unserem nächsten Leben hier genießen können. Sind wir denn nicht genau deswegen hier?

Frage: Manche der indigenen Gruppen haben große Sorge, dass die Erbauung des Panama-Kanals dem Umzug der Kundalini-Energie Hindernisse in den Weg stellt. Was kannst du uns darüber sagen?

Kryon: Wie wir euch durchgegeben haben, ist eure Betrachtungsweise, wie sich die Kundalini bewegt, auf das beschränkt, was ihr sehen könnt. Denkt einmal an das gute Beispiel von der Kundalini im menschlichen Körper. Wenn sich deine persönliche Kundalini bewegt, ist dein ganzer Körper daran beteiligt. Und wenn du dich in die Brust geschnitten hättest, würde das am Geschehen im Hinblick auf die Bewegung der Kundalini im Körper nichts ändern.

Bei der Erde ist es insofern genauso, als es dabei um eine Energiebewegung im Planeten geht, bei der die gesamte Erde involviert ist. Der Umzug der Kundalini von Norden nach Süden verläuft also eigentlich durch die Erde und nicht an der Oberfläche entlang. Ganz Gaia ist involviert, der Kanal ist also nur ein kleiner Einschnitt an der Oberfläche.

Der Panama-Kanal hat keine Auswirkung auf diese Bewegung der planetaren Energie.

Frage: Seit vielen Jahren sitzt die Kundalini in der nördlichen Hemisphäre. Gegenden wie Indien und Tibet haben viele spirituelle Führer wie den Dalai Lama und Mahatma Gandhi hervorgebracht. Wenn die Kundalini jetzt nach Südamerika zieht, werden dann aus diesem Kontinent spirituelle Führer hervorgehen?

Kryon: Ja. Der Gedanke, das Lagerhaus spiritueller Weisheit sei im Norden gewesen, ist sehr profund, aber das ist tatsächlich wahr. In Tibet gibt es Bibliotheken voller Weisheit, die noch nicht entdeckt worden sind; sie sind voller Prophezeiungen, die sich, wie ihr erlebt, gerade erfüllen.

Dass der Norden dieses Attribut für sich in Anspruch nahm, war kein Fehler, denn der Großteil der Menschen lebt dort, auf der sogenannten »Landhemisphäre«. Doch wenn sich die Erde nun mehr auf quantenhafte (multidimensionale) Weise mit dem gesamten menschlichen Bewusstsein verbindet, ist es egal, wie viele Menschen im Norden oder im Süden leben. Die Erde kann sich also ins Gleichgewicht bringen und dazu beitragen, das menschliche Bewusstsein auf die Ebene auszurichten, die es erreichen muss, um den nächsten Schritt tun zu können.

Die große Wende, die prophezeit worden ist, geht nun vonstatten, und die Weisen in Tibet und Indien werden das spüren. Das schmälert die Weisheit ihres Lagerhauses nicht, sondern verstärkt sie vielmehr mit der wunderschönen weichen Energie des Südens, die immer weich war. In der südlichen Hemisphäre gibt es ein Lagerhaus voller Weisheit und emotionaler »Mutter-Balance«; es war schon immer da, und jetzt setzt es wie eine Zeitkapsel seine Schönheit frei.

Es ist an der Zeit, dass die Mutter-Energie Teil der Weisheit des Planeten wird, denn der Macho-lastige Spiritualismus der Vergangenheit ist einer aufsteigenden Erde nicht mehr dienlich.

Frage: Kannst du erklären, was du meinst, wenn du sagst, wer in der Kundalini-Energie sitzt, kann nicht stillsitzen?

Kryon: Die Kundalini ist eine Energie in Bewegung. Wenn sie sich entfaltet (worüber wir in einem früheren Channelling über das Wasser gesprochen haben – dreieinhalbmal um den Lingam), entwirrt sie sich und erzeugt die männliche und die weibliche Energie, die dann neu kalibriert und neu zusammengesetzt werden können. Es ist schwierig, euch darüber etwas zu sagen, denn dieser Prozess ist nicht sichtbar, sondern wird gefühlt. Die Neukalibrierung von männlicher und weiblicher Energie ist eine Neubalancierung.

Auf dieses Geschehen sind manche Menschen besser eingestimmt als andere. Wer diese Bewegungen überhaupt nicht wahrnimmt, spürt vielleicht gar nichts. Wer sehr stark mit den männlichen Energieattributen des Planeten ausgestattet ist, wird Stress empfinden, denn die »Komfortzone« geht verloren. Und diejenigen, die darauf eingestimmt sind und das erwartet haben, spüren womöglich eine Vibration, die sie wach hält und mit der sie sich unwohl fühlen.

Je nachdem, welchen spirituellen Weg der einzelne Mensch verfolgt und entsprechend seinem Akasha-Alter (alte Seele oder nicht), spürt er das auf unterschiedlichen Ebenen. Manche Menschen werden einfach Angst haben und ungeduldig sein, ohne zu wissen warum. Das ist frustrierend, denn ständig gereizt zu sein ist unangenehm, noch dazu, wenn man, wie viele, nicht einmal weiß warum.

Die meisten der alten Seelen werden das spüren und wissen, dass etwas im Gange ist. Wenn sie erst einmal besser verstehen, was »Neukalibrierung« wirklich bedeutet, werden sie das entspannter angehen können, es begrüßen und den Wandel, der gerade vor sich geht, besser tolerieren können. Doch auf einer Ebene betrifft das alle.

Kapitel 5

Gaia und das Universum

Laut wissenschaftlichen Schätzungen hat sich unser Sonnensystem vor etwa 4,5 Milliarden Jahren gebildet, und das Universum dehnt sich weiter aus. Unser Sonnensystem liegt im äußeren Bereich der Milchstraße, einer Spiralgalaxie. Die Milchstraßengalaxie ist nur eine in einem Galaxienhaufen namens Lokale Gruppe, deren größte Galaxie der Andromedanebel ist. Viele Menschen blicken hinaus ins Universum und fragen sich, was jenseits davon liegt. Wen gibt es da draußen noch? Welche Entdeckungen warten auf uns? Wie fing alles an, und was ist das Endziel eines sich weiterhin ausdehnenden Universums?

Wissenschaftler, unter anderem Astronomen und Physiker, suchen die Antworten auf diese Fragen in den Sternen und haben ein Attribut erkannt, das sie nicht erwartet haben und das die Theorie vom »intelligenten Design« entstehen ließ.

> Die Theorie vom intelligenten Design behauptet, dass bestimmte Merkmale des Universums und von Lebewesen am besten mit einer intelligenten Ursache erklärt werden können, nicht mit einem ungerichteten Prozess wie der natürlichen Selektion.
> *Quelle (übersetzt): www.intelligentdesign.org*

Laut Kryon ist das Universum entgegen jeder Wahrscheinlichkeit für das Leben geschaffen worden. Das Universum ist auf das Leben ausgerichtet und gütig. Das widerspricht unseren Erwartungen. Kryon hat erklärt, wie das alles funktioniert.

Wusstet ihr, dass Licht und andere Materie sich von Wellen in Partikel verwandelt? Wusstet ihr, dass Licht sich in ein Partikel verwandelt, wenn es von einem menschlichen Wesen beobachtet wird? Wie kann ein mathematisches System »spüren«, dass es beobachtet wird? Wie ihr ja schon wisst, ist Quantenenergie wohl etwas ganz anderes als alles, was ihr euch darunter vorgestellt habt. Und wenn sie gar nichts Physikalisches ist? Wenn Quantenenergie der »Fingerabdruck des Schöpfers« ist? Dann wäre sie etwas Physikalisches und hätte zudem ein Bewusstsein. Aber das ist vielleicht alles gar zu seltsam?

Die große Quantenenergie der Galaxie

Ich gebe euch jetzt Informationen durch, über die ihr nachdenken könnt. Die Quantenenergie im Allerkleinsten gibt es auch im Allergrößten. Ja, wir sagen euch sogar: Physik ist in unterschiedlichen Teilen des Universums unterschiedlich, je nachdem, was sich im Zentrum der jeweiligen Galaxie befindet. Wir wollen mit folgender Prämisse anfangen – die Physik ist keine Sammlung universaler Standardgesetze und -regeln, sondern ist unterschiedlich, je nach »Quantenstempel« der Schöpferenergie. Manche Galaxien sind sich sehr ähnlich, aber alle weisen leichte Unterschiede auf. Wüsstet ihr um diese Unterschiede, würdet ihr euch fragen, warum das so ist, und wie ich euch gerade gesagt habe: Es liegt an dem, was sich im Zentrum befindet.

Eure Physik ist hauptsächlich dreidimensional, deshalb habt ihr Schwierigkeiten mit der wirklichen Funktionsweise der Dinge. Quantenphysik ist euer einziger Anhaltspunkt und Hinweis auf ein Multiversum und die Möglichkeit, dass einige Masse- und Schwerkraftgesetze von den Geschehnissen im Zentrum der jeweiligen Galaxie bestimmt werden. Die Schöpferenergie ist im Zentrum. Diese bipolare Energie, diese Stoß- und Zugkraft, die wir »die Zwillinge« genannt haben, befindet sich im Zentrum eurer Galaxie. In 3-D seht ihr sie als Singularität – was übrigens unmöglich ist –, doch in Wirklichkeit handelt es sich um ein Doppelgeschehen. Der Wissenschaft ist das noch nicht bekannt. Wir erzählen euch das, damit ihr, wenn diese Entdeckung gemacht wird, sagen könnt, ihr hättet es hier gehört. Damit wird auch alles andere, was ich sagen werde, glaubwürdig werden. Und übrigens, wie kommt es, dass ihr, wenn alles in eurer Physik, sogar eure derzeitigen physikalischen Gesetze, doch paarweise daherkommt, im Zentrum der Galaxie eine Singularität schafft? Hat schon einmal jemand überlegt, dass es sich dabei um ein weiteres Paar handeln könnte?

Wir wollen beim Astronomen anfangen und ihn fragen: »Lieber Astronom, glaubst du an Gott?« Der Astronom denkt einen Moment nach und sagt dann vielleicht: »Ich bin nicht derjenige, der Göttlichkeit definiert. Das ist nicht meine Wissenschaft. Ich könnte an Gott glauben, aber das ist nicht das, was ich studiere, denn ich beschäftige mich mit der wissenschaftlichen Methode.« Da könntet ihr ihm stattdessen folgende Frage stellen: »Okay, was ist für dich wissenschaftlich an unserer Galaxie interessant?« Jetzt wird der Astronom vielleicht ein bisschen aufgeregt und sagt: »Okay, ich sage dir, was für uns alle daran interessant ist. Wir haben etwas entdeckt, was wir nicht verstehen. Es gibt physikalische Prinzipien im Makrokosmos, die nicht für die Orbitalmechanik gelten, wie sie die Newton'sche und Euklid'sche Physik gelehrt hat. Es ist für uns komisch, dass sich die Galaxie wie eine einzige Scheibe auf einer Ebene bewegt, wie wenn die Sterne daran wie Kieselsteine festgeklebt wären. Alles rotiert gemeinsam. Es muss eine Energie geben, die diese Form zusammenhält. Denn Orbitalmechanik, wie wir sie kennen, hat mit Schwerkraft und Masse zu tun und mit Objekten, die um einen Drehpunkt kreisen, wie beispielsweise unsere Sonne, und das erzeugt Kreisbahnen, die alle unterschiedlich sind. Alle Objekte, die sich um ein Schwerkraftzentrum drehen, suchen sich ihre Kreisbahnen auf Basis von Masse und Geschwindigkeit. Deshalb haben alle Planeten unterschiedliche Kreisbahnen. Diese Art Physik erwarten wir; so läuft das in unserem Sonnensystem. Aber nicht in einer Galaxie. Galaxien haben etwas in ihrem Zentrum, das auf Schwerkraft basieren muss, aber alles dreht sich als EINES um das Zentrum. Es gibt da eine Art Schwerkraft- oder Anziehungs-Einheit. Wir verstehen es nicht.«

Das unglaubliche Design – gegen jede Wahrscheinlichkeit

Aber das ist noch nicht alles. Dann sagen sie euch etwas, was für euch kaum zu glauben ist. Es hat mit dem zu tun, was ihr *»willkürlichen Zufall«* nennt. Wir werden dieses Channelling also »Der Quantenfaktor« nennen.

Um euch herum geschieht etwas für euch Unerwartetes. In eurer dreidimensionalen Realität scheint alles, was auf der Erde geschieht, willkürlich und zufällig zu sein, das heißt, die Realität reagiert in einer erwarteten glockenförmigen Kurve. Gewöhnliches geschieht öfter als Ungewöhnliches. Die Wahrscheinlichkeiten nehmen eine Gestalt erwarteter Willkürlichkeit an. Wenn ihr einen Würfel immer wieder, Tausende Male, rollen lasst, würdet ihr eine konsistente Willkürlichkeit erkennen, und für euch ist das die Funktionsweise der Dinge, das, was ihr erwartet; es gibt dabei keine einseitige Tendenz.

Doch zurück zum Astronomen – er sagt: »Egal, wo wir hinsehen, wenn wir das erforschen, was ihr *die Schöpferenergie des Universums* nennen würdet – sie ist mathematisch unglaublich unwahrscheinlich, so als ob ihr beim Würfeln tausendmal eine Sechs würfeln würdet. Das hat nichts mehr mit Willkürlichkeit oder Zufall zu tun, sondern weist auf ein intelligentes Design hin.« Ich rede hier nicht von einer metaphysisch veranlagten Person, sondern von einem Astronomen. Egal, wo die Astronomen hinschauen, ist das Universum entgegen jeder Wahrscheinlichkeit wohlwollend für das Leben entworfen. Sie nennen das »intelligentes Design«, ich nenne es »gütiges Design«. Und ich sage euch: Die Energie, die die Sonnensysteme eurer Galaxie zusammenhält, über 100 Milliarden Sterne, ist eine riesige Quantenhand, die auf allen Galaxien eures Universums liegt, wie die Hand Gottes. Es ist eine gütige und wohlwollende Quantenhand.

Wie kann das sein? Das ist das erste von vielen Beispielen, die wir euch noch geben werden, denn das ist der Quantenfaktor, der schöpferische Fingerabdruck des Universums. Er ist auf Liebe und Leben und Wohlwollen ausgerichtet. Hier seid ihr, auf einer

Erde, die es eigentlich gar nicht geben sollte, denn sie kann nur aufgrund eines *intelligenten Designs* existieren.

Wie lange hat die Wissenschaft gebraucht, das zu erkennen? Für die Wissenschaftler ist es ein Rätsel, keine göttliche Äußerung. Es liegt außerhalb der statistischen Wahrscheinlichkeit und ist anscheinend nur möglich durch Design – eine Güte, die die Schöpferenergie des Universums ist. Denkt darüber nach. Was bedeutet das für euch? Wenn es in der Gesamtschöpfung des Universums eine Güte gibt, die Leben zulässt, die zulässt, dass diese Erde existiert, dann bedeutet das, dass auch weitere Erden existieren. Es gibt überall Leben! Das haben wir euch schon oft gesagt. Aber wir befinden uns hier auf einer ganz besonderen Erde – dem einzigen Planeten mit einem freien Willen. Einen solchen Planeten gibt es nur einmal in jedem Universum, und es gab früher schon Planeten mit freiem Willen. Es gibt auch *graduierte Planeten mit freiem Willen;* sie bringen anderen Planeten den Samen, woraufhin diese Planeten zu neuen Planeten göttlichen freien Willens werden.

Hier seid ihr also, die euch innewohnende schöpferische Energie besitzt die Weisheit vieler Zeitalter – die Weisheit der Zeitalter eurer Galaxie, nicht eurer Erde. Vor euch haben in den Milliarden Jahren, in denen diese Galaxie schon existiert, andere an anderen Bewusstseinsprüfungen teilgenommen. Sie haben den Test bestanden und neue Ebenen der Güte erreicht und an den nächsten Planeten weitergegeben. Das ist ein langfristiges Geschehen, und irgendwann werdet ihr dasselbe tun. Auf diese Weise bevölkert ihr die Galaxie mit euren Samen und den Samen derjenigen, die vor euch waren – den Samen göttlicher Absicht.

Wenn ihr diese Güte weitergebt, formt sie das nächste Universum und die Intelligenz des Designs. Lange Zeit existiert sie schon, um an diesen Platz zu kommen, wo gezeigt werden kann, dass die Physik eine Haltung hat, eine Haltung der Güte.

Kryon Live-Channelling »Der Quantenfaktor«,
durchgegeben in Edmonton, Alberta/Kanada – 10. April 2011

Zusammengefasst gibt es im Zentrum einer jeden Galaxie also »die Zwillinge« mit zwei Energien: Die eine zieht, die andere schiebt.

Wir nehmen sie als ein einziges, riesiges Schwarzes Loch wahr und vermuten, dass die Schwerkraft des Schwarzen Lochs irgendwie die Spiralenergie im Griff hat und sie auf eine ungewöhnliche Weise als Ganzes zum Rotieren bringt, die sämtliche Newton'schen Gesetze verletzt.

Doch so ist es nicht. Vielmehr existiert im Zentrum unserer Galaxie eine multidimensionale Kraft (die starke und schwache Quantenenergie), die sich über unsere gesamte Galaxie ausbreitet.

Multidimensionale Physik hat etwas, was wir nicht erwartet haben, nämlich Bewusstsein; es ist Physik mit einer Haltung. Die Multidimensionalität unseres galaktischen Zentrums hat Bewusstsein, und alles Multidimensionale ist auf die Schöpfung ausgerichtet.

Also, lieber Leser und liebe Leserin: Wenn Sie es bis hierhin geschafft haben und glauben, dass alles, was Kryon gesagt hat, möglich ist, dann stellen Sie sich auf etwas ein, was esoterisch unglaublich klingt.

Das Universum arbeitet am derzeitigen Wandel, den wir durchmachen, mit – das wurde erwartet –, denn deswegen sind wir hier.

Was sagt die Wissenschaft?

Wie ein Artikel im »Scientific American« mit der Überschrift »Wie Schwarze Löcher Galaxien, Sterne und Planeten formen« behauptet, könnte *»die materiefressende Bestie im Zentrum der Milchstraße dafür verantwortlich sein, dass es die Erde überhaupt gibt und dass sie bewohnbar ist.«* Weiterhin steht in dem Artikel unter anderem Folgendes:

> *Der Zusammenhang zwischen Schwarzen Löchern und Leben ist komplex; doch wie es scheint, hat das Schwarze Loch im Zentrum unserer Galaxie in vielerlei Hinsicht mit dazu beigetragen, dass wir zu dieser Zeit und an diesem Ort überhaupt existieren können. [...] Unter anderem stellen wir uns jetzt die folgende Frage: Wie tief ist der Zusammenhang zwischen unseren spezifischen Umstän-*

den und diesem majestätischen universellen Entwurf aus Sternen, Galaxien und Schwarzen Löchern? [...]

Quelle (übersetzt): http://www.scientificamerican.com/article.cfm?id=how-black-holes-shape-galaxies-stars-planets-around-them

Frage: Du hast bei einem Channelling einmal gesagt, das »Ziel des Systems besteht darin, die Schwingung der Galaxie zu erhöhen und sich mit Planeten zu umgeben, die aufgestiegen sind und die Energie einander weitergegeben haben.« Kannst du uns mehr darüber sagen?

Kryon: Davon war schon in einer Reihe von Channellings die Rede, und das sind relativ neue Informationen. Für den Zweck dieses Buchs und den Platz, den wir dafür haben, wollen wir einfach sagen, es gibt ein System in der Galaxie, bei dem es um reine Liebe geht und welches viele wohl »die Schöpferenergie« oder »Gott« nennen würden.

Dieses System fördert die Wahlfreiheit bzw. den freien Willen derjenigen, die eingewilligt haben, ihre Biologie mit spiritueller DNA weiterzuentwickeln. DNA wohnt allem Leben in der gesamten Galaxie inne. Wenn ihr eines Tages in der Lage sein werdet, die ersten Lebensformen außerhalb der Erde zu finden und zu messen, werdet ihr DNA-Struktur entdecken. Derzeit werdet ihr potenziell solches Leben auf dem Mond namens Europa erkennen, in den Ozeanen unter dem Eis (in eurem eigenen Sonnensystem). Das wird wohl das erste außerirdische Leben sein, das ihr entdeckt, was euch zeigt, dass Lebenspotenziale überall existieren.

Wenn ihr diese Entdeckung macht, wird die Struktur in vielem der DNA auf der Erde ähneln, woraufhin ihr eine Vorstellung bekommt, dass die DNA sehr wohl eine Art »Evolutionsenergie« sein könnte, die überall funktioniert. Genauso ist es, und zwar mit Absicht.

Auf den Planeten wird, einer nach dem anderen, spirituelles Potenzial »ausgesät«. Dadurch ändert sich die Evolution auf dem jeweiligen Planeten, aber nicht der freie Wille. Jeder Planet hat die freie Wahl, aufzusteigen oder nicht, und zwar innerhalb eines gewissen Zeitrahmens, der fair und lang genug ist, um Fehler zu machen und, wenn nötig, von vorne anzufangen, sogar mehrere Male. So funktioniert das System. Es erfordert eine unvoreingenommene, vorurteilslose Entdeckung Gottes, damit ein Wechsel auf eine hohe Schwingung erfolgen kann.

Viele Planeten schaffen das nicht, stattdessen wird der Samen auf anderen Planeten ausgesät. Wenn ein Planet die Grenze überschreitet und auf multidimensionale Weise ein Verständnis der Schöpferenergie entwickelt, dann wird ihm die Wahrheit Gottes offenbar, und er erwacht von innen heraus. Milliarden von Lebensformen auf einem Planeten, die alle friedlich zusammenwirken, erzeugen eine größere Quantenenergie, die in der Galaxie spürbar wird und tatsächlich deren Zentrum auf eine Art und Weise verändert, die wir hier nicht erklären können.

Wenn ein Planet eine bestimmte Ebene der Erleuchtung erlangt, ist er mit allem anderen Leben in der Galaxie verschränkt. Dann kann er den Samen auf einen anderen Planeten tragen. Das ist schon viele Male geschehen, und eure Samen stammen von den Plejadiern. Ihre Saat und die Saat ihrer Saat sind euch auch als die Orioner und die Arkturianer bekannt.

Wichtig dabei ist, dass jeder Mensch ein Akasha-Erbe und damit die Saat aller Eltern-Samen in sich trägt. Ein Mensch auf der Erde trägt also die Weisheit galaktischer Schöpfung und spiritueller Absicht in sich, sogar mehr als eure spirituellen Samen-Eltern. Denkt einmal darüber nach.

Eines Tages wird das bekannt sein, aber heute noch nicht. Ihr müsst noch eine ganze Menge Arbeit leisten, ihr alten Seelen, bevor euch das auf sinnvolle Weise präsentiert wird.

Anmerkung der Autorin:

Die Astronomen haben einen Stern im Sternhaufen der Plejaden identifiziert. In vielem ähnelt er unserer Sonne. Dieser Stern wurde HD 23514 genannt. Numerologisch steht die Zwei für Dualität, die Drei für den Katalysator, die Fünf für den Wandel, die Eins für den Neuanfang und die Vier für Struktur und Gaia. In einem Satz zusammengefasst bedeutet das:

Das Verständnis der Dualität ist der Katalysator für den Wandel für den Neuanfang auf unserem Planeten.

Zusammengezählt ergeben diese Zahlen die Zahl Sechs, die – entsprechend Kryons Durchgaben über die DNA-Schichten – für das Höhere Selbst steht.

Gamma-Energie und Gaia

Eine Menge Energie trifft auf die Erde, vieles davon als Gamma-Energie. Die Wissenschaft muss das erst noch erkunden, doch wie Kryon gesagt hat, ist das ein Teil der Anweisungen für Gaia.

Die Wissenschaft fragt sich, wo diese Energie herkommt, aber noch ist sie nicht zu fassen. Inzwischen wird sie als kosmische Energie aus dem Weltraum erkannt. In Wahrheit kommt sie vom Zentrum der Galaxie, scheint aber von überall her zu kommen, und zwar weil diese Art von Energie sich vor allem dadurch auszeichnet, dass sie nicht dreidimensional ist und deshalb über [multidimensionale] Quantenattribute verfügt, die nicht »ortsgebunden« sind. Das ist schwer zu erklären, aber wenn etwas in einem echten Quantenzustand ist, dann ist es überall, verschränkt in einer universalen Suppe, wodurch es eins mit allem ist. Man kann also nicht sagen: *»Es kommt von dort.«* In der Wissenschaft gibt es dafür Präzedenzfälle, für einen Physiker klingt das deshalb gar nicht so seltsam.

Ein Beispiel: Wusstet ihr, dass eher tiefe Töne keine unterscheidbare, richtungsabhängige Quelle haben? Anders ausgedrückt: Das menschliche Ohr kann nicht erkennen, wo sie herkommen. Hohe Töne sind sehr gerichtet. Das kann man ganz einfach ausprobieren. Stellt einen Lautsprecher mit tiefen Tönen [sehr wenige Schwingungen pro Sekunde] versteckt in einem Zimmer auf, und ihr könnt nicht sagen, wo der Klang herkommt. Bei einem normalen Lautsprecher [mit höheren Klängen] dagegen erkennt ihr sofort, wo der Klang herkommt. Die Vibrationen liegen bei tiefen Tönen so weit auseinander, dass das Ohr ihren »Standort« nicht unterscheiden kann. Dasselbe Prinzip gilt für Dinge im Quantenzustand. Sie können an keinem »Ort« wahrgenommen werden, und kein 3-D-Gerät kann lokalisieren, »wo sie herkommen«. Eigentlich ist allein schon die Vorstellung von »wo« sehr lustig, denn »wo« gibt es nur für 3-D-Geschöpfe. Deshalb ist die Frage *»Gott, wo bist du?«* sehr süß und einfältig. Die Antwort lautet: »Ja.«

Im Zentrum der Galaxie gibt es, wie eure Wissenschaft das genannt hat, eine *Singularität;* sie wird auch als »Schwarzes Loch« bezeichnet. Wie wir euch gesagt haben, gibt es so etwas wie Singularität nicht, und auch eure Wissenschaft weiß, es ist in der Physik ein Widerspruch in sich. Es ist auch nur ein schwarzer Raum, der »Loch« genannt wird, weil ihr dort kein Licht sehen könnt. Euch sind noch keine multidimensionalen physikalischen Grundgesetze bekannt, und ihr habt keinerlei Instrumente, mit denen ihr multidimensionale Energien »sehen« könnt; deshalb wisst ihr noch nicht, was da wirklich ist. Lange nachdem mein Partner gegangen ist, könnt ihr diese Worte lesen und die Wahrheit erkennen, wenn ihr schließlich solche Dinge entwickelt. Wenn ihr damit das Zentrum der Galaxie betrachtet, werdet ihr zwei sehr klare Quellen sehen.

Statt einer Singularität gibt es dort eine Polarität. Diese Polarität ist das Zug- und Schub-Attribut eines multidimensionalen Gesetzes, welches ihr noch nicht entdeckt oder zumindest noch nicht erkannt habt. Wenn ihr das tut, dann habt ihr die beiden noch fehlenden physikalischen Grundgesetze, denn es gibt sechs davon, nicht nur vier. Diese Zug-Stoß-Polarität strahlt ihre eigene multidimensionale Botschaft in die ganze Galaxie hinaus, und diese Botschaft wird auch von eurer Sonne empfangen. Diese Polaritäten im Zentrum eurer Galaxie stehen auch mit allen anderen Galaxien in Verbindung – ein Thema für ein anderes Channelling. Man könnte sagen, die Materie hat eine Botschaft bzw. *Materie, die nicht gesehen werden kann,* hat eine Botschaft, die ständig und voller Kraft auf die Erde trifft und zu Gaia »spricht«.

Hier sitzt du also, Menschenwesen, und hast das Gefühl, du seist ein Opfer von dem, was mit Mutter Natur geschieht. Wir aber sagen dir: Die heutige Botschaft lautet, belebt erneut eure Beziehung zu Mutter Natur, der Gaia-Quelle. Wenn ihr das könnt, werdet ihr verstehen, dass ihr das alles unter Kontrolle habt. Egal, wie die Anweisung für den Wasserkreislauf, die Jahreszeiten, für das, was ihr für unkontrollierbar haltet, lautet: Ihr seid viel mächtiger, als ihr euch vorstellen könnt. Dank dieser Beziehung zu Gaia können die Intensität und der Schauplatz vulkanischer Aktivitäten und von Erdbeben verändert werden, und die Urvölker wussten das! Sie konnten Regen machen, auch wenn in der Wettervorhersage nicht davon die Rede war. Ihr nanntet das »Unwissen«! Sie bauten Getreide an, wo das eigentlich nicht möglich war. Ihr nanntet das »Glück«. Sie ehrten und respektierten das Land und machten ihm Geschenke und empfingen seine Gaben. Das ist absolut real und überall in eurer Geschichte zu finden.

Kryon Live-Channelling »Die Beziehung zu Gaia«, durchgegeben am Mount Shasta/Kalifornien – 24. April 2010

Die Magnetik des Sonnensystems

1989 sagte Kryon, das Magnetfeld der Erde sei für unser Bewusstsein etwas entscheidend Wichtiges. Magnetik ist eine Quantenenergie, ebenso wie Schwerkraft und Licht. Wir sind von einem Quantenfeld umgeben, dem Magnetfeld der Erde. Potenziell sollte sich mit der Veränderung des menschlichen Bewusstseins auch die Magnetik verändern. Genauso war es auch. Seit 1989 hat sich die Magnetik sehr stark verlagert. Aber es muss noch mehr geben. Unser Sonnensystem ist der Motor für die Veränderung der Magnetkraft auf dem Planeten. Wenn sich also die Magnetpole der Erde verändert haben, was geschieht dann mit unserem Sonnensystem?

Die Sonne ist das Herzstück unseres Sonnensystems. Ihre Sonnenwinde sind fast gänzlich magnetisch, eine Magnetkraft, die buchstäblich von der Sonne hinausgeblasen wird und das enthält, was die Sonne erzeugt hat. Diese Magnetkraft wird als Heliosphäre bezeichnet; sie »bläst« ihren Magnetwind gegen die Magnetik der Erde, und das verändert den Planeten.

Wenn die Energie auf der Erde immer gleich bleibt, wird sich nur sehr wenig verändern. Zwei miteinander agierende Magnetfelder werden als »Induktanz« bezeichnet; sie können miteinander Informationen austauschen und sich verstärken, und das ganz ohne Stromquelle. Das kommt auf der ganzen Welt zum Einsatz, wird aber als mysteriös betrachtet. Haben Sie schon einmal ein Nordlicht gesehen? Dann sind Sie Zeuge der Induktanz der Magnetfelder von Erde und Sonne geworden.

Stellen Sie sich auf Veränderungen der Sonne ein, die von den Wissenschaftlern als »Sonnenstürme« bezeichnet werden; Kryon dagegen hat gesagt, es handle sich dabei lediglich um eine Neujustierung für die Menschheit. Diese Sonnenstürme machen uns Sorgen, denn viele unserer empfindlichen Elektronikgeräte und Instrumente reagieren darauf. Wir haben uns darauf verlassen, dass das Magnetfeld der Erde immer gleich bleibt, doch wenn ein gigantischer Sonnensturm ausbricht, ist dem nicht mehr so. Bestimmte Arten von Kommunikation sind dann gestört. Sogar das Stromnetz könnte dadurch ausfallen.

Kryon hat gesagt, wir sollten auf die Sonne achten, denn sie befände sich in einem Veränderungsprozess. Das geschieht durch intelligentes Design, die Liebe Gottes und des Schöpfers, der für unser Bewusstsein Veränderungen vornimmt. Eine neue Denkweise entwickelt sich, die buchstäblich das DNA-Feld eines jeden Menschen berührt. Dadurch verändern sich die Informationen in der DNA, und wir sind dann in der Lage, die Attribute einer neuen Realität zu erfassen und zu verstärken, die uns nie zuvor zugänglich war. Die Informationen sind auch für Gaia bestimmt; sie weisen Gaia an, wann sie das tun soll, was sie tut. Alles hängt zusammen.

Und noch etwas anderes hat damit zu tun und ist von der Wissenschaft noch nicht verstanden worden. Für Gaia stehen weitere Anweisungen aus dem Zentrum der Galaxie bereit. All diese Veränderungen laden uns ein, unsere Beziehung zu Mutter Natur, der Gaia-Quelle, neu zu beleben. Wenn wir das schaffen, werden wir verstehen, dass wir alles unter Kontrolle haben. Egal, wie die Anweisungen für den Wasserkreislauf, die Jahreszeiten, für das, was wir für unkontrollierbar halten, lauten – wir sind mächtiger, als wir uns vorstellen können. Dank dieser Beziehung zu Gaia können die Intensität und der Schauplatz vulkanischer Aktivitäten und von Erdbeben verändert werden, und die Urvölker wussten das!

Sie konnten Regen machen, auch wenn in der Wettervorhersage nicht davon die Rede war. Sie bauten Getreide an, wo das eigentlich nicht möglich war. Sie ehrten und respektierten das Land und machten ihm Geschenke und empfingen seine Gaben.

Und der Rest unseres Sonnensystems? Laut Kryon ist schon lange *»etwas im Gange«*.

Die Magnetik eures Sonnensystems verändert sich. Hier ist die Herausforderung für euch: Haltet nach dieser Tatsache Ausschau. Ihr erkennt das buchstäblich an der Bewegung eures Sonnensystems im Weltraum. Es kreuzt bestimmte Raumattribute, und dadurch verändert sich die Magnetik teilweise und ist dann ganz anders als vorher. Daraufhin verändert sich die Sonne. Seht ihr den Kreislauf? Das eine verstärkt das andere in einem Fraktal zirkulärer Realität. Eure Bewegung um das Zentrum verändert euer Sonnensystem. Die neue Position des Sonnensystems verändert die Attribute der Sonne. Die Attribute der Sonne gelangen über die Heliosphäre auf den Planeten, und das wirkt sich auf eure DNA aus ...

Indem ihr die Zukunft verändert, verändert ihr die Vergangenheit. Ihr stellt die Energie eures Sonnensystems neu ein und auch noch etwas anderes ...

Die Bewusstseinsveränderung auf diesem Planeten hat das Zentrum der Galaxie verändert, und zwar, weil das, was hier geschieht, ihr Lieben, dem Zentrum »bekannt« ist ...

Ich möchte euch etwas über Physik erzählen, mache es aber wieder einmal einfach. Alles, was eure Physiker erkannt haben, geschieht paarweise. Derzeit gibt es in eurem dreidimensionalen Paradigma vier physikalische Grundgesetze. Sie stehen für zwei Energiepaare. Es werden irgendwann sechs sein. Im Zentrum eurer Galaxie ist etwas, was ihr »Schwarzes Loch« nennt, das ist aber nichts Singuläres, sondern eine Dualität. So etwas wie »Singularität« gibt es nicht. Man könnte sagen, es ist eine Energie aus zwei Teilen – einer schwachen und einer starken Quantenkraft. Und das Seltsamste daran ist: Sie weiß, wer ihr seid. Es ist die Schöpfermaschine. Das ist in dieser Galaxie anders als in anderen Galaxien. Es ist einmalig.

Diese Zug-Stoß-Polarität strahlt ihre eigene multidimensionale Botschaft in die ganze Galaxie hinaus, und diese Botschaft wird auch von eurer Sonne empfangen. Diese Polaritäten im Zentrum eurer Galaxie stehen auch mit allen anderen Galaxien in Verbindung – ein Thema für ein anderes Channelling. Man könnte sagen, die Materie hat eine Botschaft bzw. *die unsichtbare Materie* hat eine Botschaft, die ständig und voller Kraft auf die Erde trifft und zu Gaia »spricht«.

Die Physik eurer Galaxie ist ausgerichtet auf das, was ihr hier tut. Die Astronomen können in den Kosmos hinausschauen und werden in anderen Galaxien eine andere Physik entdecken. Könnte es sein, dass in den anderen Galaxien etwas wie in eurer vor sich geht?

Kryon Live-Channelling »Die Neukalibrierung des Universums«, durchgegeben während der Kryon Patagonien-Kreuzfahrt – 27. Januar 2012; und Kryon Channeling »Die Beziehung zu Gaia«, durchgegeben am Mount Shasta/Kalifornien – 24. April 2010

Frage: Kannst du mehr dazu sagen, wie wir die Energie in unserem Sonnensystem neu ausrichten?

Kryon: Euer Sonnensystem rotiert wie alle anderen in der Galaxie um das Zentrum. Ihr alle dreht euch in derselben Geschwindigkeit, weist also alle bestimmte Merkmale auf. Derzeit ist ein Merkmal eures Sonnensystems der Anstieg der magnetischen Aktivität. Ihr bewegt euch durch einen Bereich der Galaxie, der auf eure Sonnen eine größere Wirkung ausübt, wodurch sich wiederum die magnetische Energie der Erde verändert. Natürlich ist euer gesamtes Sonnensystem davon betroffen, das muss euch aber keine Angst machen, sondern steht vielmehr zu erwarten.

Wie wir euch vor Jahren schon gesagt haben, wurde das Magnetgitter des Planeten wie ein Sofa »aufgestellt«, auf dem euer Bewusstsein sitzt. Wenn sich das verändert, verändern sich auch die Potenziale des Bewusstseins der Erdenbewohner, so wie wenn das Sofa größer wird. Dadurch entstehen andere Synapsen und eine andere Logik und auch eine andere »Sichtweise« der DNA dahingehend, was zu tun ist. Man könnte also sagen, die

Magnetik des Planeten ist sehr stark in das Leben und die Weiterentwicklung des Menschen eingebunden ..., genau so ist es.

Frage: Kannst du mehr dazu sagen, warum andere Planeten, auf denen es Leben gibt, zwei Sonnen haben, unser Sonnensystem aber nur eine?

Kryon: Die meisten, wenn nicht sogar fast alle der Planeten, die für das Ausbringen der Saat ausgewählt werden, haben mehr als eine Sonne. Das entspricht nicht eurer Realität, deshalb wisst ihr nicht, was das bedeutet oder warum das so sein sollte. Aber es verstärkt die Weiterentwicklung und beschleunigt den Lebenszyklus eines jeden Planeten sowie die Varietätspotenziale. Man könnte also sagen: Wenn ihr euch in der Galaxie nach einem Planeten umschaut, auf dem sich Leben entwickelt hat, würdet ihr zunächst nach Sonnensystemen mit zwei Sonnen suchen, die sich umeinander drehen. Das sind »Binärsterne«.

Auch auf der Erde gab es das eine Zeit lang, aber eine Sonne ging verloren; sie brannte aus und wurde dadurch klein und inaktiv. Sie war klein und konnte ihren inneren Prozess, wodurch sie sich als »Sonne« qualifiziert, nicht aufrechterhalten. Ihre Überreste wurden aus der Kreisbahn hinausgetragen, da sich ihre Masse veränderte, und sie hat schon vor Langem den Einflusskreis eurer Sonne und all der Himmelskörper im Sonnensystem, die ihr sehen und verfolgen könnt, verlassen. Sie ist dunkel, klein und schon seit Langem gegangen.

Doch dadurch werdet ihr weiterhin vor denjenigen »versteckt«, die in der Galaxie nach Leben »suchen«. Davon gibt es viele, und die meisten sind keine spirituell hoch entwickelten Entitäten. Viele sind einfach »intelligente« Tiere ohne spirituelles Gegenstück in ihrer DNA. Aber sie sind auf der Suche nach Systemen mit Binärsternen und nicht nach dem, was ihr habt ..., nämlich ein System mit nur einer Sonne.

Manche von ihnen haben euch entdeckt, aber sie können in eurem Merkabah-Feld nicht existieren. Sie kommen und gehen und verstehen dabei nie, welche seltsame Kraft jeder von euch hat, durch die ihr sie in Dampf auflösen könnt, wenn sie nicht aufpassen. Wie wir euch schon gesagt haben, können diejenigen, die euch besuchen, aber für euch nicht stimmig sind, nicht bleiben. Wenn sie in euch Furcht erzeugen, können sie euch manipulieren – aber nur eine Zeit lang. Dann müssen sie gehen.

Das bestätigen die seit einem halben Jahrhundert von Menschen gesichteten UFOs; allerdings gab es niemals eine organisierte Massenlandung oder einen offiziellen Kontakt. Das können sie nicht, und die Menschheit ist schlichtweg zu mächtig für sie, als dass sie sich auf sie als Gruppe fokussieren würde. Wer ihr seid, bleibt für sie im Dunkel, und sie haben keinen Einfluss auf eure Evolution.

Dennoch ..., ihr solltet auch Folgendes wissen: Wenn jemals so etwas für euch zu einem »Geschehen« größeren Ausmaßes würde, dann sind da all diejenigen, die für euren Schutz bereitstehen und in der Lage sind, es ihnen so ungemütlich zu machen, dass sie euch in Ruhe lassen. Ich möchte nicht sagen, wer das alles ist, aber es sind die Eltern der Plejadier.

Jawohl, ihr seid den anderen aufgestiegenen Planeten bekannt, und man kümmert sich um euch, meine Lieben.

Das Sonnensystem und Astrologie

Was wissen Sie über Astrologie? Die meisten Leute kennen die zwölf Sternzeichen: Widder, Stier, Zwillinge, Krebs, Löwe, Jungfrau, Waage, Skorpion, Schütze, Steinbock und Fische. »Was hast du für ein Sternzeichen?« Hunderte von Büchern und Websites erzählen Ihnen, ausgehend von Ihrem Sternzeichen, alles über Ihre Persönlichkeit, Ihr Liebesleben, Ihre berufliche Karriere und Ihre Beziehungen.

Manche Menschen nehmen Astrologie sehr ernst und verlassen nicht einmal das Haus, ohne erst einmal ihr Horoskop zu lesen; für andere ist Astrologie ein großer Witz, etwas, was ein paar sonderbare Leute aus der Fantasie zusammengeschustert haben und was jeglicher wissenschaftlicher Grundlage entbehrt. Doch nichts könnte von der Wahrheit weiter entfernt sein.

Ehrlicherweise muss ich zugeben: Bevor ich erwachte, stand ich der Astrologie meist ziemlich skeptisch gegenüber. Manche Horoskope schienen ja ganz zutreffend zu sein, andere waren so generell gehalten, dass sie praktisch auf jeden passten. Ich verstand nichts davon und wusste nicht, wie das alles funktioniert. Manche dieser für mich lächerlichen Aussagen machten mir viel Spaß. Doch wie gesagt, ich erkannte, wie falsch meine ganzen Annahmen waren.

Astrologie wurde von vielen alten Kulturen praktiziert, und das ist teilweise immer noch der Fall. Überraschenderweise für mich gibt es alle möglichen Arten von Astrologie, unter anderem die westliche Astrologie, die Hindu-Astrologie, die chinesische und die tibetische Astrologie. Zudem gibt es viele Ableger, wie beispielsweise die Stunden-Astrologie (wobei Antworten auf Fragen aufgrund des Tags, der Uhrzeit und des Orts der erstmals gestellten Frage gegeben werden), die medizinische Astrologie (für medizinische Diagnosen), die Mundan-Astrologie (sie sagt die Zukunft von Staaten und Ländern voraus), die Finanz-Astrologie (sie studiert Marktschwankungen) und die Wahl-Astrologie (um den besten Tag und Zeitpunkt für ein gegebenes Projekt zu bestimmen).

Astrologie ist etwas sehr Umfassendes, und eine genaue Darstellung würde den Rahmen dieses Buchs sprengen. Aber eines möchte ich betonen: Die Astrologie verfügt über ein ungeheures Wissen für die Menschheit, wenn wir nur unsere menschliche Voreingenommenheit dahingehend, was Astrologie angeblich ist, einmal beiseitelegen und die Astrologie als eine wichtige und wertvolle Wissenschaft betrachten könnten.

Leider wird Astrologie nach wie vor als etwas Mystisches und Esoterisches erachtet. Laut Kryon ist Astrologie eine der am meisten missverstandenen Wissenschaften überhaupt. Studenten der Zukunft werden sich eines Tages fragen, wie die Menschheit jemals etwas anderes glauben konnte! Wenn Astrologie also eine Wissenschaft ist, wie funktioniert sie dann? Astrologie bedeutet wörtlich: »die Sprache der Sterne«.

Astrologie studiert den Einfluss weit entfernter Himmelsobjekte (meistens Planeten), der Sonne, des Mondes und der Sterne auf das Leben der Menschen. Die Basis bildet die Position der Gestirne (Sonne und Mond), der Planeten und Sterne zum genauen Zeitpunkt der Geburt eines Menschen oder des Beginns eines Projekts, also des genauen Datums und des Orts in Längen- und Breitengraden.

In Kapitel 3 ging es um Kryons Aussage, das Magnetgitter sei das Gitternetz der Kommunikation. Sie sollten sich also klarmachen, dass das Sonnensystem durch das Magnetgitter zu Ihnen spricht. Ihnen wird von der Sonne buchstäblich ein Muster aufgeprägt, und sie spricht durch Ihre DNA zu Ihnen.

Fällt es Ihnen immer noch schwer, das zu glauben? Oder können Sie mit der Vorstellung, die Menschen hätten einen spirituellen Kern und wären ein Teil Gottes, nichts anfangen? Wenn das so ist, verurteile ich das nicht, denn lange Zeit ging es mir genauso. Aber ich möchte Ihnen ein Beispiel erzählen, damit Sie darüber eventuell anders denken. Ist Ihnen schon einmal aufgefallen, wie der Vollmond sich auf das menschliche Bewusstsein auswirkt? Sie brauchen nur einmal einen Polizisten zu fragen, einen Arzt, eine Krankenschwester, einen Sanitäter oder einen Psychiater. Fast alle werden Ihnen erzählen, wie viel sie während des Vollmonds zu tun haben und dass in Vollmondnächten oft Zusatzpersonal eingesetzt wird. Wie Studien herausgefunden haben, steigt sogar die Zahl der Mordfälle. Im England des 18. Jahrhunderts konnte jemand, der während eines Vollmonds einen Mord begangen hatte, sogar auf »mondsüchtig« plädieren und mit einer geringeren Strafe davonkommen. Auch unsere biologische Uhr und der weibliche Menstruationszyklus werden vom Mond beeinflusst, weil wir zu 80 Prozent aus Wasser bestehen und der Mond schon immer die Kontrolle über große Wasserflächen wie die Meere hatte.

Stellen Sie sich einmal vor, die Mondphasen entsprächen einem Quantenzyklus; dieser Zyklus übt dann über die Schwerkraft und die Magnetik Einfluss auf Sie aus. Somit wird Ihre DNA direkt vom Mond beeinflusst. Doch, wie Kryon so oft sagt, wir sind nicht einfach nur Opfer, die als Opfer herumlaufen. Wir können mit unserer DNA kommunizieren und potenziell die Anweisungen umschreiben. Der Mond ist einfach nur einer unter mehreren astrologischen Einflussfaktoren. Erkennen Sie, wie stark sich die Astrologie auf das menschliche Verhalten auswirkt? Astrologie ist Wissenschaft und hat mit der DNA und dem menschlichen Denken zu tun. Stellen

Sie sich vor, wie Astrologie der Menschheit helfen könnte, wenn sie erst einmal anerkannt wird. Sie ist empfänglich für die Bewegung der Planeten. Sie ist wie Gaia lebendig und Teil des Systems.

Kryon hat uns eine wunderbare Zusammenfassung der Funktionsweise von Astrologie gegeben.

Die Sonne ist der Drehpunkt des Sonnensystems und das Energiezentrum eures Lebens. Es gibt einen physikalischen Mechanismus, über den Informationen von der Sonne auf die anderen Planeten gesendet werden, der sogenannte Sonnenwind. Dieser Energiestrom trägt mit sich jedes beliebige derzeitige multidimensionale Energiemuster der Sonne und überbringt es allem, was gerade in Reichweite des solaren Magnetfelds ist. Er ist immer da, aber seine Intensität variiert zyklisch. Die Wissenschaft hat den Sonnenwind als energetischen Akteur im Sonnensystem erkannt, aber sie hat noch nicht die multidimensionalen Muster erkannt, die er zu anderen Planeten trägt, wenn er von der Sonne hinausgeblasen wird.

Diese Muster spiegeln die Stellung der Sonne wider, wenn die anderen Planeten über die Schwerkraft und die Magnetik (beides multidimensionale Energien) ihren Zug ausüben. Deshalb verändern sich diese Sonnenmuster ständig in dem Maße, wie die Planeten die Sonne neuen Situationen hinsichtlich der Schwerkraft und Magnetik aussetzen.

Wenn der Sonnenwind, der dieses Muster in sich trägt, auf der Erde auftrifft, legt er das Muster auf dem Magnetgitter ab. Das Magnetgitter ist dynamisch (verändert sich ständig) und reagiert auf das ständige Einprägen neuer Muster. Die Gitterlinien des Planeten verändern das Muster leicht, weil eure Gitter nicht konsistent sind und an unterschiedlichen Plätzen auf der Erde größere oder kleinere Einflussbereiche haben.

Die menschliche DNA reagiert empfindlich auf die Magnetik, denn sie ist ja selbst eine Art Magnetmotor. Bei der Geburt, wenn das Kind von der Mutter getrennt wird, wird ein Signal an das Gehirn des Kindes geschickt, welches besagt: »Dein System ist jetzt aktiv und auf sich gestellt, getrennt von deiner Mutter.« Während dieses ersten Atemzugs eines unabhängigen und einzigartigen Lebens empfängt die DNA des Kindes das Muster von der Magnetik des Erdgitters und übernimmt die sogenannten »astrologischen Merkmale«.

Unterschiedliche Orte auf dem Planeten tragen das Grundmuster, plus/minus das, was das Magnetfeld der Erde aufgrund der jeweiligen geografischen Lage beiträgt. Deshalb muss erstklassige Astrologie auch den Geburtsort mit berücksichtigen. Auch die Astrokartografie basiert auf diesem Prinzip.

Astrologie ist die älteste Wissenschaft auf dem Planeten und ist nachweislich akkurat. Auch die »generische« Astrologie hat beträchtlichen Einfluss auf den Menschen, von den weiblichen Zyklen bis hin zu starken Verhaltensänderungen bei Vollmond. Ihr könnt euch davon nicht abspalten, und wer nicht daran glaubt, kann auch hingehen und nicht an das Atmen glauben, denn genauso stark ist der Einfluss der Astrologie auf euer Leben.

Die neue Energie auf dem Planeten lädt euch ein, eure DNA zu verändern. So lautet die Lehre von Kryon. Wenn ihr eure DNA verändert, arbeitet ihr mit dem Herzstück des Musters, das ihr bei der Geburt hattet, und seid demnach in der Lage, manche Attribute eurer astrologischen Blaupause zu bearbeiten und sie tatsächlich zu verändern, ja sogar zu neutralisieren. All das haben wir euch 1989 schon erklärt. Die Meister haben das getan, und ihr erreicht jetzt eine Zeit, wo eure Fähigkeiten diejenigen der Meister sind. Betrachtet euer Leben, eliminiert eure Herausforderungen und behaltet das, was euch unterstützt. Das ist das wahre, ausgewogene Menschenwesen.

Ihr könnt eure Empfänglichkeit für Merkmale eures persönlichen astrologischen Typus verändern, aber die generischen Einflüsse der Bewegungen der Planeten und des Mondes werden bis zu einem gewissen Grad immer auf euch einwirken, denn ihr seid nicht von den anderen isoliert. Dabei geht es um Dinge wie Rückläufigkeiten und den Einfluss des Mondes (wie bereits gesagt). Ihr könntet sagen: »Rückläufigkeiten haben auf mich keinen Einfluss mehr«, und dasitzen und lächeln, so viel ihr wollt. Dennoch solltet ihr in diesem Zeitraum keine Verträge unterschreiben, denn die Leute, mit denen ihr zu tun habt, werden nach wie vor beeinflusst. Denkt einmal darüber nach ...

Und übrigens, was passiert mit dem Sonnensystem, wenn sich die Magnetik verändert? Jetzt erkennt ihr, wo sich auch die Astrologie verändert. Manche Menschen werden die Astrologie durch den Quantenfilter betrachten. Das geschieht gerade. Was ist euer Quantenzeichen? Es ist etwas anderes als euer dreidimensionales Zeichen. Oh, meine Lieben, es wird eine Zeit kommen, wenn die Wissenschaftler einen »Quantenfilter« anwenden können, um das, was sie sehen können, zu ändern. Dieser Filter wird für Teleskope entwickelt werden, und dazu gehört auch eine Unterkühlung des eigentlichen Filters. Die Astronomen werden in den Kosmos hinausschauen und zum ersten Mal Quantenattribute sehen können.

Als Erstes werden sie sehen, dass es im Zentrum der Galaxie zwei Dinge und nicht nur eines gibt. Als Nächstes werden die Farben um den Menschen herum gesehen. Und die Wissenschaft macht einen neuen Zweig auf, das sogenannte »Studium der menschlichen Aura-Energie«. All das wird kommen.

Wie lange wird das alles dauern? Das hängt von euch ab. Pflanzt inzwischen die Samen des Verständnisses, der Friedfertigkeit, der Wertschätzung und der Liebe. Reagiert langsam auf Wut, erzeugt eure Dramen ganz langsam. Übernehmt die Attribute der Meister, und genau in diese Richtung verändern sich eure Fähigkeiten gerade. Werdet in allem sanfter und weicher. Betrachtet euch auf andere Weise.

Es werden Zeiten kommen, in denen es keine Kriege mehr gibt. Diejenigen, die sich hier im Raum befinden, und diejenigen, die zuhören, werden wissen, dass ich recht habe. Haltet nach diesen Dingen in eurer Wissenschaft Ausschau. Wenn dies geschieht, denkt an diesen Tag zurück, an dem ich euch gesagt habe, wie es wirklich funktioniert.

Gesegnet sei der Mensch, der dies als persönliche Botschaft und nicht als Botschaft über den Kosmos verstanden hat. Es geht um das innere Wesen und die Reise der Seele – und um das innere Universum.

Kryon Live-Channelling »Die Neukalibrierung des Universums«, durchgegeben in Patagonien (südlichster Zipfel von Südamerika) – 27. Januar 2012

Und was denken Sie nun über Astrologie? Vielleicht wussten Sie das alles schon, und es hat Ihre Intuition bestätigt? Oder vielleicht sehen Sie Astrologie jetzt mit anderen Augen? Was machen Sie mit diesem Wissen und diesen Informationen? Ich persönlich achte inzwischen mehr auf bestimmte Dinge als früher. Wenn Merkur gerade rückläufig ist, dann ist die Kommunikation, wie ich weiß, sehr gestört. Sicherlich haben Sie das auch schon erlebt: Tage, an denen E-Mails nicht durchgehen oder Sie Ihren Flug verpassen oder alles drunter und drüber geht – dann ist die Wahrscheinlichkeit eines rückläufigen Merkurs ziemlich hoch. In einer solchen Zeit würde ich ganz bestimmt keine Verträge oder Ähnliches unterzeichnen wollen.

Wie können wir mehr darüber erfahren? Es gibt Unmengen an Informationen über Astrologie, aber hier ist Einsicht und Unterscheidungsvermögen vonnöten. Ich folgte meiner spirituellen Logik und Einsicht und traf die weltweit bekannte Astrologin Michelle Karen. Wie Kryon gesagt hat, *»liest Michelle die Akasha-Chroniken direkt und betreibt als erste (Astrologin) auf diesem Planeten Quantenastrologie.«*

Michelle stellte mir ein Horoskop, was mir sehr viel Wissen und Informationen über mich vermittelte und mir bestätigte, dass das, was mir intuitiv als richtig erschien, korrekt war. Ich konnte mich dadurch auch in bestimmten Situationen entspannen und mich auf gewisse Weise darauf vorbereiten, mich auf meine höchsten Potenziale auszurichten, die ich in diesem Leben erreichen möchte. Weitere Informationen über Michelle Karen finden sich auf ihrer Website www.michellekaren.com. Dort kann man auch wegen eines Horoskops anfragen.

Zu dem Horoskop von Michelle gehörten auch Landkarten auf Basis meiner persönlichen Astrokartografie. Solche Astrolandkarten basieren auf dem persönlichen Geburtshoroskop (einem Abbild des Himmels zum Zeitpunkt und Ort der Geburt). Sie zeigen für jede Person die spezifischen Orte auf der Welt auf, die entweder neutral sind oder wo sie/er durch eine bestimmte Planetenenergie gefördert oder behindert wird.

Solange ich denken kann, wollte ich immer von Canberra wegziehen. Dieses Gefühl ergab eigentlich keinen Sinn, denn es ist schließlich meine Heimatstadt, wo ich geboren worden bin und in einer wunderbaren Familie mit vielen engen Freunden aufwuchs. Trotzdem zog ich immer wieder weg und kam dann zurück. Über zehn Jahre lang hatte ich eine tolle Stelle als Ranger in verschiedenen Naturreservaten und Nationalparks. Warum also wollte ich da weg? Warum hatte ich immer das Gefühl, ich müsste »da wegkommen«? Wie mein Horoskop ergab, liegt Canberra in der Nähe meiner Saturnlinie, und das ist für mich nicht unbedingt der beste Ort. Michelle erklärte mir, auf einer Saturnlinie haben wir das Gefühl, das Leben sei hart und schwierig, verbunden mit einem Gefühl der Einsamkeit. Man fühlt sich verantwortlich, und nichts ist einfach. Solche Orte fühlen sich auch an, als ob wir da festgefahren wären. Auf einmal wurden meine Gefühle über Canberra bestätigt, und es gab eine Erklärung dafür, warum ich immer diese »festgefahrene« Energie gespürt hatte und warum mein Leben, solange ich in Canberra blieb, nirgendwohin führte. Dieses Gefühl trieb mich immer wieder dazu, umzuziehen.

Als meine Ehe in die Brüche ging, hatte ich das Gefühl, meine ganze Welt würde zusammenbrechen. Es war eine sehr traumatische Erfahrung, aber auch ein Katalysator, der mich aufweckte. Ich glaube, mein damaliger Ehemann und ich haben dieses Ereignis auf der anderen Seite des Schleiers als Potenzial arrangiert. Als es dann tatsächlich eintrat, hatte ich die Wahl. Würde ich verbittert in die Opferhaltung gehen? Würde ich das als eingeplante Lebenslektion sehen? Wie sich herausstellte, war es für mich eine Chance des Erwachens. Und Sie? Was sind Ihre Herausforderungen? Sind Sie ein Opfer? Oder können Sie die Chance darin erkennen? Jeder Mensch ist einzigartig, unsere Herausforderungen sind also etwas sehr Persönliches. Fassen Sie Mut und vertrauen Sie darauf, dass Sie Ihr Leben verändern können.

Im Zuge meines Erweckungsprozesses (und in dem Bedürfnis, von den Erinnerungen an mein früheres Eheleben Abstand zu gewinnen) zog ich nach Neuseeland, denn das sagte mir meine Intuition. Damals wusste ich nicht, dass Neuseeland lemurische Wurzeln hat oder welche Einflüsse sich aufgrund meiner Astrokartografielinie ergaben. Und dann sagte mir Michelle, ich sei an einen Ort gezogen, der direkt auf meiner Chiron-Linie lag.

Ich war total erstaunt. Chiron ist der verwundete Heiler; indem ich meiner Intuition folgte, war ich also an einen Ort gezogen, wo ich mich selbst heilen und meinen Schmerz auf sehr kraftvolle Weise umwandeln konnte. Laut Michelle hätte dort in jedem Fall für mich ein Bewusstseinswandel stattgefunden. Jetzt muss ich lächeln, wenn ich daran denke, wie Spirit arbeitet.

Als ich nach Neuseeland zog, bewegten mich starke Emotionen, und ich hatte das Gefühl, ich würde nach Hause kommen. Es war, als ob das Land buchstäblich zu mir sprach, mir sagte, wie glücklich es sei, dass ich zurückgekommen war. Innerhalb einer Woche nach meiner Ankunft am Franz-Josef-Gletscher (Südinsel) gab mir einer der Teilnehmer meiner Yoga-Klasse ein Kryon-Buch. Als ich das Kryon-Buch 5 las, »Briefe von zu Hause – Liebende Botschaften von der Familie«, prickelten alle Zellen meines ganzen Wesens vor Erinnerung. Als ich das Kapitel über die EMF Balancing Technique™ (EMF) von Peggy Phoenix Dubro las, fühlte ich mich magnetisch davon angezogen, wollte mehr darüber erfahren und diese Arbeit tun. Innerhalb weniger Wochen fand ich einen Lehrer und begann meine Ausbildung zum EMF Practitioner. Diese Ausbildung und die dazugehörigen Werkzeuge haben erheblich zu meiner Bewusstseinserweiterung beigetragen und meine Fähigkeit gestärkt, meine persönliche Kernenergie auszustrahlen. Durch das Geben und Empfangen von EMF Balancing Technique™ Sitzungen hat sich mein Leben so gewandelt, wie ich das nie für möglich gehalten hätte. Sicherlich hat jeder, der eine solche Sitzung mit dem echten Wunsch nach Transformationen erlebt hat, das ähnlich erfahren.

Diese Arbeit wurde von Peggy Phoenix Dubro begründet. Die EMF-Sitzungen sind das Ergebnis ihrer 20-jährigen Arbeit mit Quantenenergien im Gitternetz. Alle Menschen haben ein Gitternetz, eine profunde, auf Quanten-Design beruhende Matrix, eine Sphäre der Mitschöpferschaft, die uns umgibt und mit dem universellen kosmischen Gitternetz zusammenwirkt. In Peggys Nähe spürt man das Weise, Göttliche, Feminine in ihr. Peggys Fähigkeit, Energie zu bewegen und zu transformieren, ist unglaublich. Kryon hat folgende Informationen über Peggy durchgegeben:

Seit über zwanzig Jahren empfängt die Lehrerin Peggy Phoenix Dubro Informationen über eine profunde Technik, die EMF Balancing genannt wird. Jetzt wird der Lehrer zum Prozess, und ihre DNA verändert sich entsprechend.
Sie ist der einzige Mensch auf dem Planeten, die die vollen Auswirkungen dessen aufnimmt, was EMF lehrt ..., zu 100 Prozent. Das bedeutet, sie kann auf einzigartige Weise über das Mitgefühl der Menschheit reflektieren und Channellings erzeugen, welche die gesamte Energie eines echten Meisters verkörpern. Ihr DNA-Portal öffnet sich.

Peggy hat eine neue Arbeit entwickelt, genannt »Reflections«, ein Instrument für die Quantenlogik der neuen Energie. Ihre neue Arbeit ist von großer Bedeutung. Ihre Reflections-Sitzungen sollen Menschen helfen, besser bewusste Entscheidungen dahingehend zu treffen, wie sie ihre Energie nutzen. Peggy hat dazu gesagt:

> Wir fangen gerade erst an, die neuen Bewusstseinsebenen zum Ausdruck zu bringen, in dem Maße, wie wir uns verstärkt dem multidimensionalen Menschen öffnen. Es ist mein Herzenswunsch, die Menschen dabei zu unterstützen, ihre ganz persönlichen Ausdrucksformen zu entwickeln und mit der Welt authentisch und mit Unterscheidungsvermögen zu kommunizieren. Das motiviert mich sehr, denn ich weiß, wir alle haben die Fähigkeit, uns das Leben unserer Wahl zu erschaffen, mit unseren Talenten und Fähigkeiten, und das bedeutet: mehr Freiheit, zu SEIN!

Möchten Sie weitere Informationen über Peggy Phoenix Dubro oder eine Reflections-Sitzung? Dann besuchen Sie Ihre Website: www.emfbalancingtechnique.com.

Und jetzt kommt etwas, was Sie wohl nicht erwartet haben. Laut Kryon können wir unsere astrologischen Attribute umschreiben! Die Meister können das und haben das schon viele Male auf dem Planeten getan. Astrologische Attribute sind magnetische und Schwerkraft-Einprägungen in den multidimensionalen Anteilen der DNA zum Zeitpunkt der Geburt. Sie sind Teil des Systems des

Persönlichkeitsaufbaus, anfängliche Verträge und potenzielle Interaktionen mit anderen Menschen. Auch wenn wir unser Geburtszeichen und unsere Persönlichkeitsmerkmale immer beibehalten, können unsere Reaktionen auf das System jetzt gemildert und verändert werden. Rückläufigkeit ist dann kein so großes Problem mehr. Ihre willentliche Absicht kann diese Einprägungen potenziell ausschalten, weil Sie die Einprägungen neu programmieren. An diesem Punkt möchte ich nochmals auf Kryon hinweisen, der gesagt hat, wir seien keine Opfer, die wie Opfer durch die Gegend laufen.

Kryon sagt uns oft in Metaphern, dass wir nicht als Opfer auf dem Planeten herumlaufen. Stellen Sie sich vor, Sie sitzen in einem Boot und sind anscheinend dem Meer auf Gedeih und Verderb ausgeliefert. Solange das Meer ruhig ist, ist alles in Ordnung, doch wenn die Wellen höher schlagen und Stürme und Winde Sie hin- und herschleudern, werden Sie wütend, schütteln die Faust und meinen, Sie sind einfach ein Opfer des Geschehens um Sie herum. Das Holz war immer im Boot vorhanden. Sie entscheiden sich, das Stück Holz in die Hände zu nehmen. Sobald Sie das tun, erkennen Sie, dass Sie die Pinne halten, die das Ruder kontrolliert. Jetzt können Sie Ihr Boot steuern! Über die Wellen und die Stürme haben Sie nach wie vor keine Kontrolle, und Sie können auch das, was um Sie herum geschieht, nicht verändern, aber Sie können das Boot steuern. Sie sind kein Opfer.

Sehen Sie, wie das vielleicht auf eine Ihrer derzeitigen Herausforderungen zutrifft? Der Sturm steht für die Herausforderung, die außerhalb Ihrer Kontrolle liegt – sei das nun der Verlust des Arbeitsplatzes, das Ende einer Beziehung oder finanzielle Nöte. Sie können nicht kontrollieren, was passiert, aber Sie können den Kurs bestimmen, den Sie in einem solchen Fall einschlagen. Und wenn Sie Ihren Job verloren haben, weil schon ein besserer auf Sie wartet? Wenn Sie andere Menschen kennenlernen müssen? Wenn Ihre Herausforderung darin besteht, zu etwas getrieben zu werden, was Sie normalerweise nicht tun würden?

Mit einer positiven Einstellung und einem aufgeschlossenen Geist lebt es sich großartig. Doch warum scheint zu bestimmten Zeiten nichts richtig im Fluss zu sein? Sie haben an Ihren inneren Veränderungen gearbeitet, und doch hat sich um Sie herum anscheinend nichts wirklich verändert. Manchmal liegt das daran, dass Spirit keine Uhr hat. Die von Ihnen erwartete Synchronizität ist erst dann bereit, wenn sie bereit ist. Ich will alles immer schon gestern haben! Wer will schon warten? Doch wie ich gelernt habe, vergeht das Warten viel schneller, wenn man sich einfach entspannt und darauf vertraut, dass alles gut ist.

Geduld haben ist also eine gute Strategie. Und können wir sonst noch etwas tun, um uns näher an unsere wahre Natur und den Sinn unseres Lebens heranzuführen? Ich glaube schon. Ich möchte Ihnen ein neues System vorstellen (von dem Sie vielleicht schon gehört haben), welches Ihnen eine komplett neue Bewusstheit und ein neues Verständnis Ihrer selbst vermittelt, weil jede von uns getroffene Entscheidung uns entweder auf unserem »Kurs« hält oder uns auf einen Umweg führt, der verwirrend und manchmal auch schmerzhaft sein kann.

Ich hatte das Glück, ein Reading von Bethi Black auf Basis des Human Design Systems zu erhalten. Bethi ist Assistant Director der International Human Design School und Herausgeberin des neuen Buchs »The Definitive Book of Human Design: The Science of Differentiation by Lynda Bunnell and Ra Uru Hu«. Jeder Mensch hat sein ureigenes Design und eine ganz bestimmte Aufgabe. Dieses neue System ist völlig anders als alles andere, was es auf dieser Welt so gibt. Ra Uru Hu empfing die Informationen 1987; sie sind eine Synthese aus zwei Arten von Wissenschaften: einerseits dem alten Beobachtungssystem der Astrologie, dem chinesischen I Ging, dem hinduistisch-brahmanischen Chakrassystem und dem Baum des Lebens aus der Zohar/kabbalistischen Tradition; und andererseits der zeitgenössischen Quantenmechanik, Astronomie, Genetik und Biochemie.

Die Informationen aus diesem Reading waren für mich wie eine Betriebsanleitung für mich selbst. Ich wurde klarer hinsichtlich der Art und Weise meiner Entscheidungsfindung und öffnete mich einer völlig neuen Seinsweise. Ich bin nun besser in der Lage, als Mitschöpferin tätig zu sein und ein Leben voller Göttlichkeit zu manifestieren, welches in Resonanz mit meinem wahren, authentischen Selbst ist. Ich verstehe besser, welche Gaben und Talente ich habe und wie ich sie mit anderen Menschen teilen kann. Auch die wichtige Rolle anderer, die mir Hilfe und Unterstützung gewähren, kann ich nun erkennen und umgekehrt. Das Wunderbare am Human Design System ist: Es ist kein Glaubenssystem, sondern eine Art Landkarte des persönlichen, einmaligen genetischen Codes, die detaillierte Informationen über die Mechanik der eigenen Natur liefert. Dank dieser Landkarte kann ich jetzt meine Reise hier auf der Erde besser wertschätzen, anstatt zuzulassen, dass mein »Nicht-Selbst« versucht, mir Entscheidungen aufzuzwingen, die mich nur frustrieren.

Durch das Human Design System lernt man so viel über sich selbst, dass man sich einem völlig neuen Lebensstil öffnen kann. Hier ein Beispiel: Wie meine Human-Design-Grafik zeigt, bin ich ein »Generator«. Wenn ich mit meiner wahren Natur im Fluss bin, fühle ich Befriedigung. Wenn nicht, bin ich frustriert. Jeder Mensch hat neun Zentren. Die Human-Design-Grafik zeigt auf, ob diese Zentren definiert oder undefiniert (offen) sind. Hier zwei Beispiele, die erklären, wie dieser Aspekt der Grafik funktioniert.

Ich habe ein undefiniertes Solarplexus-Zentrum, was bei etwa 47 Prozent der Bevölkerung der Fall ist. Ein solches undefiniertes Solarplexus-Zentrum absorbiert und verstärkt die in der Umwelt vorhandenen Emotionen. Solche Menschen sind so konditioniert, dass sie die Bedürfnisse, Stimmungen und Gefühle anderer Menschen ungeschützt an sich heranlassen. Das erklärt, warum Konfrontationen mich immer so nervös machen. Unbewusst möchte ich Konfrontationen um jeden Preis vermeiden. Wenn ich dieses Charaktermerkmal verstehe, kann ich mich von den Emotionen, die ich über andere aufnehme, lösen. Ich bin mir besser bewusst, was meine Emotionen, nicht die der anderen, sind. Indem ich jeden Tag ein bisschen Zeit für mich verbringe, kann ich meine emotionalen Konditionierungen besser loslassen. Kommt Ihnen das bekannt vor? Wenn nicht, dann haben Sie wahrscheinlich ein definiertes Solarplexus-Zentrum. Geduldig sein ist alles andere als einfach. Sie sind so »konstruiert«, dass Sie, bevor Sie eine Entscheidung treffen, erst einmal das emotionale Auf und Ab durchleben. Wenn sich jemand mit einem definierten Solarplexus-Zentrum gut oder schlecht fühlt, dann fühlt sich jemand mit einem undefinierten Solarplexus-Zentrum sehr gut bzw. sehr schlecht. Verstehen Sie, wie das funktioniert?

Ich habe ein definiertes Milz-Zentrum wie etwa 55 Prozent der Bevölkerung. Dieses Zentrum ist für unser Überleben und Wohlbefinden in der Welt zuständig. Wer ein definiertes Milz-Zentrum hat, empfängt nonverbale Kommunikation im Jetzt. Das ist Ihre Intuition, Ihr Bauchgefühl, Ihr Vorahnung, die Ihnen immer verlässliche Informationen liefern. In der Bewusstheit von einem Augenblick zum anderen wiederholt die Milz ihre erste Warnung nicht. Das bedeutet, Sie sollten immer auf Ihre Intuition hören. Wenn Sie das nicht tun, kann das katastrophale Folgen haben. Wenn das Milz-Zentrum nicht definiert ist, werden die sieben Urängste, die im Milz-Zentrum sitzen, verstärkt. Solche Menschen betreten die Welt mit einer Grundangst, nicht für das Überleben gerüstet zu sein. Sie sind auch empfänglich für das mangelnde Wohlbefinden in der Welt und nehmen das persönlich. Oft suchen sie, während sie heranwachsen, unbewusst nach Menschen mit einem definierten Milz-Zentrum, um Sicherheit und Wohlergehen zu erleben, und klammern sich an diese Menschen – egal, was dabei herauskommt. Sie halten also beispielsweise unter Umständen an einer Beziehung fest, die nicht gut für sie ist. Eine gesunde Einstellung zum undefinierten Milz-Zentrum versetzt sie in die Lage, zwischen ihren eigenen Bedürfnissen und dem Mangel an Wohlbefinden in ihrer Umwelt zu unterscheiden. Sie spüren dann, wenn jemand oder etwas ihnen nicht guttut. Wenn solche Menschen als Heiler tätig sind, können sie vielleicht sogar in die Aura ihres Patienten eintreten und sofort erkennen, ob die Person gesund oder krank ist und was im Ungleichgewicht ist.

Sehen Sie, dass ein definiertes oder undefiniertes Zentrum nichts mit »richtig« und »falsch« zu tun hat? Unser einzigartiges persönliches Design zieht uns buchstäblich ins Leben. Wenn wir lernen, unsere Konditionierung aufzugeben, zieht es das an, was wir uns wünschen. Eines der Ziele des Systems besteht darin, die Entscheidungsfindung zu unterstützen. Ich habe nur zwei Beispiele genannt, aber das System kann Ihnen noch viel mehr über Sie erzählen. Stellen Sie sich vor, wie anders Ihr Leben sein könnte, wenn Sie Ihre ganz persönliche Prägung verstehen würden!

Wer ein Reading von Bethi Black erhalten oder sich über Kurse informieren möchte, kann sie über beth@ihdschool.com kontaktieren. Weitere Informationen über das Human Design System finden sich auf der Website www.ihdschool.com.

Abschließend möchte ich noch sagen: Ich hoffe, Sie können den Einfluss der Astrologie auf unser Leben wertschätzen und verstehen. Die Menschheit hat so viel zu lernen, und wenn wir die tieferen Wahrheiten entdecken und sie auf unser alltägliches Leben anwenden, verändern und beeinflussen wir dadurch nicht nur unser inneres Selbst, sondern auch das Universum.

Frage: Wie und woher wurde Astrologie ursprünglich auf diesen Planeten gebracht? Warum hat Jupiter in der Astrologie so einen starken Einfluss?

Kryon: Astrologie ist die älteste Wissenschaft auf dem Planeten, gleich nach der Numerologie. Sobald die Menschen fähig waren, den Himmel zu betrachten und die Bewegungen der Planeten zu verfolgen, entstand die intuitive Vorstellung, dass sie alles Leben auf der Erde beeinflussen könnten. Die Einflüsse des Mondes waren ja bereits erkennbar, insbesondere wenn Vollmond war. Die Menschheit war sich also schon früh bewusst, dass Astralkörper, die sich zwar von der Erde entfernten, aber über die Schwerkraft mit ihr in Verbindung standen, das menschliche Verhalten auf anscheinend zyklische Weise verändern konnten.

Das ist keineswegs Mythologie, sondern hat vielmehr physikalische Grundlagen, und in früheren Channellings haben wir euch ja schon die Mechanik der Astrologie erklärt und euch auch etwas gesagt, was ihr immer noch nicht versteht. Hört, ihr Astrologen, wenn die Magnetik im Sonnensystem sich verändert (und das tut sie), versteht ihr nicht, dass sich die Einflüsse auf das menschliche Verhalten dann auch verändern? Ihr könnt nicht einfach dasitzen und sagen: »Alles ist irgendwie dasselbe«, so wie auch niemand verneinen kann, dass es auf dem Planeten kälter wird. So jemand kann zwar ohne Mantel herumlaufen, aber irgendwann ist ihm so kalt, dass er nicht mehr funktionieren kann.

Fangt also an, euch anzuschauen, was die veränderten Einflüsse potenziell bedeuten und wie sie sich auf euch auswirken. Jupiter ist für die neue Energie einer der größten Einflüsse – zum einen, weil er wegen seiner Größe sich so stark auf die Magnetlinien auswirkt, die einen Zug auf die Sonne verursachen. Der Solarmotor der Sonne hat sehr viel mit der Magnetik der Gase zu tun, die an dem Motor mitwirken. Wenn sich die Magnetik verändert, dann erzeugt der Sonnenmotor neue Sonnenmuster. Und auch der »Sonnenwind«, der dann Informationen und Botschaften in das gesamte Sonnensystem hinausbläst, verändert sich.

Der Sonnenwind und euer Magnetfeld verbinden sich tiefgreifend; das erzeugt manche der Energien, die sich auf eure Persönlichkeit und Lebenskraft auswirken. Das ist Astrologie vom Feinsten, und sie bewegt sich leicht und bildet neue Muster. Jupiter ist in den Horoskoptabellen dieser Wissenschaften der Bereich, der sich am stärksten verändert.

Frage: Bislang wurden nur zehn Planeten entdeckt. Die kosmische Balance würde zwölf Planeten erfordern, die den zwölf Tierkreiszeichen entsprechen. Interessanterweise herrschen zwei Planeten, nämlich Venus und Merkur, sowohl über ein Erdzeichen als auch ein Luftzeichen, das heißt Stier und Waage für die Venus und Jungfrau und Zwillinge für Merkur. Ist Venus die wahre Herrscherin über Waage – und Merkur der wahre Herrscher über Zwillinge? Wenn das so ist, hieße das, zwei Erdzeichen haben bislang keinen Herrscher. Die Erde wird traditionell damit assoziiert, wie wir mit unserer Körperlichkeit umgehen. Würde das bedeuten, die Menschen hätten sich noch nicht in ihre wahren Körper entwickelt?

Kryon: All das, was du gesagt hast, gehört zu Schwerkraft- und quantenmagnetischen Systemen, die die Sonne beeinflussen. Wie du ja schon weißt, haben sich die Menschen noch nicht in ihre wahren Körper entwickelt. Das beginnt mit der neuen Energie. Wie wir also schon gesagt haben, müsst ihr davon ausgehen, dass sich das System aufgrund neuer Quanteneinflüsse auf einige neue Energien ausrichtet. Ich sage euch nicht, was ihr entdecken und selbst nachweisen müsst, doch intuitiv habt ihr erkannt, dass das System nicht vollständig ist. Vervollständigt es also.

Ein Hinweis für euch: Seid ihr bereit für einen neuen Herrscher über zwei Erdzeichen, die sich in 3-D nicht wirklich auf die Erde ausrichten? Wenn ja, werdet ihr eines akzeptieren, das quantenhaft ist (über Entfernung verschränkt)? Das wäre der Anfang der Quantenastrologie und könnte irgendwann einen relativ nahen Sternenhaufen mit neun Hauptsternen involvieren, sieben davon wichtige Sterne und einer davon mit mehreren Planeten. Ergibt es einen Sinn, dass ein Herrscher über Erdzeichen etwas mit der Erde zu tun hat, aber nicht innerhalb des Sonnensystems? Wenn ihr Quantenerkenntnis erreicht, dann ist es vielleicht an der Zeit für einen neuen Herrscher im System?

Frage: Wenn Zwillinge geboren werden – und vor allem, wenn der Zeitpunkt ihrer Geburt sehr nah beieinander liegt –, sind ihre Horoskope fast identisch. Doch durch andere Einflüsse wie beispielsweise ihr Akasha-Erbe sind sie dann doch unterschiedlich. Es gibt auch das Phänomen der »Astralzwillinge«, zweier Individuen, die von unterschiedlichen Eltern, aber genau am selben Tag, am gleichen Ort und in derselben Minute geboren werden. Kannst du erklären, wie in diesen beiden Fällen die astrologischen Horoskope dieser »Zwillinge« ihre individuelle Akasha-Chronik widerspiegeln?

Kryon: Wie das Human Design System weiß, können 300 bis 400 Menschen der sieben Milliarden, die auf der Erde leben, aus den oben genannten Gründen das gleiche Lebenshoroskop haben. Dadurch sind diese Menschen aber nicht alle gleich, denn ihre »Erdengeschichte« ist nicht dieselbe. Das nennt man »die heimische (irdische) Akasha-Chronik«. Ihr Lebensdesign ist also womöglich identisch, wird aber durch ihren Lebensweg auf Basis ihres Akasha-Erbes und auch ihre aktuelle Lebenserfahrung abgeändert.

Das erfordert ein neues Werkzeug für grundlegende Astrologie, welches die Quantenenergie der Akasha-Chronik einer alten

Seele erspürt oder in die Ausarbeitung des Horoskops »einbringt«. So wird das 3-D-Horoskop modifiziert und das Muster noch feiner auf diese individuelle Person eingestimmt.

Es gibt bereits Menschen, die an diesem Rätsel arbeiten und »Quantenastrologie« betreiben. Der Astrologie muss dazu zum Teil wissenschaftlich denken und zum Teil sich intuitiv der Potenziale bewusst sein. Willkommen in der Welt der Quantenwissenschaft!

Die Plejadier

Vor meinem Erwachen hatte ich die Bezeichnung »Plejadier« eigentlich noch nie gehört. Natürlich kannte ich den Sternenhaufen der Plejaden bzw. der Sieben Schwestern, aber für mich war das einfach etwas, was vielleicht für die Astronomen interessant war – vor allem, weil es einer der Sternenhaufen ist, die der Erde am nächsten liegen und sowohl von der nördlichen als auch der südlichen Hemisphäre aus sichtbar sind. Er ist etwa 425 Lichtjahre von der Erde entfernt und trägt auch den Namen Messiers 45 (M45). Die Plejaden sind Teil der Taurus-Konstellation, eines der zwölf Tierkreiszeichen. Doch erst als ich mich meinem spirituellen Kern öffnete, war ich bereit, etwas über die Plejadier, aus planetarer Perspektive unsere göttlichen Eltern, zu erfahren.

Bevor ich weitere Erklärungen über unsere göttlichen Eltern abgebe, möchte ich ein bisschen etwas über die Plejaden erzählen, auch weil das zeigt, wie unsere menschlichen Vorbehalte und Vorurteile spirituelle Wahrheiten so filtern und anpassen, dass sie mit unserem wahrgenommenen Glaubenssystem übereinstimmen.

Laut der griechischen Mythologie repräsentieren die sieben hellsten Sterne der Plejaden die Töchter von Atlas und Pleione, die folgende Namen tragen:

- ***Alkione*** – bedeutet »Königin, die das Böse abwehrt«. Alkione ist der zentrale und größte Stern der Konstellation der Plejaden. Oft steht er für den gesamten Sternenhaufen.

• ***Asterope*** – ein Doppelstern der Konstellation der Plejaden, bedeutet wörtlich »Erhellung«.
• ***Merope*** – die einzige Plejade, die einen Sterblichen heiratete; ihr Stern scheint nicht so hell wie die Schwestersterne.
• ***Maia*** – die älteste der Sieben Schwestern und angeblich auch die schönste. In der griechischen Mythologie war Maia eine Geliebte des Zeus und die Mutter von Hermes.
• ***Taygeta*** – wurde bewusstlos von Zeus geschändet und versteckte sich. Zum Schutz wurde sie in eine Hirschkuh verwandelt.
• ***Celaeno*** – war mit Poseidon verheiratet. Ihr Name bedeutet »Dunkelheit« bzw. »Schwärze«. Wird auch als »Verlorene Plejade« bezeichnet, denn ihr Stern ist manchmal mit bloßem Auge nur schwer zu erkennen.
• ***Elektra*** – der dritthellste Stern der Konstellation; Elektra bedeutet »Bernstein« oder »die Hellscheinende«. Elektra war die Ehefrau von Korythos. Sie wurde von Zeus verführt und gebar Dardanus, den Gründer von Troja.

Interessant, dass die griechische Mythologie diese Sterne im Reich der Götter ansiedelt, nicht wahr? Vielleicht hatten die Griechen auf einer intuitiven Ebene eine Erinnerung an unsere spirituellen Eltern, aber ihr spirituelles Wissen wurde gewissermaßen verwässert und das Endergebnis war etwas, das für sie einen Sinn ergab hinsichtlich der Art und Weise, wie sie ihre Welt und das Universum wahrnahmen.

Geht man weit zurück, in die Zeit vor den Römern, Griechen, Ägyptern und anderen alten Zivilisationen, und macht sich mit den alten Schöpfungsgeschichten der Urvölker vertraut, entdeckt man, dass weltweit viele von ihnen auf die Plejaden bzw. die Sieben Schwestern verweisen. Kann das wirklich bloßer Zufall sein? Das wäre meiner Meinung nach ein sehr sonderbarer Zufall, wenn die am Uluru mitten in Australien ansässigen Aborigines eine ähnliche Geschichte erzählen wie die Hawaiianer (die isoliert mitten im Pazifik leben), die Maori aus Neuseeland und die Urvölker aus Südamerika und anderen Ländern, die geografisch ungeheuer weit auseinanderliegen. Und als wir einmal während eines Kryon-Seminars ein Hindu-Kloster auf Kaua'i besuchten, sagte einer der

Hindu-Reiseleiter, wir kämen von den Plejadiern und hätten in Lemurien angefangen und deshalb würden sie ihren Tempel auf Kaua'i, Hawaii, errichten. Die hinduistische Religion ist eine der ältesten auf dem Planeten. Welch ein Zufall, dass sie dasselbe sagen wie die Urvölker, die überall auf dem Planeten leben!

Im Jahr 2010 war ich zusammen mit Lee Carroll und anderen Mitgliedern des Kryon-Teams am Uluru. Einmal ging ich in eine Kunstgalerie, die Kunst von den hier ansässigen Frauen ausstellte. Jedes einzelne der ausgestellten Stücke zeigte eine Geschichte, die mit den Sieben Schwestern zu tun hatte.

Ich sprach den Aborigine an, der den Laden führte, und er gab uns eine Broschüre, in der die Schöpfungsgeschichte der Aborigines wie folgt beschrieben war:

> Die Sieben Schwestern beschlossen, die Erde zu besuchen, und flogen herab. Sie suchten nach ihrem Lieblingslandeplatz auf einer Hochebene, aber wie sich herausstellte, waren da lauter kleine Männer, die sogenannten Yavarr. Sie riefen ihnen zu, sie sollten aus dem Weg gehen, aber sie weigerten sich. Schließlich landeten sie auf einem anderen Hügel. Die Yavarr-Männer sahen das und wollten sie gefangen nehmen. Die Schwestern rannten davon, und schließlich hatten die Männer keine Lust mehr, sie zu verfolgen – bis auf einen.
>
> Er folgte ihnen immer weiter. Schließlich trennte sich eine der Schwestern von der Gruppe, um Wasser zu suchen. Der Mann folgte ihr. Sie fand Wasser und trank davon; da hörte sie, wie ein Fuß ganz leise auf den Boden gesetzt wurde. Sie sah auf, erblickte den Yavarr-Mann und rannte davon. Er rannte hinter ihr her und fing sie schließlich ein. Sie schrie laut. Er hob einen Stock auf, um sie ruhigzustellen, und schwang ihn in der Luft. Die Frau sprang beiseite. Erneut schwang er den Stock, immer wieder, und immer verfehlte er sie. Die Markierungen, die sein Stock hinterließ, sind heute noch an einem Hügel in diesem Landstrich zu sehen.
>
> Schließlich entkam die Frau und erreichte den Hügel, wo sie mit ihren Schwestern gelandet war. Sie waren verschwunden. Sie schaute in den Himmel, sah dort ihre sechs Schwestern und

stieg empor, um sich ihnen anzuschließen. Der Yavarr-Mann folgte ihr und wurde der Stern Orion.

Ich glaube, die alten Urvölker verfügen über große Weisheit und großes Wissen über unsere spirituelle Herkunft sowie spirituelle Kernwahrheiten. Ich hatte das große Glück, einige der göttlichen Wesen kennenzulernen, die diese indigenen Kulturen vertreten und bereit sind, dieses Wissen mit denen, die nach Wahrheit suchen, zu teilen. Kryon spricht während der Channellings oft von den Ahnen, und seine Informationen entsprechen oft genau dem, was die indigenen Völker uns lehren, nur in moderner Sprache und in einem zeitgenössischen Kontext.

Doch wenn die Plejadier tatsächlich unsere spirituellen Eltern sind und uns Menschen geschaffen haben, wie lautet dann ihre Geschichte? Wie gelangten sie hierher? Sind sie wie wir? Wenn sie uns den göttlichen Samen eingepflanzt haben, sind sie immer noch hier? Warum zeigen sie sich uns nicht? Kryon hat uns viele Informationen über die Plejadier durchgegeben, allerdings oft nur in Teilstücken und über ein bestimmtes Thema. Deshalb findet sich in diesem Buch nicht nur ein Channelling über die Plejadier.

Ich nehme an, den meisten Leuten gefällt die Vorstellung von Wesen aus dem Weltraum, die auf die Erde kommen und uns Erleuchtung »einpflanzen«, nicht allzu sehr. Ich glaube allerdings, dieses Denken entspringt unserer menschlichen Voreingenommenheit und Befangenheit. Wir sind im 3-D-Denken festgefahren und stellen uns dann eine Invasion von Aliens vor, inklusive fliegender Untertassen. Wie Kryon mehrmals gesagt hat, brauchen die Plejadier keine Raumschiffe, um auf den Planeten Erde zu gelangen. Sie sind mit den Menschen verschränkt, und das war schon immer so, denn sie sind Teil des Universums. Im Kryon-Buch 10, »Die 12 Stränge der DNA«, hat Kryon uns beispielhaft gesagt, wie wir das anders betrachten sollten:

Ihr könnt es euch so vorstellen: Ihr seid überall gleichzeitig! Male einen Kreis in den Sand, in dem sich Ameisen befinden. Nun schrecke an einem Punkt mit deinem Finger eine Ameise auf und gehe dann mit deinem Finger sofort zu einem anderen

Punkt. Die Ameise meint, du hättest dich mit einer schrecklich hohen Geschwindigkeit fortbewegt! Sie sieht nur den Finger. Verstehst du? Du bist immer über dem Kreis, du bist nirgendwohin »gereist«. Das ist Verschränkung, eines der Hauptmerkmale von interdimensionalen »Reisen«.

Hoffentlich wird alles andere, was Kryon uns gesagt hat, dadurch besser verständlich. Übrigens, falls Sie das Kryon-Buch 10 noch nicht gelesen haben, sollten Sie das unbedingt tun. Es beantwortet wahrscheinlich viele Ihrer Fragen, die Ihnen beim Lesen des vorliegenden Buchs hochgekommen sind.

Ihr Lieben, wenn ihr Verschränkung und den Zustand des Verschränktseins versteht, dann ist auch einiges von dem, was ich euch hier sage, besser verständlich. Eure gesamte Realität ist multidimensionale Physik, aber die meisten Menschen nehmen das nicht so wahr. Aber wenn doch, dann werdet ihr verstehen, dass *Teleportation* keineswegs Science-Fiction ist. Alles, was verschränkt ist, ist *Teil seiner selbst* und kann deshalb an zwei Orten gleichzeitig sein.

Die Plejadier haben das schon vor Tausenden von Jahren verstanden. Das ist nicht einfach nur hohe Wissenschaft, sondern Teil der spirituellen Bewusstheit. Je größer die spirituelle Bewusstheit dieser Erde wird, desto höheres wissenschaftliches Wissen wird ihr zukommen und desto mehr wird sie über die Schaffung wahren Friedens verstehen.

Ich möchte euch etwas sagen: Sie sehen, was ihr macht, in Stimmigkeit und Liebe. Sie haben erkannt, dass ihr es geschafft habt und dass auf diesem Planeten in Zukunft eine Menge los sein wird. Sie machen sich einen Teil des Magnetgitters zunutze, und so kommen und gehen und beobachten sie. Hätte die Erde nicht das Gitter, welches Gaia hier durch das geschmolzene Zentrum der Erde platziert hat – es ist bis zum heutigen Tag in Bewegung und erzeugt den Motor eures magnetischen Gittersystems –, dann hätten sie niemals hierherkommen können. Und gäbe es das von ihnen errichtete Kristallgitter nicht, hätte die Erde kein »Erinnerungsvermögen«.

Die Erde verändert sich, das Bewusstsein wandelt sich, und die alten Seelen erwachen.

Kryon Live-Channelling »Alles über die Gitter«, durchgegeben in Philadelphia – 14. April 2012

Während der Patagonien-Kreuzfahrt 2012 haben uns die von Kryon durchgegebenen Informationen ein umfassenderes Bild unserer galaktischen Geschichte vermittelt. Dieses Channelling geht auch auf einiges von dem ein, was auf den vorhergehenden Seiten zu lesen war. Ich nehme an, auch Sie sind der Meinung, dass wir ein besseres Verständnis entwickeln, wenn wir die Sachen nicht nur einmal lesen.

Jetzt will ich euch eine Milliarde Jahre zurückführen. Ihr seid damals in dieser Galaxie, und wir ermahnen euch, nicht über diese Galaxie hinauszublicken auf der Suche nach eurer Geschichte. Jede Galaxie hat ihren eigenen spirituellen Plan, welcher sich auf die Physik der jeweiligen Galaxie auswirkt. Deshalb erkennt die Wissenschaft im Universum unterschiedliche Arten von Physik und versteht nicht, warum das so ist. Bleibt mit diesen Untersuchungen in eurer Galaxie. Wenn ich euch zu diesem Zeitpunkt sagen würde, das Bewusstsein definiere die Physik, würdet ihr das vielleicht nicht verstehen. Deshalb wollen wir es dabei belassen.

Lasst mich euch auf einen Planeten bringen, der das durchlebt, was auch ihr gerade durchlebt. Vor vier Milliarden Jahren war euer Planet einfach im Abkühlen begriffen. Das Leben, wie ihr es kennt, hatte noch nicht begonnen. Die Samen waren gelegt, aber das war es auch schon. Das Leben, wie ihr es kennt, gab es noch überhaupt nicht. Aber an anderen Orten in der Galaxie gab es bereits hoch entwickelte Gruppen, die sich durchgesetzt hatten; das waren Humanoide – Menschenartige. Sie sahen aus wie ihr, denn das ist der Plan. Das war vor vier Milliarden Jahren, als auf ihrem Planeten das Leben begann, ein ganz anderer Zeitplan als der eure.

Vor einer Milliarde Jahren durchliefen sie eine Veränderung und eine Umwälzung, und sie hatten einen freien Willen. Damals und zu ihrer Zeit war das der einzige Planet mit einem freien

Willen, und sie durchlebten schließlich eine Bewusstseinsmetamorphose.

Sie wandelten sich anscheinend exponentiell; in nur tausend Jahren gingen sie von einer vollen körperlichen zu einer erleuchteten Form über. In nur tausend Jahren entwickelten sie sich zu Quantendenkern. Das Leben war göttlich, und sie definierten es anders, denn sie hatten die quantenhaften Anteile des Lebens in sich entdeckt. Alles veränderte sich. Sie starben nicht, und gemäß dem Plan würden sie zu einem bestimmten Zeitpunkt in ihrer Zukunft einem anderen Planeten ihre hoch entwickelte DNA »einpflanzen«. Wenn dieser Planet dazu bereit wäre, würden sie ihre Saat des Wissens von Licht und Dunkelheit und göttlicher Intuition ausbringen. Und das taten sie, auf einem Planeten, der sehr weit von eurem Planeten entfernt ist, einem Planeten im Sternbild der Sieben Schwestern; er wurde zur Heimat der Plejadier. Das war der Ursprung der plejadischen Zivilisation, der Anfang der Plejadier, ausgehend von anderen, die ihnen die DNA der Bewusstheit einpflanzten.

[Wie Kryon uns gesagt hat, erschufen nicht nur die Plejadier einen aufgestiegenen Planeten, sondern auch die Orioner und die Arkturianer. Sie sind die Eltern der Eltern der Eltern der Planetensysteme, und eines Tages werden die Menschen die Planeteneltern einer weiteren Zivilisation in unserer Galaxie sein.]

Millionen Jahre später stiegen Menschenartige in den Sieben Schwestern auf. Ich erzähle euch die Geschichte der Galaxie, nicht die Geschichte des Lebens. Es ist die Geschichte der Göttlichkeit, und alles wird vom Zentrum beeinflusst, und alles ist verschränkt. All das geschah aus freiem Willen.

Eure Geschichte

Vor mehreren Hunderttausend Jahren entwickelten sich die Menschen zu dem Menschen, wie ihr ihn heute kennt. Das war eigentlich erst vorgestern. Verwechselt das nicht mit der menschlichen Entwicklung. Die geht schon seit sehr langer Zeit vor sich. Doch die DNA in eurem Körper ist nicht die DNA, die sich auf natürliche Weise auf dem Planeten entwickelt hat. Eure DNA ist außerhalb des Systems aus erdbasierten evolutionären Prozessen, und die Wissenschaftler beginnen das zu erkennen. Das »fehlende Glied«, von dem sie reden, ist nicht menschlich.

Wir sagen euch also erneut, dass es die Plejadier waren, die vor ungefähr 100.000 bis 200.000 Erdenjahren die Saat ausbrachten; sie hatten den Graduierten-Status erlangt und eine Bewusstseinsveränderung erreicht. Sie wurden aus freiem Willen quantenhaft, und ein Teil ihrer DNA ist in euch.

Jetzt kommt eine neue Information für euch: Das Ausbringen der Saat ging nicht auf einmal vor sich. Deshalb nennen wir so große Zeitspannen, in denen die Plejadier mit euch arbeiteten. Es geschah nach und nach und an vielen Orten. Es geschah nicht alles gleichzeitig, und zwar aus Gründen, die euch bislang unbekannt sind, aber später erklären werden, warum ihr andere Menschenarten finden werdet, die inzwischen ausgestorben sind. Heute gibt es nur eine Menschenart, was intuitiv der gesamten Entwicklung der Säugetiere auf dem Planeten zuwiderläuft. Es war ein Design, und es dauerte über 100.000 Jahre, dieses Design für die Menschheit, wie ihr sie kennt, zu entwickeln.

Es liegt an eurer menschlichen Voreingenommenheit, dass die Schöpfungsgeschichte besagt, die Erkenntnis von Licht und Dunkelheit wäre an einem einzigen Tag in einem Garten über die Menschen gekommen, durch eine sprechende Schlange und andere Mythologien. Die spirituelle Logik sollte euch sagen, dass diese Geschichten einfach nur Metaphern für eine echte Wahrheit sind, dass es tatsächlich eine große Bewusstseinsveränderung gegeben hat, aber nicht auf der Stelle, sondern über einen längeren Zeitraum. Dieselbe Mythologie besagt, die Erde wäre in sieben Tagen erschaffen worden, doch das steht nur für eine numerologische Wahrheit [Sieben ist die Zahl der Göttlichkeit], nämlich dass die Erschaffung des Planeten auf einem göttlichen Design beruhte. Es ist an der Zeit, eure Lehren über die spirituelle Geschichte mit spiritueller Logik anzugehen, denn das wird zu wunderbaren Offenbarungen und einem umfassenderen Verständnis führen.

Was ist also nun wirklich in eurer DNA? Der plejadische »Code«, und der Code derer vor ihnen und wiederum derer vor jenen. Ihr könnt euch nicht daran erinnern, denn das ist nicht vorgesehen. Gemäß dem System ist eure Akasha-Chronik nur von der Erde, aber euer »göttliches Erinnerungsvermögen« wird euch zurück zum Anfang führen, als ein System nach dem anderen das erschuf, was ihr als die Göttlichkeit innerhalb der Galaxie und des Universums betrachtet.

Wer sind sie? Sie sind eure »göttlichen« Eltern. Sie sind die göttlichen Samen in euch, und sie besuchen euch hier. Nicht alle sind Plejadier, wusstet ihr das schon? Sie kommen vielmehr aus allen Teilen der Galaxie. Auch sie repräsentieren die Samen der Plejadier, und sie beschützen euch. Ihr wollt es nicht anders haben, oder? »Beschützen wovor?«, könntet ihr da fragen.

Die Schutzblase

Euer Universum wimmelt von Leben. Nur relativ wenige Planeten haben es im Laufe von Millionen von Jahren geschafft, körperlich die »Schöpfer-DNA« aufzunehmen. Manchen wurde die Schöpfer-DNA eingepflanzt, und doch haben sie es nie geschafft. Manche dieser Planeten sind inzwischen tot, manche technisch hoch entwickelt, aber ohne den göttlichen Funken. Solange ein Planet sich in der »Entscheidungsfindungsphase« befindet, wird er vor anderem Leben, das sich einmischen könnte, beschützt und in Sicherheit gehalten.

Ihr seid von göttlichen Wesen umgeben, die euch beschützen, und zwar solange dieser Planet – im Moment der einzige mit einem freien Willen – seine Entscheidung trifft. Ihr »kriegt die Bewusstseinskurve«, und sie alle wissen das, denn sie haben das alles auch durchgemacht und können sich daran erinnern. Oh, ihr Lieben, Bewusstsein ist unbeständig und flüchtig! Ihr habt gesehen, wie es sich ganz langsam gewandelt hat, aber inzwischen verändert es sich schneller. Es dauert nicht mehr mehrere Generationen wie früher. Vielmehr werdet ihr Veränderungen in

Echtzeit erleben. Die Menschen werden nicht darauf warten, Kinder zu bekommen, oder darauf warten, dass ihre Kinder Kinder bekommen.

Ihr werdet quantenhaft und in 3-D aus der Entfernung beschützt. Aber ihr müsst euch folgende Frage stellen: »Wenn es in der Galaxie so viel Leben gibt und diese Außerirdischen schon so alt sind [also potenziell über eine hoch entwickelte Wissenschaft und Reisemöglichkeiten verfügen], warum landen sie dann nicht einfach und kündigen sich an? Sie sind doch schon seit Jahrhunderten hier!« Die Antwort beweist, dass das, was wir sagen, stimmt: Sie wissen, dass sie die »Finger von euch lassen« müssen, und ihr Kommen und Gehen bewirkt auf der Erde nur marginale Störungen.

Kryon Live-Channelling »Das große Bild«, durchgegeben während der Patagonien Kreuzfahrt – 3. Februar 2012; und Kryon Live-Channelling »Die Brücke der Schwerter«, durchgegeben in Toronto/Kanada – 29. September 2012

Erkennen Sie das große Bild? Spüren Sie die göttliche Liebe der Plejadier zur Menschheit? Das hört sich für Sie womöglich ein wenig komisch an; aber vielleicht kommt Ihnen auch die Erinnerung an die Wahrheit und das Wissen in Ihrer DNA. Vielleicht geht es Ihnen ja wie mir: In manchen Momenten vibriert jede Zelle mit Erinnerungen und Wissen, und im nächsten Augenblick halten Sie sich für verrückt und meinen, nichts davon sei wahr. Wenn es Ihnen so geht, dann sollten Sie vielleicht einmal hinaus in die Natur gehen. Ich empfehle insbesondere die Berge. Nichts tut so gut wie der Blick auf eine Landschaft voller schöner, schneebedeckter Berge. Was ist an Bergen so besonders? Kryon kann das erklären ...

Viele von euch sind sich der Saat der Schöpfung bewusst. Eure DNA enthält ein Merkmal, das nicht von der Erde ist, ja nicht einmal von diesem Planeten. Ihr tragt in euch etwas Göttliches und gleichzeitig die Samen von anderen, die zwar menschenähnlich, aber keine Menschen sind. Wir sprechen jetzt von euren galaktischen spirituellen Eltern. Die Metapher vom Garten Eden galt vor allem den Plejadiern. Dem Menschen wurde das Wissen von Licht und Dunkelheit eingepflanzt, als die Plejadier auf die Erde kamen und mit dem *Ausbringen der spirituellen Saat der Menschheit* begannen. Darüber habe ich schon viele Durchgaben gemacht, deshalb gehe ich nicht noch einmal darauf ein, aber es gibt Menschen, die das ablehnen und nichts davon hören wollen. Wenn sie die Wahrheit wüssten, würden sie jedoch verstehen. Sie ist genauso schön wie die Metapher vom Garten Eden und genauso heilig.

Lange bevor ihr hier wart, tat sich eure Galaxie mit Galaxien zusammen, die der euren sehr ähnlich waren. Wir sagen *zusammentun,* das heißt, es waren viele. Derzeit ist die Erde der einzige Ort dieser Art und mit diesen Attributen. Es ist eine Erde, die lernt, wie sie die frühere Dunkelheit mit Licht ausgleicht. Darum geht es bei der Veränderung. Aber jetzt möchte ich euch etwas sagen, worüber ich noch nicht gesprochen habe. Als die Plejadier, bevor sie hierherkamen, den Planeten prüften, brauchten sie Plätze, um das, was sie vorhatten, vorzubereiten, und zwar in großer Höhe – denn um das zu erreichen, was sie wollten, musste es kalt sein. Das ist einer der Gründe dafür, dass sie sich für Lemurien (Hawaii) entschieden, was heute eine Inselgruppe in den Tropen ist. Sie brauchten einen Berg, der über 10.000 Meter hoch war, und damals gab es nur einen. [Hawaii ist das höchste Gebirge der Erde, liegt allerdings inzwischen unter Wasser. Der tektonische Hotspot drückte es vor über 100.000 Jahren nach oben, auf eine Höhe von über 10.000 Metern.]

Sie besuchten auch andere Berge auf dem Planeten, und zwar aus den gleichen Gründen. Ich will euch nicht alle Gründe dafür nennen, warum sie das brauchten, noch nicht, aber etwas möchte ich euch sagen, damit ihr etwas versteht. Dies ist einer dieser Berge, und sie sind hier [an die Gruppe am Fuß des Mount Aconcagua gerichtet]! Das ist ein Teil dessen, was ihr fühlt. Fragt einmal jene, die die höchsten Berge der Erde erklommen haben! Sie weisen alle Ähnlichkeiten auf. Ich sage euch etwas, meine Lieben: Kein Bergsteiger auf dem Planeten ist ein Atheist! Wenn sie erst einmal auf dem Gipfel angekommen sind, kennen sie die Wahrheit. Diejenigen, die die Saat ausgebracht haben, sind hier. Sie sind immer noch im Berg, denn ein multidimensionales Attribut besagt, dass der scheinbare Anfang und das scheinbare Ende von etwas für euch nicht immer dasselbe bedeuten. Zeit ist für sie nicht dasselbe wie für euch.

Manche sagen jetzt vielleicht: *»Kryon, ich verstehe nichts von dem, was du da gesagt hast. Müssen wir uns fürchten?«* Habt keine Angst vor euren spirituellen Eltern! Habt keine Angst vor der Heiligkeit dessen, was Spirit gegeben hat! Gaia kennt sie, und auf tiefgründige Weise sind sie Teil von Gaia. Sie haben teilweise mit dazu beigetragen, das, was Gaia heute ist, zu erschaffen. Das Bewusstsein der Erde, das euch heute antwortet, war nicht hier, bevor sie hier ankamen. All das besagt, dass die Plejadier euch nicht nur die Saat einpflanzten, sondern auch das System *erinnerten menschlichen Bewusstseins* erschufen, welches ihr heute Gaia nennt, ebenso das Kristallgitter, und dazu brauchten sie hohe Berge.

Kryon Channelling »Mount Aconcagua«,
durchgegeben am Mount Aconcagua/Argentinien –
19. Oktober 2012

Noch etwas sollten Sie über die Plejadier wissen; es hat mit dem von ihnen geschaffenen Kristallgitter zu tun. Während einer von Todd Ovokaitys organisierten Veranstaltung auf Maui während der Wintersonnenwende, am 21. Dezember 2012, gab Kryon ein paar wichtige Informationen durch. Die Veranstaltung diente dem Zweck, einen lemurischen Chor zusammenzustellen, der bestimmte Zirbeldrüsentöne singen sollte (wie sie von Ovokaitys entwickelt wurden). Leider würde es den Rahmen dieses Buchs sprengen, hier im Detail auf all die wunderbaren Informationen über die Zirbeldrüsentöne einzugehen. Mehr dazu findet sich auf folgenden Websites: www.lemurianchoir.com und www.pineal-tones.com.

Ein Großteil des Channellings war an die Teilnehmer des lemurischen Chors gerichtet, doch ich habe es mit in dieses Buch aufgenommen, weil es meinem Gefühl nach wichtig für Sie ist, diese Botschaft zu lesen.

Die nun folgenden Informationen sind schwierig. Sie sind nicht komplex, aber sie werden einfach zum ersten Mal auf diese Weise übermittelt.

Zur Vorbereitung gehe ich noch einmal auf etwas ein, was euch in den letzten Wochen vermittelt wurde. Mein Partner hat mich zu einigen der tiefsten Energien der südlichen Hemisphäre geführt [die Rede ist von der Kryon Kundalini Tour durch Südamerika im Jahr 2012], wo sich die Erde neu kalibriert. Der Adler trifft den Kondor; Mitgefühl wird als Katalysator erkannt, der das sogenannte Kristallgitter verändert. In einem dieser Channellings wurde euch historisch genau beschrieben, welche Kreation der Menschheit gegeben wurde.

Es wurde gesagt, wie viele Jahre das dauerte und wann es anfing. Es begann mit den Plejadiern, und als Erstes erstellten sie das Kristallgitter. Es wurde auf das Gaia-Gitter gesetzt, also das Magnetgitter. Ihr könntet das Kristallgitter auch als das *Schöpfungsgitter* bezeichnen. Es ist ein esoterisches Gitter, das auf menschliches Bewusstsein reagiert, und zwar in beide Richtungen: Es empfängt und es gibt.

Unter anderem wird derzeit das Kristallgitter über das menschliche Bewusstsein neu kalibriert. Was wisst ihr über Kristalle? Kristalle sind die einzigen geologischen Stoffe, die eine Schwingung speichern können und deshalb über ein *Gedächtnis bzw. Erinnerungen* verfügen.

Das Kristallgitter ist also eigentlich zweierlei: (1) Es ist ein esoterisches Gitter, das mit der Schwingung des menschlichen Bewusstseins arbeitet und sowohl empfängt und abspeichert als auch zur menschlichen DNA zurücksendet; und (2) es spricht zu Gaia, und der Gaia-Teil, zu dem es spricht, ist alles, was innerhalb der Erdkruste kristallin ist.

Wenn ihr einen Geologen fragen würdet, wie viel Kristall in der Erdkruste steckt, wärt ihr erstaunt. Zwischen dem Quantenkristall und dem Erdkristall wird also Frequenz gespeichert ..., der Boden der Erde. In diesem System steckt also das, was ihr für Portale und Vortexe und Nullpunkte verantwortlich macht. Doch es gibt noch mehr. Denn die Plejadier haben beim Bau des Kristallgitters eine Linse eingebaut. Diese Linse fokussiert auf das, was stimmig ist, ein Signal, und sendet es zum Zentrum der Galaxie.

Vor 26.000 Jahren habt ihr diese Möglichkeit angelegt, meine Lieben, als ihr diese Töne hier gesungen habt [bezugnehmend auf die Zirbeldrüsentöne, die von Todd Ovokaitys gelehrt worden sind]. Ihr habt etwas geschaffen, was wir *das Schloss* nennen werden. Es hält dieses spezielle Gitter und die darin repräsentierte Linse fixiert. Es ist kein rostiges Schloss, sondern vielmehr ein Schloss, welches reagiert und bereit ist, solltet ihr am Ende der Präzession der Äquinoktien zur rechten Zeit und am richtigen Ort angelangt sein. Dann könnt ihr mit Mitgefühl den Schlüssel drehen, es mit der Liebe der Ahnen ölen und die Energie an einen Ort bringen, wo durch die erneut gesungenen Töne der Schlüssel sich im Schloss dreht. Das Kristallgitter würde dann reagieren, und die Linse würde sich auf das Zentrum der Galaxie fokussieren, welches während des Äquinoktiums (Tagundnachtgleiche) eure Sonne schneidet.

Zu diesem Zeitpunkt wären die Töne der Schlüssel zum Entsperren des Gitters, und es würde sich verändern. Das Gitter und die Linse senden das Signal auf Basis der von euch gesungenen Töne. Jetzt kennt ihr den Mechanismus, und als Nächstes erzähle ich euch, *wer* zuhört.

Wenn die Linse aktiviert wird und der Kristall ein Signal durch die Kreisbahn eurer Sonne in das Zentrum der Galaxie sendet, geschieht etwas Esoterisches: Das Signal kommt sofort im Zentrum der Galaxie an und wird von einer Quantenmaschine empfangen, von der ihr nichts wisst.

Das Zentrum: In der Dreidimensionalität und mit den euch bekannten, beschränkten physikalischen Gesetzen scheint im Zentrum etwas Singuläres zu sein (was übrigens in der 3-D-Physik unmöglich ist). Ihr nennt das »ein Schwarzes Loch«. Das ist ein Ort, der buchstäblich seine eigene Linse hat, denn dort werden das Licht und die Zeit gekrümmt. Das sollte euch einen Hinweis darauf geben, dass da etwas vor sich geht, das über die euch bekannte Physik hinausgeht. Seit 23 Jahren sprechen wir davon, dass es da Energien gibt, ein Zug-Stoß-System; das ist der Quantenmotor für das, was ihr *eine verschränkte Galaxie* nennen würdet. Anders als die Funktionsweise eures Sonnensystems wandern alle Sterne eurer Galaxie mit genau derselben Geschwindigkeit um das Zentrum. Auf Basis der Newton'schen Physik ist das unmöglich, denn sie besagt, dass Objekte auf schwächere Schwerkräfte reagieren müssen, je weiter sie vom Zentrum entfernt sind. Aber eure Galaxie tut das nicht. Das an sich sollte euch eigentlich schon sagen, dass da etwas geschieht, was über eure Gesetze hinausgeht.

Alle Sterne eurer Galaxie bewegen sich mit derselben Geschwindigkeit und sind deshalb mit dem Zentrum verschränkt. Das Zentrum eurer Galaxie wird damit zu mehr als nur einer physikalischen Anomalie. Es ist der Motor der Quantenkommunikation. Dinge in einem verschränkten bzw. fixierten Zustand sind eins miteinander; wenn also einer etwas weiß, dann wissen alle etwas. Die gesamte Galaxie und alles intelligente Leben mit der entsprechenden Fähigkeit weiß auf der Stelle, dass der Planet Erde an einem Punkt angelangt ist, wo Mitgefühl zählt. Er ist an einem Punkt angelangt, wo die barbarische Vorstellung von Krieg und den grundsätzlichen Unterschieden zwischen Menschen sich neu kalibriert.

Der Planet Erde ist an einen Punkt gelangt, an den viele Zivilisationen gelangt sind; das Signal, das am Ende dieses Tages gesandt wird, wurde also erwartet. Das ist etwas Esoterisches und für viele Unglaubliches, doch wie auch die Ahnen gesagt haben, war das möglich. Das Ende der Langen Zählung des Maya-Kalenders war einfach der Anfang eines neuen Kalenders. Zuhause nehmt ihr den Kalender von der Wand, weil er nicht mehr stimmt, und hängt einen neuen, anderen Kalender auf.

Im Falle eures neuen Erdenkalenders hat er eine andere Farbe, eine andere Einstellung und ein anderes Bewusstsein für die Menschheit. Denn was ich euch jetzt sagen will, ist das, was ihr hören müsst: Wenn diese Dinge multidimensional sind, dann sind sie quantenhaft. Beim neuen Kalender geht es um die Menschheit, nicht um Gaia. Das seht ihr nicht, und ihr erkennt nicht, wie wichtig das ist. Vor 23 Jahren habe ich euch gesagt, es gäbe etwas, was die Höhle der Schöpfung genannt wird; sie befindet sich in der physischen Erde und ist aus Kristall.

Diese Höhle der Schöpfung ist quantenhaft auf das Kristallgitter ausgerichtet und enthält die Chroniken aller menschlichen Seelen. Das sind die Seelen, die kommen werden und gekommen sind, sowohl Lemurier als auch Nicht-Lemurier. Diese Seelen werden alle *berührt,* wenn der Schlüssel umgedreht wird. Die Höhle der Schöpfung repräsentiert also eure Ahnen und jene, die eure Ahnen sein werden [ein Quantenattribut]. Alle spüren, was heute hier geschieht. Wir wollen von euren direkten Vorfahren sprechen, meine Lieben, die ihr hier im Raum sitzt.

Wie viele von euch haben Eltern, die nicht mehr hier sind? Nun, ich möchte euch sagen: Wenn ihr diese Töne singt, sind diese dahingegangenen (verstorbenen) Eltern dessen gewahr. Manche dieser Eltern haben euch vielleicht nicht das gegeben, was ihr im Leben gebraucht hättet, doch jetzt sind sie gewahr, und ihre Eltern sind gewahr, und alle Seelen, die kommen werden, sind gewahr. Die Akasha der Erde wird neu kalibriert, und sie alle wissen das heute. Deshalb seid ihr hier. Ihr sendet nicht nur ein Signal an jene, die ihr vielleicht nie kennenlernt. Vielmehr sendet ihr ein Signal an jene, die ihr geliebt und verloren habt, und die, die ihr sehr gut kennt.

Die Plejadier sind nicht weit weg. Ein Teil des Systems des Planeten, die Essenz der Schöpfung, beruht darauf, dass sie hier in einem Quantenzustand bleiben. Diejenigen, die die Saat in euch gepflanzt haben, bleiben in den Bergen der Erde. Manche sagen, sie hätten dort sogar Städte mit Namen. All das liegt außerhalb der 3-D-Wahrnehmung. Manche sind im Süden und manche im Norden, an Orten, die ihr kennt.

Die Plejadier brauchen eigentlich gar keine Linse, um zu wissen, was heute vor sich geht, denn sie sind hier. Wenn sich der Schlüssel im Schloss dreht, dann spüren sie das jetzt. Sie jubilieren als Erste, und sie tragen die Essenz eurer DNA. Dort, wo ihre Energie gespeichert ist, sind die Orte, die als Erste auf neuen Ebenen aktiviert werden. Sie sind also diejenigen, von denen ihr als Erstes Botschaften erhaltet. Die Hauptbotschaft lautet: *»Danke!«* Darüber hinaus ist das auch für sie eine Befreiung, und in einem multidimensionalen Zustand habt ihr sie befreit, damit sie die Neukalibrierung des von ihnen gebauten Gitters begrüßen.

Nichts davon geschieht auf die Schnelle, meine Lieben, aber in jenen Momenten des Schweigens, die wir gerade erlebt haben [was gerade in der Zeremonie passiert ist], wurden den im Raum Anwesenden viele Botschaften übermittelt, manche waren von den Plejadiern, manche eher persönlicher Art.

Vierzehn von euch hier haben Kinder verloren. Habt ihr sie gehört? Wenn ihr gemeint habt, ihr hättet euch das eingebildet: Das habt ihr nicht. Andere hörten von euren Brüdern und Schwestern, die nicht hier sind. *»Danke. Danke.«*

Vor ein paar Monaten habe ich den Zeitrahmen dieses Ereignisses beschrieben. Für euch ist es ein Tag, aber für die Astronomen sind es 36 Jahre!

Vor 18 Jahren wurde die Saat ausgebracht für das Potenzial des heutigen Tages. Die Präzession der Äquinoktien ist in ein 36-Jahres-Zeitfenster eingetreten, welches ihr *die dunkle Kluft* nennt. Als die Präzession der Ausrichtung stattfand, passierte sie auf halbem Wege den Streifen am Himmel, der *die Milchstraße* genannt wird. Ihr seid nun in der Mitte dieses 36-Jahre-Zyklus und habt noch 18 Jahre vor euch, während die Präzession in einen neuen 26.000-Jahre-Zyklus eintritt.

Bewusstsein bewegt sich langsam, aber auf dem Weg finden Ereignisse statt, die es schneller in eine höhere Schwingung bringen. Ereignisse des Mitgefühls sind die Katalysatoren dafür. In den letzten 18 Jahren haben viele solcher Ereignisse auf dem Planeten stattgefunden, und auch die Veranstaltung heute ist ein Ereignis des Mitgefühls. Der Schlüssel dreht sich, und Licht wird auf dem Planeten freigesetzt.

Die Dunkelheit wird gegen euch kämpfen, ihr Lieben. Vor Monaten haben wir euch gesagt, ein neuer kleinerer Krieg sei in den letzten Monaten des Jahres 2012 zu erwarten, und das geschah. Wir sagten euch auch, ihr solltet auf Ungleichgewicht achten und nicht verzweifelt sein, wenn euch das Herz gebrochen wird wie letzte Woche [der Amoklauf an der Sandy Hook Grundschule in Connecticut]. Wenn ihr solches Ungleichgewicht seht, versucht, innerlich sagen zu können: *»Danke, Spirit, denn wir gewinnen das Gleichgewicht zwischen Licht und Dunkelheit. Diese Dinge repräsentieren das Ungleichgewicht der Dunkelheit, die verzwei-*

felt gegen ein Bewusstsein kämpft, welches auf diesem Planeten neu kalibriert wird.«

Ihr Lieben, heute findet mehr als nur eine Veranstaltung statt. Ihr sendet eine Botschaft, dass ihr *angekommen* seid. Denn mit dem Senden der Botschaft besagt ihr auch, dass ihr versteht, dass ihr euch in einem Kampf befindet. Doch der Kampf hat sich gerade gedreht. Jawohl, es wird Ungleichgewicht geben, und ja, es wird noch eine Weile Kriege geben, und ja, noch mehr Leben gehen verloren, bevor es vorbei ist. Lasst uns uns einen Moment Zeit nehmen und die Leben im Raum willkommen heißen, die in den letzten paar Wochen verloren gingen, und sie können euch anschauen und auch Danke sagen.

Das ist wichtiger, als ihr meint. Es muss mit euch beginnen, bevor es etwas für die große zentrale Sonne bedeutet. In den Herzen der in diesem Raum Anwesenden muss eine Heilung stattfinden, bevor es etwas für die Plejadier im Sternbild der Sieben Schwestern bedeutet.

Ihr pflanzt die Saat für die nächsten 18 Jahre, und die Energie für die Ausbringung dieser Saat ist bereit. Ihr leistet gute Arbeit.

Und so ist es.

Kryon Live-Channelling »Lemurischer Chor A«, durchgegeben auf Maui/Hawaii – 21. Dezember 2012

Wir leben in wahrhaft bemerkenswerten Zeiten. Der ursprüngliche Chorleiter, Yawee (Todd Ovokaitys), stellte den lemurischen Chor während der Wintersonnenwende 2012 erneut mit über 900 Teilnehmern auf Hawaii zusammen. Laut Kryon war Ovokaitys Erinnerung an die Töne, die die Lemurier vor 26.000 Jahren sangen, »erschreckend genau«. Die 24 Zirbeldrüsentöne wurden gemeinsam und paarweise in genau derselben Zusammenstellung wie früher gesungen. Kryon erklärte, der ursprüngliche lemurische Chor habe am Kristallgitter durch das Singen der zwölf Tonpaare ein »Schloss« erschaffen. Dieses Schloss ist eine Metapher; sie steht für die »Zeitkapseln« im Kristallgitter. Die von diesem Schloss zurückgehaltenen Informationen können erst am Ende des 26.000-Jahre-Zyklus freigegeben werden. Es gab also ein sehr bestimmtes Zeitfenster, in dem diese Töne gesungen werden sollten, und das war die Wintersonnenwende am 21. Dezember 2012. Kryon beschrieb die vom lemurischen Chor im Jahr 2012 gesungenen Töne als ein Ereignis, welches *den Schlüssel im »Schloss« drehte* – eine weitere Metapher für die Entscheidung der Menschheit, das Kristallgitter mit Mitgefühl neu zu kalibrieren. Beim Drehen des Schlüssels im Schloss geht es um das Kommunizieren mit den Zeitkapseln im Gitter.

Doch es steckt noch mehr dahinter. Die Plejadier platzierten im Kristallgitter auch eine »Linse« – eine Metapher für den Fokus der Töne, falls sie jemals zum rechten Zeitpunkt und am richtigen Ort gesungen werden sollten. Damit war der lemurische Chor am 21. Dezember 2012 ein wichtiger Meilenstein auf dem Weg von Gaia und der Menschheit hin zu einem aufgestiegenen Planeten. Das Schloss und die Linse auf dem Gitter sind mit dem Zentrum der Galaxie verschränkt. Das gesendete »Signal« war auf esoterischer Ebene ein »Ent-Schlüsseln« bzw. Freigeben der Informationen, und die Übertragung erfolgte auf der Stelle. Es ist fraglich, ob Gaia und die Menschheit jemals hätten aufsteigen können, hätte dieses Ereignis nicht stattgefunden. Ich bedanke mich sehr bei allen Teilnehmern des lemurischen Chors 2012. Wir haben es geschafft! Wir haben eine viel tiefere Veränderung erreicht, als Sie sich jemals vorstellen können.

Die Bedeutung all dessen ist also: Die Menschen auf der Erde durchlaufen einen Umbruch aufgrund eines Bewusstseinswandels, und die Plejadier freuen sich, dass die Menschheit es entgegen jeder Wahrscheinlichkeit geschafft hat.

Interessieren Sie sich für das, was die Plejadier uns zu sagen haben? Dann können Sie die Website von Barbara Marciniak besuchen. Seit 1988 ist Barbara das Channel-Medium für die Plejadier. Weitere Informationen finden sich auf Barbaras Website:

www.pleiadians.com.

Frage: Kannst du uns mehr darüber sagen, warum die Plejadier die höchsten Berggipfel gewählt haben und sie die Kälte gebraucht haben?

Kryon: Um Quantenreaktionen mit erdbasierten Elementen zu erzeugen, muss die Atomstruktur einiger dieser Elemente neu ausgerichtet werden, damit sie sich quantenhaft an anderen Elementen fixieren können. Im Falle der Tempel der Verjüngung gab es eine solche »Fixierung« zwischen der DNA eines lebenden menschlichen Fötus und der DNA eines erwachsenen Menschen. Um dieses »Schloss« zu erzeugen, war ein entsprechendes Werkzeug erforderlich. Es musste unterkühlt sein, damit die Elektronen ihre Bewegungen fast gänzlich einstellten und um die dadurch entstehende Supraleitfähigkeit zu lenken und zu manipulieren. In Folge konnte die Lebenskraft die DNA des erwachsenen Menschen neu schreiben; diejenigen, die dieses Attribut übernahmen, verfügten dann über frische Blaupausen für ihre eigene Fortpflanzung.

Die Lemurier wussten, wie das ging, denn die Plejadier hatten es ihnen beigebracht. Dieser Prozess konnte nur auf den höchsten Gipfeln unter kältesten atmosphärischen Bedingungen erzeugt werden. Ein Überbleibsel dieses Prozesses (das Erschaffen eines unterkühlten Objekts) wurde dann von der Chemie entwickelt (darüber habe ich in der Frage über die Physik gesprochen).

Beim Tempel wurde DNA mit DNA fixiert. Das war nicht so schwierig, denn beide Energien verfügen bereits über Quantenattribute und sind dafür »konstruiert«, dass das passieren kann. Unähnliches quantenhaft zu fixieren ist schwieriger.

Frage: Kannst du uns mehr darüber sagen, was auf den Planeten mit einem freien Willen passiert, die es nicht schaffen? Wohin geht ihre Göttlichkeit?

Kryon: Tatsächlich wurde die Saat in vielen Planeten angelegt, die es dann nicht geschafft haben. Das ist der Respekt, den Spirit dem freien Willen erweist – die Möglichkeit des Fehlschlags. Die Göttlichkeit in der DNA ist einfach nur ein Werkzeug, welches erweckt werden kann oder auch nicht. Wenn ein Planet keine höhere Schwingung erreicht, funktionieren die Bewohner fehlerhaft und enden in einem von mehreren Szenarien: Das eine ist die Selbstauslöschung anhand diverser Methoden; ein anderes hat mit Gaia zu tun, was für dieses Buch interessant sein könnte. Hat die Bevölkerung eines Planeten einen niedrigen Bewusstseinsstand, wird dadurch dem »Gaia«-System auf diesem Planeten vermittelt, mit dieser Energie zu kooperieren. Wie ihr euch erinnern werdet, hat die Energie eines jeden Planeten mit freiem Willen dieselben Bedingungen wie ihr – das Bewusstsein des Planeten, das ihr »Mutter Natur« nennt, gibt sein Bestes, sich an das Bewusstsein und den Willen der göttlichen Bewohner des Planeten anzupassen. Das ist die »Gaia-Kooperation«, und bei euch ist es genauso.

Kooperation mit einem sehr niedrigen oder stagnierenden Bewusstsein führt zu pandemischen Seuchen und Tod. Das mag hart erscheinen, aber in Wahrheit ist das ein evolutionäres Instrument, wenn eine Spezies länger lebt, als es von Nutzen ist. Gaia kooperiert voll und lässt zu, dass das geschieht.

Ein weiteres Szenario ist die komplette Zerstörung des Planeten durch Krieg. Manchmal führen die Menschen dann vielleicht Kriege, bis nur noch wenige übrig sind; und dann besteht keinerlei Verlangen, jemals etwas besser zu machen. Die Zeit ist abgelaufen, alles stagniert. Gott ist nach wie vor bei ihnen, aber ihre Schwingungsebene ist so niedrig, dass keine Hoffnung darauf besteht, sie würden jemals ihre innere Göttlichkeit entdecken. Sie bevölkern den Planeten von Neuem (manchmal), aber erreichen nie das Ziel einer aufgestiegenen Energie.

Genau das habt ihr fast gemacht, und erst im Laufe der letzten beiden Generationen habt ihr eure gesamte Zukunft verändert.

Frage: Immer mehr Menschen auf der ganzen Welt erkennen, dass wir Teil einer galaktischen Familie sind. Viele haben ihre Erfahrungen des Kontakts mit diesen anderen liebevollen und friedlichen Menschen beschrieben, die uns besuchen kommen. Wird die Weltbevölkerung auf der Erde unsere galaktische Familie in der Dreidimensionalität treffen oder wird das nur in einem Quantenzustand geschehen?

Kryon: Der letzte Teil der Frage ist wirklich lustig! Ein »Quantenzustand« wird letztendlich *eure* Realität werden. Ihr werdet sie also in eurer Realität treffen. Ja. Doch denkt daran, auch 3-D gehört zu einem multidimensionalen Zustand dazu. Es ist also so: Derzeit befindet ihr euch im Schwarz-Weiß-Modus und fragt, ob ihr eure galaktische Familie in Schwarz-Weiß treffen werdet. Nein. Aber später, wenn ihr euch im Farbmodus befindet, dann ja. Bedeutet das, es ist eine obskure Realität, in der ihr herumschwebt und die Dinge unsichtbar sind? Nein. Es bedeutet, eure Realität wird vollständiger ... inklusive Schwarz und Weiß und auch aller anderen Farben. Denkt daran, auch Schwarz und Weiß sind Farben.

Ja, ihr werdet sie treffen. Zunächst über nicht-physische Kommunikation, und dann später genauso körperlich wie in eurer derzeitigen Dreidimensionalität. Eure Familie ist körperlich und auch multidimensional. Haben wir euch das noch nie gesagt? Es ist durchaus stimmig, sie zu umarmen, wenn ihr sie trefft. Sie werden sogar darauf bestehen, aber eventuell müsst ihr euch ein bisschen hochstrecken dazu.

Das aufgestiegene Land von Gaia

Den Begriff »aufgestiegenes Land« hörte ich zum ersten Mal während der Kryon Kundalini Tour 2012 mit Lee Carroll. Zu dem Zeitpunkt waren wir gerade im Elqui-Tal, und noch bevor das Channelling begann, fühlten sich viele von uns von der Energie des Orts überwältigt. Wir wussten fast alle, dass dies ein ganz besonderer Platz war. Ich denke, praktisch alle, die bei dem Channelling anwesend waren, waren tief ergriffen, vor allem als Kryon die Wächter des Landes um die Erlaubnis für das Channelling bat und sie später zu uns in den Raum einlud.

Dass Land aufgestiegen sein könnte, war mir bis dahin nie in den Sinn gekommen, doch jetzt ergibt es total Sinn, dass die Plejadier Landzonen geschaffen haben, die immer im Aufstiegszustand verbleiben. Nach meinem Besuch im Elqui-Tal verstehe ich, warum mein Freund Jorge Bianchi darauf bestand, ich solle da hingehen. Sicherlich war es kein Zufall, dass Jorge bewusst das Elqui-Tal als einen der Orte für die Kundalini Tour auswählte. Für mich ist das ein weiteres Beispiel dafür, wie wir stärker als jemals zuvor unsere Intuition neu kalibrieren.

Was also ist aufgestiegenes Land? Ich lasse das von Kryon erklären:

Gaia spiegelt das menschliche Bewusstsein wider, reflektiert das Bewusstsein, welches die Menschheit ihr gibt. Ist das das Bewusstsein von Krieg, wird sich die Schwingung von Gaia reduzieren, um sich an das anzupassen, was ihr ihr gegeben habt. Ist es das Bewusstsein von Liebe oder mitfühlendem Handeln, reagiert Gaia darauf entsprechend.

Nun, ihr wisst sicherlich, wie komplex das ist; die Erde hat nicht überall auf dem Globus dieselbe Schwingung. Selbst das Kristallgitter erzeugt Zonen mit sogenannten niedrigen und hohen Schwingungen, je nachdem, was mit der Menschheit in bestimmten Gebieten passiert. Aber ich will euch etwas sagen: Auf dem Planeten gibt es Orte, die die Plejadier zu einem frühen Zeitpunkt besucht haben, und in diesen Gegenden haben sie das Gitter gereinigt, sodass nichts, was dort jemals geschieht, die Reinheit des Bodens der Erde verändern würde. Darüber haben wir schon gesprochen.

Ihr sitzt hier auf aufgestiegenem Land [bezugnehmend auf das Elqui-Tal in Chile], und das spürt ihr auch. Nichts, was hier jemals geschehen könnte, würde daran etwas verändern, und darum kümmern sich die Wächter hier. Deshalb bitten wir sie um Erlaubnis, zu sprechen. Ich werde die Wächter bitten, in diesen Raum zu kommen, denn gleich werden einige von euch wissen, dass alles, was ich gerade sage, real ist, und ihr werdet sie spüren. Ihr werdet sie als die Samen eurer Samen erkennen.

Als diejenigen, die dieses Gebiet rein gehalten haben, laden euch die Wächter ein, sie kennenzulernen und in jeder Meditation, in jedem Gebet und jeder Übung zu begrüßen. Ihr sitzt auf aufgestiegenem Land. Aufgestiegenes Land gibt es an Orten wie diesem überall auf dem Planeten. Nicht immer liegen diese Plätze auf Berggipfeln. Viele liegen in der Wüste, und sie wurden von den Plejadiern hier geschaffen.

Nennt es »spirituelles Gaia«, wenn ihr wollt, aber ein Teil des Planeten musste immer im Aufstiegszustand verbleiben. Es ist wie eine Zeitkapsel, damit der Rest des Planeten jederzeit in diesen Zustand gehen kann, wenn es erforderlich ist. Es ist ein Ort, der rein ist.

Dankt den Wächtern, und für einen Moment verabschieden wir uns von ihnen, denn dieses Gebiet ist das ihre.

Und so ist es.

Kryon Live-Channelling »Der Buchstabe A im Wort Kundalini«, durchgegeben im Elqui-Tal/Chile – 23. Oktober 2012

Frage: Kannst du uns sagen, was der Unterschied zwischen aufgestiegenem Land und Nullpunkten ist (Land, wo es keine Kristallgitterenergie gibt, wie beispielsweise im Tal des Mondes in Chile)?

Kryon: Das ist einfach. Aufgestiegenes Land ist voller göttlicher Energie, die oft von den Plejadiern oder den Lemuriern (in manchen Fällen ist das ein und dasselbe) dort gepflanzt wurde; diese anderen Bereiche dagegen sind jungfräulich und ohne Energie, auch normale Erdenergie.

Auf aufgestiegenem Land könnt ihr sitzen und euch von der Liebe derjenigen nähren lassen, die die Saat ausgebracht haben. Für Menschen ist es wunderbar, solche Orte zu besuchen und manchmal auch dort zu wohnen. Ein Nullpunkt oder Leerland fühlt sich unter Umständen toll an, aber es ist zu intensiv. Es repräsentiert die reine Schöpferenergie. Dort ist es viel schwieriger zu leben, und die Nullpunkte auf der Erde sind aus diesem Grund oft unbewohnt (manche befinden sich auch im Meer). Außerdem ist das Magnetfeld dort seltsam, was es der Lebenskraft schwer macht und die Balance der Gehirnsynapsen erschwert (das erfordert ein ausbalanciertes Magnetfeld, wie ihr es gewöhnt seid). Das führt zu Unausgewogenheit und Verwirrung.

Frage: Was ist der Unterschied zwischen aufgestiegenem Land und Knoten wie dem Mount Shasta? Sind dort all die »Zeitkapseln«?

Kryon: Über die Merkmale von aufgestiegenem Land haben wir ja schon gesprochen. An solchen Orten können Menschen ganz wunderbar die Heiligkeit dessen »spüren«, was dort von denjenigen gesät worden ist, die dieses Land heilig machen wollten. Manchmal ist aufgestiegenes Land dort, wo die Meisterinnen und Meister der Erde wandelten. Es hat also göttliche Attribute, die aus unterschiedlichen göttlichen Quellen stammen können. Jetzt fragst du nach dem Unterschied zwischen diesem aufgestiegenen Land und Knoten.

Zunächst einmal kann *aufgestiegenes Land* auch ein Knoten sein. Legt sie also nicht in verschiedenen Schubladen ab. Von Natur aus gibt es bei diesen Begriffen und Energien Überschneidungen; das ist sehr komplex und geht über bloße Begriffsdefinitionen hinaus.

Knoten sind genau das, was wir gesagt haben. Es gibt Orte mit unglaublich hoher Intensität, wo das Kristallgitter die Zeitkapseln der Schöpfungsvorlage, wie sie von den Plejadiern hinterlegt wurden, speichern kann. Knoten können also auch aufgestiegenes Land sein und sich sehr gut anfühlen. Doch oft sind sie an Orten, die für die menschliche Besiedlung nicht so gut zugänglich oder nicht erstrebenswert sind.

Diese Zeitkapseln müssen auf dem Planeten als Leitfaden oder Blaupause für die aufkommende schöpferische Energie von Gaia sein. Wie wir euch gesagt haben, werden sie langsam freigesetzt; sie modifizieren das Kristallgitter, um die Bewusstseinsveränderung des Menschen zu unterstützen und schließlich einen aufgestiegenen Planeten zu erzeugen.

Diese Vorlagen dienen nicht nur Informationszwecken. Es handelt sich vielmehr um Quantenportale plejadischen Lebens. Das ist schwer zu erklären, aber bedenkt einmal, dass Quantenenergie an zwei Orten gleichzeitig existieren kann. Das ist sogar ein Attribut eurer menschlichen Quantenphysik, es kann für euch also nicht gar zu seltsam klingen. Dann bedenkt, dass auch das Leben diese Attribute haben kann. Deshalb sollt ihr wissen: Auf quantenhafte Weise sind die Schöpfer eurer Samen immer hier, und zwar in den Zeitkapseln.

Wenn ihr diese Energien in 3-D spürt, wollt ihr sie gern linearisieren. Wer dafür empfänglich ist, sieht deshalb vielleicht »eine

Stadt« oder spürt Wesenheiten, die sogar zu euch sprechen. Doch in Wirklichkeit sind diese Gefühle lediglich das, was übrig bleibt, wenn ihr in der Dreidimensionalität einen Blick auf tiefgründige Quantenenergie werft.

Mount Shasta ist eine dieser Zeitkapseln. Der Berg ist bereit, aktiviert zu werden, und mit dem Freisetzen der Zeitkapsel dort ist bereits begonnen worden. Doch jetzt, wenn das Jahr 2012 zu Ende geht, können die Plejadier eine aktivere Rolle übernehmen. Ihr werdet später wissen, was das bedeutet.

Kapitel 6

Ungelöste Geheimnisse von Gaia – oder Teil eines Systems?

In den 1990er-Jahren, lange bevor ich mir unseres gütigen Universums bewusst wurde, war eine meiner Lieblingsfernsehserien »Die Akte X«, ein sehr erfolgreiches amerikanisches Science-Fiction-Drama mit zwei Hauptfiguren, Mulder und Scully. Mulder glaubt an die Existenz von Außerirdischen und an das Paranormale, Scully dagegen ist Ärztin und Skeptikerin. Sie hat den Auftrag, Mulders Entdeckungen einer wissenschaftlichen Analyse zu unterziehen. Ihre Auftraggeber wiederum hatten den geheimen Plan, sie würde Mulders Arbeit entlarven und er würde dann wieder zu normalen FBI-Einsätzen zurückkehren.

Es gab bekannte Aussprüche wie: »Die Wahrheit ist irgendwo da draußen«, »Vertraue niemandem!«, und: »Ich möchte glauben.«

Wie alle anderen Fans der Serie schwelgte ich in Verschwörungstheorien und war begeistert von der Suche nach Antworten auf die paranormalen Aktivitäten, die mysteriöserweise um uns herum zugange sind, aber nicht erklärt werden konnten. Ich fand es toll, wie die Serie die Grenzen über das Mainstream-Denken hinaus erweiterte. Oft hatte ich das Gefühl, es sei vielleicht mehr an den Dingen dran, als wir wussten, was wir aber nie herausfinden würden, wenn wir uns nicht einer anderen Denkweise öffneten.

Nach wie vor gibt es um sogenannte paranormale Phänomene und ungelöste Geheimnisse sehr viel Aufregung, was sich auch in den vielen Filmen und Fernsehserien zu diesem Thema zeigt. Großes Interesse daran, herauszufinden, ob diese Mysterien nicht nur lösbar, sondern Teil eines Systems sind, gibt es nicht, vielleicht weil man damit so viel Geld machen kann. Und bei diesem System geht es um Sie! Das göttliche menschliche Wesen. Sicherlich wären viele Leute am Boden zerstört, wenn sie von einem System erfahren würden, von einem größeren Bild, mit uns als Teil einer galaktischen Familie. Viele Leserinnen und Leser wissen ganz genau, was ich damit meine. Viele Menschen sind in ihren Glaubenssystemen gefangen, die die Existenz solcher Dinge nicht zulassen. Vielleicht sind Sie ja eine bzw. einer der wenigen Glücklichen mit einer New-Age-Familie und Freunden, die alle bewusst sind. Ich vermute allerdings eher, Sie sind so wie ich – mit einer Familie mit Mitgliedern, die durch ihre religiösen Überzeugungen beschränkt sind oder im Gegenteil alles Spirituelle ablehnen. Egal, in welche Richtung sie nun tendieren, sie wollen nichts davon wissen, womit Sie sich beschäftigen, oder gar etwas über Ihre Erleuchtungserlebnisse erfahren. Doch Wahrheit ist Wahrheit – egal, was die Leute denken. Es ist wie mit der Schwerkraft. Man kann daran glauben oder nicht – sie existiert, auch wenn man sie nicht sehen kann.

Viele Menschen haben sogar mit Mitgliedern unserer galaktischen Familie, beispielsweise den Plejadiern, kommuniziert; sie sind hier, voller Liebe und Frieden, und freuen sich, dass die Menschheit sich dafür entschieden hat, zu bleiben und auf dem Planeten Frieden zu schaffen. Die Regierungen und Religionen sind eigentlich nicht daran interessiert, diese Wahrheit anzuerkennen, denn das würde es für sie unglaublich schwierig machen, weiterhin an ihrer Macht festzuhalten. Ich persönlich habe nicht das Gefühl, Regierungen und Religionen müssten abgeschafft werden, denn ich habe erkannt, dass manche Menschen diese Struktur wirklich brauchen. Sie erfüllt ihre Bedürfnisse, und es gibt viele Wege zu Gott, wie Kryon sagt. Ich denke, irgendwann werden wir so weit entwickelt sein, dass unser Kontakt zu Gott nicht mehr über vorgegebene Regeln erfolgen muss. Bis dahin liebe und respektiere ich die Menschen, die in der Regierung sitzen, und diejenigen, die fest an ihre Religion glauben. Wichtig dabei ist doch, liebevoll und mitfühlend zu handeln und integer zu sein, denn das erhöht die Schwingung unseres Planeten.

Seit über 23 Jahren gibt Kryon Informationen durch, die unterschiedliche Arten von Phänomenen und paranormalen Aktivitäten erklären, die manche Menschen erleben. Möchten Sie wissen, inwiefern all diese unerklärten mysteriösen Dinge Teil des Systems sind, von dem Kryon spricht? Dann lesen Sie weiter.

Gespenster – multidimensionale Informationen oder gefangene Seelen?

Was wissen Sie über Geister? Dieses Thema fasziniert die Menschen seit Jahrtausenden. Es gibt jede Menge Filme darüber und in letzter Zeit auch viele Fernsehserien, in denen Menschen mit Geistern kommunizieren. Alle möglichen Themenparks verfügen über eine Fahrt durch die Geisterbahn. Und man kann sogar auf eine Geistertour gehen.

Buchstäblich Hunderte von Büchern über Geister stehen zum Verkauf. Wie ich herausgefunden habe, gibt es sogar einen »Field Guide to Ghosts and Other Apparitions« (Feldführer zu Geistern und anderen Erscheinungen). Ich frage mich, ob die Aufgabe, die darin verwendeten Bilder über Geister und Erscheinungen zu produzieren, nicht gespenstisch war? Tut mir leid, ein schlechter Witz, aber ich konnte einfach nicht widerstehen.

Geister werden oft als etwas Übernatürliches und Paranormales beschrieben. Alles, was mysteriös, beängstigend oder unbekannt ist, lässt sich einfach viel besser in den Medien anbringen und vermarkten. Sobald etwas logisch erklärt werden kann, ist es nicht mehr so faszinierend und verlockt uns nicht mehr, in ein unerklärtes Geheimnis einzutauchen (an dieser Stelle bitte noch dramatische Musik einfügen …).

Haben Sie das Buch von Anfang an gründlich durchgearbeitet? Dann haben Sie auch den Abschnitt über das Kristallgitter gelesen und verstehen wohl auch, was ein Geist ist. Wenn nicht, dann keine Sorge! In diesem Abschnitt finden sich ähnliche sowie weitergehende Informationen.

Außer dem ganzen Medienrummel um und der Massenvermarktung von Geistern hat die verstärkte Akzeptanz, dass es so etwas wie Geister überhaupt gibt, auch viele Strafverfolgungsbehörden dazu gebracht, Medien zu konsultieren, die ihnen bei der Aufklärung von Mordfällen helfen sollen. Kann ein Medium tatsächlich Kontakt mit einem ermordeten Menschen aufnehmen und fragen, was passiert ist? Die Antwort lautet Ja, aber sie haben nur Zugang zu dem Menschen, der sich im Übergang befindet, und werden deshalb nur erfahren, was dieser Mensch zum damaligen Zeitpunkt gewusst hat. All das fällt in die Kategorie »das multidimensionale Selbst verstehen«, denn wir alle haben unseren persönlichen Abdruck auf der Erde. Und zu diesen Abdrücken kann man Zugang haben, so schwierig das auch scheint. Kryon bezeichnet das als »einen Blick in die Akasha-Chronik werfen«. Das ist Teil des Systems, welches errichtet wurde, um uns Frieden anstatt Kummer und Leid zu spenden. Es ist Teil des Systems, welches errichtet wurde, um unsere Göttlichkeit zu ehren und etwas zu erschaffen, von dem wir nicht wussten, dass es das gibt. Viele, viele Menschen haben ein Medium oder einen Hellseher aufgesucht, um mit einem geliebten Verstorbenen zu kommunizieren. In vielen Fällen hat das den Trauerprozess unterstützt und ein Gefühl des Friedens wiederhergestellt.

Während eines Kryon-Channellings in Berkeley Springs/West Virginia mit dem Titel »Energetisches Bewusstsein« wurden sehr detaillierte Informationen über Geister durchgegeben. Deshalb wird der Abschnitt über Geister hier komplett wiedergegeben, damit nichts davon verloren geht. Sicherlich werden auch Sie dieses Channelling faszinierend finden.

Die Menschen lieben Gepoltere in der Nacht. Sie lassen sich gerne ängstigen und fürchten sich für ihr Leben gern. Sie schauen gerne Filme, die ihnen Angst machen, und lieben Plätze, an denen es spukt. Ist euch aufgefallen, wie sehr das Interesse an solchen Plätzen in letzter Zeit gestiegen ist? Viele Unterhaltungsmedien produzieren dazu neue Sendungen.

Jetzt will ich euch sagen, was Gespenster sind und warum sie so funktionieren, wie sie es tun. Jetzt kommen wir zu den Informationen über das Menschenleben und die Akasha-Chronik. Das menschliche Bewusstsein trägt einen Abdruck, der sich auf den Planeten auswirkt, und das haben wir euch von Anfang an gesagt. Das menschliche Bewusstsein wird den Planeten verändern. Menschliches Bewusstsein ist Information – Information, nicht einfach zufällige Energie. Informationen, die auf Grundlage eures Denkens entwickelt wurden, und sie haben viel Macht. Das menschliche Bewusstsein geht in das sogenannte Kristallgitter des Planeten ein; das ist ein multidimensionales Gitter. Ihr könnt es nicht sehen, aber es enthält Energie. Es enthält multidimensionale Informationen.

Wenn wir die spirituelle Schwingung des Planeten messen, dann messen wir das im Kristallgitter. Auf dem Kristallgitter befindet sich nur das, was die Menschen eingebracht haben. Es ist eine multidimensionale Chronik von Gedanken, von Lebzeiten und Geschehnissen.

Warum scheinen bestimmte Landstriche voller alter, geschichteter Kriegsenergie zu sein, andere dagegen klar und rein? Der Grund dafür ist immer derselbe – es liegt an dem, was dort durch die Menschen passiert ist. Deshalb habt ihr auch schon das Konzept menschlicher Energie, die sich auf Orte auswirkt.

Ich möchte euch Folgendes sagen: Unter bestimmten Bedingungen und auf bestimmte Art und Weise erzeugt ein menschliches Leben oder das Zusammenwirken mehrerer Leben in einem profunden Szenario einen energetischen Informationsabdruck an einem Ort. Diese Informationen und Energien werden immer wieder abgespielt, wie eine Kassette auf einem Kassettenrekorder in 3-D. Und für euch ist das dann ein Spukhaus!

Und hier etwas, worüber ihr einmal nachdenken könnt: Ist euch aufgefallen, dass sich das Szenario bei einem Spuk immer wieder abspielt? Nie passiert etwas Neues. Der Mann kommt die Treppe herunter, der Mann geht die Treppe hinauf. Die Frau in der Küche geht von links nach rechts, sitzt in einem Stuhl, schaukelt eine Weile, geht weg. Wenn es um etwas Dramatisches wie Mord geht, kommt der Mann mit einer Axt die Treppe herunter, immer wieder. Ein guter Film, nicht wahr? Und das ist alles! *»Warum fühlt es sich so an, wie es sich anfühlt, Kryon?«* Weil es das Resultat eines menschlichen Bewusstseinsabdrucks ist, und auch ihr habt so einen Abdruck. Wenn ihr dann an diesem Ort seid und es zu einer Überschneidung kommt, bekommt ihr eine Gänsehaut, denn es ist real. Es ist passiert. Das kann sich sogar an euch ankoppeln!

Auch die Wissenschaft hat sich da eingemischt, wie das ja auch sein soll. Und sie hat etwas über echte von Gespenstern heimgesuchte Gegenden herausgefunden. Der Abdruck (der Spuk) verfügt über messbare wissenschaftliche Attribute und – Achtung! – sie sind alle multidimensional! Ratet einmal, welche Veränderungen an solchen Orten gemessen wurden? Magnetik, Schwerkraft, Licht und sogar Zeitanomalien, denn es ist ein multidimensionales Geschehen, das einem Ort auf dem Planeten eingeprägt wurde und immer wieder abgespielt wird. Multidimensionale Attribute gehen oft mit Temperaturveränderungen einher, und zwar immer in Richtung Kälte. Wie wir euch ja schon gesagt haben, werdet ihr, wenn ihr eine multidimensionale Linse entwickelt, ein Tiefenkälteattribut benötigen. Erinnert ihr euch? Das ist ein Merkmal des »Außerdreidimensionalen«.

Könnt ihr das mit einem Videoaufnahmegerät festhalten? Jawohl. Denn es weiß, dass es beobachtet wird, so wie in physikalischen Experimenten das Licht weiß, dass es beobachtet wird, und es ist Teil eines multidimensionalen Abdrucks. Es weiß auf quantenhafte Weise. Ich kann euch das nicht erklären, denn in eurer Voreingenommenheit meint ihr, Wissen gehöre zu einem bestimmten Bewusstsein, das heißt, ihr meint, nur etwas Intelligentes – Mensch oder Tier – kann etwas wissen. Aber es ist weder das eine noch das andere. Es ist ein Quantenwissen. Eure Quantenphysik sieht diese sehr ungewöhnlichen Attribute des Lichts und der Magnetkraft, wo es keine Entfernung oder Zeit gibt. Auch hier ist das so.

Denkt nicht zu viel darüber nach, denn es wird euch nicht gefallen. Ihr wollt unbedingt, dass es da eine intelligente »Seele«, etwas scheinbar Intelligentes gibt. Wie kann es sich dabei nur um Informationen handeln? Die Antwort liegt jenseits eurer Erfahrung, deshalb könnt ihr das nicht verstehen. Multidimensionale Informationen enthalten anscheinend so etwas wie ein »Lebensbewusstsein«, aber es ist nicht so. Lasst mich euch etwas fragen: Wenn ihr euch über eine Schnittstelle mit euren Maschinen mit künstlicher Intelligenz (Computern) verbindet, und sie sprechen zu euch und reden euch mit eurem Namen an, geratet ihr dann in Panik und sagt, es ist ein »Geist in der Maschine«? Nein. Es ist einfach nur Code ..., Informationen. Verstärkt das eine Million Mal, und ihr habt multidimensionale Abdrücke.

Wie man einen Geist oder ein Gespenst loswird

Oh, ich habe euch noch mehr zu sagen. Um diesen Abdruck zu verändern, könnt ihr Dinge tun, die für euch unglaublich sind. Wie würde es euch gefallen, ein Gespenst loszuwerden? Aber Vorsicht, am besten nicht dort, wo damit Geschäfte gemacht werden, denn das würde den Touristen gar nicht gefallen [Kryons Humor]. Die müssen das Band schließlich weiterhin laufen lassen, damit sie Eintrittskarten verkaufen können.

Stellt euch also vor, es spukt in eurem Haus. Ihr müsst eine Energie präsentieren, die stärker ist als der Abdruck des Gespensts. Habt ihr das verstanden? Ihr könnt ihm nicht befehlen zu verschwinden. Es ist keine Entität, meine Lieben (ich habe euch ja gesagt, das wird kontrovers). Egal, wie sehr ihr euch aufregt oder Gott anruft – das wird nichts daran ändern. Der Abdruck wurde von wundervollen, mächtigen Wesen erzeugt (sie werden »Menschen« genannt), die manchmal scheinbar gewöhnliche Dinge tun. Auch dafür gibt es einen Grund. Ich schweife ab, ihr wisst eigentlich nichts über die Tiefe der Energie alter Seelen. Habt ihr euch jemals gefragt, warum alle indigenen Völker auf dem Planeten ihre Ahnen anrufen und ihnen Ehre erweisen? Weil sie wissen, wie viel Macht da ist! Manchmal ist eine Person, die euch ganz gewöhnlich erscheint, eine sehr alte Seele und bringt viele Informationen und viel Energie in das Gitter ein. Hier geht es um die Akasha-Chronik, die in der menschlichen DNA enthalten ist.

Doch zurück zum Thema: Wie werdet ihr einen Abdruck (einen Spuk) los? Ihr müsst eine Energie präsentieren, die stärker ist als der Spuk. Was könnte das sein? Auch wenn es noch so unpassend und unangemessen ist, ich sage es euch: Warum bringt ihr nicht Liebende in dieses Zimmer? Dadurch würde es gelingen! Es würde gelingen, weil es eine viel stärkere Energie ist als die Informationen auf dem multidimensionalen »Band«, das da abgespielt wird. Hier in diesem Raum waren Menschen, die sich geliebt haben. Hier in diesem Raum gibt es wunderbare Geheimnisse, von denen ich weiß. Wie manche von euch wissen, lehre ich, dass die Macht und die Energie von Menschen, die intim zusammenkommen, wodurch eine dritte Energie entsteht, sehr viel mächtiger ist als die beiden Menschen, die diese dritte Energie erzeugen. Fast entsteht dadurch der Klang von singenden Engeln, viel großartiger als jeder physische Akt. Und du weißt das, Mensch. Es ist heilig. Es ist wunderschön und stärker als jedes Gespenst. Vielleicht wolltet ihr das heute gar nicht hören [Kryon lächelt].

Nun gut, vielleicht ist euch eine andere Methode lieber? Dann präsentiert an diesem Platz die Liebe Gottes durch Zelebrieren und Zeremonie; dadurch wird der Spuk schließlich in nichts aufgelöst und durch die starke Liebesenergie der Schöpfung ersetzt. Es braucht die mächtige Emotion der Liebe! Und ihr könntet sogar die Ahnen um Hilfe anrufen [Kryon lächelt noch mehr].

Noch kontroverser

»Doch wie steht es mit anderen Dingen? Kryon, wie steht es mit dämonischer Besessenheit und solchen Sachen?« Ich sage euch: Es ist ganz anders, als ihr meint, denn es gibt keine Dämonen. Die Menschheit kann die schlimmsten nur vorstellbaren Dinge her aufbeschwören, und das kann sie sehr gut. Aber auch das wisst ihr, nicht wahr? Denn ihr seid mächtig, die Gottesanteile in euch, auch in eurer Mythologie, sind für den Teufel verantwortlich. Ein gefallener Engel wurde zum Teufel? Wie kann das denn sein? Es kann nicht sein. Gott schafft nichts Böses, sondern die Menschen tun das. Das Böse ist die Metapher für das, was ein Mensch auf der Erde mit seiner Energie tun kann. Die Dinge sind nicht immer so, wie sie scheinen, Mensch. Besessenheit von Dämonen

ist das Werk menschlicher Unausgeglichenheit, und die menschliche Mythologie unterstützt das. Ist es real? Jawohl. Aber es ist menschengemacht.

Ihr seht das, was ihr glaubt, und erschafft das, was ihr hier haben möchtet. Eines der mächtigen Attribute des Menschen ist seine Fähigkeit, seine eigene Realität zu erschaffen, sowohl im Guten wie im Schlechten. Ihr könnt sogar den Teufel erschaffen, wenn ihr das wollt, mit all dem Drumherum aus Rauch und Feuer. Das ist der freie Wille. Aber seid euch bewusst, dass das alles verschwinden wird, wenn das Licht angeht. Es ist schwer, euch davon zu überzeugen. Die Menschen wollen immer einen Teufel, dem sie die Schuld an allem Bösen in die Schuhe schieben können.

Mit den Toten reden: Anders, als ihr meint

»Und das Reden mit Toten? Wie funktioniert das, Kryon? Wie kann man mit berühmten Leuten sprechen, wenn diese im Rahmen der Wiedergeburt der Seele schon als anderer Mensch wieder inkarniert sind? Wenn sie bereits gegangen sind und ihre Seele als jemand anders zurückgekommen ist, wie kann man dann mit ihnen sprechen?«

Die Antwort lautet: Sie sind gar nicht fort! Ja, der Teil, den ihr als die menschliche Seele betrachtet, ist gegangen, aber der Abdruck der Informationen über ihr Leben und über alles, was sie wussten – ihr Bewusstsein, ihre Weisheit, ihr Wissen –, geht direkt in das Kristallgitter ein und verbleibt dort. Darüber haben wir schon gesprochen. Kann man berühmte Leute kontaktieren und Informationen erhalten? Ja. Sind diese Informationen korrekt? Natürlich! Schließlich sprecht ihr mit den Informationen aus der Quelle, welche korrekt sind und ihr Leben darstellen. Der Abdruck bleibt. *»Heißt das, man redet nicht wirklich mit ihnen, sondern mit dem Abdruck?«* Ich sage euch etwas, über das ihr nachdenken könnt. Ich stelle euch jetzt eine Frage, und zwar keine rhetorische Frage. Wer seid ihr? Es sind alte Seelen, die da vor mir sitzen oder dies lesen. Hier im Raum ist eine Frau, die nichts Rotes tragen wird, und du weißt, wer du bist. Ich sage dir, warum. Weil diese Farbe dich getötet hat! Diese Farbe hatte dein Helmbusch, Krieger. Denn du warst der Hauptmann, und der Feind vor dir in jenem Kampf wusste: Wenn sie dich aus dem Weg schaffen würden, würde das gesamte Regiment in Unordnung geraten, und genauso geschah es. Dass du die Farbe Rot trugst, hat nicht nur dich ums Leben gebracht, sondern auch alle um dich herum getötet! Du wirst nie Rot tragen. Du magst diese Farbe einfach nicht. Es ist nicht deine Farbe. Du gehst ihr aus dem Weg, alte Seele, nicht wahr? Und wenn du nun hier sitzt: Bist du nun der Krieger, der getötet wurde, oder die Frau des Jahres 2010, die kein Rot trägt?

Eigentlich ist es doch eine rhetorische Frage, denn in meiner Realität seid ihr ein Teil Gottes. Ich sehe euch in all euren Inkarnationen. Versteht ihr? Ihr könnt nicht in der Singularität menschlicher Voreingenommenheit schwelgen, wenn ihr über solche Dinge redet. Ihr seid mehr, als ihr meint, und auf metaphysischer Ebene ist das die Art und Weise, wie Gott euch sieht, und die Art und Weise, wie ihr gerade einmal angefangen habt, manche eurer Mitmenschen zu sehen.

Um auf die Frage zurückzukommen: Wenn ihr jemanden heraufbeschwören wollt, der schon einmal gelebt hat, um ihm Fragen zu stellen, zu wem sprecht ihr dann? Zur Akasha-Chronik einer Seele? Sprecht ihr zu dem, was lebendig ist oder was tot ist? Ich sage es euch: Nichts davon ist ganz korrekt, denn es ist viel wunderbarer als das! Wir haben euch das schon früher gesagt. Könnt ihr Tante Martha fragen, wo der Schatz vergraben ist? Ja. Und sie wird es wissen! Warum? Weil ihr zu Tante Marthas Informationsabdruck sprecht, und die Information ist die Information, welche in einer Form bewahrt ist, die sich für euch genau wie Tante Martha anfühlt!

Könnt ihr Tante Martha aber auch fragen: *»Wie sieht es auf der anderen Seite aus?«* Fragt ruhig, aber der Abdruck hat keine Ahnung! Er wird euch nur die Plattitüden wiedergeben, die ihm im Laufe des Lebens des Menschen, für den er steht, gesagt worden sind.

Sie wird sagen: *»Wunderschön.«*

»Wie ist es da drüben?«

»Großartig.«

»Nein, erzähl mir ein paar Einzelheiten!«

»Ich liebe dich.«

Sie weiß es einfach nicht! Tante Marthas Abdruck weiß das, was Tante Martha wusste, denn ihr sprecht nicht zu etwas, was sich wirklich auf der anderen Seite des Schleiers befindet. Ihr denkt darüber auf singuläre Weise, aber so ist es nicht. Es ist mächtig, es ist real, und man kann Zugang dazu haben und auch mit ihm sprechen. Es ist multidimensional, und wer die Gabe hat, kann so auf die Weisheit der Ahnen zugreifen. Geht zurück und fragt sie, was sie wussten. Geht zurück und fragt sie, wie es sich angefühlt hat. Geht zurück und fragt sie, wo der Schatz vergaben ist. Schon bald wird so etwas geschehen, aber gebt acht: Jene, die auf diesem Planeten an den Hebeln der Macht sitzen, sich in das Gewand der Spiritualität hüllen und die religiösen Oberhäupter sind, werden das als das Böse und als Kult bezeichnen. Sie verstehen nicht, dass ihr euch in einen multidimensionalen Zustand hineinbewegt – das ist stimmig, akkurat, wahr, nützlich, korrekt, hilfreich und wird als etwas betrachtet, was ihr unbedingt tun solltet. Wenn ihr die Ahnen nach ihrem Wissen fragt, werdet ihr genau zu dem gelangen, was ihr gerade studiert.

Kryon Live-Channelling »Energetisches Bewusstsein«,
Berkley Springs/West Virginia – 17. Juli 2010

Erkennen Sie, wie das System funktioniert? Geister sind einfach nur eine Aufzeichnung des Kristallgitters. Wäre es nicht toll, wenn die ganzen Anbieter von Geisterfahrten ihre Taktik verändern könnten und stattdessen die Leute zu einer Aufzeichnung auf dem Kristallgitter einladen würden? Ich bin sicher, dann würden sie Pleite gehen. Etwas vollkommen Erklärliches zu sehen ist lange nicht so aufregend, wie sich zu Tode zu erschrecken.

Frage: Wird sich die Neukalibrierung des Kristallgitters auf die sich ständig wiederholenden Bänder auswirken, insbesondere auf die Stellen, an denen Gräueltaten und Horrorgeschichten passierten?

Kryon: Das ist eine wunderbare Frage, denn mit eurer bewussten Absicht, auf eine höhere Schwingungsebene zu gelangen, richtet ihr jetzt tatsächlich die Funktionsweise des Gitters neu aus. Das habe ich durchgegeben, und an anderen Stellen ist das klarer beschrieben. Doch im Grunde geht es darum, dass dieses Gitter seit Jahrhunderten für die gesamte menschliche Energie linear geblieben ist, und das heißt, dass Licht und Dunkelheit sich auf den »Aufnahme«-Prozess gleich stark auswirkten.

Vielleicht fällt euch auch auf, dass in der Menschheitsgeschichte Krieg und Tod sehr viel stärker vertreten waren als Mitgefühl, Feiern und Freude. Das Kristallgitter steckt also voller dunkler Dinge, und die Bänder werden immer wieder abgespielt, beispielsweise wenn ihr ein früheres Schlachtfeld betretet.

Inzwischen jedoch werden diese *Bänder* mit niedrigerer Energie mit der Zeit immer weniger, und außerdem werden die Dinge auf dem Gitter auf nicht lineare Weise aufgezeichnet und abgespeichert werden. Mitfühlendes Handeln durch Sieg, Vereinigung, Freude, Feiern und Ehren werden in Zukunft am stärksten aufgedrückt werden. Sie werden das Gitter bis zu doppelt so stark beeinflussen wie irgendeine niedrigere Energie.

Ihr Lieben, so reagiert die Erde auf das, was ihr wollt. Ihr müsst euch insgesamt besser fühlen, damit ganze Gesellschaften nicht mehr Opfer sind und in Dunkelheit versinken, sondern erkennen, dass sie für sich etwas Besseres schaffen können, um Balance und Gesundheit zu erlangen.

Genau so ist Gaia im Zusammenwirken mit der Menschheit. Die alten Energiebänder verlieren an Macht und haben irgendwann nicht mehr den Einfluss, wie sie ihn Jahrhunderte über hatten. Ihr könntet also sogar sagen, das, was ihr gerade macht, verändert tatsächlich die Vergangenheit.

Frage: Manche Leute wurden anscheinend von einem Verwandten besucht, direkt nachdem diese Person an einem weit entfernten Ort verstorben war. Kannst du das erklären? Es ist nämlich nicht so ganz klar, ob diese Erscheinung eine Art Abspielen von etwas ist, was auf dem Kristallgitter aufgezeichnet ist, oder eher willentlich erfolgt, um den Tod dieses Menschen anzukündigen.

Kryon: Direkt nach dem Tod und noch ein paar Wochen danach findet Seelenkommunikation statt, zwischen dem Höheren Selbst der verstorbenen Person und ihren Freunden und Verwandten (und manchmal sogar ihren Feinden). Das ist natürlich quantenhaft, die Entfernung spielt also keine Rolle. Manchmal findet sie in Form von Träumen statt, manchmal mit deutlichen Visualisierungen und dem Gefühl, dieser Mensch wäre persönlich anwesend. Oft ist das sogar mit Geruchsempfindungen verbunden.

Nach und nach wird die Kommunikation weniger und hört irgendwann ganz auf. Dann bleibt nur noch die Kommunikation des Systems übrig, wobei verstorbene Familienmitglieder für den Rest eures Lebens zu einem Teil eures »Leitfadens« werden, nach dem ihr euch richtet. Ein Teil eurer verstorbenen Eltern ist beispielsweise immer bei euch, winkt und nickt und hält euch die Hand, und das, obwohl seine bzw. ihre Seele vielleicht als anderer Mensch schon wieder auf der Erde ist! Das gehört zur Komplexität des Akasha-Systems dazu, und Seelen können an vielen Stellen gleichzeitig sein (ein bekanntes Quantenattribut).

Auch ihr Abdruck auf dem Kristallgitter ist noch vorhanden, das heißt, ihr könnt mit ihrem »Gedächtnis« sprechen, wenn ihr das wollt (beispielsweise in Séancen), aber für diejenigen, die die wahre Energie der Seele verstehen, ist das nicht so befriedigend.

Die eigentliche Antwort lautet also: Ja, es gibt eine Zeit nach dem Tod, in der die Seele kommuniziert.

Frage: Wenn jemand als Atheist gestorben ist und dann von einem Medium kontaktiert wird, sagen solche Menschen oft, die Oma habe recht gehabt und sie selbst unrecht (Oma hat an ein Leben nach dem Tod geglaubt und sie nicht). Wie erklärst du das? Wie ist das möglich, wenn das Kristallgitter doch nur Bänder mit dem Gedächtnis abspielt, welches die Person hinterlassen hat?

Kryon: Oh ..., weil zu dem »hinterlassenen Gedächtnis« auch das gehört, was kurz vor ihrem Tod passiert. Das Licht und die Liebe Gottes, die sie sehen und fühlen, wenn die letzte Synapse stirbt, sind ihre letzten Augenblicke im Leben. Das ist ein Geschenk an die Lebenden, damit sie im Sterben nicht so viel Angst haben.

Das wird dann auf wunderbare Weise dem Kristallgitter als letzte Erinnerung an ihr Leben auf der Erde eingeprägt.

Viele Menschen haben das erlebt und sind dann zurückgekehrt (sind nicht gestorben). Das nennt man »eine Nahtoderfahrung«, und es gehört zum menschlichen Sterbeprozess dazu, egal, welchem spirituellen Glauben man anhängt. Betrachtet das als das, was es ist. Es wird dir, Mensch, geschenkt, damit du nicht verzweifelt bist, wenn es für dich an der Zeit ist, wieder einmal die Schwelle zu überschreiten. Seht ihr, wie viel Mitgefühl für den Menschen in alldem steckt?

Der Abdruck auf dem Kristallgitter ihres Lebens umfasst also auch diese Erkenntnis, denn sie hatten sie ganz klar in den letzten Augenblicken ihrer Existenz.

Frage: Kannst du die Fälle erklären, wenn ein neues Gebäude errichtet worden ist und dann immer wieder ein Geist durch die Hintertür hereinkommt (der physische Beweis dafür ist, dass die zugeschlossene Tür jetzt unverschlossen ist und weit offen steht). Es ist immer dieselbe Tür, aber wie kann das sein, wenn das Gebäude doch neu errichtet worden ist?

Kryon: Der Geist und all die Attribute des alten Gebäudes verbleiben. Wenn es im neuen Haus keine Treppe gibt, geht der Geist nach wie vor die alte Treppe hinauf. Wenn in dem Gebäude jetzt eine Wand steht, geht der Geist da hindurch. Manchmal werden neue Türen aufgerissen. Das Band spielt den alten Film ab – egal, was los ist –, und manchmal wird dieser Film sogar noch verstärkt, indem er sich mit dem neuen Film überschneidet. Das führt zu verwirrenden Szenarien, aber im Grunde seht ihr die Erinnerung des Geistes, die ähnlich handelt, auch in einer neuen Umgebung. Neue Türen stehen oft dort, wo sich auch die alten befanden. Und wenn es keine Tür gibt, ist das der Erinnerung egal.

Tiere

Auf der Erde gibt es eine große Vielfalt von Tieren. Jedes Tier hat seine eigene Nische innerhalb seines Ökosystems. Es dient einem biologischen Prozess in der Nahrungskette und im Gewebe des Lebens. Manche Tiere können dank ihrer speziellen Merkmale landwirtschaftlich eingesetzt werden oder können aus wilden Beständen für die Ernährung des Menschen oder die Herstellung von Produkten wie Wolle genutzt werden. Manche Tiere haben sich auch domestizieren lassen und dienen als Haustiere und Gefährten. Alle drei Charakteristiken sind im Einklang mit dem Sinn ihrer Existenz auf dem Planeten.

Kryon hat schon oft über die Rolle der Tiere auf dem Planeten gesprochen; hier sollen diese Informationen zum besseren Verständnis noch einmal wiedergegeben werden.

Über den Verzehr von Tieren durch die Menschen herrschen viele unterschiedliche Ansichten. Egal, was Sie persönlich für eine Meinung darüber haben, sollten Sie begreifen, dass die Tiere kollektiv verstehen, dass manche von ihnen hier sind, um von den Menschen gegessen zu werden. Wer sich entschlossen hat, vegan zu leben und nie Fleisch zu essen, hat damit eine persönliche Entscheidung getroffen, vielleicht sogar eine perfekte Wahl für die eigene Gesundheit. Es ist jedoch durchaus angemessen, dass sich die menschliche Rasse von Tieren ernährt und sich dadurch am Leben erhält. Die Menschheit ist nicht in der Lage, schnell genug Nahrungsmittel anzubauen und zu verteilen, also auch hier ist der Verzehr von Tieren für diejenigen, die das wollen, stimmig. Denjenigen, die Probleme damit haben, das zu verstehen, kann Kryon vielleicht eine besser verständliche Erklärung liefern:

Ich spreche ständig von den wertvollen Tieren und dass sie hier sind, um der Menschheit zu Diensten zu sein, und wie sie das so voll und ganz tun. Ich habe darüber gesprochen, dass manche von ihnen hier sind, um gegessen zu werden. Das wollen viele nicht hören, aber versteht, dass die Tiere das kollektiv verstehen. Sie müssen Teil der menschlichen Nahrungskette sein, denn die Menschheit ist nicht in der Lage, Nahrungsmittel schnell genug anzubauen und zu verteilen. Das ist also ein Dienst, versteht ihr? Die Veganer unter euch sagen nun vielleicht: *»Ich esse nie Tiere!«* Das ist eine Entscheidung zugunsten eurer Gesundheit. Das ist angemessen und richtig, gilt aber nicht, wenn es um das Überleben der menschlichen Rasse geht, denn *im Moment* werden Tiere für die Ernährung und das Überleben des Menschen gebraucht.

Wir wollen für einen Augenblick abschweifen und ein paar wertvolle Informationen über den Verzehr tierischen Lebens durch den Menschen übermitteln. Viele Menschen müssen Tiere essen, aber verstehen nie, dass das Tier das wusste, als es hierherkam. Ist das für euch zu gespenstisch? Diejenigen, die sich mit Tiergeistern auskennen, wissen das und können sehen, dass das ein Opfer und stimmig ist. Auch die Urvölker wussten das ganz genau. Doch hier ist die Frage, lieber Mensch: Wie behandelt ihr sie? Wenn ihr Dasein auf dem Planeten einen solchen Sinn hat, wie behandelt ihr sie, bevor sie zu eurer Nahrung werden? Wie haben die Urvölker sie behandelt? Das ist eine harte Frage, nicht wahr? Lasst mich euch etwas Wahres sagen. Je besser ihr sie behandelt, desto nahrhafter sind sie für euren Körper, wusstet ihr das? *»Kryon, bitte rede nicht davon! Wir wollen nicht darüber nachdenken.«* Ihr Lieben, wer denn, wenn nicht ich? Hört zu: Wenn diese Tiere bereit sind, auf den Planeten zu kommen und ein so wichtiger Teil der Lebenskraft hier zu sein und ihm zu einer höheren Schwingung zu verhelfen, indem sie euch am Leben erhalten, damit ihr eine Wahl treffen könnt – verdienen sie dann nicht Respekt und Behaglichkeit, während sie aufwachsen? Das Endergebnis wird ein viel höherer Beitrag zu eurer Gesundheit sein. Lasst die Wissenschaftler den Anfang machen und ein paar Vergleichsstudien durchführen, um aufzuzeigen, dass die Nährwerte drastisch ansteigen, wenn ein Tier in seiner kurzen Lebensspanne mit Respekt behandelt wird. Die Urvölker wussten das und ehrten jedes Tier, bevor es Teil ihrer Lebenskraft wurde.

Für die Tiere gibt es keine Höhle der Schöpfung. Sie sind hier, um die Menschen zu unterstützen. Manche sind hier, um euch zu lieben, und das wisst ihr. Wir sprechen hier von den Haustieren. Sie sind hier, um euch zu lieben – ein weiterer großer Dienst an der Menschheit. Ihr blickt ihnen in die Augen, und sie schauen zurück. Sie sehen die alte Seele in euch, wusstet ihr das? Sie kennen das System ...

Auf eine Art haben also auch viele Tiere eine Seele, aber sie sind nicht in der Höhle der Schöpfung. Sie verfügen nicht über das tiefgründige System planetaren Wandels wie ihr, ein Bewusstsein, das sich aus freiem Willen erhöhen kann. Der Mensch ist das einzige Wesen auf der Erde, das dazu in der Lage ist, denn der Mensch hat in seiner DNA die Göttlichkeit.

Kryon Live-Channelling »Das Akasha-System«, durchgegeben in Syracuse/New York – 11. September 2010

Auch wenn wir verstehen, dass viele Tiere auf diesem Planeten sind in dem Wissen, dass sie für den menschlichen Verzehr bestimmt sind, müssen diese kostbaren Tiere doch gut behandelt und für ihr Opfer geehrt werden. Tiere, die gut behandelt und geehrt werden, bevor sie für uns zur Nahrungsquelle werden, schenken uns viel mehr Nährstoffe als die anderen. Wenn Tiere nicht gut behandelt werden, zerstören sie sich oft selbst, und Krankheiten wie der Rinderwahnsinn zeigen das. Diese Tiere verdienen Respekt und ein behagliches Leben, während sie aufwachsen, und wir sollten ihnen für ihren Beitrag zum Überleben des Menschen Ehre entgegenbringen. Wenn ich bewusst darüber nachdenke, was ich esse, danke ich im Stillen Gaia. Leider denke ich nicht immer bewusst über mein Essen nach. Ich habe meine DNA gebeten, jedes Mal dankbar zu sein, wenn ich ein tierisches Produkt verzehre, für die mir dadurch verliehene Lebenskraft. Ich habe meine DNA darum gebeten, weil sie klüger ist als ich.

Es gibt viele Fragen über die Bindung zwischen Menschen und Haustieren oder Tieren. Haben sie frühere Leben? Reinkarnieren sie? Und wenn ja, als was werden sie wiedergeboren? Während eines Channellings in Laguna Hills/Kalifornien hat Kryon spezifische Antworten auf diese und andere Fragen gegeben.

Zunächst einmal: Gebt eure Vorstellung einer linear fortschreitenden Inkarnation von Tieren auf, falls ihr zufällig daran glaubt. Eine Maus wird kein Delfin, und ein Delfin entwickelt sich nicht zum Menschen weiter. Vielleicht seht ihr einem Menschen in die

Augen und sagt: *»Ich sehe in deinen Augen Delfin-Energie«,* aber das heißt nicht, dass diese Person einmal ein Delfin war. Wir wollen diese Vorstellung eines aufsteigenden Prozesses durch Tierinkarnation bis in die göttliche menschliche Seele also von Anfang an unterbinden. Allerdings gibt es tatsächlich ein System der Tierinkarnation.

Werden Tiere wiedergeboren? Ja, manche schon. Dieses Attribut ist schwer zu beschreiben, denn es ist nicht linear. Die einzigen Tiere, die reinkarnieren, sind diejenigen, die bei den Menschen leben. Das sind die einzigen. Waldtiere reinkarnieren nicht, ebenso wenig die Tiere in den Ebenen. Anders ausgedrückt reinkarnieren nur Tiere, die von menschlichem Bewusstsein beeinflusst worden sind.

Tiere haben in ihrer DNA keine Göttlichkeit wie ihr. Für sie gibt es auf dem Planeten keinen »Bewusstseinstest« wie für euch. Doch die Tiere, die bei euch leben, haben in ihrer Intelligenz das Konzept bedingungsloser Liebe. Das ist somit ihr einziger Sinn und Zweck: Kameradschaft und Liebe.

Werden in einem Tier Liebe und Kameradschaft erzeugt, entsteht in ihrer Essenz ein System, welches immer weiter ausgebaut werden kann. Denn die meisten Tiere leben nicht lange genug, um einem einzigen Menschen sein ganzes Leben lang zu dienen. Es gibt eine Möglichkeit, die Liebesbeziehung zu deinem Tier weiterzuführen. Wenn es geht und der Staub in die Erde gelegt worden ist, gibt es ein System, mit dessen Hilfe es zurückkommen kann, wenn es möchte.

Haltet nach ihnen Ausschau, und sie werden da sein. Das ist das System. Es ist wunderschön. Wartet damit nicht länger als 90 Tage. Geht nicht davon aus, das Tier in derselben Farbe oder derselben Sorte wiederzufinden, es muss nicht einmal das gleiche Tier sein. Doch ihr könnt ihm in die Augen schauen und es erkennen in der Art, wie es euch nicht von der Seite weicht. Sie sind in eurem Umfeld, wenn ihr nach ihnen Ausschau haltet, und durch Synchronizität werdet ihr zu ihnen geführt. Sie machen mit der Liebesbeziehung weiter, und ihr werdet es wissen durch das, was sie tun, und anhand ihrer alten Gewohnheiten. Dann steht es nicht mehr zur Debatte, ob es dasselbe Tier ist. Tut es einfach! Es ist ein wunderschönes System, und es wurde für euch gemacht.

Die herrliche Göttlichkeit in einem menschlichen Wesen bedeutet, was immer es berührt, verändert das, was um euch herum ist. Ihr könnt Einfluss nehmen auf die Wesen mit 24 Chromosomenpaaren [Tiere], und sie reagieren. Es ist egal, ihr Lieben, ob es eine Maus oder ein Pferd oder ein Elefant ist. Es ist egal, denn sie kommen zurück. Wenn ihr sie liebt, kommen sie zurück. Wenn ihr nicht den Wunsch verspürt, sie wiederzufinden, dann ist daran nichts Negatives. Es ist lediglich eine Chance. Sie lieben die Menschheit weiterhin genauso sehr und helfen anderen, wie sie euch geholfen haben.

Nicht alle Tiere, die ihr findet, waren schon einmal hier. Viele kommen zum ersten Mal, um freiwillig ihren Beitrag dazu zu leisten, dass ihr euch mehr geliebt und mehr in Frieden fühlt, sodass ihr zu einem stärkeren Leuchtturm für den Planeten werden könnt.

Kryon Live-Channelling »Das umfassendere Akasha-System«, durchgegeben in Laguna Hills/Kalifornien – 15. Juli 2012

Ich hoffe, das obige Channelling lässt Sie die Rolle der Tiere auf dem Planeten besser verstehen. Viele Menschen haben Haustiere wie Reptilien, Amphibien, Fische oder Säugetiere, um nur ein paar zu nennen. Ich hatte im Laufe der Jahre viele Haustiere. Derzeit habe ich einen Hund, Bella, ein englischer Staffordshire Terrier, er macht mir viel Freude. Unsere Haustiere schenken uns immer bedingungslose Liebe. Ist es nicht wundervoll, zu wissen, dass es ein System gibt, in dem unsere geliebten Haustiere wiedergeboren werden können, damit sie wieder bei uns sein können?

Finden Sie die Vorstellung, Tiere könnten immer wiedergeboren werden, esoterisch gar zu unglaublich? Dann sollten Sie vielleicht einmal die Geschichte von Laurie Reyon Anderson lesen. Sie hat mir erlaubt, ihre persönliche Reise mit ihrer geliebten Katze zu erzählen.

Laurie Reyons Geschichte beginnt damit, dass ihre Katze Puddy ihr 1994, als Laurie eine Nahtoderfahrung hatte, buchstäblich das Leben rettete. In der Geschichte finden sich viele Erzählungen über

Haustiere, die das Leben ihrer Herrchen oder Frauchen retteten. Laurie Reyon bemerkte bei dieser Erfahrung, dass ihre telepathischen Fähigkeiten stark aktiviert wurden. Sie hörte, wie Puddy zu ihr sprach, als ob Puddy ein Mensch wäre!

Leider starb Puddy am 29. August 2001. Einige Zeit danach erfuhr Laurie Reyon von Amelia Kinkade, einer weltbekannten Tierkommunikatorin, dass Puddy am 3. März 2002 wiedergeboren und genauso aussehen würde wie früher. Das geschah, und Puddy reinkarnierte als Puddah 1 am gleichen Tag wie in ihrem vorigen Leben. Als Puddah 1 sieben Wochen alt war, kommunizierte sie mit Laurie Reyon und erzählte ihr von Veränderungen in ihrer beider Leben. Und so geschah es auch!

Die Beziehung zwischen Laurie und Puddah 1 hatte für Laurie eine Katalysatorwirkung, die ihr half, sich auf ihre Gabe als Kommunikatorin zwischen den Spezies einzustimmen. Mit der liebevollen Unterstützung und Führung von Puddah 1 begann sie, mit wilden Delfinen zu arbeiten, und hörte sich auf die Frequenzen der Delfine ein. Seitdem geschahen für Laurie Reyon und ihre Katzengefährtin viele wundersame und erstaunliche Dinge. Puddah ist seitdem zweimal gestorben. Und was meinen Sie, was geschah? Sowohl Puddah 2 als auch Puddah 3 machten mit der Geburtstradition weiter und wurden beide jeweils an einem 3. März wiedergeboren. Numerologisch ist das eine 33. Drei ist eine Katalysatorzahl. 33 ist die Meisterzahl mit der Christusenergie und steht auch für mitfühlendes Handeln. Und noch etwas sollten Sie wissen: Laurie Reyons Geburtstag ergibt zusammengezählt auch die Zahl 33. Zufall?

Puddah 3 wird am 3. März 2013 fünf Jahre alt. Seit über zwanzig Jahren schenkt Puddah Laurie Reyon und dem Rest des Planeten ihre bedingungslose Liebe. Ich glaube, das alte Sprichwort von den neun Leben einer Katze stimmt wirklich!

Zusammengefasst sind Tiere aus drei Gründen hier auf der Erde:

1. Zur Balance des biologischen Lebens.
2. Um genutzt zu werden. Zwischen Mensch und Tier existiert eine Harmonie. Viele Tiere existieren, um den Menschen am Leben zu erhalten, aber die Art und Weise, wie manche Kultu-

ren mit diesen kostbaren Geschöpfen umgehen, muss sich verändern. Wenn der Tod eines Tiers mit einer Zeremonie geehrt wird, ist es für die Menschen nahrhafter. Zeremonien, die den Tieren Ehre und Respekt erweisen, könnten für die gesamte Menschheit positiven Nutzen bringen.

3. Um geliebt zu werden und zu lieben. In vielen Kulturen dienen Tiere als Kinderersatz, die Menschen lieben sie und kümmern sich um sie. So haben die Menschen eine Chance, Mitgefühl zu zeigen und bedingungslose Liebe zu erfahren, wenn sie das brauchen. Für viele Menschen ist das extrem wichtig; dank dieses Mechanismus können sie sich zentrieren und ins Gleichgewicht bringen.

Frage: Wird sich durch die Neuausrichtung der Gitter und der Menschheit das Verhalten von Tieren verändern?

Kryon: Ja. Die Antwort auf die nächste Frage zur Auslöschung der Spezies lässt euch das besser verstehen. Alles Leben auf dem Planeten existiert zum Zwecke der Balance und um den Menschen dabei zu unterstützen, einen aufgestiegenen Planeten zu erschaffen. Wenn die Menschen das tun, wird sich alles um sie herum verändern. Die Funktionsweise der Dinge, wie sie seit Jahrhunderten gilt, wird neu kalibriert, und die Tiere des Planeten, ihre Zyklen und ihre Existenz beugen sich der neuen Energie und lassen sie zu. Sie sind Teil eurer Unterstützungsgruppe.

Auslöschung der Spezies

Seit Spezies existieren und sich weiterentwickeln, sind sie auch immer wieder ausgestorben. Laut Schätzungen sind über 99,9 Prozent aller jemals lebenden Spezies ausgestorben. Durchschnittlich überleben die meisten Spezies zehn Millionen Jahre, wobei es bei den einzelnen Populationen große Unterschiede gibt. Einfach definiert ist eine ausgestorbene Spezies jede Spezies, die in ihrem Umfeld nicht überleben bzw. sich nicht fortpflanzen und auch nicht woandershin gelangen kann, wo das möglich wäre. Schließlich stirbt sie dann aus und wird ausgelöscht. Die Auslöschung kann plötzlich oder allmählich über Tausende oder auch Millionen von Jahren erfolgen.

So wie manche Spezies ausgelöscht werden, entwickeln sich andere durch Evolution im Prozess der natürlichen Auslese und Artenbildung zu neuen Spezies. Dabei entstehen neue Arten eines Organismus und gedeihen, wenn sie eine ökologische Nische finden und ausschöpfen können. Eines der besten Beispiele für die natürliche Auslese und Artenbildung ist der englische Birkenspanner. Diese Motte hat normalerweise eine weiße Grundfärbung mit schwarzer Zeichnung auf den Flügeln – eine sehr gute Tarnung, wenn sie auf gemaserten Flechten an Baumstämmen sitzen. Manchmal entstanden aufgrund einer Genmutation komplett schwarze Motten, welche auf den hellen, gesprenkelten Flechten keine sehr gute Tarnung hatten und so für die vorbeiziehenden Vögel eine leichte Beute waren. Diese Motten schafften es nie, sich fortzupflanzen und ihre Gene für die schwarze Farbgebung zu vererben.

Dann begannen im 19. Jahrhundert in britischen Städten viele Fabriken und Privathäuser, Kohle zu verbrennen; die Folge waren schwarzer Ruß und Umweltverschmutzung. Irgendwann waren die Baumstämme voller Ruß, was der gelegentlichen schwarzen Motte eine gute Tarnung verschaffte. Daraufhin lebten die schwarzen Motten lange genug, um sich fortzupflanzen; die »normalen« weiß-schwarz gemusterten Motten dagegen wurden aufgefressen.

Wie Studien Anfang des 20. Jahrhunderts ergaben, herrschte auf dem Land die weiße Mottenart vor, in den Städten gab es von dieser Art dagegen praktisch so gut wie gar keine, dafür aber fast ausschließlich schwarze Motten. Diese schwarzen Motten pflanzten sich in den Städten mit anderen schwarzen Motten fort, auf dem Land die weißen mit anderen weißen Motten. Wäre das so weitergegangen, hätten sich die beiden unterschiedlich gefärbten Motten schließlich in genetisch unterschiedliche Spezies entwickelt. Doch in den Städten wurde die Verschmutzung beseitigt, und die Baumstämme waren wieder mit gesunden, hellen Flechten bedeckt. Jetzt überlebten verstärkt die weißen Motten; sie pflanzten sich fort, die schwarzen dagegen nicht.

Während meiner Studienzeit gab es lange Listen mit Gründen für das Aussterben von Arten: genetische Verunreinigung, Habitatverschlechterung, Dezimierung durch Raubtiere (Fraßdruck), Konkurrenz, Krankheiten, Raubbau, Klimawandel und Ko-Extinktion (also die Ausrottung einer Art als direkte Folge des Aussterbens einer anderen Art, die für deren Überleben von entscheidender Bedeutung ist). Nachdem ich an so vielen verschiedenen Programmen mitgearbeitet hatte, die bedrohte und gefährdete Arten schützen wollten, entwickelte ich die Einstellung, die Menschen seien direkt für die erschütternd hohe Zahl der ausgerotteten Arten verantwortlich; ich hatte das Gefühl, diese alarmierende Auslöschungsrate infolge menschlichen Einflusses war wirklich viel zu hoch, verglichen mit der Rate, wenn wir nicht auf dem Planeten leben würden. Viele meiner früheren Kollegen würden sicherlich nach wie vor behaupten, der Mensch sei die Wurzel allen Übels. Viele Menschen denken wohl so. Sie sind davon überzeugt, dass ohne das Eingreifen der Menschen die Auslöschungsrate nicht so hoch wäre, wie sie heute ist. Schätzungen der Wissenschaftler zufolge wird bis zum Jahr 2100 die Hälfte der heute lebenden Spezies ausgestorben sein.

Die Auslöschung der Spezies ist ein äußerst wichtiges Forschungsgebiet für Zoologen und Biologen. Die drohende Ausrottung beunruhigt und beschäftigt inzwischen nicht mehr nur die Wissenschaftler. In der Folge wurde eine ganze Reihe von Organisationen gegründet mit dem Ziel, die Ausrottung von Spezies zu verhindern. Doch dabei wird oft ein Grundprinzip übersehen: Nicht alle Spezies sind dafür geschaffen, auf ewig im Kreislauf des Lebens zu existieren.

Während meiner beruflichen Tätigkeit im Umweltschutz arbeitete ich hauptsächlich daran, bedrohte Spezies zu schützen und vor der Ausrottung zu bewahren. Ich half dabei, Aufklärungsmaterial, Programme und Schilder über die Notlage aller möglichen bedrohten Spezies zu entwickeln. Ich arbeitete mit ehrenamtlichen Helfern, die alles taten, um die Fortpflanzung der von ihnen »adoptierten« gefährdeten Spezies wieder anzukurbeln. Ich wertete Wildtier-Managementprogramme aus, um die Nachhaltigkeit der kommerziellen Nutzung von Kängurus und Krokodilen zu gewährleisten. Und ich verbrachte unzählige Stunden mit der Kontrolle von Unkraut und Tieren, die als Bedrohung für die nativen, indigenen australischen Spezies angesehen werden.

Es ist schon verrückt: Wir (ich und viele andere Menschen auf der ganzen Welt) engagieren uns so sehr, eine Spezies zu retten, die Gaia unter Umständen absichtlich aussterben lassen will. Ich glaube, wir sind deshalb so engagiert, weil wir uns moralisch verantwortlich fühlen, unseren Einfluss auf andere Spezies zu minimieren. Es ist ein Versuch, in Balance mit Gaia zu sein; die Urvölker wussten intuitiv, wie das geht. Wenn wir unsere Verbindung zu Gaia wieder beleben, gelingt es uns vielleicht besser, Gaias Pläne zu erkennen und unsere Bemühungen zu fokussieren. Meiner Meinung nach können die Umweltschützer unserer heutigen Zeit außerdem viel von unseren indigenen Brüdern und Schwestern lernen.

Gaia ist für das Kommen und Gehen von Leben auf dem Planeten zuständig. Gaia reagiert auch auf das menschliche Bewusstsein. Kryon hat uns erklärt, wie das funktioniert.

Die unterschiedlichen Spezies auf diesem Planeten kommen und gehen, je nachdem, ob die von ihnen erzeugte Energie benötigt wird oder nicht. Eine von Gaias Aufgaben besteht also darin, Spezies zu erschaffen und zu eliminieren. Wenn sie für Gaias Entwicklung nicht mehr gebraucht werden, hören sie auf zu existieren und sterben aus. Wenn neues Leben notwendig ist, wenn neue Lebenskonzepte notwendig sind, ist Gaia kooperativ, sodass das entstehen kann. Die eigentliche Erschaffung von Spezies ist von den Umweltschützern noch nicht richtig erkannt worden. Das heißt, sie haben noch nicht erkannt, dass euer Wetter starken Einfluss darauf hat, wie es funktioniert. In euren Langzeitstudien taucht das teilweise aber schon auf, denn wie ihr schon bemerkt habt, sind im Laufe der Zeit viele Spezies entstanden und wieder verschwunden. Dieser Prozess setzt sich weiterhin fort.

Die Angemessenheit des Artensterbens

Da tauchen die Menschen auf und sehen, wie Lebewesen kommen und gehen, und wollen sie alle retten – alle existierenden Spezies. Denn linear, wie sie denken, meinen sie, alle Spezies sollten erhalten bleiben, weil sie nun einmal hier sind. Doch Gaia will sie ausmerzen, eliminieren, um neue Spezies hervorzubringen.

Ich habe euch gerade die Funktionsweise der Gründe geliefert, warum Spezies kommen und gehen. Es ist angebracht und ein natürlicher Aufbauprozess für die Entstehung neuer Arten.

Als die Plejadier mit dem Aufbau der Gitter auf dem Planeten begannen, wirkte Gaia an dem, was kommen sollte, mit, wusste um den Zweck und was für das Überleben dieses neuen spirituellen Menschen nötig war. Gaia wusste das, weil die Energie von Gaia das schon vorher erlebt hatte [der Grund wird nachfolgend genannt]. Das alte Attribut, welches viele verschiedene Arten von Menschen benötigte, starb aus. Das war natürlich. Es gab keinen Krieg und auch keine schrecklichen Seuchen. Sie wurden auch nicht von Vulkanen oder Tsunamis ausgerottet. Sie verschwanden durch den natürlichen Abgang, im Laufe von 110.000 Jahren und weil es angebracht und stimmig war.

Vor ungefähr 110.000 Jahren war also nur eine Art übrig geblieben; das ist Wissenschaft, denn all eure Studien werden das bestätigen. Die Anthropologen haben das bereits beobachtet und sich gefragt: »Was geschah damals, wodurch diese anderen Menschenarten ausstarben?«

Die Lösung für dieses wissenschaftliche Rätsel habe ich gerade geliefert, denn die Wissenschaft sucht nur nach physischen Ereignissen, die das ausgelöst haben könnten. Doch stattdessen war es der Bund mit dem Gaia-Bewusstsein, das ihr »Mutter Natur« nennt, der dazu geführt hat. Das ist auch heute noch so, wenn ihr beobachtet, wie der Bestand verschiedener Spezies abnimmt, während die Menschen einen größeren Teil der Erde für sich in Anspruch nehmen. Ich nenne das »die angemessene Eliminierung einzigartiger Lebensformen, wodurch die globale Bewusstheit steigen und Quantenevolution stattfinden kann«. Manche Spezies existieren nur, um anderen zu helfen, die Leiter der Natur hochzuklettern, dann verschwinden sie. Gaia weiß, wie diese Leiter aussieht. Ihr nicht.

Kryon Live-Channelling »Der Zeitplan der Schöpfung«, durchgegeben auf Hawaii, anlässlich der 11. Kryon-Kreuzfahrt – 12. August 2012

Wegen meiner großen Liebe zur und Wertschätzung der Natur arbeitete ich über fünfzehn Jahre lang als Park Ranger. Ich bekenne mich schuldig: Ich würde am liebsten losstürmen und alles retten, so wie Kryon es beschrieben hat! Ich weiß nicht so recht, ob ich den »Nichtstun«-Ansatz wirklich mag. Ich habe beträchtliche Zeit und Energie in Aktivitäten gesteckt, die die Biodiversität der natürlichen Landschaft erhöhen und erhalten sollten. Aber schieben wir dadurch nur das Unvermeidliche hinaus? Was, wenn die schnelle Auslöschung von Gaia gewollt und geplant ist? Was, wenn Gaia sich dadurch auf die Schaffung neuen Lebens vorbereitet? Schließlich tut sie das auf diesem Planeten schon seit vier Milliarden Jahren! Hoffentlich kann Kryon mit seinen Antworten auf die folgende Frage dieses schwierige Thema ein bisschen beleuchten.

Frage: In vielen Fällen scheint der Mensch unmittelbar für die Ausrottung einer Art verantwortlich gewesen zu sein, zum Beispiel durch Raubbau an einer Spezies, durch die Zerstörung ihres Lebensraums oder durch Einführung von Räubern oder Viren, die diese Art dann ausrotteten. Auf der anderen Seite gibt es auch viele Fälle, wo der Mensch anscheinend durch den Schutz und die Bewahrung von Lebensraum, durch Jagdverbote und die Kontrolle der eingeführten Räuber manche Spezies, die kurz vor dem Aussterben standen, gerettet hat.

Deshalb sieht es so aus, als ob menschliches Tun Einfluss darauf hat, ob eine Spezies ausstirbt oder nicht. Doch wenn Gaia das Kommen und Gehen einer Spezies steuert – wo passt da der Mensch in diesen Plan? Sollten wir einfach gar nichts tun und alles Gaia überlassen? Wie können wir, wenn wir einen Unterschied bewirken können, unser Entscheidungsvermögen entsprechend nutzen und herausfinden, wann wir uns bemühen sollten, eine bedrohte Art zu erhalten?

Kryon: Viele Leser werden mit der Antwort die größten Schwierigkeiten haben, und manche werden vor lauter Bestürzung das Buch zuschlagen. Aber es ist an der Zeit, dass ihr erfahrt, wie das alles zusammenkommt, und auch warum die Menschen tun, was sie tun. Ich werde versuchen, genau und prägnant zu sein.

Zunächst einmal:

Wie du gesagt hast und wie wir euch schon gesagt haben, reguliert Gaia das Kommen und Gehen der Spezies auf der Erde, um die Evolution zu unterstützen und ihrer Aufgabe nachzukommen, auf das menschliche Bewusstsein zu reagieren. Es gibt kein Gaia-Axiom oder eine Gaia-Wahrheit, die besagt, dass eine Spezies auf dem Planeten verbleiben sollte. Tiere (vor allem) kommen und gehen, so wie sie gebraucht werden, dann verlassen sie den Planeten. Sie werden als Platzhalter für die Evolution des Menschen betrachtet.

Die Menschen heute, insbesondere in dem Maße, wie sie ihre Göttlichkeit entdecken, hegen und pflegen die Lebenskraft. Und sie lieben alles Leben um sie herum. Sie lieben die Bäume, die Pflanzen, die Tiere und die Fische. Sie können die Quantenliebe in manchen dieser Tiere »sehen« und machen sie zu Mitgliedern ihrer *Familie* in ihrem Zuhause. Sie beginnen, die Akasha ihrer Vorfahren zu spüren, als alle Tiere als Teil der Lebenskraft der Erde respektiert wurden. Kurz gesagt, sie sind gegenüber allen Lebewesen »in Liebe voreingenommen«. Deshalb gehen sie ihnen aus dem Weg, um alles Lebendige zu retten, und begreifen nie, dass vieles »planmäßig« ausgelöscht wird und sich selbst überlassen werden sollte.

Dies betrifft viele Themen, aber ich werde lediglich auf drei eingehen: (1) Die Auslöschung der Spezies und das Gaia-System; (2) die Verantwortung des Menschen und (3) Richtlinien für das Eingreifen des Menschen.

Die Auslöschung der Spezies und das Gaia-System:

Damit es überhaupt Evolution geben kann und sich schließlich der Mensch zu dem entwickelte, was er jetzt ist, musste vieles in einer bestimmten Reihenfolge passieren. Biologen erkennen ein System vom »Überleben des Stärkeren« und entwickeln ihre eigenen Vorstellungen darüber, warum sich die Dinge so entwickelten, wie es der Fall war. Die Anomalien, die sie sehen, kehren sie einfach unter den Teppich und sagen: »Die Natur ist manchmal seltsam.« Nun ja, Gaia ist nicht seltsam, und neben der »zufälligen Entstehung eines hoch entwickelten menschlichen Bewusstseins auf dem Planeten Erde auf gut Glück« gibt es einen viel umfassenderen Evolutionsprozess.

Zunächst einmal müsst ihr umdenken dahingehend, wie alles vor sich gegangen ist. Die gesamte Evolution des Planeten Erde wurde so aufgesetzt, dass der Mensch entstehen konnte und eine Chance hatte, einen göttlichen, aufgestiegenen Planeten zu erschaffen. »Intelligentes Design« ist die Art und Weise des Universums und auch eurer Erde. Es geschah demnach nichts aus Zufall, sondern es war eine »geführte Chance«.

Bei einem Blick auf die allerersten Anfänge des Lebens seht ihr, dass es bis zu viermal so einen Anfang gab, der schiefgelaufen ist. Gaia musste in Balance sein für das, was da kommen sollte; im Ablauf der natürlichen Prozesse beendete Gaia also das Leben viermal, bevor sich der »richtige Prozess« entwickelte. Das war die Photosynthese. Sie war nötig, um Tieren Leben einzuhauchen, welches schließlich zur Existenz des Menschen führen würde. Manche Lebensform hätte von sich aus existieren und weiterbestehen können, aber kein Leben, welches Sauerstoff braucht. Also beendete Gaia dieses Leben immer wieder, bis das »richtige«, hoch entwickelte System mit Sauerstoffaustausch in einer geschlossenen Systemumgebung entstand.

Ihr erkennt also sofort, dass es hier ein Rätsel gibt: Ist das ein natürlicher Prozess oder nicht? Die Antwort lautet: Beides. Nennt es einen »geführten« Prozess, wenn ihr wollt. Denn es ist ein *bewusster* Prozess, der die Evolution der Spezies mit einem bestimmten Ziel anleitet und dafür natürliche Abläufe weit verbreiteter galaktischer Evolutionsprozesse einsetzt, und das viele Male.

Damit die Erde sich so entwickeln konnte, wie sie es tat, kamen und gingen Tausende von Spezies. Im Laufe dieses Prozesses schuf jede Spezies eine Plattform für die nächste. Dann hatten sie ihre Aufgabe erledigt. Die Dinosaurier sind ein großartiges Beispiel dafür. Sie mussten für den nächsten Schritt in der Erd-Evolution hier sein, aber sie mussten auch aussterben. Ja, Gaia war sogar am Einschlag des Asteroiden involviert, denn das Bewusstsein des Schöpfers ist Bestandteil aller Attribute des Hauptzwecks der Galaxie, nämlich eine höhere Schwingung zu erreichen. Deshalb könnte man sogar sagen, es gäbe ein Bündnis mit der Katastrophe. Gaia ist die Meisterin der Evolution und hat mit dazu beigetragen, alles für die Ankunft der Plejadier vorzubereiten.

Und jetzt Bühne auf für die Jetzt-Zeit: Jetzt habt ihr einen Planeten, der von Menschen bewohnt ist, die die eine Schwelle passiert haben und weiterziehen an einen Ort, wo sich das Paradigma der Existenz verändern wird. Die Quantenenergie wird innerhalb von zwei Generationen über das »Quantensichtgerät« entdeckt werden, und der Weg der Zivilisation wird sich langsam für immer verändern. Könnt ihr sehen, wohin das führt?

Die Menschen sind der Grund für das alles, und jetzt muss sich das Leben um sie herum verändern. Eine der größten Zivilisationen steht noch bevor, und sie nimmt jetzt ihren Anfang. Afrika wird letztendlich eine der am höchsten entwickelten Zivilisationen sein, die die Erde je gesehen hat. Der Norden und der Mittelteil dieses Kontinents werden Heilung erfahren und bereit sein, sich zu entwickeln; das verändert den Planeten für immer und unterstützt ihn sehr auf seinem Weg hin zu einem »aufgestiegenen Planeten« in der Galaxie. Diese Entwicklung kann es mit den besten politischen Systemen aufnehmen, die jemals ausprobiert wurden. Das ist der nächste Schritt der politischen Entwicklung der Zivilisation auf der Erde. Sie werden in der Lage sein, ihre Städte von Grund auf neu zu entwerfen und zu erbauen, ohne eine bereits bestehende Infrastruktur, mit der sie in Konkurrenz stehen. Dieser Kontinent wird zum modernsten Kontinenten auf dem Planeten werden. Wie ihr wisst, verfügt Afrika auch über ein reiches Tierleben. Was also meint ihr, was geschehen wird?

Manche werden sagen, der Mensch habe kein Recht, auf diese Weise unbefugt in die Natur einzugreifen. Sie werden die

Afrikaner bitten, das nicht zu tun. Überall auf der Erde werden Menschen Tränen wegen der ausgerotteten Arten vergießen, die verlorengehen, wenn die Städte erbaut werden und der Lebensraum für wundervolle Tiere in den Ebenen Afrikas verschwindet. Irgendwann sind diese Tiere dann nur noch im Zoo zu sehen. Wer hat hier also recht? Ich habe euch ja gesagt, dass euch diese Diskussion nicht gefallen wird.

Ich möchte euch etwas zeigen: Wenn ihr damals die Dinosaurier hättet beobachten können, wärt ihr sehr besorgt gewesen darüber, wie sehr sie ihre Umwelt beeinträchtigten. Dutzende mittelgroßer Tiere verschwanden in besorgniserregender Geschwindigkeit vom Planeten, als die größeren Fleischfresser auftauchten und sich weiterentwickelten. Den Pflanzenfressern erging es viel besser, bis die großen Fleischfresser sie dann auffraßen! Dann waren auch sie gefährdet! Für die Menschen wäre das eine ökologische Katastrophe gewesen. Für euch schaut das vielleicht so aus, als hätten sie genug zu essen gehabt, aber ihr wart nicht mit dabei und könnt euch über die Situation kein Bild machen. Viele lebten in sozialen und territorialen Gefügen, sie zogen nicht viel herum. Das Land, das sie bewohnten, verfügte über ein empfindliches Gleichgewicht, und nach und nach wurde es größtenteils zerstört. Solange sie auf dem Planeten lebten (Millionen von Jahre), kam es also zu sehr großen Veränderungen tierischen Lebens; es verwandelte sich in etwas völlig anderes wegen ihnen. Die Menschen von heute hätten da nie zusehen können, ohne zu versuchen, etwas zu retten oder das Gleichgewicht wiederherzustellen oder in die Situation etwas einzubringen.

Für Gaia war es »der richtige Zeitpunkt für das Verschwinden vieler Spezies wegen der bevorstehenden Evolution«. Anders ausgedrückt: Die Dinosaurier waren der nächste Schritt im Prozess, und während ihrer Zeit hier auf der Erde hatten sie einen Einfluss, der angemessen war.

Ihr hört nicht gerne, dass die Menschen der Grund für den Planeten sind und ihre Existenz alle anderen Spezies aussticht. Doch genau das ist der Fall, allerdings möchte ich eine deutliche Mahnung aussprechen: Überlasst Gaia das Ausmerzen, nicht den

Menschen! Wenn Städte erbaut werden und Land verändert wird, hat das natürliche Prozesse zur Folge. Viele Menschen werden sagen, die menschliche Entwicklung sei kein natürlicher Prozess. Doch im Rahmen evolutionärer Energien und Kräfte ist sie das!

Es liegt in der Natur des Bibers, Dämme an Flüssen zu bauen und damit das Wasser denjenigen abzugraben, die es flussabwärts brauchen. Die Frage lautet also: Ist das ein »natürlicher Prozess« des Bibers, oder betrachtet ihr das als »unangemessenes Verhalten« des Bibers? Greift er unbefugt in anderes Leben ein, oder lebt er einfach ganz normal? Was meint ihr, was flussabwärts geschieht? Was, wenn dadurch Leben ausgelöscht würde? Versteht ihr das?

In Wahrheit betrachtet Gaia die Menschheit als den nächsten Schritt und lässt nach und nach und auf stimmige Weise die Auslöschung vieler Spezies zu, weil die Zeit dafür gekommen ist. Nun ... lest weiter.

Die Verantwortung des Menschen:

Die Menschheit hat die Verantwortung, auf die Lebenskraft des Planeten nicht auf eine Art und Weise einzuwirken, die nicht integer ist. Wenn die Wale irgendwann tatsächlich verschwänden (das werden sie übrigens nicht), dann sollte das aufgrund einer natürlichen Reaktion von Gaia und den Ozeanen erfolgen und nicht, weil die Menschen »ihren Speck« wollen. Wenn Wälder abgeholzt werden sollen, um Platz für Städte und Häuser zu machen, dann sollten neue Bäume gepflanzt werden (wie das vielerorts schon geschieht). Ihr habt also Verantwortung für Rohstoffe, sie sollten auf integre Weise genutzt werden. Umweltschutz ist also nicht Umweltkontrolle, sondern bedeutet, die natürlich vorhandenen Ressourcen zu bewahren und sauber zu halten.

Die Urvölker nahmen immer nur das, was sie brauchten, und brachten Gaia dabei Ehre entgegen. Das ist eine Lektion für alle. Jagd sollte kein Sport sein. Das respektiert und ehrt Gaia nicht. Angelt das, was ihr und die anderen essen werden, und nicht mehr; angelt so, dass ihr dabei verantwortungsvoll mit anderem Leben umgeht! Wenn ihr das nicht tut, noch einmal, dann werdet ihr den Preis dafür zahlen und das schließlich lernen.

Die Menschen sind dafür verantwortlich, die Luft, die sie atmen, nicht durch Gier zu verschmutzen. Sollte das nicht jedem klar sein? Wenn ihr das tut, tötet ihr euch selbst! Die Menschen sollten darauf achten, ihre Ozeane nicht zu verunreinigen oder ihren Abfall nicht so wegzuwerfen, dass dadurch Tiere in eine Falle geraten. Das ist nicht Teil der normalen Evolution. Vielmehr ist es Teil eines ärmlichen Bewusstseins aufseiten des Menschen. So wie ihr Gaia behandelt, wird sie euch behandeln! Ist das wirklich so schwer zu verstehen?

Richtlinien für das Eingreifen:

Lasst zu, dass mit der zunehmenden Bevölkerung des Planeten die betroffenen Spezies gehen. Erzwingt nichts durch Versuche, etwas zu retten oder auszurotten. Ihr werdet überrascht sein, wie widerstandsfähig Gaia ist und wie alles funktioniert, wenn ihr nicht versucht, Dinge, die ihr seht und die scheinbar aus der Balance geraten sind, zu »korrigieren«.

Für viele Umweltschützer ist das schwierig. Ein Beispiel: Lasst bestimmte Waldbrände zu, aber schützt euer Zuhause! Der Wald bringt sich selbst ins Gleichgewicht, und wenn ihr die Brände nicht zulasst, wird sich das Ungeziefer, welches Baumkrankheiten verursacht, ausbreiten, weil der Wald zu dicht geworden ist. Ein zu dichter Wald verbrennt auch anders und nicht so, wie es geplant ist. Hört gut zu: Bäume wachsen wieder, und das haben sie immer getan!

Versucht niemals, ein scheinbares Ungleichgewicht zu steuern, das ihr eurer Meinung nach verursacht habt. Das könnt ihr nicht! Das Resultat wird immer ein noch größeres Ungleichgewicht sein. Lasst Gaia das auf ihre Weise erledigen. Das dauert vielleicht länger, und unter Umständen gefällt euch nicht, wie es aussieht, wenn die Natur das regelt, aber die Mahnung lautet: Lasst Gaia sich darum kümmern. Manches muss an einen kritischen Punkt gelangen und für euch hässlich aussehen, damit ihr die Art natürlicher Balance erkennen könnt, die stattfindet. Aber das ist Gaias Art.

Findet mit Hilfe eurer Wissenschaft neue, effizientere Möglichkeiten des Getreide- und Nutzpflanzenanbaus. Das wird sehr geschätzt. Verändert das Saatgut nicht genetisch! Ihr werdet sonst den Preis dafür zahlen, meine Lieben. Unterstützt das Wachstum der Pflanzen mit natürlichen Methoden der Insektenkontrolle und der Bodendüngung. Kommt nicht zu dem Entschluss, ihr hättet eine bessere Vorstellung davon, wie die Genetik aussehen sollte. Denn das habt ihr nicht.

Versteht, dass Gaia ein System hat, welches seit Äonen funktioniert und sich auf euch vorbereitet. Eure Logik im Hinblick auf die Natur ist primitiv, verglichen mit dem, was die Erde »weiß«. Wenn es zu viele Raubtiere für eine bestimmte Spezies gibt, oder wenn zu viele Tiere zu viele Pflanzen fressen, oder wenn zu viele schlechte Pflanzen wachsen aufgrund dessen, was die Menschheit getan hat oder die Natur getan hat, dann versucht, anders darüber zu denken, und lasst sie allein. Das ist vielleicht genau so, wie es sein soll.

Lasst das Sterben zu und vielleicht sogar die Zerstörung der Wälder aufgrund von »zu vielen Tieren«, wenn es denn sein muss. Denn all das wird in eine natürliche Balance kommen, auch wenn ihr meint, es wäre eine Katastrophe. Lasst Gaia bestimmen, was im Rahmen dieser Balance angemessen ist, denn Gaia ist die Meisterin der Lebenskraft des Planeten und hat das schon viele Male getan.

Was ihr wissen müsst ist: Gaia unterstützt das menschliche Leben und wird alles darum herum entsprechend anpassen. Wusstet ihr, dass der derzeitige Wetterzyklus schließlich dazu führen wird, dass die Ozeane wieder voller Fische sind? Hört auf, das Wasser zu verschmutzen, dann geschieht das schneller. Aber ihr habt die Korallenriffe des Planeten nicht abgetötet (wie man euch gesagt hat). Sie sterben ab und erneuern sich regelmäßig! Das geschieht meistens über einen langen Zeitraum hinweg durch Temperaturschwankungen des Wassers (über den Wasserzyklus). Doch die Korallenriffe kehren alle wieder, ebenso wie die Fische. Helft dabei mit, indem ihr nicht eingreift und verschmutzt. Darum bitten wir euch. Habt Respekt vor den Spezies und lasst sie gehen, selbst solche, die ihr als Teil eurer Vergangenheit liebgewonnen habt. Sie haben vielleicht ihre Aufgabe erfüllt und haben mitgeholfen, das Land für euch zu erhalten.

Die Pflanzen und Tiere sind Teil des Unterstützungssystems dieses Planeten mit einem freien Willen und haben immer mit zu deiner Unterstützung, Mensch, beigetragen. Sie kommen und gehen in einem System, um euch dabei zu helfen, der Erde zu helfen, zu einer aufgestiegenen Welt in unserer Galaxie zu werden. Darum geht es, und darum ging es schon immer.

Zum Abschluss

Haben Sie dieses Buch von Anfang bis zum Ende gelesen? Herzlichen Glückwunsch! Das waren viele Informationen, die es zu verdauen gilt. Eines sollte klar sein: Es gibt ein wunderbares System, und Sie, als wundervolles menschliches Wesen, sind Teil davon. Sie sind größer, als Sie denken! Was ist also der Punkt, und inwiefern betrifft Sie das alles? Was werden Sie mit all dem Wissen und den Informationen machen? Ich wünsche mir zutiefst, dass Sie sie auf persönlicher Ebene für sich nutzen können. Dass Sie in sich tiefen Frieden schaffen können, egal, was um Sie herum vorgeht. Und ich hoffe, Sie können diese neue Ebene des Friedens, der Weisheit und des Wissens in all Ihren Beziehungen nutzen.

Welche Beziehung haben Sie zu sich selbst? Sprechen Sie zu Ihrer DNA? Wie wär's, wenn Sie sie darum bitten, den Alterungsprozess zu verlangsamen? Wie wär's, wenn Sie Ihren Zellen sagen würden, sie sollten jeden zweiten Tag überspringen? Und wie wär's, wenn Sie einmal Ihre Akasha-Chronik durchforsten würden? Sie haben Zugang zu all der Weisheit und den Informationen aus Ihren früheren Leben. Und wie steht es um Ihre Beziehung zu Gott? Um Ihre Beziehungen zu Ihren Mitmenschen? Es geht nicht darum, sich mit anderen Menschen zu umgeben, die ähnlich denken. Es geht darum, Ihr Licht auf andere scheinen zu lassen. Vielleicht sehen Menschen, deren Leben dramatisch verläuft, Sie an und erblicken etwas anderes. Sie fragen Sie womöglich: »Warum ist dein Leben nicht so dramatisch?« Was werden Sie antworten? Was werden Sie sagen? Manche sind bereit, sich Ihre Antworten anzuhören, andere nicht. Es liegt an Ihnen, Ihre eigene spirituelle Logik und Einsichtsfähigkeit zu nutzen; Mitgefühl zu haben für Ihre Mitmenschen, insbesondere für diejenigen, die sich entschieden haben, weiterhin in Dunkelheit zu verharren.

Und zu guter Letzt, wie sieht Ihre Beziehung zu Gaia aus? Sie müssen nicht ständig in den Anblick der Natur versunken sein, Zeremonien abhalten und Gaben darbringen. Wie wäre es, wenn Sie zunächst einmal Gaia als Teil Ihres Lebens anerkennen?

»Danke, Gaia!« sagen, wenn Sie schöne Blumen in einer Vase erblicken? Vielleicht möchten Sie Gaia auch für die reichhaltige Nahrung danken, die sie zur Verfügung stellt. Wenn Sie mit offenem Herzen Gaia immer wieder Dank und Wertschätzung entgegenbringen, dann – da bin ich mir ziemlich sicher – werden Sie Gaia auch antworten hören. Ihre Antwort lautet für mich, dass sie hier ist, um der Menschheit liebevoll zu dienen. Ich habe erkannt, warum ich so aufgeregt werde, wenn ich Pflanzen, Tiere und Landschaften betrachte. Ich blicke auf ein verschränktes Stück meiner selbst.

Abschließend möchte ich ein paar tiefgründige Worte Kryons über Gaia und ihre Beziehung zu uns und zum Rest des Universums wiedergeben.

Erkennt ihr, wie profund das System ist? Schaut euch an, worum es dabei geht. Es geht um euch. Nur um euch. Warum sonst wäre die Erde so intelligent darauf ausgerichtet, euch im Auge zu behalten, euch zu ehren, zu wissen, wer ihr seid, und euren spirituellen Namen zu kennen? Warum, wenn nicht deshalb, weil ihr wichtig seid, weil ihr ein Teil des Masterplans seid, weil ihr etwas mit der Zukunft des Universums zu tun habt? Denkt darüber nach! Das ist das System. Ich werde nicht der Einzige sein, der euch diese Informationen durchgibt. Andere, die diese Worte nie vernommen haben, werden euch das Gleiche sagen. Wenn ihr eine Chance habt, könntet ihr sogar Gaia fragen, und sie würde euch das Gleiche sagen.

Gaia existiert für das heilige Menschenwesen, welches auf diesem Planeten ist, um zu lernen. Ich sage euch das heute in Liebe. Ich möchte, dass ihr über etwas nachdenkt. Überall, wo ihr geht, kennt euch die Erde. Was für ein System! Warum sage ich euch das heute? Damit ihr euch auch weiterhin geliebt und umsorgt fühlt. Damit ihr wisst, dass Spirit, ihr und Gaia euch an den Händen haltet, wenn ihr das wollt. Es gibt hier so vieles, wenn ihr das wollt. Alte Seele, du sitzt hier aus einem bestimmten Grund. Vielleicht musstest du das heute hören. Du bist wichtig, du bist kostbar, und du bist ein Meister. Jetzt geh hin und mach das geltend. Lebe lange. Sei dabei voller Freude. Beschließ nicht, was angeblich geschehen soll. Im Vorfeld festlegen, was Gott für dich bereithält, ausgehend von dem, was gerade passiert, ist das Schlimmste, was du tun kannst. Entspanne dich lieber, hab Freude an allem, und verliebe dich in dich selbst!

Verlasst den Ort in einem anderen Zustand, als ihr ihn betreten habt.

Ich bin Kryon, der die Menschen liebt – und das aus gutem Grund.

Und so ist es.

Kryon Live-Channelling »Das Akasha-System«,
durchgegeben in Syracuse/New York – 11. September 2011

Danksagung

Mein erster Dank gebührt Lee Carroll für all die Botschaften von Kryon, die er seit über 25 Jahren an die Menschheit übermittelt. Es gibt auf der ganzen Welt alle möglichen Channel-Medien, doch die über Lee Carroll durchgegebenen Botschaften von Kryon treffen bei mir auf die stärkste Resonanz. Das, worüber Kryon spricht, ergibt spirituell so viel Sinn. Ich möchte die Liebe Gottes spüren, und gleichzeitig sehne ich mich danach, zu wissen, wie das Universum funktioniert. Kryon und Lee bieten mir für meinen persönlichen Prozess das »Komplettpaket«, mit dem ich spirituelle Erleuchtung in den Alltag einbringen kann. Denn worum geht es denn sonst? Wie kannst du jemandem helfen, wenn du dein Wissen nicht selbst umsetzt? Vielen Dank, Lee, dass du mich zum Schreiben dieses Buchs ermutigt und mich dabei unterstützt hast! Danke auch für deine Erlaubnis, die gechannelten Kryon-Botschaften in das Buch mit aufzunehmen, und für die Antworten auf die Fragen an Kryon, wie sie in diesem Buch gestellt wurden.

Ich hatte das große Glück, dass mehrere Menschen bereitwillig ihre Weisheit und ihr Wissen für dieses Buch mit mir geteilt haben. Michelle Karen bin ich zutiefst dankbar für ihr immenses astrologisches Wissen; Laurie Reyon für ihre Geschichte und ihre speziesübergreifenden Kommunikationsfähigkeiten; Jorge Bianchi für seine Kenntnisse über die Rettung der 33 Bergarbeiter in Chile und dafür, dass er mich dazu inspiriert hat, nicht in Schubladen zu denken; Kahuna Kalei'iliahi für ihre Weisheit und ihr Wissen über die Ahnen; Intai Aguirre Farias für die Informationen über Raices de la Tierra; Bethi Black für ihre detaillierten Kenntnisse des Human Design Systems; Peggy Phoenix Dubro für die von ihr entwickelten neuen Energiewerkzeuge, die meine Weiterentwicklung beschleunigt haben; und Janusz Grabowski für seine wertvollen Informationen und Kenntnisse über die Quantenphysik. Euch allen danke ich für eure Arbeit. Ein Extra-Dankeschön an dich, Bethi, für die Überarbeitung des gesamten Manuskripts!

Danken möchte ich auch meinem Verlag Ariane Editions dafür, dass er sich meiner Vision angenommen – nämlich anderen Menschen bei der Suche nach ihrer spirituellen Wahrheit zu helfen – und diese Vision in die Wirklichkeit umgesetzt hat.

Ein großes Dankeschön geht an alle, die mich auf meinem Weg unterstützt haben. Während der Arbeit an diesem Buch haben mich so viele Lichtarbeiter aus der ganzen Welt ermutigt und mir gesagt, wie sehr sie sich darauf freuen, dieses Buch zu lesen. Ihr wisst, wen ich meine. Es war mir eine große Ehre, eure Gedanken, Worte und liebevolle Unterstützung zu erfahren. Oh ja, das hat wirklich etwas bewirkt!

Zu guter Letzt möchte ich mich auch bei Ihnen, verehrte Leserinnen und Leser, dafür bedanken, dass Sie sich entschieden haben, dieses Buch zu lesen. Das zeigt, dass Sie auf der Suche nach spirituellem Wissen und nach Nahrung für die Seele sind. Ihre Anwesenheit hier auf dem Planeten verändert mehr, als Sie sich je erträumen können. Ich liebe das, was wir hier tun. Gemeinsam erhöhen wir die Schwingung des Planeten!

Die deutschsprachige Fangemeinde von Lee Carroll sowie Seminartermine und Kryon-Channellings von Lee finden Sie unter www.leecarroll.momanda.de

Die Autorin

Monika Muranyi hatte schon immer eine tiefe Affinität und Verbindung zu unserem Planeten Erde. Sie hat einen Abschluss als Bachelor (Honors) of Applied Science der Southern Cross University, New South Wales/Australien. Monika hat über fünfzehn Jahre lang in verschiedenen australischen und neuseeländischen Nationalparks gearbeitet. Sie ist anerkannter Electro Magnetic Field (EMF) Balancing Technique™ Practitioner (Phasen I–XIII) und interessiert sich auch leidenschaftlich für Fotografie. Viele ihrer Fotografien sind auf ihrer eigenen und auf Lee Carrolls Website zu finden: www.kryon.com und www.monikamuranyi.com.

Monika hat die in diesem Buch zusammengetragenen Informationen sorgfältig recherchiert und hat viele Orte bereist, um herauszufinden, was Gaia und auch indigene Völker der Menschheit zu sagen haben – unter anderem Australien, Neuseeland, USA, Chile, Argentinien, Brasilien, Uruguay, Bolivien, Peru, Ecuador, Kolumbien, Venezuela, Mexiko, Hawaii, Russland, Ukraine, Polen, Bulgarien, Ungarn, Schweiz, Spanien und Portugal. Sie hat zudem an mehreren indigenen Zeremonien mit Schamanen in Peru, Chile und Mexiko sowie mit einer Kahuna-Hohepriesterin auf Hawaii teilgenommen.

Die Inspiration zum Schreiben dieses Buchs kam ihr, als sie in Santiago/Chile lebte – ein Ort, der stark mit der Kundalini-Kraft der Erde schwingt.